"十三五"普通高等教育本科规划教材

高等院校经济管理类专业"互联网+"创新规划教材

STATISTICAL PRINCIPLES

统计学原理

（第2版）

主 编 冯 冰 何瑞祥

北京大学出版社
PEKING UNIVERSITY PRESS

内 容 简 介

本书结合了编者多年的教学实践经验和国内外优秀统计学教材的成果,突出简洁、实用的特点,内容上包括绪论、统计调查与整理、综合指标、动态数列、统计指数、抽样调查、相关分析与回归分析、国民经济核算,每章配有知识链接、小思考、思考与练习,利用二维码拓展课后阅读资料,方便教师授课和学生自学。

本书针对非统计专业学生编写,满足经济、管理专业基础课教学需要。本书可作为高等院校经济、管理类专业本科统计学课程的教材,也可作为 MBA 的教材或参考书,还可供相关工作者参考使用。

图书在版编目(CIP)数据

统计学原理/冯冰,何瑞祥主编. —2 版. —北京:北京大学出版社,2017.10
(高等院校经济管理类专业"互联网+"创新规划教材)
ISBN 978-7-301-28850-4

Ⅰ. ①统… Ⅱ. ①冯… ②何… Ⅲ. ①统计学—高等学校—教材 Ⅳ. ①C8

中国版本图书馆 CIP 数据核字(2017)第 247665 号

书　　　名	统计学原理(第 2 版) Tongjixue Yuanli(DI-ER BAN)
著作责任者	冯　冰　何瑞祥　主编
策 划 编 辑	葛　方
责 任 编 辑	黄红珍
数 字 编 辑	陈颖颖
标 准 书 号	ISBN 978-7-301-28850-4
出 版 发 行	北京大学出版社
地　　　址	北京市海淀区成府路 205 号　100871
网　　　址	http://www.pup.cn　新浪微博:@北京大学出版社
电 子 邮 箱	编辑部 pup6@pup.cn　总编室 zpup@pup.cn
电　　　话	邮购部 010-62752015　发行部 010-62750672　编辑部 010-62750667
印 刷 者	河北滦县鑫华书刊印刷厂
经 销 者	新华书店
	787 毫米×1092 毫米　16 开本　20.75 印张　490 千字 2012 年 8 月第 1 版 2017 年 10 月第 2 版　2024 年 3 月第 8 次印刷
定　　价	49.00 元

未经许可,不得以任何方式复制或抄袭本书之部分或全部内容。
版权所有,侵权必究
举报电话:010-62752024　电子邮箱:fd@pup.cn
图书如有印装质量问题,请与出版部联系,电话:010-62756370

第 2 版前言

本书结合了编者多年的教学实践经验和国内外优秀统计学教材的成果,内容上包括绪论、统计调查与整理、综合指标、动态数列、统计指数、抽样调查、相关分析与回归分析、国民经济核算,每章配有知识链接、小思考、思考与练习,利用二维码拓展课后阅读资料,方便教师授课和学生自学。本书针对非统计专业学生编写,为满足经济、管理类专业基础课教学的需要,本书在内容和结构上进行了合理安排,突出了简洁、实用的特点。

与《统计学原理》(第 1 版)相比,本书有以下变化:

(1) 考虑教学的实际需求和教学课时的限制,尽量精简统计方法的数学推导,在知识链接中增加统计学领域的相关内容。

(2) 在结构方面,对第 1 版中部分章节的编排做了调整,如第 6 章,从而使本书的知识体系更加完整、合理。

(3) 在内容方面,将第 1 版中陈旧的内容用最新的资料取代,如第 1 章和第 2 章等,调整了各章的案例。

(4) 考虑学习效果的巩固及提高,将第 1 版中的单项选择题、判断题、计算题的题量进行了较大的调整和扩充,同时增加了多项选择题,以满足应用性的需求。

因此修订后的教材具有新颖性、系统性和实用性的特点。

本书由冯冰、何瑞祥担任主编,具体的撰写与修订分工如下:第 1 章和第 7 章由何瑞祥负责;第 2 章和第 8 章由韩春玲负责;第 3 章和第 5 章由韩宇负责;第 4 章和第 6 章由冯冰负责。

由于编者水平有限,书中疏漏之处在所难免,敬请读者提出宝贵意见,以便进一步修订和改进。

编　者
2017 年 5 月

【资源索引】

第1版前言

统计学是17世纪中叶产生并逐步发展起来的一门社会学科。它产生于实践，发展于实践，是研究如何测定、收集、整理、归纳和分析反映客观现象总体数量的数据，以便给出正确认识的方法论科学。统计学被广泛地应用在各个领域，从自然科学研究和社会科学研究到人文科学研究，从工商业企业决策到政府决策都需要统计学方法来支撑。

本书结合了编者多年的教学实践经验和国内外优秀统计学教材的成果，内容上包括绪论、统计调查与整理、综合指标、动态数列、统计指数、抽样调查、相关分析、国民经济核算，每章配有知识链接、小思考、课后练习题、课后阅读资料，方便教师授课和学生自学。

本书针对非统计专业学生编写，为满足经济、管理类专业基础课教学需要，本书在内容和结构上做了合理安排，突出了简洁、实用的特点。本书可作为高等院校经济、管理类专业本科生统计学课程的教材，也可作为MBA的教材或参考书，对广大实际工作者也极具参考价值。

本书编写分工如下：第1章和第2章由韩春玲编写；第3章和第4章由韩宇编写；第5章和第6章由冯冰编写；第7章和第8章由何瑞祥编写。

由于编写者水平有限，书中疏漏之处在所难免，敬请读者提出宝贵意见，以便进一步修订和改进。

编　者

2012年5月

目 录

第1章 绪论 1

1.1 统计学的产生和发展 3
    1.1.1 统计实践史 3
    1.1.2 统计学说史 3
    1.1.3 我国统计发展史 7
1.2 统计学的含义和研究对象 8
    1.2.1 统计与统计学的含义 8
    1.2.2 统计学的研究对象及特点 9
    1.2.3 统计学的学科体系 11
1.3 统计工作的基本任务和统计
    工作过程 13
    1.3.1 统计工作的基本任务 13
    1.3.2 统计工作的职能 13
    1.3.3 统计工作过程 14
1.4 统计学的几个基本概念 14
    1.4.1 统计总体与总体单位 15
    1.4.2 统计标志 16
    1.4.3 统计指标 16
    1.4.4 统计指标体系 19
    1.4.5 变异、变量和变量值 20
    1.4.6 统计数据的计量尺度与类型 ... 21
1.5 统计学的研究方法 24
    1.5.1 大量观察法 24
    1.5.2 统计分组法 25
    1.5.3 综合指标法 25
    1.5.4 统计推断法 25
    1.5.5 统计模型法 25
本章小结 26
思考与练习 26

第2章 统计调查与整理 31

2.1 统计调查的意义及分类 33
    2.1.1 统计调查的意义和要求 33
    2.1.2 统计调查方式的分类 35
2.2 统计调查的方案设计 37
    2.2.1 确定调查目的 38
    2.2.2 确定调查对象和调查单位 38
    2.2.3 确定调查项目和调查表 39
    2.2.4 确定调查时间和调查期限 40
    2.2.5 制定调查的组织实施计划 40
2.3 统计调查的组织形式 41
    2.3.1 统计报表制度 41
    2.3.2 普查 44
    2.3.3 重点调查 45
    2.3.4 典型调查 46
    2.3.5 抽样调查 47
2.4 统计调查问卷的设计 48
    2.4.1 调查问卷设计的要求、
          类型与方法 48
    2.4.2 调查问卷的基本结构 51
    2.4.3 问卷设计时应注意的问题 52
2.5 统计分组 53
    2.5.1 统计整理的意义 53
    2.5.2 统计整理的步骤 53
    2.5.3 统计分组的含义 54
    2.5.4 统计分组在统计研究中的
          作用 54
    2.5.5 分组标志的选择 56
    2.5.6 统计分组的种类 57
2.6 分配数列 59
    2.6.1 分配数列的概念和种类 59
    2.6.2 组距式数列的编制 61
    2.6.3 累计次数分布 65
2.7 统计表和统计图 67
    2.7.1 统计表 67
    2.7.2 统计图 69
本章小结 75
思考与练习 75

第3章 综合指标 83

3.1 总量指标 85

3.1.1　总量指标的概念与作用 85
　　3.1.2　总量指标的种类 86
　　3.1.3　总量指标的计量单位 87
3.2　相对指标 88
　　3.2.1　相对指标的概念和作用 88
　　3.2.2　相对指标的种类及计算方法 ... 89
　　3.2.3　正确运用相对指标的原则 95
3.3　平均指标 96
　　3.3.1　平均指标的概念和作用 96
　　3.3.2　算术平均数 97
　　3.3.3　调和平均数 102
　　3.3.4　几何平均数 103
　　3.3.5　众数 104
　　3.3.6　中位数 106
　　3.3.7　众数、中位数和算术平均数的
　　　　　关系 109
　　3.3.8　正确应用平均指标的原则 ... 110
3.4　标志变异指标 111
　　3.4.1　标志变异指标的概念和
　　　　　作用 111
　　3.4.2　全距 112
　　3.4.3　平均差 112
　　3.4.4　标准差 114
　　3.4.5　离散系数 115
本章小结 117
思考与练习 117

第4章　动态数列 127

4.1　动态数列的概述 128
　　4.1.1　动态数列的概念及作用 129
　　4.1.2　动态数列的分类 129
　　4.1.3　动态数列的编制原则 131
4.2　动态数列水平分析指标 131
　　4.2.1　发展水平 131
　　4.2.2　平均发展水平 131
　　4.2.3　增长量与平均增长量 136
4.3　动态数列的速度分析指标 136
　　4.3.1　发展速度与平均发展速度 ... 137
　　4.3.2　增长速度与平均增长速度 138

　　4.3.3　应用速度指标应注意的
　　　　　问题 139
4.4　长期趋势的测定与预测 139
　　4.4.1　长期趋势测定与预测的
　　　　　意义 140
　　4.4.2　间隔扩大法 140
　　4.4.3　移动平均法 141
　　4.4.4　最小平方法 142
4.5　季节变动、周期变动的测定与
　　　预测 147
　　4.5.1　季节变动分析 147
　　4.5.2　周期变动的测定 150
本章小结 150
思考与练习 151

第5章　统计指数 159

5.1　统计指数的概念和分类 161
　　5.1.1　统计指数的概念和性质 161
　　5.1.2　统计指数的作用 163
　　5.1.3　统计指数的分类 163
5.2　综合指数的编制 165
　　5.2.1　综合指数法的特点 165
　　5.2.2　数量指标指数的编制 165
　　5.2.3　质量指标指数的编制 168
　　5.2.4　综合指数的其他编制方法 ... 172
5.3　平均指标指数的编制 173
　　5.3.1　加权算术平均数指数 173
　　5.3.2　加权调和平均数指数 174
5.4　平均指标对比指数 175
　　5.4.1　平均指标对比指数的概念 ... 175
　　5.4.2　平均指标对比指数的编制 ... 175
5.5　几种常用的经济指数 176
　　5.5.1　居民消费价格指数 176
　　5.5.2　农产品收购价格指数 178
　　5.5.3　股票价格指数 180
　　5.5.4　房地产价格指数 182
　　5.5.5　空间价格指数 182
5.6　指数体系及因素分析 183
　　5.6.1　指数体系的概念和作用 183

| 5.6.2 指数体系的编制 184
| 5.6.3 因素分析 185
| 本章小结 189
| 思考与练习 190

第6章 抽样调查 198

   6.1 抽样调查概述 200
       6.1.1 抽样调查的概念 200
       6.1.2 抽样调查的特点 200
       6.1.3 抽样调查的作用 201
   6.2 抽样调查中几个基本概念 202
       6.2.1 全及总体和抽样总体 202
       6.2.2 全及指标和抽样指标 202
       6.2.3 抽样框与样本数 205
       6.2.4 重复抽样和不重复抽样 205
   6.3 抽样设计与组织实施 207
       6.3.1 抽样调查的程序 207
       6.3.2 抽样组织方式 208
   6.4 抽样调查的理论基础 211
       6.4.1 大数定律 211
       6.4.2 中心极限定理 212
   6.5 抽样误差 214
       6.5.1 抽样误差的概念 214
       6.5.2 影响抽样误差的因素 214
       6.5.3 抽样平均误差 214
       6.5.4 抽样平均误差的计算 215
       6.5.5 抽样极限误差 222
   6.6 全及指标推断 225
       6.6.1 统计量选择的标准 225
       6.6.2 抽样估计的方法 225
       6.6.3 总量指标的抽样推算 228
   6.7 必要抽样单位数的确定 229
       6.7.1 影响样本容量的因素 229
       6.7.2 必要抽样单位数的确定 230
   6.8 假设检验 232
       6.8.1 假设检验的概述 232
       6.8.2 假设检验的步骤 234
       6.8.3 统计参数的假设检验方法 ...234
   本章小结 239
   思考与练习 239

第7章 相关分析与回归分析 246

   7.1 相关分析与回归分析概述 247
       7.1.1 相关关系与函数关系 248
       7.1.2 相关关系的种类 249
       7.1.3 相关分析、回归分析及
             两者关系 250
   7.2 简单线性相关分析 252
       7.2.1 相关表和相关图 252
       7.2.2 相关系数的测定 255
       7.2.3 相关系数的显著性检验 258
       7.2.4 相关分析中应注意的问题 259
   7.3 线性回归分析 262
       7.3.1 一元线性回归方程的建立及
             参数估计 263
       7.3.2 一元线性回归方程的检验 266
       7.3.3 应用估计的回归方程进行
             估计和预测 271
       7.3.4 多元线性回归分析 272
   7.4 非线性回归分析 275
       7.4.1 可线性化的常用曲线 275
       7.4.2 非线性判定系数 279
   本章小结 280
   思考与练习 280

第8章 国民经济核算 288

   8.1 国民经济核算概述 289
       8.1.1 国民经济核算与国民经济
             核算体系 289
       8.1.2 两大国民经济核算体系的
             形成与发展 290
       8.1.3 我国国民经济核算体系的
             建立和发展 292
       8.1.4 国民经济核算的基本概念 293
       8.1.5 国民经济核算的原则 294
   8.2 我国国民经济核算与国民经济
       核算体系 295
       8.2.1 我国国民经济核算的
             基本分类 295

         8.2.2 我国国民经济核算体系的
               基本框架 297
   8.3 国民经济核算中的主要总量指标 309
         8.3.1 国内生产总值 310
         8.3.2 国民生产总值(GNP) 311
         8.3.3 国民可支配收入(GNDI) 312
   本章小结 314

思考与练习 314

附录 321

   附表一　标准正态分布函数值表 321
   附表二　t 分布上侧分位数值表 323

参考文献 324

第 1 章 绪 论

教学目标

通过本章的学习,了解统计学的产生与发展、统计的基本任务与统计工作过程,掌握统计的含义、统计学的性质与特点、统计学的研究对象、统计学的几个基本概念,熟悉统计学的学科分类及统计学的研究方法。

教学要求

知识要点	能力要求	相关知识
统计学的产生与发展	(1) 了解统计实践史 (2) 掌握统计学说发展过程中代表人物的观点 (3) 了解我国统计发展史	(1) 统计实践史 (2) 统计学说史 (3) 我国统计发展史
统计学的含义及研究对象	(1) 掌握统计学的含义 (2) 掌握统计学的研究对象 (3) 理解统计学研究对象的特点 (4) 熟悉统计学的学科体系	(1) 统计学的含义 (2) 统计学的研究对象 (3) 统计学研究对象的特点 (4) 统计学的学科体系
统计工作的基本任务与统计工作过程	(1) 了解统计工作的基本任务 (2) 熟悉统计工作的过程	(1) 统计工作的基本任务 (2) 统计工作的过程
统计学的几个基本概念	(1) 掌握并理解总体与总体单位的概念 (2) 掌握标志、指标的概念并能熟练应用 (3) 了解统计指标体系 (4) 掌握变异、变量与变量值的概念 (5) 了解统计数据的计量尺度与数据类型	(1) 统计总体与总体单位 (2) 统计标志 (3) 统计指标 (4) 统计指标体系 (5) 变异、变量与变量值 (6) 计量尺度与数据类型
统计学的研究方法	熟悉统计学研究方法	(1) 大量观察法 (2) 统计分组法 (3) 综合指标法 (4) 统计推断法 (5) 统计模型法

【名人简介】

> 学者不能离开统计学而研学；政治家不能离开统计学而施政；事业家不能离开统计学而执业；
> 军事家不能离开统计学而谋略。
>
> ——马寅初

 关键词

统计　统计工作　统计资料　统计学　统计数字　统计总体　总体单位　统计标志　统计指标　统计指标体系　变异　变量　变量值　定类尺度　定序尺度　定距尺度　定比尺度　定类数据　定序数据　定距数据　定比数据　统计分组法　大量观察法　综合指标法　统计推断法　统计模型法

 导入案例

《红楼梦》版权问题：到底是谁写的？

《红楼梦》一书共有120回，一般认为前80回为曹雪芹所写，后40回为高鹗所续，但长期以来学术界对这个问题一直有争议。

1980年6月，美国威斯康星大学陈炳藻教授在首届国际《红楼梦》研讨会上宣读了一篇《从词汇上的统计论〈红楼梦〉的作者问题》的文章，引起了国际红学界的注意和兴趣。1986年，陈炳藻教授公开发表了《电脑在文学上的应用：〈红楼梦〉与〈儿女英雄传〉两书作者用词的比较》一文；之后又出版了《电脑红学：论〈红楼梦〉作者》的专著。陈炳藻教授通过电脑对《红楼梦》前80回和后40回的用字进行了测定，并从数理统计学的观点出发，探讨《红楼梦》前后用字的相关程度。他将《红楼梦》120回按顺序编成3组，每组40回，并将《儿女英雄传》作为第4组进行比较研究，从每组中任取8万字，分别挑出名词、动词、形容词、副词、虚词这五种词，借助统计上的相关分析计算各组的相关程度。结果发现《红楼梦》前80回与后40回所用词汇的正相关程度达78.57%，而《红楼梦》与《儿女英雄传》所用词汇的正相关程度是32.14%。由此推断得出《红楼梦》前80回与后40回的作者均为曹雪芹一人的结论。

然而，复旦大学数学系李贤平副教授给出了相反的回答。1987年，李贤平教授带领他的学生将《红楼梦》的120回看成120个样本，将与情节无关的47个虚词(如之、其、或、亦……呀、吗、咧、罢……；的、着、是、在、……；可、便、就、但、……、儿等)作为变量，统计出每一回中变量出现的次数并作为数据，用多元统计中的聚类分析法进行合并，果然将120回分成两类即前80回为一类，后40回为一类，很形象地证实了这两类不是出自同一人的手笔。之后他们进一步证实了前80回为曹雪芹所写，他们对曹雪芹的另一本著作做了类似计算，结果表明用词手法完全相同，断定前80回为曹雪芹一人的手笔。类似的论证还推翻了后40回是高鹗一人所写的传统认识。

(资料来源：吕光明.《红楼梦》作者的统计论证[J]. 数据，2008，(4)：57-57.)

点评：

尽管两位学者的研究结果没有得到红学研究同仁的广泛认同，但应用统计技术来研究《红楼梦》这样的文学作品，确实别有一番新天地，拓展了视野。

1.1 统计学的产生和发展

统计作为一种社会实践活动，是为了适应社会政治经济的发展和国家管理的需要而产生和发展起来的，距今已有四五千年的历史。而统计学或统计理论则是在长期统计实践活动的基础上形成和发展起来的，距今只有 300 多年的历史。回顾一下统计的渊源及其发展过程，对于我们了解统计学的研究对象和性质，学习统计学的理论和方法，提高统计实践和理论水平，都是十分必要的。

1.1.1 统计实践史

人类的统计实践是随着计数活动产生的，对统计实践发展的历史可追溯到人类社会初期的打绳结、画道道计数，这算是最初的统计，但统计实践的真正萌芽是在古代奴隶社会。当时的统治阶级为了治理国家，常常进行征税、征兵、服劳役等统治活动，因此就有了了解社会基本情况的需要。我国早在公元前 21 世纪的夏朝，就有了人口与土地数字的记载，当时全国分为九州，人口 1355 万人。世界上，古代埃及、希腊、罗马的历史中，也有类似的记载。古代埃及在公元前 3000 年就已经有了人口和居民财产统计，古代希腊据说公元前 600 年就进行过人口普查，古代罗马在公元前 400 年就建立了人口普查和经常性人口出生、死亡登记制度。这些都是原始形态的统计。

进入封建社会后，随着人类社会生产的发展，统计的范围逐渐由人口、土地发展到社会经济生活的各个方面。但由于自给自足的自然经济占主导地位，所以生产力水平低下，经济落后，长期的封建生产关系阻碍了社会生产力的发展，相应地也阻碍了统计实践的发展。统计实践的广泛发展始于资本主义社会。17 世纪以来，资本主义国家工、商、农、贸、交通的发展，使统计实践从国家管理领域扩展到社会经济活动的许多领域。从 18 世纪开始，各资本主义国家都先后设立专业的统计机关，收集各方面统计资料，定期或不定期举行人口、工业、农业、贸易、交通等项目的调查，出版统计刊物，建立国际统计组织，召开国际统计会议。

1.1.2 统计学说史

随着统计实践活动的不断发展，统计实践经验的日益丰富，作为统计实践活动理论概括的统计学也就产生了。17 世纪中叶，英国威廉·配第(W. Petty)的《政治算术》一书的问世，标志着古典政治经济学的诞生，也标志着统计学的诞生。统计学自诞生起，许多人就开始从不同的角度，以不同的态度去认识和研究有关统计理论，逐渐形成不同的统计学派，它们同时共存，互相影响，互相争论，在各学派的争论中又会产生新的学派。在统计学的发展史上，比较主要的学派有政治算术学派、记述学派和数理统计学派。300 多年来，统计学在这种争论中逐步得到完善、充实和发展。从统计学的产生和发展过程来看，统计学大致可以划分为三个时期：统计学的萌芽期、统计学的近代期和统计学的现代期。

1. 统计学的萌芽期

统计学初创于 17 世纪中叶至 18 世纪,当时主要有政治算术学派和国势学派。

1) 政治算术学派

该学派起源于 17 世纪的英国,在英国,当时从事统计研究的人被称为政治算术学派,其主要代表人物是威廉·配第和约翰·格朗特(J. Graunt)。17 世纪的英国学者威廉·配第在 1671—1676 年写成《政治算术》一书,当时正值第三次英荷战争,英国国内经济困难,国外面临荷、法两国的威胁。配第为了让人们知道和确信"英国的事业和各种问题并非处于可悲的状态",他在这本书中用数字比较分析了英、荷、法三国的经济实力和造成这种实力差异的原因,并从贸易、税制、分工、资本和利用闲散劳动力等多方面提出了英国的强盛之道。用数字来表述,用重量、质量和尺度来计量,并配以朴素的图标,正是现代统计学广为采用的方法和内容。在这个意义上,马克思称配第是"政治经济学之父,在某种程度上也可以说是统计学的创始人"。

威廉·配第的朋友约翰·格朗特,通过对伦敦市 50 多年的人口出生率和死亡率进行分类计算,编制了世界上第一张"死亡率"统计表,写出了第一本关于人口统计的著作《对死亡表的自然观察和政治观察》(1662 年)。但遗憾的是,该学派的学者都没有使用"统计学"这个名称,他们的著作有统计学之实,却没有统计学之名,存在名不副实的缺陷。但是从此之后,统计的含义从记述转变为专指在"量"的方面来说明国家的重要事项。这就为统计学作为一种从数量方面认识事物的科学方法开辟了广阔的发展前景。

政治算术学派在统计发展史上有着重要的地位。首先,它不仅满足于社会经济现象的数量登记、列表、汇总、记述等过程,而且要求把这些统计经验加以全面系统地总结,并从中提炼出某些理论原则。这个学派在搜集资料方面,较明确地提出了大量观察法、典型调查、定期调查等思想;在处理资料方面,较为广泛地运用了分类、制表及各种指标来浓缩与显现数量资料的内含信息。其次,政治算术学派第一次运用可度量的方法,力求把自己的论证建立在具体的、有说服力的数字上面,依靠数字来解释与说明社会经济生活。然而,政治算术学派毕竟还处于统计发展的初创阶段,它只是用简单的、粗略的算术方法对社会经济现象进行计量和比较。

 知识链接

威廉·配第是英国古典政治经济学创始人,是经济学家、科学家、哲学家、统计学家。他出生于英国的一个手工业者家庭,从事过许多职业,从商船上的服务员、水手到医生、音乐教授。他头脑聪明、学习勤奋、敢于冒险、善于投机,晚年成为拥有大片土地的大地主,还先后创办了渔场、冶铁和铝矿企业。1640 年英国爆发资产阶级革命,英国资本主义经济迅速发展,工场手工业日趋兴盛,产业资本逐渐代替商业资本在社会经济中占据重要地位。威廉·配第代表新兴的产业资本的利益和要求,积极著书立说,为英国统治殖民地、夺取世界霸权寻找理论根据,他正是从这一时期开始研究经济学问题。威廉·配第一生著作颇丰,主要有《赋税论》(写于 1662 年,全名《关于税收与捐献的论文》),《献给英明人士》(1664),《政治算术》(1672),《爱尔兰政治剖析》(1674)等。其中,《政治算术》一书的问世,标志着统计学的诞生。《政治算术》是一部用数量方法研究社会问题的著作。在书中,威廉·配第以劳动价值论为基础,对英、法、荷三国进行了国情、国力的数量对比分析,以此为依据,为当时英国社会经济发展出谋划策。

马克思对配第的人品是憎恶的,说他是个"十分轻浮的外科军医",是个"轻浮的、掠夺成性的、毫无气节的冒险家",但是,对于他的经济思想给予了极高的评价,称他为"现代政治经济学的创始者""最有天才的和最有创见的经济研究家",是"政治经济学之父,在某种程度上也可以说是统计学的创始人"。

2) 国势学派

国势学派,亦称记述学派,产生于18世纪的德国,代表人物是康令(H. Conring)、阿坎瓦尔(G. Achenwall),代表作品是《近代欧洲各国国情学概论》,他们在大学中开设了一门新课程,最初叫作国势学,于1749年首次使用统计学来代替国势学。他们所做的工作主要是对国家重要事项的记录,因此又被称为记述学派。这些记录记载着关于国家、人口、军队、领土、居民职业及资源财产等事项,偏重于事件的叙述,忽视量的分析。严格地说,这一学派的研究对象和研究方法都不符合统计学的要求,只是登记了一些叙述性材料,以说明管理国家的方法。因而对比后人所认为的统计学,这一学派的研究存在"实不副名"的缺陷。虽然政治算术学派与国势学派的研究都与各国的国情、国力有关,但国势学派主要采用文字记述的方法,政治算术学派则采用数量分析的方法。

当然,国势学派对统计学的创立和发展的贡献也不小:首先,国势学派为统计学这门新兴的学科起了一个至今仍为世界公认的名词"统计学",并提出了至今仍为统计学者所采用的一些术语,如统计数字资料、数字对比等。国势学派建立的最重要的概念就是显著事项,它事实上是建立统计指标和使统计对象数量化的重要前提;其次,国势学派在研究各国的显著事项时,主要是系统地运用对比的方法来研究各国实力的强弱。

2. 统计学的近代期

统计学的近代期是18世纪末至19世纪末,这一时期的统计学主要有数理统计学派和社会统计学派。

1) 数理统计学派

随着资本主义经济的发展,统计被应用于社会经济的各个方面,统计学逐步走向昌盛。最初的统计方法是随着社会政治和经济的需要而发展的,直到概率论被引进之后,才逐渐形成为一门成熟的科学。在统计发展史上,最初把古典概率论引进统计学领域的是法国天文学家、数学家、统计学家拉普拉斯(Pierre-Simon,Laplace)。他发展了对概率论的研究,阐明了统计学的大数法则,并进行了大样本推断的尝试。

数理统计学派产生于19世纪中叶,创始人是比利时的天文学家、数学家和统计学家阿道夫·凯特勒(Adolphe Quetelet),其著作有《统计学的研究》《关于概率论的书信》等。他是当时统计学界的中心人物,担任过比利时中央统计局局长,主持了1853年的第一次国际统计会议,他最先将概率论应用于人口、人体测量和犯罪等问题的研究中,完成了统计学和概率论的结合。从此,统计学开始进入丰富发展的新阶段。许多学者从各个角度研究统计学,不断增加新内容,相继提出和发展了相关和回归理论、t分布及抽样理论等,使数理统计学快速发展成为一门比较系统、完善的学科。国际统计学界之所以称凯特勒为"近代统计学之父",就在于他发现了大量现象的统计规律和开创性地应用了许多统计方法,促使统计学向新的境界发展。由于这一学派主要是在英美等国发展起来的,故又称英美数理统计学派。

但是,数理统计学派在理论上混淆了自然现象和社会现象之间的本质区别,过分夸大了概率论的作用,认为统计学就是数理统计学,是现代数学的一个分支,是通用于研究自然现象和社会现象的方法体系,否认社会经济统计学的存在,因而又导致了与社会经济统计学派的长期争论。

2) 社会经济统计学派

自凯特勒后,统计学的发展开始变得丰富而复杂起来。由于在社会领域和自然领域统计学运用的对象不同,所以统计学的发展呈现出不同的方向和特色。19 世纪后半叶,正当致力于自然领域研究的英美数理统计学派刚开始发展的时候,却在德国竟异军突起,兴起了与之不同的社会经济统计学派。这个学派是近代各种统计学派中比较独特的一派。由于它在理论上比政治算术学派更完善,在时间上比数理统计学派提前成熟,因此它很快占领了"市场",对国际统计学界影响较大,流传较广。

社会经济统计学派由德国大学教授尼斯(K. G. A. Knies)首创,主要代表人物为恩格尔(Engel Ernst)和梅尔(G. V. Mayr)。他们认为,统计学的研究对象是社会现象,目的在于明确社会现象内部的联系和相互关系;统计应当包括资料的搜集、整理,以及对其的分析研究;在社会统计中,全面调查,包括人口普查和工农业调查,居于重要地位;以概率论为理论基础的抽样调查,在一定的范围内具有实际意义和作用。

 知识链接

恩格尔·厄恩斯特(Engel Ernst),生于德国德累斯顿,统计学家,因恩格尔定律闻名于世。他早年与法国社会学家弗雷德里克·勒普莱(Frederic Le Play)交往甚密,勒普莱对家庭问题很感兴趣,这使恩格尔开展了对家庭的调查。这些调查所搜集到的开支数据使恩格尔确信,在家庭的收入与该户分配于食物和其他项目的支出之间,存在着一定联系。这是经济学中最早确立的定量函数关系之一。恩格尔根据统计资料,规律得出一个消费结构的变化:一个家庭收入越少,家庭收入中(或总支出中)用来购买食物的支出所占的比例就越大,随着家庭收入的增加,家庭收入中(或总支出中)用来购买食物的支出所占的比例会下降。推而广之,一个国家越穷,每个国民的平均收入中(或平均支出中)用于购买食物的支出所占的比例就越大,随着国家的逐渐富裕,这个比例呈下降趋势。

1860—1882 年恩格尔在柏林任普鲁士统计局局长期间,以普鲁士统计局的名义为发展和加强官方统计学做了大量工作。他因反对俾斯麦(Bismarck)的保护主义政策而辞职。在研究工作中,他从成本方面特别研究了人类生活的价值,他还调查了价格对需求的影响。他对官方统计学的影响远远不限于德国,1885 年他参与创立了国际统计学会。他于 1896 年在拉德博伊尔去世。

国际上常用恩格尔系数来衡量一个国家和地区人民生活水平的状况。根据联合国粮农组织提出的标准,恩格尔系数在 59%以上为贫困,50%~59%为温饱,40%~50%为小康,30-40%为富裕,低于 30%为最富裕。

3. 统计学的现代期

20 世纪初,大工业的发展对产品质量检验问题提出了新的要求,即如何只抽取少量产品作为样本对全部产品的质量好坏做出推断。因为大量产品要做全面的检验,既费时、费钱,又费人力,加之有些产品的质量检验要做破坏性检验,全部检验根本不可能。1907 年,"学生"[W. S. Gosset(戈塞特)的笔名]发表了 t 分布的论文,创立了小样本代替大样本理论,利用 t 统计量就可以从大量的产品中只抽取较小的样本完成对全部产品质量的检验和推断。费雪(R. A. Fisher)又对小样本理论进行了进一步研究,给出了 F 统计量、最大似然估计、方差分析等方法和思想,标志着现代统计学的开端。1930 年,尼曼(J.Neyman)与小皮尔逊(E. S. Pearson)共同对假设检验理论做了系统的研究,创立了尼曼-皮尔逊理论,同时尼曼又创立了区间估计理论。美国统计学家瓦尔德将统计学中的估计和假设理论予以归纳,创立了决策理论。这些研究和发现大大充实了现代统计学的内容。

从 20 世纪 50 年代以来,统计理论、方法和应用进入了一个全面发展的新阶段。一方面,统计学受计算机科学、信息论、混沌理论、人工智能等现代科学技术的影响,新的研究领域层出不穷,如多元统计分析、现代时间序列分析、贝叶斯统计、非参数统计、线性统计模型、探索性数据分析、数据挖掘等。另一方面,统计方法的应用领域不断扩展,几乎所有的科学研究都离不开统计方法。因为不论是自然科学、工程技术、农学、医学、军事科学,还是社会科学都离不开数据,对数据进行研究和分析就必然要用到统计方法,现在连纯文科领域的法律、历史、语言、新闻等都越来越重视对统计数据的分析,国外的人文与社会学科普遍开设统计学的课程,因此可以说统计方法与数学、哲学一样成为所有学科的基础。

统计学的发展有几个明显的趋势:第一,随着数学的发展,统计学依赖和吸收的数学方法越来越多;第二,向其他学科领域渗透,或者说,以统计学为基础的边缘学科不断形成;第三,随着统计学应用的日益广泛和深入,特别是借助电子计算机后,统计学所发挥的功效日益增强;第四,统计学的作用与功能已从描述事物现状、反映事物规律,向抽样推断、预测未来变化方向发展。它已从一门实质性的社会性学科,发展成为方法论的综合性学科。

统计发展史表明,统计学是从设置指标研究社会经济现象的数量开始的,随着社会的发展与实践的需要,以及统计学家对统计方法的不断丰富和完善,统计学也在不断发展和演变。从当前世界各国统计研究的状况来看,统计学已不仅为研究社会经济现象的数量方面,也为研究自然技术现象的数量方面提供了各种统计方法;它既研究确定现象的数量方面,又研究随机现象的数量方面。

【好书推荐】

1.1.3 我国统计发展史

1949 年之前,我国的统计工作非常落后,统计学基本上照抄照搬西方统计理论,传播的主要是数理统计学派的观点。

1949 年之后,我国在学习苏联统计工作经验的同时,引进了苏联的统计学即社会经济统计学,数理统计遭到批判。中国共产党的十一届三中全会以后,学术界提出了百花齐放、百家争鸣的方针,数理统计重新受到人们的关注。人们突破了以往狭隘的观点,承认社会经济统计学、数理统计学和自然科技统计学方面的统计学都是独立的统计学科,它们可以同时并存,相互借鉴,共同发展。

近年来,社会经济统计学和数理统计学出现了融合的趋势,数理统计方法在社会经济统计中得到了广泛的应用。统计学已划入国家一级学科,随着大统计学学科体系的建立,统计学作为一门独立的科学,其运用已渗透到自然科学和社会科学的各个领域。党的二十大报告强调要加快建设数字中国,统计科学工作者在总结本国经验的同时,吸收了世界各国统计科学发展的成果,他们正在努力建设一门具有中国特色的现代统计学。

小思考

从统计理论的发展来看,你认为统计学、数学、数理统计学是一种什么关系?

1.2 统计学的含义和研究对象

1.2.1 统计与统计学的含义

统计作为一种社会实践活动有悠久的历史。可以说自从有了国家就有了统计实践活动。最初,统计只是为统治者搜集资料,弄清国家的人力、物力和财力,作为统治者管理国家的依据。

 知识链接

统计语源最早出现于中世界拉丁语的 Status,意思指各种现象的状态和状况。由这一词根组成的意大利语 State,表示国家的概念,也含有国家结构和国情知识的意思。根据这一词根,最早作为学名使用的"统计",是在 18 世纪德国政治学教授阿坎瓦尔在 1749 年所著《近代欧洲各国国家学纲要》一书的序言中,将国家学名定为"Statistika"(统计)这个词,原意是指"国家显著事项的比较和记述"或"国势学",认为统计是关于国家应注意事项的学问。此后,各国相继沿用"统计"这个词,并把这个词译成各国的文字,法国译为 Statistique,意大利译为 Statistica,英国译为 Statistics,日本最初译为"政表""政算""国势""形势"等,直到 1880 年在太政官中设立了统计院,才确定以"统计"二字正名。1903 年(清光绪廿九年),钮永建、林卓南等翻译了日本横山雅南所著的《统计讲义录》一书,把"统计"这个词从日本传到我国。1907 年(清光绪卅三年),彭祖植编写的《统计学》在日本出版,同时在国内发行,这是我国最早的一本"统计学"书籍。"统计"一词就成了记述国家和社会状况的数量关系的总称。

如今,"统计"一词被赋予多种含义,在不同的场合、不同的语言环境中有许多种不同的解释。那么,把统计作为一种专业用语,其含义到底是什么?目前,在国际统计理论界,关于统计一词的含义比较趋于一致的解释为,它可以是指统计数据的搜集活动,即统计工作;也可以是指统计活动的结果,即统计资料;还可以是指分析统计数据的方法和技术,即统计学。

1. 统计工作

统计工作是统计一词最基本的含义,是人们对客观事物的数量表现、数量关系和数量变化进行描述和分析的一种计量活动。例如,银行的计划统计科,每月编制项目报表,这个过程就是统计工作;又如,我国进行人口普查时经过的方案设计、入户登记、数据汇总、分析总结和资料公布等一系列过程都是统计工作。在我国,各级政府机构基本上都有统计部门,如统计局,它们的职能主要是从事统计数据的搜集、整理和分析工作。

2. 统计资料

统计资料也即统计信息,是统计部门或单位进行统计工作所搜集、整理、编制的各种统计数据资料的总称,它是进行国民经济宏观调控的决策依据,是社会公众了解国情、国力和社会经济发展状况的信息主体。例如,2016 年全年国内生产总值(Gross Domestic

Product，GDP）744127 亿元，按可比价格计算，同比增长 6.7%。分季度看，一季度同比增长 6.7%，二季度增长 6.7%，三季度增长 6.7%，四季度增长 6.8%；分产业看，第一产业增加值 63671 亿元，比 2015 年增长 3.3%，第二产业增加值 296236 亿元，增长 6.1%，第三产业增加值 384221 亿元，增长 7.8%。这些由文字和数字共同组成的数字化的信息就是统计资料，是统计提供数据信息的基本表现形式，是统计工作的直接成果。

统计资料包括原始资料和整理后的资料即次级资料。例如，企业各车间的统计台账、人口普查时初次登记的资料就是原始资料，而统计公报、调查分析报告等现实和历史资料就是次级资料。统计资料的表现形式有统计表、统计图、统计分析报告、统计公报和统计年鉴等。

3. 统计学

统计学是系统论述统计理论和方法的科学，是长期统计工作实践的经验总结和理论概括。其中，应用纯逻辑推理的方法研究抽象的随机现象的数量规律性的科学称为理论统计学，而应用统计方法研究各领域客观现象的数量规律性的科学称为应用统计学。社会经济统计学是关于国民经济和社会现象数量方面的调查、整理及分析的原理、原则和方式方法的科学，按其性质它属于应用统计学。

统计的三种含义之间具有密切的联系。首先，统计工作和统计资料是过程与成果的关系。一方面，对统计资料的需求支配着统计工作的开展；另一方面，统计工作的好坏又直接影响统计资料的数量和质量。其次，统计工作与统计学是实践与理论的关系。一方面，统计学来源于统计实践，只有当统计工作发展到一定程度，才可能形成独立的统计学；另一方面，统计工作的发展又需要统计理论的指导，统计学的研究大大促进了统计工作水平的提高，统计工作的现代化和统计学的进步是分不开的。总之，三者中最基本的是统计工作，没有统计工作就不会有统计资料，没有丰富的统计实践经验就不会产生统计学。

小思考

下列资料中"统计"一词的含义是什么？
(1) 张华是学统计的。
(2) 据统计，2016 年全国房地产开发投资同比名义增长 6.9%，扣除价格因素实际增长 7.5%。
(3) 请统计一下我们的产品销售量。
(4) 李宏已做了几十年统计了。

【拓展知识】

1.2.2 统计学的研究对象及特点

一般来说，统计学是关于数据搜集、整理、分析和研究的方法论学科。它通过对研究对象的数据资料进行搜集、整理、分析和研究，来显示其总体的特征和规律性。统计学的研究对象是客观事物的数量特征和数据资料。总之，统计学以搜集、整理、分析和研究等统计技术为手段，对所研究对象的总体数量关系和数据资料去伪存真、去粗取精，从而达到显示、描述和推断被研究对象的特征、趋势和规律性的目的。

对于社会经济统计学来说，它是一门研究大量社会经济现象的总体数量方面的方法论科学，因此，社会经济统计学的研究对象是大量社会经济现象总体的数量方面，包括社会经济现象的数量表现、现象之间的数量关系，以及质量互变的数量界限及其规律性。

这里所说的数量方面是指社会经济现象的规模、水平、结构、速度、比例关系、差别程度、普遍程度、普及程度、发展速度、平均规模和水平、平均发展速度等。值得一提的是，由于事物的质和量是密切联系的，因此，统计学在研究社会现象时，从定性研究开始，然后进行定量分析，最后达到认识社会现象的本质、特征或规律，这就是质—量—质的统计研究过程和方法。

一般来说，统计学的研究对象是自然、社会客观现象总体的数量关系。统计学研究对象的特点可以归纳为以下几个方面。

1. 数量性

统计学的研究对象是自然、社会经济领域中现象的数量方面，这一特点是统计学(定量分析学科)与其他定性分析学科的分界线。数量性是统计学研究对象的基本特点，因为，数字是统计的语言，数据资料是统计的原料。一切客观事物都有质和量两个方面，事物的质与量总是密切联系、共同规定着事物的性质。没有无量的质，也没有无质的量。一定的质规定着一定的量，一定的量也表现为一定的质。但在认识的角度上，质和量是可以区分的，可以在一定的质的情况下，单独地研究数量方面，通过认识事物的量进而认识事物的质。因此，事物的数量是我们认识客观现实的重要方面，通过分析研究统计数据资料，研究和掌握统计规律性，就可以达到我们统计分析研究的目的。具体地说，是用规模、水平、速度、结构和比例关系等，去描述和分析社会经济现象的数量表现、数量关系和数量变化，揭示事物的本质，反映事物发展的规律，推测事物发展的前景。

但应注意，统计学研究现象的数量方面，不同于数学上研究的纯数量，它不是抽象的数量，而是以现象质的规定性为基础的，是带有一定具体内容的数量。因为任何事物都是质和量的辩证统一，没有质就没有量。例如，要了解某地区重工业产值，首先要明确什么是重工业。所谓重工业是为国民经济各部门提供技术装备、动力和原材料的工业，包括采掘工业、原材料工业和制造工业。然后要确定重工业产值的含义和统计口径，以及该地区哪些企业属于重工业企业，这些都是质的规定。在此基础上，还要解决怎样搜集、整理和汇总重工业产值资料，最后才能得到该地区重工业产值的具体数值。

2. 总体性

【拓展视频】

总体性又称大量性或综合性。统计研究的着眼点是大量社会经济现象总体，而不是少量或个别现象，它是通过对个别事物的大量观察，获得丰富材料，并加以分析综合，来反映现象总体的数量特征，揭示现象的本质和规律性。例如，2016年全年居民消费价格总水平比上年上涨2.0%，这个指标反映的是550多种消费商品及服务项目价格总的平均上涨水平，而不是指哪一种具体消费商品或服务项目的价格上涨水平。而要对这550多种消费商品及服务项目的价格上涨情况进行调查，就必须先对每一种个别消费商品及服务项目的价格情况进行调查，然后进行汇总综合，从而获得对550多种消费商品及服务项目价格的总体认识。

统计研究并不排除从个别现象入手，但统计研究个体是为了综合个体而认识总体，是手段而不是目的，其最终目的是要认识总体。例如，2010年11月1日进行的第六次全国人口普查，逐一登记了全国大陆31个省、自治区、直辖市(不包括香港特别行政区、澳门特别行政区、台湾省)的每个人的性别、年龄等特征,但人口普查的目的并不是要了解关于某个人的特征,而是为了通过对全国人口情况进行汇总计算,得出关于我国人口总体的特征资料,从而达到对全国人口现象总体的认识。人口普查登记的全国总人口为1339724852人,与2000年第五次全国人口普查相比,十年增加7390万人,增长5.84%,年平均增长0.57%,比1990年到2000年的年平均增长率1.07%下降0.5个百分点。数据表明,十年来我国人口增长处于低生育水平阶段。从总体着眼,从个体入手,体现了统计工作中总体和个体之间的辩证关系。

3. 具体性

统计的研究对象是自然、社会经济领域中具体现象的数量方面。它不是抽象数量的研究,而是具有明确的现实含义的,这一特点是统计学与数学的分水岭。数学是研究事物的抽象空间和抽象数量的科学,而统计学研究的数量是客观存在的、具体实在的数量表现,是一个有具体时间、具体地点、具体条件限定的数量。例如,如果说利润总额1000万元,那么它只是一个毫无意义的抽象数量;如果说2016年12月某企业实现利润总额1000万元,这就是统计中所说的具体数量了。可见具体性就是指在时间、地点、条件三方面有着明确的规定性。

统计工作虽然是研究具体的数量,但为了进行复杂的定量分析,还需要借助抽象的数学模型和数理统计方法,遵循一定的数学规则。以抽象方法为手段,以具体数量为目的,体现了统计研究中具体和抽象的辩证关系。

4. 变异性

变异性又称差异性,是指构成统计研究对象的总体各单位,除了在某一方面必须是同质的以外,在其他方面要有差异,而且这些差异并不是由某种特定的原因事先给定的。就是说,总体各单位除了必须有某一共同标志表现作为它们形成统计总体的客观依据以外,还必须在所要研究的标志上存在变异的表现,否则,就没有必要进行统计分析研究了。例如,一个地区的居民人口有多有少,居民的文化程度有高有低,住户的生活消费水平有升有降等,正是各单位之间这种差异的存在,才需要研究地区的人口总数、居民文化结构、住户平均生活消费水平等统计指标。如果各单位不存在这些差异,也就无需进行统计了;如果各单位之间的差异是按已知条件事先可以推定的,也就无需进行统计调查研究了。

小思考

(1) 统计学科研究社会经济现象与其他学科研究社会经济现象有何区别?
(2) 统计数据与数学中的数字有什么区别?
(3) 不同的人采用统计学研究同一社会经济现象一定会得出相同的结论吗?为什么?

1.2.3 统计学的学科体系

统计方法已被应用到自然科学和社会科学的众多领域,统计学也发展成为由若干分支学科组成的学科体系。从统计方法的构成来看,统计学可以分为描述统计学和推断统计学;从统计方法研究和统计方法的应用角度来看,统计学可以分为理论统计学和应用统计学。

1. 描述统计学和推断统计学

【拓展知识】

描述统计学(Descriptive Statistics)是研究如何取得反映客观现象的数据，并通过图表形式对所收集的数据进行加工处理和显示，进而通过综合概括与分析得出反映客观现象的规律性数量特征的一门学科。该类统计学的内容包括统计数据的收集方法、数据的加工处理方法、数据的显示方法、数据分布特征的概括与分析方法等。

推断统计学(Inferential Statistics)则是研究如何根据样本数据去推断总体数量特征的方法，是在对样本数据进行描述的基础上，对统计总体的未知数量特征做出以概率形式表述的推断。该类统计学的内容包括参数估计的方法、假设检验的方法、方差分析的方法、相关与回归分析的方法等。

描述统计学和推断统计学的划分，一方面反映了统计方法发展的前后两个阶段，另一方面也反映了应用统计方法探索客观事物数量规律性的不同过程。

统计研究过程的起点是统计数据，终点是探索出客观现象内在的数量规律性。在这一过程中，如果搜集到的是总体数据(如普查数据)，经过描述统计之后就可以达到认识总体数量规律性的目的；如果所获得的只是研究总体的一部分数据(样本数据)，那么要找到总体的数量规律性，必须应用概率论的理论并根据样本信息对总体进行科学的推断。

显然，描述统计和推断统计是统计方法的两个组成部分。描述统计是整个统计学的基础，推断统计则是现代统计学的主要内容。由于在对现实问题的研究中，所获得的数据主要是样本数据，因此，推断统计在现代统计学中地位和作用越来越重要，已成为统计学的核心内容。当然，这并不等于说描述统计不重要，如果没有描述统计收集可靠的统计数据并提供有效的样本信息，即使再科学的统计推断方法也难以得出切合实际的结论。从描述统计学发展到推断统计学，既反映了统计学发展的巨大成就，也是统计学发展成熟的重要标志。

2. 理论统计学和应用统计学

理论统计学(Theoretical Statistics)是指统计学的数学原理，它主要研究统计学的一般理论和统计方法的数学理论。由于现代统计学用到了几乎所有方面的数学知识，因此从事统计理论和方法研究的人员需要有坚实的数学基础。此外，由于概率论是统计推断的数学和理论基础，因而广义地讲统计学也应该包括概率论。理论统计学是统计方法的理论基础，没有理论统计学的发展，统计学也不可能发展成像今天这样一个完善的科学知识体系。

在统计研究领域，从事理论统计学研究的人相对很少，大部分是从事应用统计学(Applied Statistics)研究的。应用统计学是研究如何应用统计方法去解决实际问题的。统计学是一门收集和分析数据的科学，由于在自然科学及社会科学研究领域中，都需要通过数据分析来解决实际问题，因而，统计方法的应用几乎扩展到所有的科学研究领域。例如，统计方法在生物学中的应用形成了生物统计学，在医学中的应用形成了医疗卫生统计学，在农业试验、育种等方面的应用形成了农业统计学。统计方法在经济和社会科学研究领域的应用也形成了若干分支学科。例如，统计方法在经济领域的应用形成了经济统计学及其若干分支，在管理领域的应用形成了管理统计学，在社会学研究和社会管理中的应用形成了社会统计学,在人口学中的应用形成了人口统计学,等等。以上这些应用统计学的不同分支所应用的基本统计方法都是一样的,都是描述统计和推断统计的主要方法。但由于各应用领域都有其特殊性,因此统计方法在应用中又形成了一些不同的特点。

【拓展知识】

编写本书的目的,主要是为高等院校经济学、管理学门类的学生和应用统计工作者提供一本统计学的入门读物,因而本书侧重于介绍统计方法的应用条件和统计思想,力求使读者通过本书的学习,能应用统计方法去解决实际中的一些基本问题。当然,要用好这些统计方法,不同领域的读者还必须具备不同学科领域的一些基础知识。

1.3 统计工作的基本任务和统计工作过程

1.3.1 统计工作的基本任务

《中华人民共和国统计法》第一章第二条规定:"统计的基本任务是对国民经济和社会发展情况进行统计调查、统计分析,提供统计资料和统计咨询意见,实行统计监督。"与其相适应的具体任务:一是进行统计调查,即调查、整理社会经济活动的各种数字资料;二是进行统计分析,即对搜集来的各种数据资料进行整理和研究;三是提供统计资料和统计咨询意见,即把经过整理、分析的统计资料提供给各级领导机关和有关部门、企事业单位等,为其决策提供参考咨询意见及依据;四是进行统计监督,即对一些不符合国家政策和计划的情况,如实反映,引起各级政府机关、主管部门和社会各方面的重视,以便采取措施,加以纠正。为了完成上述任务,统计工作必须做到"准确、公正、及时、方便",这是衡量统计工作质量的重要标准。

1.3.2 统计工作的职能

统计是国家实行科学决策和科学管理的一项重要基础工作,是党、政府和人民认识国情国力、决定国策、制定计划的重要依据。因此,统计部门的职能,不仅要提供信息,而且要提供咨询与建议,同时还要对经济运行的状况施行监督,也就是说统计具有信息、咨询、监督的整体功能。

统计信息职能是指统计具有信息服务的功能,也就是统计通过系统地搜集、整理和分析,得到统计资料,并在统计资料的基础上经过反复提炼筛选,提供大量有价值的、以数量描述为基本特征的统计信息,为社会服务。

统计咨询职能是指统计具有提供咨询建议和对策方案的服务功能,也就是指统计部门利用所掌握的大量的统计信息资源,经过进一步的分析、综合、判断,为宏观和微观决策,为科学管理提供咨询建议和对策方案。

统计监督职能是指统计具有揭示社会经济运行中的偏差,促使社会经济运行不偏离正常轨道的职能,也就是统计部门以定量检查、经济监测、预警指标体系等为手段,揭示社会经济决策及其执行过程中的偏差,使社会经济决策及其执行过程按客观规律的要求进行。

统计信息职能是统计最基本的职能,是统计咨询职能和统计监督职能能够发挥作用的保证,反过来统计咨询职能和统计监督职能的强化又会促进统计信息职能的强化。统计的三种职能相辅相成，相互作用，构成一个有机整体，故又称为整体功能。

1.3.3 统计工作过程

统计工作是对社会经济现象进行调查研究以认识其本质和规律性的一种工作。作为人类认识客观世界的一种活动，统计工作是无止境的，但就一次具体的统计活动而言，一个完整的统计工作过程一般要经过统计设计、统计调查、统计整理和统计分析四个阶段，才能完成由定性认识到定量认识再到定性认识与定量认识相结合这一完整过程，从而使人类的认识得到升华。

统计设计是对统计活动各个方面和各个环节所做的通盘考虑和合理安排，如确定调查对象、设计指标体系、编制分类目录、制订调查、整理和分析方案等。优良的统计设计是科学、有效地组织统计活动的前提。现实中，统计设计体现在统计调查、统计整理和统计分析的各工作过程中，通常不把它当作一个单独的统计工作过程来看，从上述的我国统计的基本任务中也可得到印证。因此，统计工作过程通常分为统计调查、统计整理和统计分析三个阶段。

统计调查就是根据一定的目的，通过科学的调查方法，搜集社会经济现象的实际资料的活动。简言之，统计调查就是搜集统计资料(数据)的工作过程。从统计工作的全过程来看，统计调查是搜集资料获得感性认识的阶段，它既是认识客观经济现象的起点，也是统计整理和统计分析的基础环节。因此，统计调查是统计工作的基础环节，也可认为是统计工作过程的第一阶段。

统计整理是对调查来的大量统计资料进行加工整理、汇总、列表的过程。通过统计调查取得的原始资料只能反映总体各单位的具体情况，是分散的、零碎的、表面的，而且精粗并存、真伪混杂，不能说明事物的全貌。要说明总体情况，揭示总体的特征，还需要对这些资料进行去粗取精、去伪存真、由此及彼、由表及里的加工整理，以便对总体做出概括性的说明。因此，统计整理就是对搜集上来的统计数据，进行加工整理，使之系统化、条理化，以符合分析的需要的过程。简言之，统计整理就是对统计数据的加工整理和显示。统计数据整理通常包括数据的预处理、分类或分组、汇总等几个方面的内容，也是统计分析之前的必要步骤。因此，统计整理处于统计工作过程的中间环节，起着承前启后的作用。

统计分析是将加工整理好的统计资料加以分析研究，通过采用各种分析方法，计算各种分析指标，来揭示社会经济过程的本质及其发展变化的规律。经过统计分析阶段，对事物的认识由感性认识上升到理性认识。

统计工作过程的各个阶段并不是孤立的、截然分开的，它们是紧密联系的一个整体，其中各个环节常常是交叉进行的。例如，小规模的调查，常把调查和整理结合起来；在统计调查过程中就有对事物的初步分析；在整理和分析过程中仍需进一步调查。

1.4 统计学的几个基本概念

统计科学和其他科学一样，在论述理论与方法时，需要运用一些专门的概念，有些是基本的、常用的，有些是局部的，在论述专门问题时使用局部的概念，这些概念将在以后章节讲解。本节只对几个基本的、常用的概念加以阐述。

1.4.1 统计总体与总体单位

根据一定的目的和要求，统计需要研究有关的统计总体。所谓统计总体，是由客观存在的、具有某种共同性质又有差别的许多个别单位所构成的整体，当这个整体作为统计研究对象时称为统计总体，简称总体。例如，研究某个工业部门的企业生产情况时，该部门的所有工业企业可以作为一个总体，因为它是由许多客观存在的工业企业组成的，而每个工业企业都是进行工业生产活动的基层单位，具有同质性。

如果一个统计总体中包括的单位数是无限的，则称之为无限总体。例如，连续大量生产某种零件时，其总产量是无限的，因此构成一个无限总体。若总体中包括的单位数是有限的，则称之为有限总体，如在特定时点上的人口总数、工业企业总数等。对于有限总体，既可以进行全面调查，也可以进行抽样调查。对于无限总体来说，只能进行抽样调查，根据样本数据推断总体特征。

 知识链接

统计总体的三个特性：大量性、同质性和变异性。

1) 大量性

大量性是总体的量的规定性，即指总体的形成要有一个相对规模的量，仅仅由个别单位或极少量的单位不足以构成总体。因为个别单位的数量表现可能是各种各样的，只对少数单位进行观察，其结果难以反映现象总体的一般特征。统计研究的大量观察法表明，只有观察足够多的量，在对大量现象的综合汇总过程中，才能消除偶然因素，使大量社会经济现象的总体呈现出相对稳定的规律和特征。这就要求统计总体必须包含足够多数的单位。足够多数，是指足以反映规律的数量要求。当然，大量性也是一个相对的概念，它与统计研究的目的、客观现象的现存规模以及总体各单位之间的差异程度等都有关系。

2) 同质性

总体的同质性，是指构成总体的各个单位至少有一种性质是共同的，同质性是将总体各单位结合起来构成总体的基础，也是总体的质的规定性。例如，全国工业企业作为统计总体，则每个总体单位都必须具有从事工业生产活动的企业特征，而不具有这些特征的就不能称为工业企业。如果违反同质性，把不同性质的单位结合在一起作为总体，那么对这样的总体进行统计研究，不仅没有实际意义，甚至会产生虚假和歪曲的分析结论。

同质性的概念是相对的，它是根据一定的研究目的而确定的，目的不同，同质性的意义也就不同。例如，研究全国工业企业的生产状况时，所有工业企业都是同质的，而研究民营工业企业生产状况时，民营工业企业与国有工业企业就是异质的。可见，同质性是相对研究目的而言的，当研究目的确定后，同质性的界限也就确定了。

3) 变异性

总体各个单位除了具有的某种或某些共同的性质以外，在其他方面则各不相同，具有质的差别和量的差别，这种差别称为变异。因为变异的普遍存在，所以才有必要进行统计研究，这也是统计的前提条件。总体中各个单位之间的变异性，是各种因素错综复杂作用的结果，因此有必要采用统计方法加以研究，以表明总体的数量特征。

统计总体的三个特征中，大量性是条件，同质性是基础，差异性是前提。

构成总体的每一个事物或基本单位称为总体单位。原始资料最初就是从各个总体单位取得的，所以总体单位是各项统计数字最原始的承担者。例如，研究某个工业部门的生产情况时，该工业部门的所有工业企业可以作为一个总体，每个工业企业则是总体单位，将每个工业企业的某些数量特征加以登记汇总，就取得该工业部门的统计资料。

总体和总体单位是相对而言的，在一次特定范围、目的的统计研究中，统计总体与总体单位是不容混淆的，二者的含义是确切的，是包含与被包含的关系。但是随着统计研究目的及范围的变化，统计总体和总体单位可以转化。同一事物在不同情况下，可以作为总体，也可以作为总体单位。例如，在上述某一工业部门所有工业企业的统计总体中，每个企业是一个总体单位。但在研究一个典型企业的内部问题时，则被选作典型的某一企业又可作为一个总体。

1.4.2 统计标志

1. 标志和标志表现

统计标志简称标志，是指统计总体各单位所具有的共同特征的名称。从不同角度考察，每个总体单位可以有许多特征，如每个职工可以有性别、年龄、民族、工种等特征。

标志表现是标志特征在各单位的具体体现。职工的性别是女，年龄为35岁，民族为汉族等，这里"女""35岁""汉族"就是性别、年龄、民族的具体体现，即标志表现。

2. 标志的分类

(1) 标志按变异情况可分为不变标志和变异标志。当一个标志在各个单位的具体表现都相同时，这个标志称为不变标志；当一个标志在各个单位的具体表现有可能不同时，这个标志称为可变标志或变异标志。如中国第五次人口普查规定："人口普查的对象是具有中华人民共和国国籍并在中华人民共和国国境内常住的人。"按照这一规定，在作为调查对象的人口总体中，国籍和在国境内居住是不变标志，而性别、年龄、民族、职业等则是变异标志。不变标志是构成统计总体的基础，因为至少必须有一个不变标志将各总体单位联结在一起，才能使它具有"同质性"，从而构成一个总体。变异标志是统计研究的主要内容，因为如果标志在各总体单位之间的表现都相同，那就没有进行统计分析研究的必要了。

(2) 标志按其性质可以分为品质标志和数量标志。品质标志表示事物的质的特性，是不能用数值表示的，如职工的性别、民族、工种等。数量标志表示事物的量的特性，是可以用数值表示的，如职工年龄、工资、工龄等。品质标志主要用于分组，将性质不相同的总体单位划分开来，便于计算各组的总体单位数，计算结构和比例指标。数量标志既可用于分组，也可用于计算标志总量及其他各种质量指标。

小思考

学校作为一个总体单位具有哪些标志？其中哪些是品质标志？哪些是数量标志？哪些是不变标志？哪些是可变标志？

1.4.3 统计指标

1. 统计指标及其构成要素

对统计指标的含义，一般有两种理解和两种使用方法。

(1) 统计指标是指反映总体现象数量特征的概念,如人口数、商品销售额、劳动生产率等。它包括三个构成要素:指标名称、计量单位和计算方法。这是统计理论与统计设计上所使用的统计指标含义。

(2) 统计指标是反映总体现象数量特征的概念和具体数值。例如,2016 年我国国内生产总值为 744127 亿元。这个概念含义中包括了指标数值。按照这种理解,统计指标除了包括上述三个构成要素外,还包括时间限制、空间限制、指标数值。这是统计实际工作中经常使用的统计指标的含义。因此,统计指标包括六个具体的构成因素。

小思考

(1) "2016 年我国国内生产总值(GDP)为 744127 亿元"这句话中统计指标的指标名称、计量单位、计算方法、时间限制、空间限制、指标数值分别是什么?

(2) 列举几个日常生活中接触过的统计指标,并指明每个指标的六个要素分别都是什么?

一般认为,对统计指标的这两种理解都是成立的。在做一般性统计设计时,只能设计统计指标的名称、内容、口径、计量单位和计算方法,这是不包括数值的统计指标。然后经过搜集资料、汇总整理、加工计算得到统计指标的具体数值,用来说明总体现象的实际数量状况及其发展变化的情况。从不包括数值的统计指标到包括数值的统计指标,在一定意义上反映了统计工作的过程。

2. 统计指标的特点

(1) 数量性。所有的统计指标都可以用数值来表现,这是统计指标最基本的特点。统计指标所反映的就是客观现象的数量特征,这种数量特征,是统计指标存在的形式,没有数量特征的统计指标是不存在的。正因为统计指标具有数量性的特点,它才能对客观总体进行量的描述,才使统计研究运用数学方法和现代计算技术成为可能。

(2) 综合性。统计指标既是同质总体大量个别单位的总计,又是大量个别单位标志差异的综合,是许多个体现象数量综合的结果。例如,某人的年龄,某人的存款额不能叫作统计指标;一些人的平均年龄、一些人的储蓄总额、人均储蓄才叫作统计指标。统计指标的形成都必须经过从个体到总体的过程,它是通过个别单位数量差异的抽象化来体现总体综合数量的特点的。

(3) 具体性。统计指标的具体性有两个方面的含义:一是统计指标不是抽象的概念和数字,而是一定的具体的社会经济现象的量的反映,是在质的基础上的量的集合,这一点使社会经济统计和数理统计、数学相区别;二是统计指标说明的是客观存在的、已经发生的事实,它反映了社会经济现象在具体地点、时间和条件下的数量变化,这一点又和计划指标相区别。统计指标反映的是过去的事实和根据这些事实综合计算出来的实际数量,而计划指标则说明未来所要达到的具体目标。

3. 标志与指标的区别和联系

标志与指标的主要区别如下:

第一,标志是说明总体单位特征的,指标是说明总体特征的。例如,一个工人的工资是数量标志,全体工人的工资总额是统计指标。

第二，标志有用文字表示的品质标志和用数值表示的数量标志两种，指标则都是用数值表示的，没有不能用数值表示的指标。

第三，标志中的数量标志不一定经过汇总，可直接取得，而指标数值是经过一定的汇总取得的。

第四，标志一般不具备时间、地点等条件，但作为一个完整的统计指标，一定要有时间、地点、范围。

标志与指标的主要联系如下：

第一，统计指标的数值多是由总体单位的数量标志值综合汇总而来，既可指总体各单位标志量的总和，又可指总体单位数的总和。例如，某地区工业增加值指标是由该地区的每个企业的工业增加值汇总而来；某地区工人人数指标由该地区各企业的职工人数汇总而来。

第二，标志与指标之间存在着变换关系。如果由于统计研究目的的变化，原来的统计总体变成总体单位了，则相对应的统计指标也就变成了数量标志。反过来，如果原来的总体单位变成总体了，则相对应的数量标志也就变成了统计指标。例如，在研究某企业职工情况时，该企业的全部职工是总体，该企业的工资总额为统计指标。而在研究该企业所属的某工业局职工工资情况时，该企业就是总体单位，则该企业的工资总额为数量标志，具体的工资总额数值为标志值，相应地该企业的工资总额由统计指标变为数量标志。

4. 统计指标的种类

(1) 统计指标按其说明总体内容的不同分为数量指标和质量指标。

数量指标也称为总量指标，它是反映现象总体某一方面绝对数量特征的指标，表明现象所达到的总规模、总水平或工作总量。例如，人口数、企业数、工资总额、商品销售额、总产值等都属于数量指标。数量指标的计量单位有实物单位、价值单位和时间单位三种，其中实物单位又有自然单位、度量衡单位、双重单位和复合单位等。数量指标按照其反映现象内容的不同，分为总体标志总量和总体单位总量。总体标志总量是总体中所有总体单位的某个标志的标志值之和，也就是某变量的所有变量值之和；总体单位总量则是总体所包含的总体单位的个数，也就是某变量的变量值个数。数量指标主要是总体标志总量，是认识总体现象的基础指标。

质量指标是反映现象总体内对比关系或总体间对比关系的指标，表明现象所达到的相对水平、平均水平、工作质量或相互依存关系。例如，新生婴儿性别比、职工平均工资、产品合格率、资金利润率、人口的年龄构成、农轻重的比例关系等都属于质量指标。质量指标又可以分为相对指标和平均指标两种。

(2) 统计指标按其作用和表现形式的不同，可分为总量指标、相对指标和平均指标。总量指标是反映现象总体规模、水平的指标，如工资总额、产品产量等。相对指标是两个有联系的总量指标相对比的结果，说明现象总体的结构、发展速度、比例、强度、密度等，如产品的合格率、年均增长速度、人口密度等。平均指标是在同质总体内将各单位某一数量标志的差异抽象化，用以反映总体在具体条件下的一般水平，如职工的平均工资、商品的平均价格、粮食的单位面积产量等。

(3) 统计指标按管理功能作用不同，可分为描述指标、评价指标和预警指标。

描述指标主要是反映社会经济运行的状况、过程和结果，提供对社会经济总体现象的基本认识，是统计信息的主体。例如，反映社会经济条件的土地面积指标、自然资源拥有量指标、社会财富指标、劳动资源指标、科技力量指标，反映生产经营过程和结果的国民生产总值指标、工农业总产值指标、国民收入指标、固定资产指标、流动资金指标、利润指标，以及反映社会物质文化的娱乐设施指标、医疗床位数指标等。

评价指标用于对社会经济运行的结果进行比较、评估和考核，以检查工作质量或其他定额指标的结合使用，包括国民经济评价指标和企业经济活动评价指标，如评价企业经营活动时，可用销售利润率、净资产利润率等指标。

预警指标一般用于对宏观经济运行进行监测，对国民经济运行中即将发生的失衡、失控等进行预报、警示。通常选择国民经济运行中的关键性、敏感性经济现象，建立相应的监测指标体系。例如，针对经济增长、经济周期波动、失业、通货膨胀等，可以建立国民生产总值与国民收入增长率、社会消费率、积累率、失业率、通货膨胀率、汇率、利率等预警指标。

1.4.4 统计指标体系

任何一个总体都有多方面的数量特征，而一个统计指标只能说明某一方面的数量特征。因此要想比较全面地了解所研究现象总体的数量特征，就应该设计和使用一系列相互联系的统计指标。这种反映同一总体多个方面数量特征的、一系列相互联系的统计指标所形成的体系，就称为统计指标体系。统计指标体系因各种现象本身联系的多样性和统计研究的目的不同而分为不同的类别。

根据所研究问题的范围大小，可以建立宏观统计指标体系和微观统计指标体系。宏观统计指标体系就是反映整个现象大范围的统计指标体系，如反映整个国民经济和社会发展的统计指标体系。微观统计指标体系就是反映现象较小范围的统计指标体系，如反映企业或事业单位的统计指标体系。介于这两者之间的可以称为中观统计指标体系，如反映各地区或各部门的统计指标体系。

根据所反映现象的范围内容不同，统计指标体系可以分为综合性统计指标体系和专题性统计指标体系。综合性统计指标体系是较全面地反映总系统及其各个子系统的综合情况的统计指标体系，如国民经济和社会发展统计指标体系。专题性统计指标体系则是反映某一个方面或问题的统计指标体系，如经济效益指标体系就是专题性统计指标体系。

统计指标体系也可以指若干个统计指标之间的联系表现为一个方程关系。例如，工资总额＝平均工资×职工人数；商品销售额＝商品销售量×商品销售价格；等等。统计指标体系对于统计分析和研究具有重要的意义。通过一个设计科学的统计指标体系，可以描述现象的全貌和发展的全过程，分析和研究现象总体存在的矛盾及各种因素对现象总体变动结果的影响方向和程度，也可以对未来的指标进行计算和预测，对未来现象发展变化的趋势进行预测。

知识链接

统计指标体系设计的原则

1) 目的性

设计任何一个统计指标，首先应当明确要解决什么问题，达到何种目的。换言之，设计统计指标取决于统计研究的目的。只有明确了目的，才有可能确定所要研究总体应设计哪些指标进行观察和考核。不同的目的就有不同的需要，就应设计不同的指标。例如，当研究的目的是为了观察零售商业企业人力资源的利用效果时，应设计业务人员劳动效率和全员劳动效率指标进行度量；当研究的目的是为了观察零售商业企业房屋设备使用效果时，应设计每平方米营业面积所产出的营业额和每平方米经营利润率指标进行度量。

2) 科学性

设计统计指标要求以正确、科学的理论做指导，以客观事物内部及事物之间的本质联系为依据。无论是统计指标名称与含义的确定，还是统计指标计算方法的选择，都应准确地反映研究对象内部及其彼此之间的相互联系。例如，我们研究商业企业的劳动效率问题，在设计指标时就有三种选择，即营业员劳动效率、业务人员劳动效率和全员劳动效率。在这三个指标中，前两个指标只是反映企业局部的劳动效率，唯有选择全员劳动效率指标才能全面、准确地反映企业劳动效率的全貌，才能体现指标科学性的要求。

3) 度量性

统计指标是用数据反映社会经济现象特征的，是可以测定和计量的，没有不能用数量表现的统计指标。统计指标的量化特点既区别于纯数学计算又为运用数学方法研究社会经济现象提供了条件。设计统计指标要求现象总体的数量特征在量化层次、计量单位、量化方法和形式等方面具有可操作性。例如，研究人们的"精神生活"是一个非常抽象的内容，在国家统计局和国家计委联合研制的"小康社会指标体系"中，将"社会主题"设计了多个指标，如基尼系数、社会保险覆盖率、平均受教育年限、犯罪率、文教体卫增加值比重、日均消费性支出小于5元的人口比重，这使"社会主题"的内容有了度量性。

4) 可比性

在设计统计指标时应注意各地区、各部门指标的一致性和不同时期统计指标的相对稳定性，以便同类指标能在不同空间和不同时间相互比较。随着客观情况的变化和统计资料使用要求的变化，统计指标的含义和计算方法将会有所修改，修改时就必须考虑前后时期的可比性，特别是在指标口径、分类标准、计算价格和计算方法等方面发生变更时，应当规定统一的换算方法。

1.4.5 变异、变量和变量值

统计学将总体单位之间标志(包括品质标志和数量标志)的不同具体表现称为变异，但严格地说，仅把品质标志的不同具体表现称为变异，如人的性别表现为男、女，民族表现为汉、满、蒙、回、苗等。变异是统计的前提条件。

变量是指可以用数值来表示的变异，因此称可变的数量标志为变量。而可变的品质标志只存在品质变异，它不能用数值表示，所以不是变量。而数量标志的不同具体表现则称为变量值，总体单位的数量标志大多是可变的，其在总体各单位所表现的标志值，就是变量值。"销售额"是一个变量，各月销售额 500000 元、520000 元、550000 元等，则是变量值。在社会经济统计中，变量包括各种数量标志和全部统计指标，它们都是以数值表示的，不包括品质标志。变量就是数量标志的名称或指标的名称，变量值就是变量的具体数值表现。

变量与变量值这两个概念容易混淆。例如，"工资"是一个变量，某人各月工资水平3500元、3600元、3700元等都是变量值，都是"工资"这个变量的具体数值。我们可以说计算3500元、3600元、3700元三个变量值的平均数，不能说是计算三个变量的平均数，因为这里只有"工资"这一个变量，并没有三个变量。

变量按其取值是否连续，可分为连续变量与离散变量两种。在一定区间内可任意取值的变量叫作连续变量，其数值是连续不断的，相邻两个数值可进行无限分割，即可取无限个数值。例如，生产零件的规格尺寸、人体测量的身高、体重、胸围等都为连续变量。离散变量的数值一般是整数，相邻两个数值之间不能插入任何数值，否则没有意义，如企业个数、职工人数、设备台数、学校数、医院数等。当然在统计实践中，为了方便核算，对有些连续变量只取整数，如对人的年龄，尽管在统计时，一个人的年龄会有几个月及几天的尾数，但通常只会取周岁。

变量按其性质不同，分为确定性变量和随机性变量两种。确定性变量是指影响变量值的变动有某些确定性作用的因素，致使该变量按这些因素的作用而变动，也即影响变量值变化的因素是明确的、可解释的或可人为控制的，因而变量的变化方向和变动程度是可确定的。例如，产品销售额受到销售量和销售价格两个因素的影响，这两个因素都是明确的或可人为控制的，对销售额影响的大小和方向是确定的。随机性变量是指受随机因素影响的变量，也即影响变量值变化的因素是不确定的、偶然的，变量受随机因素影响的大小和方向是不确定的。例如，农作物产量的高低受种子、水分、气温、光照、施肥、管理等多种因素的影响，而水分、气温、光照等变化是不确定的或非人力所能控制的，因而农作物产量是随机性变量。但是随机性变量也蕴藏着一定的规律性，通过大量观测可以揭示这种规律性。例如，通过大量观察发现，随着施肥量的适当增加和管理水平的提高，农作物产量呈上升趋势。因此，通过大量观测或试验来发现随机变量的变动规律，成为统计学方法研究的主要任务之一。

1.4.6 统计数据的计量尺度与类型

统计数据是对客观现象进行计量的结果。统计数据是我们利用统计方法进行分析的基础，离开了统计数据，统计方法就成了"无米之炊"，失去了用武之地。对统计数据的属性、特征进行分类、标示和计算，称为统计计量或统计量度。统计数据的计量尺度不同，就有不同的统计数据的类型，对不同类型的数据将采用不同的统计方法来处理和分析。例如，在相关分析中，对定类数据进行品质相关分析，对定序数据进行等级相关分析，对定量数据进行直线相关分析或曲线相关分析。

1. 统计数据的计量尺度

由于客观事物有的比较简单，有的比较复杂，有的表现为品质差异，如人的外貌体征、人的偏好和信仰、人的性别和文化程度、产品质量等级等；有的表现为数量差异，如人的身高和体重、产品的数量和价值等。因此，统计计量也就有定性计量和定量计量的区别，并且可分不同的层次。美国社会学家、统计学家史蒂文斯(S. S. Stevens)1968年按照变量的性质和数学运算的功能特点，将统计计量尺度由低级到高级、由粗略到精确划分为四个层次，即定类尺度、定序尺度、定距尺度和定比尺度。

1) 定类尺度

定类尺度也称列名尺度，它是最粗略、计量层次最低的尺度，是按照事物的某种属性进行平行的分类或分组。例如，国民经济按其经济类型，可以分为国有经济、集体经济、私营经济、个体经济等，可将数字作为现象总体中不同类别或不同组别的代码，如用(01)代码表示国有经济，(02)表示集体经济，(03)表示私营经济，(04)表示个体经济；用(011)代表国有经济中的国有企业、(012)代表国有联营企业，用(021)表示集体经济中集体企业、(022)表示集体联营企业，用(031)表示私营经济中的私营独资企业、(032)表示私人合伙企业、(033)表示私营有限责任公司，用(041)表示个体经济中的个体工商户，(042)表示个人合伙等。其中两位代码表示经济大类，三位代码则表示各类中的构成。不同代码反映同一水平的各类(组)别，并不反映其大小顺序。各类中虽然可以计算它的单位数，但不能反映第一类的一个单位可以相当于第二类的几个单位等。

在这种情况下，不同的数字仅表示不同类(组)别的品质差别，而不表示它们之间量的顺序或量的大小。定类尺度的主要数学特征是"="或"≠"。在使用定类尺度对事物进行分类时，必须符合穷尽原则和互斥原则。定类尺度是对事物最基本的测度，是其他计量尺度的基础。

2) 定序尺度

定序尺度又称顺序尺度，是对事物之间等级差或顺序差别的一种测度。例如，对合格产品按其性能和好坏，可分成优等品、一等品、合格品等。这种尺度虽然也不能表明一个单位一等品等于几个单位二等品，但却明确表示一等品性能高于二等品，而二等品性能又高于三等品等。定序尺度不但可以用数表示量的不同类(组)别，而且也能反映量的大小顺序关系，从而可以列出各单位、各类(组)的次序。

定序尺度的主要数学特征是">"或"<"。很显然，定序尺度对事物的计量要比定类尺度精确一些，但它只是测度了类别之间的顺序，未测量出类别之间的准确差值。因此，该尺度的计量结果只能比较大小，不能进行加、减、乘、除等数学运算。定序尺度除了用于分类(组)外，还可以在变量数列分析中确定中位数、四分位数、众数等指标的位置。

3) 定距尺度

定距尺度也称间隔尺度，是对事物类别或次序之间间距的计量，通常使用自然或度量衡单位作为计量尺度。定距尺度是比定序尺度高一层次的计量尺度，它不仅能将事物区分为不同类型并进行排序，而且可以准确地指出类别之间的差距是多少。例如，学生某门课程的考分，可以从高到低分类排序，形成90分、80分、70分，直到零分的序列。它们不仅有明确的高低之分，而且可以计算差距，90分比80分高10分，比70分高20分等。

定距尺度的主要数学特征是"+"或"-"。其计量结果表现为数值，可以进行加或减的运算，但不能进行乘或除的运算，其原因是在等级序列中没有固定的、有确定意义的"零"位。例如，学生甲得分90分，学生乙得0分，可以说甲比乙多得90分，却不能说甲的成绩是乙的90倍或无穷大。因为0分在这里不是一个绝对的标准，并不意味着乙学生毫无知识。正如我们不能说40℃比20℃暖和两倍一样。该种尺度没有确定的标准的"零"位，但有基本的、确定的测量单位，如学生成绩的测量单位是1分，质量价差的测量单位量1元，温度的测量单位是1℃等，这是定距尺度的显著特点。

4) 定比尺度

定比尺度也称比率尺度，与定距尺度属于同一层次，其计量结果也表现为数值。它是在定距尺度的基础上，确定可以作为比较的基数，并将两种相关的数加以对比，而形成新的相对数，用以反映现象的构成、比重、速度、密度等数量关系。它与定距尺度的唯一差别是定比尺度必须有一个绝对固定的零点，定距尺度没有绝对零点。即定距尺度的"0"表示一个数值，即"0"水平，定比尺度的"0"表示没有或不存在。例如，一个地区的温度为 0℃，它表示一种温度水平，并不是没有温度。一个学生的统计学成绩为 0 分，表示他的统计学成绩为 0，并不表示他没有考试成绩或没有任何统计学知识。可见定距尺度的"0"是一个有意义的数值。例如，一个人的身高为 0 米，表示这个人不存在；一个人的收入为 0 元，表示这个人没有收入；一种产品产量为 0，表示没有这种产品；等等。

由于定比尺度是在比较基数上形成的尺度，所以能够显示更加深刻的意义。定比尺度的主要数学特征是"÷"或"×"。它可以进行加、减、乘、除等数学运算。例如，甲的月收入为 6000 元，乙的月收入为 3000 元，可以得出甲的月收入比乙的月收入多 3000 元，甲的月收入为乙的月收入的两倍。在现实中，大多数情况下我们使用的都是定比尺度。

上述四种计量尺度对事物的计量层次是由低级到高级、由粗略到精确逐步递进的。高层次的计量尺度具有低层次计量尺度的全部特性，但不能反过来。显然，我们可以很容易地将高层次计量尺度的测量结果转化为低层次计量尺度的测量结果，如将考试成绩的百分制转化为五等级分制。在统计分析中，一般要求测量的层次越高越好，因为高层次的计量尺度包含更多的数学特性，运用的统计分析方法越多，分析时也就越方便。

2. 统计数据的类型

统计数据是采用某种计量尺度对事物进行计量的结果，采用不同的计量尺度会得到不同类型的统计数据。从上述四种计量尺度计量的结果来看，可以将统计数据分为以下四种类型：

定类数据——表现为类别，但不区分顺序，是由定类尺度计量形成的。

定序数据——表现为类别，但有顺序，是由定序尺度计量形成的。

定距数据——表现为数值，可进行加、减运算，是由定距尺度计量形成的。

定比数据——表现为数值，可进行加、减、乘、除运算，是由定比尺度计量形成的。

前两类数据说明的是事物的品质特征，不能用数据表示，其结果均表现为类别，也称为定性数据或品质数据；后两类数据说明的是现象的数量特征，能够用数值来表现，因此也称为定量数据或数量数据。由于定距尺度和定比尺度属于同一测度层次，所以可以把后两种数据看作同一类数据，统称为定量数据或数值型数据。

区分测量的层次和数据的类型是十分重要的，因为对不同类型的数据将采用不同的统计方法来处理和分析。例如，对定类数据，通常计算出各组的频数或频率，计算其众数和异众比率，进行列联表分析和 χ^2 检验等；对定序数据，可以计算其中位数和四分位差，计算等级相关系数等非参数分析；对定距或定比数据还可以用更多的统计方法进行处理，如计算各种统计量、进行参数估计和检验等。我们所处理的大多为数量数据。

这里需要特别指出的是，适用于低层次测量数据的统计方法，也适用于较高层次的测量数据，因为后者具有前者的数学特性。例如：在描述数据的集中趋势时，对定类数据通常是计算众数，对定序数据通常是计算中位数，但对定距数据和定比数据同样也可以计算众数和中位数。反之，适用于高层次测量数据的统计方法，则不能用于较低层次的测量数据，因为低层次数据不具有高层次测量数据的数学特性。例如，对于定距数据和定比数据可以计算平均数，但对于定类数据和定序数据则不能计算平均数。理解这一点，对于选择统计分析方法是十分有用的。

1.5 统计学的研究方法

统计学根据研究对象的性质和特点，形成了专门的研究方法，这些基本方法有大量观察法、统计分组法、综合指标法、统计推断法和统计模型法五种。

1.5.1 大量观察法

大量观察法是统计学特有的方法。所谓大量观察法，是指对所研究的事物的全部或足够多的数量进行观察的方法。社会现象或自然现象都受各种社会规律或自然规律相互交错作用的影响。在现象总体中，个别单位往往受偶然因素的影响，如果任选其中之一进行观察，其结果不足以代表总体的一般特征；只有观察全部或足够多的单位并加以综合，影响个别单位的偶然因素才会相互抵消，现象的一般特征才能显示出来。大量观察的作用主要在于通过对统计总体中的大量单位进行观察，将大量个体中非本质的偶然因素的影响抵消或削弱，从而将统计总体的本质特征显示出来，达到正确认识客观事物发展规律的目的。

大量观察法的数学依据是大数定律，大数定律是随机现象的基本规律。大数定律的一般概念是，在观察过程中，每次取得的结果不同，这是偶然性所致，但大量、重复观察结果的平均值却几乎接近确定的数值。狭义的大数定律就是指概率论中反映上述规律性的一些定理，表述平均数的规律性与随机现象的概率关系。

大数定律的本质意义在于经过大量观察，将个别的、偶然的差异性抵消，则必然的、集体的规律性显示出来。也就是说，观察的次数愈多，离差的差距就愈小，或者说频率出现了稳定性。这就表明，同质的大量现象是有规律的，尽管个别现象受偶然性因素的影响出现偏差，但观察数量达到一定程度时就呈现出规律性，这就是大数定律的作用。

 知识链接

1) 性别比例问题

在不对生育人口进行任何限制的条件下，观察个别家庭或少数家庭的婴儿出生，生男生女的比例极为参差不齐，有的是生男不生女，有的是生女不生男，有的是女多男少，有的是男多女少，表面上看，新生婴儿的性别比例似乎没有什么规律可循，然而对大量家庭的新生婴儿进行观察就会发现，新生儿中男孩略多余女孩，大致为每出生 100 个女孩就相应地出生 107 个男孩。107：100 这个性别比例就是新生婴儿性别比的数量规律。并且，这一比例古今中外都大致相同，这是由人类自然发展的内在规律所决定的。

2) 投掷骰子的游戏

随机投掷匀质的骰子，哪个面会出现是不确定的，完全偶然的。但如果进行多次重复投掷，就会发现每个面出现的次数大体相同，且比值接近于 1/6，投掷的次数越多，就越接近于 1/6 这一稳定的数值。这里的 1/6 就是投掷骰子出现某一特定结果的概率，也就是投掷骰子时呈现出的数量规律性。

1.5.2 统计分组法

统计分组法是指根据统计研究的目的和统计总体的内在特点，按一定的统计标志将总体划分为性质不同的组或类的方法。统计总体的变异性是统计分组的前提条件。由于所研究现象本身的复杂性、差异性及多层次性，需要对所研究现象进行分组或分类研究，以期在同质的基础上探求不同组或类之间的差异性。统计分组在整个统计活动过程中都占有重要地位，在统计调查阶段可通过统计分组法来搜集不同类的资料，并可使抽样调查的样本代表性得以提高(即分层抽样方式)；在统计整理阶段可以通过统计分组法使各种数据资料得到分门别类地加工处理和储存，并为编制分布数列提供基础；在统计分析阶段则可以通过统计分组法来划分现象类型、研究总体内在结构、比较不同类或组之间的差异(显著性检验)和分析不同变量之间的相关关系。

1.5.3 综合指标法

统计研究现象的数量方面的特征是通过统计综合指标来反映的。综合指标法是指运用各种统计指标来反映和研究客观总体现象的一般数量特征和数量关系的方法，常见的有总量指标、相对指标、平均指标和标志变异指标等。综合指标法是统计分析的基本方法之一，在统计学，尤其在社会经济统计学中占有十分重要的地位，是描述统计学的核心内容。通过综合指标的计算可以显示出现象在具体时间、地点条件下的总量规模、相对水平、集中趋势、变异程度，并进一步从动态上研究现象的发展趋势和变化规律。如何最真实客观地记录、描述和反映所研究现象的数量特征和数量关系，是统计指标理论研究的一大课题。

1.5.4 统计推断法

统计在研究现象的总体数量特征时，需要了解的总体对象的范围往往是很大的，有时甚至是无限的，而经费、时间和精力等各方面的原因，以致有时在客观上难以实现，往往只能从中观察部分单位或有限单位进行计算和分析，根据局部观察结果来推断总体。例如，要说明某种产品的平均使用寿命，只能从该种产品中抽取一小部分进行检验，然后推断这种产品的平均使用寿命，并给出这种推断的置信程度。这种在一定置信程度下，根据样本资料的特征，对总体的特征做出估计和预测的方法称为统计推断法。统计推断法已在统计研究的许多领域得到应用，除了最常见的总体指标推断外，统计模型参数的估计和检验、统计预测中原时间序列的估计和检验等，也都属于统计推断的范畴，都存在着误差和置信度的问题。在实践中统计推断法是一种有效又经济的方法，其应用范围很广泛，发展很快，已成为现代统计学的基本方法。

1.5.5 统计模型法

在以统计指标来反映所研究现象的数量特征的同时，还经常需要对相关现象之间的数量变动关系进行定量研究，以了解某一(些)现象数量变动与另一(些)现象数量变动之间的关系及变动的影响程度。统计模型法是综合指标法的扩展，是根据一定的理论和假定条件，用数学方程去模拟客观现象相互关系的一种研究方法。利用这种方法，可以对客观现象和

【拓展知识】

过程中存在的数量关系进行比较完整和全面的描述，凸显所研究的综合指标之间的关系，从而简化了客观存在的复杂的其他关系，以便利用模型对所关心的现象变化进行评估和预测。运用统计模型法，可以使统计分析更具广度和深度，提高统计的认识能力。统计学提供了各种线性和非线性、简单和复杂的统计模型构建方法。

 小思考

在品尝某食品的口味后给出评价"好吃"，这一过程如果上升到统计理论，那么应用了什么方法？当你第一时间得知自己的高考成绩时，你能判断自己考得如何吗？而当你从互联网上得知你所在地区各分数段的成绩分布状况时，你是否可以比较准确地分析自己考得如何？在这个过程中，你应用了什么研究方法？

本 章 小 结

本章主要介绍了统计学的产生与发展，统计学的含义与研究对象，统计工作的基本任务与统计工作过程，统计学的几个基本概念，统计学的研究方法等。统计学的产生与发展主要介绍了统计学产生发展过程中主要的学派及其贡献。统计学的含义与研究对象主要介绍了统计学的三种含义：统计工作、统计资料、统计学；统计学的研究对象为大量现象的数量方面。统计工作的基本任务是对国民经济和社会发展情况进行统计调查、统计分析，提供统计资料和统计咨询意见，实行统计监督。统计工作过程包括统计设计、统计调查、统计整理和统计分析四个阶段。统计学的几个基本概念主要介绍了统计总体、总体单位、统计标志、统计指标、统计指标体系、变异、变量、变量值、定类尺度、定序尺度、定距尺度、定比尺度、定类数据、定序数据、定距数据、定比数据等基本概念。统计学的研究方法主要介绍了大量观察法、统计分组法、综合指标法、统计推断法和统计模型法。

思考与练习

一、单项选择题

1. "统计"一词的基本含义是( )。
   A. 统计调查、统计整理、统计分析　　B. 统计设计、统计分组、统计计算
   C. 统计方法、统计分析、统计预测　　D. 统计科学、统计工作、统计资料
2. 总体与总体单位不是固定不变的，是指( )。
   A. 随着客观情况的变化发展，各个总体所包含的总体单位数也在变动
   B. 随着人们对客观认识的不同，对总体与总体单位的认识也有差异
   C. 随着统计研究目的与任务的不同，总体和总体单位可以相互转化
   D. 客观上存在的不同总体和总体单位之间，总是存在着差异
3. 一个统计总体( )。
   A. 只能有一个标志　　　　　　　　　B. 只能有一个指标

C．可以有多个标志　　　　　　　D．可以有多个指标
4．下列标志中，属于数量标志的是(　　)。
　　A．学生性别　　B．学生年龄　　C．学生专业　　D．学生住址
5．下列标志中，属于品质标志的是(　　)。
　　A．工人性别　　B．工人年龄　　C．工人体重　　D．工人工资
6．构成统计总体的个别事物称为(　　)。
　　A．调查单位　　B．总体单位　　C．调查对象　　D．填报单位
7．下列属于质量指标的有(　　)。
　　A．平均工资　　B．工资总额　　C．销售总量　　D．上缴利润额
8．要了解某市国有工业企业生产设备情况，则统计总体是(　　)。
　　A．该市国有的全部工业企业　　B．该市国有的每一个工业企业
　　C．该市国有工业企业的某一台设备　　D．该市国有工业企业的全部生产设备
9．统计总体的基本特征是(　　)。
　　A．同质性、大量性、差异性　　B．数量性、大量性、差异性
　　C．数量性、综合性、具体性　　D．同质性、大量性、可比性
10．标志是说明(　　)。
　　A．总体单位的特征的名称　　B．总体单位量的特征的名称
　　C．总体质的特征的名称　　D．总体量的特征的名称
11．统计最基本的职能是(　　)。
　　A．信息职能　　B．调查职能　　C．咨询职能　　D．决策职能
12．某研究生班四个学生的统计考试成绩分别为75分、80分、90分和98分，这四个数字是(　　)。
　　A．标志　　B．变量　　C．指标　　D．变量值
13．工业企业的资产总值、设备台数是(　　)。
　　A．连续变量
　　B．前者是离散变量，后者是连续变量
　　C．离散变量
　　D．前者是连续变量，后者是离散变量
14．下列变量中属于连续变量的是(　　)。
　　A．高等学校数　　B．企业个数　　C．学生年龄　　D．学生人数
15．构成总体的总体单位(　　)。
　　A．只有一个标志　　B．只能有一个指标
　　C．可有多个标志　　D．可有多个指标
16．在统计数据的计量尺度中，可以进行加、减、乘、除运算的计量尺度是(　　)。
　　A．定类尺度　　B．定序尺度　　C．定距尺度　　D．定比尺度
17．统计数据的计量尺度由低级到高级、由粗略到精确地划分为(　　)。
　　A．定类尺度、定距尺度、定序尺度、定比尺度
　　B．定序尺度、定类尺度、定距尺度、定比尺度
　　C．定类尺度、定序尺度、定距尺度、定比尺度
　　D．定比尺度、定距尺度、定序尺度、定类尺度

18. 在统计数据的计量尺度中，（　　）的主要数学特征是"="或"≠"。
    A．定类尺度　　　B．定序尺度　　　C．定距尺度　　　D．定比尺度
19. 在统计数据的计量尺度中，（　　）的主要数学特征是"+"或"-"。
    A．定类尺度　　　B．定序尺度　　　C．定距尺度　　　D．定比尺度
20. 在统计数据的计量尺度中，有绝对零点的计量尺度是（　　）。
    A．定类尺度　　　B．定序尺度　　　C．定距尺度　　　D．定比尺度

二、多项选择题

1. 统计的基本任务是对经济社会发展情况（　　）。
    A．进行统计调查和分析　　　　B．提供统计资料
    C．提供统计咨询　　　　　　　D．进行科学决策
    E．实行统计监督
2. 统计的职能包括（　　）。
    A．信息职能　　　B．咨询职能　　　C．监督职能
    D．决策职能　　　E．协调职能
3. 统计指标的特点有（　　）。
    A．数量性　　　　B．社会性　　　　C．总体性
    D．综合性　　　　E．具体性
4. 统计指标的构成要素有（　　）。
    A．指标名称　　　B．计量单位　　　C．计算方法
    D．时间限制和空间限制　　　　　E．指标数值
5. 统计研究运用着各种专门的方法，主要包括（　　）。
    A．大量观察法　　B．统计分组法　　C．综合指标法
    D．统计模型法　　E．统计推断法
6. 某企业是总体单位，数量标志有（　　）。
    A．所有制　　　　B．职工人数　　　C．月平均工资
    D．年工资总额　　E．产品合格率
7. 变量按其是否连续可分为（　　）。
    A．确定性变量　　B．随机性变量　　C．连续变量
    D．离散变量　　　E．常数
8. 下列变量中属于离散变量的有（　　）。
    A．商业企业单位数　　　　　　B．商品销售额
    C．职工人数　　　D．商品库存数　　E．商店经营品种数
9. 下列变量中，属于连续变量的有（　　）。
    A．棉花产量　　　B．棉花播种面积　C．单位面积棉花产量
    D．植棉专业户数　E．农业科研所数
10. 品质标志表示事物的质的特征，数量标志表示事物的量的特征，所以（　　）。
    A．数量标志可以用数值表示　　　B．品质标志可以用数值表示

C．数量标志不可以用数值表示　　　D．品质标志不可以用数值表示

E．两者都可以用数值表示

11．下列标志中属于品质标志的有(　　)。

A．利润率　　　B．产品品种　　　C．产值

D．企业所有制　　E．统计人员技术职务

12．下列属于离散变量的是(　　)。

A．进口的粮食数量　　　　　　B．电视机生产量

C．医院床位数　　D．人均粮食产量　　E．城乡集市个数

13．在统计数据类型中，可以进行加、减运算的统计数据是(　　)。

A．定类数据　　B．定序数据　　C．定距数据

D．定比数据　　E．定量数据

14．统计数据类型根据统计数据的计量尺度可划分为(　　)。

A．定类数据　　B．定序数据　　C．定距数据

D．定比数据　　E．定量数据

15．适用于定序尺度的统计量主要有(　　)。

A．频率　　　　B．众数　　　　C．中位数

D．平均数　　　E．四分位数

三、判断题

1．统计学是一门研究现象总体数量方面的方法论科学，所以它不关心、也不考虑个别现象的数量特征。（　　）

2．构成统计总体的必要条件是差异性。（　　）

3．统计是指统计数据的搜集活动，也指统计活动的结果，还可以指分析统计数据的方法和技术。（　　）

4．统计工作和统计资料是过程与成果的关系，统计工作与统计学是实践与理论的关系。
（　　）

5．统计学的研究对象是大量社会经济现象的数量表现。（　　）

6．变量指可变的数量标志。（　　）

7．数量性是统计学研究对象的基本特点。（　　）

8．数学是研究事物的抽象空间和抽象数量的科学，而统计学研究的数量是客观存在的、具体实在的数量表现，是一个有具体时间、具体地点、具体条件限定的数量。（　　）

9．描述统计学是整个统计学的主要内容，推断统计学是整个统计学的基础。（　　）

10．统计监督职能是统计最基本的职能，是统计能够发挥作用的保证。（　　）

11．最早使用统计学这一学术用语的是国势学派。（　　）

12．指标是说明总体特征的，标志是说明总体单位特征的，所以指标和标志之间的关系是固定不变的。（　　）

13．社会经济统计是在质与量的联系中，观察和研究社会经济现象的数量方面。
（　　）

14．质量指标反映总体质的特征，因此，可以用文字来表述。（　　）

15．大量观察法、统计分组法和综合指标法分别用于统计调查阶段、统计整理阶段和统计分析阶段。（   ）
16．在统计数据的计量尺度中，有绝对零点的计量尺度是定距尺度。（   ）
17．可以进行加、减、乘、除运算的计量尺度是定距尺度。（   ）
18．可以进行加、减、乘、除运算的数据类型是定量数据。（   ）
19．定类尺度主要数学特征是"="或"≠"。（   ）
20．定类数据和定序数据不能计算平均数。（   ）

四、简答题

1．统计工作、统计资料和统计学的关系如何？
2．什么是统计总体？它的特点是什么？
3．简述标志与指标的联系与区别。
4．简述统计学的研究方法。
5．统计数据的计量尺度有哪些？并分别说明其主要数学特征。

第 2 章　统计调查与整理

教学目标

通过本章的学习，了解统计调查的意义、要求，统计调查方案设计的主要内容，统计调查问卷设计的要求、类型及应注意的问题，统计整理的意义和步骤，统计图的制作；掌握统计调查的几种组织形式的含义、特点及应用范围，统计分组的含义、作用，分组标志的选择，各种统计分组方法，分配数列的概念、种类及编制，统计表的制作。

教学要求

知识要点	能力要求	相关知识
统计调查的意义及分类	(1) 了解统计调查的意义 (2) 了解统计调查的要求 (3) 理解统计调查方式分类	(1) 统计调查的意义和要求 (2) 统计调查方式的分类
统计调查的方案设计	(1) 了解统计调查的目的 (2) 深入理解调查对象和调查单位 (3) 理解并运用统计调查项目 (4) 理解统计调查的时间与期限 (5) 理解统计调查的实施计划	(1) 确定统计调查的目的 (2) 确定统计调查的对象和调查单位 (3) 确定统计调查的项目和调查表 (4) 确定统计调查的时间和期限 (5) 确定统计调查的实施计划
统计调查的组织形式	(1) 理解统计报表制度的特点及类别 (2) 掌握统计普查的方法 (3) 理解并运用重点调查 (4) 理解并运用典型调查 (5) 了解抽样调查	(1) 统计报表制度 (2) 普查 (3) 重点调查 (4) 典型调查 (5) 抽样调查
统计调查问卷的设计	(1) 理解统计问卷设计类型及要求 (2) 了解统计调查问卷的结构	(1) 统计调查问卷设计的要求、类型、方法 (2) 统计调查问卷的结构
统计分组	(1) 理解统计整理 (2) 掌握统计分组的方法 (3) 能够灵活选择分组标志 (4) 理解统计分组的类别	(1) 统计整理的意义及步骤 (2) 统计分组的含义 (3) 分组标志的选择 (4) 统计分组的种类
分配数列	(1) 理解分配数列的概念、种类 (2) 灵活掌握组距式数列的编制方法 (3) 了解累计次数分布	(1) 分配数列的概念与种类 (2) 组距式数列的编制
统计表和统计图	(1) 灵活运用统计表的编制 (2) 了解统计图的制作	(1) 统计表 (2) 统计图

> 没有调查，没有发言权。
>
> ——毛泽东

关键词

统计调查　统计整理　统计分组　普查　重点调查　典型调查　抽样调查　全面调查　非全面调查　统计报表制度　专门调查　经常性调查　一次性调查　直接观察法　报告法　采访法　问卷调查法　通讯法　网上调查法　统计调查方案　调查对象　调查单位　调查项目　调查表　调查时间　调查期限　重点单位　典型单位　自填式问卷　访问式问卷　开放型问卷　封闭型问卷　品质分组　数量分组　简单分组　复合分组　平行分组体系　复合分组体系　分配数列　次数分布　次数　频数　权数　频率　品质数列　变量数列　单项式数列　组距式数列　组距　组限　上限　下限　组中值　开口组　闭口组　等距数列　异距数列　累计次数分布　向上累计　向下累计　累计次数　累计频率　统计表　统计图

导入案例

我国共进行过几次人口普查

自1982年开始，我国人口普查每10年进行一次，尾数逢0的年份为普查年度，逢5的年份进行人口抽样调查。中华人民共和国成立以来，我国已经成功地进行了六次全国人口普查，分别在1953年、1964年、1982年、1990年、2000年和2010年。

1953年，为了配合各级人民代表大会的选举，也为了国民经济第一个五年计划的制定，我国政府决定以1953年7月1日零时为标准时间进行第一次全国人口普查。普查内容包括本户地址、姓名、性别、年龄、民族、与户主关系六项。

1964年，我国经济经过调整后出现了全面好转的形势，为了第三个五年计划和长远规划的制定，我国政府决定进行第二次全国人口普查。标准时间为1964年7月1日零时，普查内容共九项，除保留上次普查的六项外，又增加了本人成分、文化程度、职业三个项目。

1982年，在实行改革开放，经济健康发展的情况下，为了给国家制定政策和计划提供准确、详细的人口数据，我国政府决定以1982年7月1日零时为标准时间进行第三次全国人口普查。普查内容增加到19项，并第一次使用计算机进行数据处理。

1990年，为了检验"七五"计划的执行情况，制定"八五"计划，并为中国经济和社会发展提供可靠的依据，我国政府决定以1990年7月1日零时为标准时间进行第四次全国人口普查。由于人口迁移和流动数量的增多，普查内容在上次普查的基础上又增加了五年前常住地状况和迁来本地原因两项，达到21项。

2000年，为了科学制定国民经济和社会发展战略与规划，更好地向现代化建设第三步战略目标胜利迈进，我国政府决定以2000年11月1日零时为标准时间进行第五次全国人口普查。这次普查有许多新特点：一是增加了普查内容，共计 49 项，分为按户填报的项目和按人填报的项目，比上一次普查增加了 28 项；二是第一次采取长短表的技术；三是改变了常住人口的标准；四是改变了普查时间；五是增加了"暂住人口表"；六是首次采用光电录入技术；七是建立了人口地理信息系统。

2010 年，针对第五次全国人口普查以来我国人口状况发生的变化，我国政府组织开展了第六次全国人口普查。这次普查将查清十年来我国人口在数量、结构、分布和居住环境等方面的变化情况，为科学制定国民经济和社会发展规划、统筹安排人民的物质和文化生活、实现可持续发展战略、构建社会主义和谐社会提供科学准确的统计信息支持。我国政府决定以 2010 年 11 月 1 日零时为标准时间进行第六次全国人口普查。这次人口普查主要调查人口和住户的基本情况，内容包括性别、年龄、民族、受教育程度、行业、职业、迁移流动、社会保障、婚姻生育、死亡、住房情况等。第六次人口普查的特点：一是首次纳入了外籍人口，此次普查范围包括我国境内的自然人，如常住人口、港澳台侨人员、外籍人员；在境外但未定居的中国公民，如驻外使馆人员、出国留学人员、外派劳务人员。已在国外定居的中国公民不属于普查对象；来华出差、旅游等短期停留的外籍人员也不在普查范围。二是与户口登记不同，第六次人口普查采取居住地登记原则，通俗地讲就是"逢人就查""见人就登"。三是新技术手段的应用。人口普查是"按房子找人"，前五次人口普查是人工绘制住房图，这次人口普查利用国家的卫星遥感资料，在电子计算机上生成人口普查的地图和小区图。另外，13 亿人口的数据汇总，工作量很大，靠人工汇总，费时费力还不一定准确。这次采用的光电录入，不仅能识别阿拉伯数字，还能识别手写的汉字。

(资料来源：根据国家统计局网站资料整理)

点评：

六次全国人口普查的历程表明中国的人口普查经历了一个逐步提高和完善的过程，通过不断自我探索和学习国际上的成功经验，我国人口普查工作逐步达到一个新的水平。

【拓展视频】

2.1 统计调查的意义及分类

统计工作过程一般包括统计调查、统计整理和统计分析三个阶段。统计调查是统计工作的起点，没有统计调查，便谈不上统计整理和统计分析。从人们的认识过程来看，统计调查属于感性认识阶段；统计整理是对统计调查资料进行加工的过程；统计分析则是在统计整理的基础上由感性认识上升到理性认识的阶段。可见，统计调查在很大程度上直接影响着统计工作任务完成的好坏，决定着整个统计工作质量的优劣，统计调查是统计工作的基础。

2.1.1 统计调查的意义和要求

1. 统计调查的意义

调查活动是正确认识事物的基础，统计调查是调查活动的一种。它是根据统计任务的要求，运用科学的调查方法，有计划、有组织地向社会搜集统计资料(数据)的过程。从统计数据本身的来源看，统计数据最初都来源于直接的调查或试验。从使用者的角度看，统计数据主要来源于两种渠道：一是来源于直接的调查和科学试验，对使用者来说，这是统计数据的直接来源，称为第一手或初级统计资料；二是来源于别人调查或试验的数据，对使用者来说，这是统计数据的间接来源，称为第二手或次级统计资料。与初级统计资料相比，次级统计资料可以弥补收集原始信息数据成本高、时间长和不方便的缺点，因此调查人员可以广泛地使用第二手统计资料。

第二手统计资料有两个基本来源：内部信息数据和外部信息数据。

内部信息数据是从被调查单位内部直接获取的与调查有关的信息数据资料，如企业的资产负债表、现金流量表、各种统计台账、统计报表等。在互联网时代，可以利用已有的企业信息数据库，获取企业内部的供、产、销等各方面的信息。

外部信息数据来源非常广泛，有包括级政府、非营利机构、贸易组织和行业机构、商业性出版物等，其中，政府机构编辑出版的统计资料是宏观、微观信息数据的主要来源。在我国，中华人民共和国国家统计局(以下简称国家统计局)是最主要的统计数据生产部门，调查统计的数据涉及经济、社会、民生的方方面面，调查的领域包括国民经济核算、农业、工业、建筑业、部分服务业、能源、投资、房地产开发、人口、劳动、就业、住户、价格、科技等。

国家统计局在1983年建立了统计新闻发布会制度，1995年开始发布年度统计公报，经过60多年的发展，已建立起较完善的统计数据定期公报制度。国家统计局通过定期发布统计新闻稿、举办统计新闻发布会、发布统计公报、出版各类统计资料等多种形式公布统计数据。国家统计局在1999年建立了官方网站"中国统计信息网"，2008年开通了"国家统计数据库"，2011年和2012年开发了"中国统计"和"数据中国"(苹果/安卓)客户端，2013年开通了政务微信"统计微讯"。

国家统计局出版的统计刊物主要有《统计信息报》《中国统计》《中国经济景气月报》等。2016年出版的统计资料汇编刊物主要有《中华人民共和国2016年国民经济和社会发展统计公报》《中国能源统计年鉴-2016》《中国科技统计年鉴-2016》《中国工业统计年鉴-2016》《中国高技术产业统计年鉴-2016》《中国城市统计年鉴-2016》《中国环境统计年鉴-2016》《中国统计年鉴-2016》等。

除了国内出版的刊物外，也可以利用国际和外国组织机构公开发表的资料汇编，如《联合国统计年鉴》《世界发展报告》《世界经济展望》《美国统计摘要》等。

随着互联网的飞速发展，可以获得资料的渠道越来越多，各种年鉴、资料汇编越来越多，内容也越来越丰富，不过，任何已有的资料都是为了某种目的而收集并通过一定的方法整理汇编出来的，不是亲自收集的信息数据，有时难以满足某些特定研究的需要，特别是当所搜集到的第二手统计资料不配套、不完整、不合要求时，仍然需要进行调整和估算，所以为了得到高质量的信息数据，亲自收集信息数据仍然是十分必要的。又由于第二手统计资料也来源于原始资料，因此，统计调查的基本任务是搜集社会经济现象的原始资料。

统计调查有别于一般社会调查，其主要特征是，统计调查是对社会经济现象总体中全部或足够多的单位进行调查，搜集大量以数字为主的信息资料，借以反映总体的数量特征。

统计调查是统计工作的开始阶段，是统计整理和统计分析的前提。统计调查在整个统计工作中，担负着提供基础资料的任务，是一切统计资料的来源。统计工作的各个环节是紧密衔接、相互依存的。一般情况下，统计研究从统计调查开始，通过接触实际情况，占有原始资料，取得感性认识，再经过对资料的系统整理和综合分析，提高到理性认识。统计调查工作的质量如何，直接影响着整个统计工作成果的质量，因此，统计调查是统计工作的起点和基础环节，它在统计工作中占有特别重要的地位。

2. 统计调查的基本要求

准确、及时、全面、系统地提供统计资料，是对整个统计工作的基本要求。具体到统计调查阶段，其基本要求有如下几点。

(1) 准确性：统计资料必须真实可靠、符合实际情况，这是保证统计工作质量的首要前提，是统计调查的基本要求。统计工作能否顺利完成，在很大程度上取决于所搜集的资料是否准确。如果调查搜集的资料不准确，情况失实，那么根据这样的资料进行整理和分析，必将得出错误的结论，因此统计资料的准确性是统计工作的生命。《中华人民共和国统计法》第六条、第七条的规定为统计调查的准确性提供了法律保障，体现了党的二十大报告中提到的"坚持全面依法治国"的理念。

【拓展视频】

 知识链接

中华人民共和国统计法

【相关法规】

第六条　统计机构和统计人员依照本法规定独立行使统计调查、统计报告、统计监督的职权，不受侵犯。地方各级人民政府、政府统计机构和有关部门以及各单位的负责人，不得自行修改统计机构和统计人员依法搜集、整理的统计资料，不得以任何方式要求统计机构、统计人员及其他机构、人员伪造、篡改统计资料，不得对依法履行职责或者拒绝、抵制统计违法行为的统计人员打击报复。

第七条　国家机关、企业事业单位和其他组织以及个体工商户和个人等统计调查对象，必须依照本法和国家有关规定，真实、准确、完整、及时地提供统计调查所需的资料，不得提供不真实或者不完整的统计资料，不得迟报、拒报统计资料。

(2) 及时性：就是要保证调查所得资料的时效性，及时上报各项统计资料以满足各种需要。如果统计资料提供得不及时，即使统计资料准确可靠，也会失去应有的作用。

值得注意的是，统计调查的及时性和准确性是辩证统一的关系，不能顾此失彼。既不能只强调及时性而忽视准确性，也不能只强调准确性而忽略及时性，虽准确性很强但时过境迁的统计资料是没有多大意义的。

(3) 完整性：也即全面性，是指调查资料不得遗漏或重复。如果统计资料残缺不全，就不可能反映所研究对象的全貌，也不能正确认识社会经济现象总体的特征，最终也就难以对社会经济现象的规律性做出准确的判断，甚至会得出错误的结论。

(4) 经济性：在满足一定准确度要求的前提下，以尽量少的投入获得所需要的统计资料，也即统计调查也要讲究经济效益。

(5) 系统性：搜集的资料要有逻辑性、条理性、便于汇总。这样有助于从不同层次、不同角度反映现象的发展过程、特征及存在的问题。

综合上述，统计调查资料的准确性、及时性、完整性、经济性和系统性，是统计工作的基本要求，它们之间存在着有机的联系。其中，准确性是基础，要在准确中求及时、求完整、求效益、求系统。

2.1.2 统计调查方式的分类

社会经济现象错综复杂，由于统计研究对象及研究任务不同，所以统计调查需要根据具体情况具体分析，采用不同的调查方式。统计调查的方式按不同的标志有不同的分类，若将这些分类进行排列，可以归纳为统计调查方式体系。我国现行的统计调查方法体系是以周期性普查为基础，以经常性抽样调查为主体，以全面定期统计报表、重点调查等为补充。

1. 按被调查对象包括的范围不同，统计调查分为全面调查和非全面调查

(1) 全面调查是指对调查对象中的全部单位，无一例外地进行登记或观察的一种调查方法，包括普查和全面统计报表制度。如要掌握全国的人口状况，就要进行人口普查；全面统计报表制度要求全国每个工业企业定期向指定机关上报工业定期报表等。全面调查能够掌握比较全面的、完整的统计资料，能够了解总体单位的全貌，但它需花费较多的人力、物力和财力，因此调查内容应限于反映国情国力的重要统计指标，全面调查只适用于有限总体。

(2) 非全面调查是指只对调查对象中的一部分单位进行登记或观察的一种调查方法，包括重点调查、典型调查和抽样调查。例如，为了了解物价上涨对居民生活状况的影响，不必对所有的居民进行一一调查，只需选取部分家庭进行调查即可。非全面调查的优点主要是节省人力、物力、财力和时间。如果统计调查的目的是了解统计总体的基本情况，一般用重点调查；如果统计调查的目的是了解典型情况时，常常用典型调查；而当需要从部分推断总体时，则用抽样调查。有些情况下，很难或不可能进行全面调查，如产品质量的破坏性检验等，此时就需要根据研究目的采用不同的非全面调查。

2. 按调查组织方式的不同，统计调查可分为统计报表制度和专门调查

(1) 统计报表制度是指根据统计法规的规定，按一定的表式和要求(指标、表格形式、计算方法等)，自上而下统一部署逐级提供统计资料的一种统计调查方法。在我国，所有企业、机关单位需要按照规定的表式、项目、日期和程序，向有关部门提交统计报表。统计报表中包括国家的政治、经济、文化生活等各方面的基本指标，国家利用它定期取得全社会的国民经济与社会发展情况的基本统计资料，并向全社会定期公布经济和社会运行的情况。统计报表制度在我国统计工作中占有极为重要的地位。

(2) 专门调查是指为了研究某些专门问题而组织的调查，包括普查、重点调查、典型调查、抽样调查四种。

3. 按调查登记时间是否连续，统计调查可分为经常性调查和一次性调查

(1) 经常性调查是指随着调查对象在时间上的变化而进行的连续不断的登记或观察，以了解事物在一定时期内发生、发展的全过程。它的主要目的是获得事物在一定时期内的全部发展过程及其结果的统计资料，如企业需要对其销售额、产品产量、原材料消耗、利润等指标进行经常登记，这样才能取得完整的、系统的资料，从而满足观察生产、销售动向和指导生产的需要。

(2) 一次性调查是不连续的调查，指对调查对象在某一时刻的状况进行一次性登记，以反映事物在一定时点上的发展水平或状态。它的主要目的是获得事物在某一时点上的水平、状况的资料，如工业企业职工人数、各种生产设备数量、各种固定资产和存货的数量等。这些指标在一定时期内会有所变化，而且都是时点指标，因此不进行经常性调查，而

是采用一次性调查。根据研究任务的不同，一次性调查又可分为定期调查与不定期调查两种。定期调查是每隔一定的时间进行一次调查，如企业每月月末进行的存货盘点。不定期调查是时间间隔不完全相等，而且可能隔很久才进行一次调查，如我国的经济普查、人口普查、农业普查、工业普查、基本单位普查等。

4. 按搜集资料的方法不同，统计调查可分为直接观察法、报告法、采访法、问卷调查法、通讯法与网上调查法等

(1) 直接观察法，是指调查人员深入现场对调查对象直接进行点数、测定和计量而取得资料的方法。例如，为了及时了解农作物产量而进行的实割实测、脱粒、晾晒、称量；又如，为了解工业企业期末的在制品存量，调查人员进入生产现场进行观察、计数、测量等。但有些社会经济现象不能用直接观察法进行测量，如对高校学生身体健康状况资料的搜集，就不宜直接计量和观察。

(2) 报告法，又称凭证法，是指要求调查对象以原始记录、台账和核算资料为依据，向有关单位提供统计资料的方法，如统计报表制度等。当前我国企业事业单位向上级填报统计报表，就是报告法。报告法具有统一项目、统一表式、统一要求和统一上报程序的特点。

(3) 采访法，又称询问法或通信法，是指由调查人员向被调查者提问，调查者根据被调查者的答复来搜集资料的方法。这一方法又分为个别访问法和开调查会法两种。个别访问法是由调查人员通过向被调查者逐一询问来搜集资料的方法。开调查会法是指通过邀请了解情况的人参加座谈会来搜集资料的方法。

(4) 问卷调查法，问卷是指为统计调查所用的、以提问的形式表述问题的表格。问卷法就是调查者用问卷对所研究的社会经济现象进行调查，从而搜集到可靠的社会经济资料，以深刻认识某一社会经济现象的一种方法。

(5) 通信法，是通过邮寄、电话、网络及其他通信方法来进行的调查。传统的通信法有邮寄调查法和电话调查法两种。邮寄调查法是指通过邮寄或宣传媒体等方式，将调查表发放到调查者手中，它经常和问卷法结合使用。电话调查法则是调查人员用电话与受访者进行语言交流，从而获得信息的一种调查方式，它可以与个别询问法结合使用。

(6) 网上调查法，是利用现代网络信息技术来收集统计资料的方法。随着网络技术的不断发展，调查者可以通过网络向被调查单位和个人的网站和邮箱发出调查提纲、表格或问卷，被调查者将在合适的时间也通过网络向调查者发送信息。与传统调查方式相比，网上调查有其独特的特点，如节约经费、使用范围广、传播快速、被调查者的约束和顾虑较少、结果较客观等。这种调查方法符合市场经济追求经济效益最大化的原则，因此在社会经济调查中得到广泛的应用。

2.2 统计调查的方案设计

在实施统计调查之前，应明确"调查的目的何在(Why)？调查单位与调查对象是谁(Who)？调查的内容是什么(What)？何时进行调查(When)？如何进行调查(How)？"五个问

题，即统计学家通常所说的"4W1H"。因此，调查者首先要根据需要与可能，制定科学的调查方案，它是调查工作的依据，也是保证调查顺利进行的前提。一般来说，统计调查方案主要包括下列内容。

2.2.1 确定调查目的

制定调查方案，首先要明确调查目的，即明确为什么要进行调查，调查要解决什么样的问题。调查目的决定被调查者、调查内容和调查方法。有了明确的目的，才能做到有的放矢，正确确定调查的内容和方法，才能根据调查目的搜集与之有关的资料，而舍弃与之无关的资料。这样的调查可以节约人力、物力，缩短调查时间，提高调查资料的时效性。

例如，2010 年第六次全国人口普查的目的："查清 2000 年以来我国人口数量、结构、分布和居住环境等方面的变化情况，为科学制定国民经济和社会发展规划、统筹安排人民的物质和文化生活、实现可持续发展战略、构建社会主义和谐社会提供真实准确、完整及时的人口统计信息支持。"

2.2.2 确定调查对象和调查单位

确定调查对象和调查单位是为了解决向谁调查、由谁来具体提供资料的问题。

1. 调查对象

所谓调查对象，是指需要调查的那些社会经济现象的总体，是说明向谁调查的问题。确定调查对象，首先需要根据调查目的，对研究对象进行认真分析，掌握其主要特征，科学地规定调查对象的含义；其次要明确规定调查对象总体的范围，划清它与其他社会现象的界限，只有调查对象的含义确切、界限清楚，才能避免登记时的重复或遗漏，保证统计资料的准确。例如，当调查的目的是为了搜集某地区工业企业的生产情况的资料时，调查对象就是该地区所有工业企业；又如，当调查的目的是为了搜集某地区工业企业高精尖设备时，调查对象就是该地区所有工业企业的高精尖设备；再如，根据 2010 年第六次全国人口普查的目的，这次普查规定：人口普查对象是指普查标准时点在中华人民共和国境内的自然人以及在中华人民共和国境外但未定居的中国公民，不包括在中华人民共和国境内短期停留的境外人员。

2. 调查单位

所谓调查单位，是指调查对象中所要调查的具体单位，即总体单位，是需要进行登记的标志(项目)的承担者。它说明由谁来提供资料的问题，调查单位的确定取决于调查目的和调查对象。如上述三个例子中，调查单位分别是该地区的每一家工业企业、该地区工业企业的每一台高精尖的设备、人口普查总体中的每个人。

明确调查单位还需要把它与报告单位相区别。报告单位也称填报单位，它是负责向上汇报调查内容、提交统计资料的单位。填报单位一般在行政上、经济上具有一定独立性，而调查单位既可以是人、单位、也可以是物。根据调查目的，调查单位与报告单位有时一致有时不一致。例如，对工业企业的调查，每个工业企业既是调查单位又是填报单位；对企业高精尖设备情况的调查，调查单位是企业高精尖设备，而填报单位是企业；人口普查中，调查单位是总体中的每个人，而填报单位则是家庭(户)。

2.2.3 确定调查项目和调查表

在调查目的、调查对象、调查单位确定之后，必须确定具体的调查项目。调查项目就是要调查的具体内容，也就是被调查单位的特征，即标志。确定调查项目所要解决的问题：向调查单位调查什么？调查单位有哪些特征？用什么标志反映调查单位的特征？在调查中涉及哪些调查项目？这些问题都应根据调查目的和调查单位的特点而定，并贯彻"少而精"的原则进行处理。例如，2010年第六次人口普查根据调查项目拟定了姓名、性别、年龄、民族、国籍、受教育程度、行业、职业、迁移流动、社会保障、婚姻、生育、死亡、住房情况等调查项目。

调查项目所要解决的问题是向被调查者调查什么，也就是需被调查者回答什么问题。在确定所要登记的标志，即调查项目时，应注意以下几点。

(1) 各调查项目必须是可行的，是能够取得的确切资料，即必须从实际出发，只列出能够取得资料的项目，不可能取得资料的项目就不应列入提纲。

(2) 要有科学的理论依据和统一的解释，即列入调查提纲的内容含义要明确、具体，不能有两种或两种以上的解释，以免调查人员按照各自不同的理解填写，使调查结果无法汇总。

(3) 调查项目要少而精，即只列出调查目的所必需的项目，登记与问题本质有关的标志，以免内容庞杂，增加工作量，造成调查工作的浪费。

(4) 各调查项目之间尽可能做到相互联系、彼此衔接，以便于相互核对和分析。

调查表是指调查项目按照一定的顺序排列起来形成的一定的表式，这是统计工作搜集资料的基本工具。调查目的、被调查者都可以从调查表中反映出来。调查表主要用于统计调查阶段，是搜集原始资料的基本工具，且便于填写或汇总整理。

调查表一般有单一表和一览表两种。单一表(表2-1)是指一张调查表上只登记一个调查单位的表格，它可以容纳较多的项目(标志)，便于整理和分类。一览表(表2-2)是指把许多调查单位填写在一张表上，便于合计和核对差错，但它容纳的调查项目有限。

表2-1 企业信息化情况调查表

法人单位名称： 组织机构代码：□□□□□□□□□—□	信息化情况主要指标		表　号：６０６ 表 制表机关：国　家　统　计　局 　　　　　国务院经济普查办公室 文　号：国 统 字(2014)105 号 有效期至：
指标名称	计量单位	代码	本年实际
甲	乙	丙	1
1. 年末在用计算机数(台式机和笔记本)	台	01	
2. 年末拥有网站数	个	02	
3. 全年电子商务采购金额	千元	03	
4. 全年电子商务销售金额	千元	04	
单位负责人： 统计负责人： 填表人： 报出日期：20 年 月 日			

表 2-2　零售企业、服务行业个体营业户调查表

户主姓名	性别	年龄	文化程度	参加经营人数	经营性质	经营地点	经营时间	经营的主要商品			经营效果		
								商品名称	计量单位	数量	现金收入	现金支出	上缴税金

填表单位：_____　　　　　　　　　　　　　　　　　　　　　　　　填表时间：____

　　单一表、一览表的应用：一是看项目的多少，调查项目多时一般用单一表，反之则用一览表；二是看填报单位与调查单位是否一致，一致时常用单一表，不一致时用一览表。例如，我国人口普查的调查表采用的是一览表，统计报表的基层表(即调查表)多采用单一表的形式。

　　调查表要说明注意事项和项目解释、指标含义、计算方法、分类目录、统计编码等。例如，2010 年的第六次全国人口普查中，分为短表和长表，长表为抽样 10%的人填报，短表为其余人填报。普查表短表共有 18 个项目，按户填报的有 6 项，按人填报的有 12 项。项目内容反映了人口基本状况、受教育程度和户的基本情况等。普查表长表共有 45 个项目，按户填报的有 17 项，按人填报的有 28 项。除了短表的项目内容外，长表中还反映了人口的迁移流动、身体健康状况、就业状况、妇女生育状况和住房情况等。

2.2.4　确定调查时间和调查期限

　　调查时间是指调查资料所属的时间(时期或时点)。从资料的性质来看，有的资料反映现象在某一时点上的状态，而有的资料反映现象在一段时期内发展变化的结果。如果是时点现象，统计调查必须规定统一的标准时刻。例如，2010 年第六次全国人口普查的标准时间是 2010 年 11 月 1 日零时。如果是时期现象，就要明确规定资料所反映的被调查者从何年月日起至何年月日止的资料。

　　调查期限是指调查工作从开始到结束的(起讫)时间，包括搜集资料和报送资料的整个工作所需要的时间。例如，全国 2010 年企业产品产量报表，呈报时间规定在 2011 年 1 月 7 日，此处调查时间为 2010 年全年，调查期限为 7 天。再如，2010 年某地区进行外来人口普查，将 2010 年 5 月 10 日零时定为普查登记的标准时点，要求在 2010 年 5 月 20 日以前完成普查登记工作，此处的调查时间为 5 月 10 日零时，调查期限为 10 天。任何调查都应尽可能缩短调查期限，及时上报相关部门。

2.2.5　制定调查的组织实施计划

　　为了保证整个统计调查工作顺利进行，在调查方案中还应该有一个周密的组织实施计划，也就是要明确调查机构、调查步骤、调查人员及组织训练、资料报送方法、经费来源、检验方法等问题。整个统计调查方案的内容，既是对统计调查的设计，又是统计工作过程的总方案。这个方案不仅局限于调查阶段的问题，也包括统计整理阶段汇总方面的问题。因此，应该把它看成特定统计过程的总方案。由于人们认识的局限性，所以制定的调查方案是否符合实际，有待调查实践的检验。随着统计工作日趋现代化，调查方案日趋周密，

并且运用系统工程的原理和运筹学的方法对各个环节实行质量控制,以保证调查任务的顺利完成。

2.3 统计调查的组织形式

2.3.1 统计报表制度

1. 统计报表制度及其特点

统计报表制度是依照国家有关法规的规定,自上而下统一布置,以一定的原始记录为依据,按照统一的表式、统一的指标项目、统一的报送时间和报送程序,自下而上地逐级提供基本统计资料的一种重要调查方式。统计报表所包括的范围比较全面,项目比较系统,指标的内容相对稳定。因此,它是我国统计调查中取得统计资料的一种重要调查方式。执行统计报表制度是各地区、各部门、各基层单位必须向国家履行的一项义务。

统计报表制度与其他统计调查方式比较,有其显著的特点。

(1) 资料来源可靠。统计报表可以事先布置到基层填报单位,基层单位可根据报表的要求,建立和健全各种原始记录,使统计报表的资料来源有可靠的基础,以保证统计资料的准确、及时、完整。基层单位也可以利用统计报表资料,对生产、经营活动进行科学管理。

(2) 逐级上报、逐级汇总。统计报表采取逐级上报、逐级汇总的形式,各级领导部门都能得到其管辖范围内的统计报表资料,使他们能经常了解本地区、本部门的经济和社会发展情况。但是这种逐级上报、逐级汇总形式不仅影响资料的时效性,也会影响资料的准确性。为解决这一问题,2010年我国开始在部分企业中进行"企业一套表"试点改革,由逐级上报、逐级汇总转变为联网直报,实现网上报送,网上各级共享统计数据的重大改革。

(3) 是经常性调查,内容相对稳定,有利于资料的积累和历史对比。统计是计划的基础,没有科学的统计,就不可能有真正的计划。统计报表内容的相对稳定,长期积累的统计资料不仅有助于进行历史对比,更为我国国民经济和社会发展计划的编制提供依据。另外,监督检查计划的执行情况,也需要通过统计报表来及时了解,掌握计划执行过程中存在的问题和问题发生的原因,以便采取有效措施,保证计划的实现。

什么是企业一套表

企业一套表是指以统计调查对象为核心,整合现行报表制度,消除不同统计调查制度对同一调查单位的重复布置和重复统计,充分运用现代信息技术,实现数据采集方式的统一组织管理和统计资源共享的一种新的统计调查制度。它具有统一设计调查内容、统一规范设置统计指标、统一管理单位信息、统一布置网上填报等优点,可以达到提高统计数据质量、服务水平和工作效率的目的,并能有效减轻基层统计工作的负担。

企业一套表按照"统一设计、整体推进、分工协作、分步实施"的原则,以调查对象为核心,在不改变现有组织机构设置和专业分工的情况下，整合报表、规范指标、对数据采集过程进行统一组织。逐步实现"五个统一"，即统一设计、统一标准、统一管理调查单位、统一数据采集流程、统一数据处理平台。

企业一套表按内容可分为通用表和行业表两部分。

通用表是指将对各行业调查对象都要调查的内容报表作为通用表，统一设置，其主要包括：

(1) 法人单位基本情况；

(2) 产业活动单位基本情况；

(3) 产业活动单位及其他单位基本情况(新增表)；

(4) 各行业财务状况指标；

(5) 劳动情况；

(6) 水消费情况(新增表)；

(7) 信息化情况；

(8) 企业基本情况调查表。

行业表是指将反映各行业特性内容的报表作为行业表，分行业设置。行业表分为以下五种：

【拓展案例】

(1) 规模以上工业企业一套表；

(2) 资质内建筑业企业一套表；

(3) 限额以上批发和零售业企业一套表；

(4) 限额以上住宿和餐饮业企业一套表；

(5) 房地产开发经营业企业一套表。

【拓展案例】

2. 统计报表的种类

统计报表担负着为计划的制定及执行情况的检查提供资料的任务，这就决定了统计报表必须以全面调查为主、非全面调查为辅。统计报表按不同的标志有以下几种不同的划分方法。

(1) 按内容和实施范围不同，统计报表可分为国家统计报表、部门统计报表和地方统计报表。

国家统计报表是根据有关的国家统计调查项目和统计调查计划制定的统计报表，也称为国民经济基本统计报表。这种统计报表从整个国民经济的角度出发制定，并按照国民经济的部门来划分，如农业、工业、建筑业、固定资产投资、国内贸易、对外经济贸易、劳动工资、交通运输、物价、人民生活等。这些报表在全国范围内的各行各业实施，主要用来搜集整个国民经济和社会发展情况的基本统计资料。

部门统计报表是根据有关部门的统计调查项目和统计调查计划制定的统计报表，实施范围限于各业务主管部门系统内，一般用来搜集各级主管部门所需要的专门统计资料。

地方统计报表是根据有关地方统计调查项目和统计调查计划相应制定的统计报表，其实施的范围是各省、市、自治区，主要用来满足地方的专门需要。部门和地区报表都是国家统计报表的补充。

(2) 按调查范围不同，统计报表可分为全面统计报表与非全面统计报表。

全面统计报表要求调查对象中的每个单位都要填报；非全面统计报表只要求调查对象中的一部分单位填报。非全面调查填报的报表属于非全面统计报表。

(3) 按报送周期不同，统计报表可分为定期统计报表和年报。

统计报表按报送的周期可分为日报、旬报、月报、季报、半年报、年报。其中，日报、旬报、月报、季报、半年报均属于定期统计报表。一般来说，周期短的统计报表，投入的人力、物力、财力就要多，因此，指标项目可以少一些、粗一些；周期长的统计报表，指标项目可以多一些、细一些。月报、年报的周期较长，它的内容比较详尽；日报、旬报周期较短，其内容只限于填报少量最主要的指标。统计报表的原则是，凡一年、半年报告一次能满足需要的，就不用季报、月报；月报能满足要求的，就不用日报、旬报。

(4) 按填报单位不同，统计报表可分为基层统计报表和综合统计报表。

基层统计报表是由基层企业、事业单位根据原始记录，汇总整理、编报的统计报表。编报基层统计报表的单位称为基层填报单位。综合统计报表是由各级国家统计部门和业务主管部门根据基层统计报表汇总整理、编报的统计报表，反映一个地区、一个部门或全国的基本情况。编报综合统计报表的单位称为综合填报单位。

(5) 按报送方式不同，统计报表可分为电讯报表和书面报表。电讯报表又可分为电报、电话报、传真报等。日报和旬报要求迅速上报，通常采用电讯方式报送。月报、季报、半年报和年报，除月报中的少数用电讯报告外，一般都以书面的方式报送，报送手段可采用邮寄或电子信箱传递。

3. 统计报表制度的内容

(1) 表式。表式是由国家统计部门根据研究的任务与目的专门设计制定的统计报表表格，用于搜集统计资料。它是统计报表制度的主体，内容包括主栏项目、宾栏项目、补充资料项目等。每张表中列有表名、表号、审批单位、制表单位、批准文号、填报单位、报出日期、报送单位负责人和填表人的签名等。

(2) 填表说明。填表说明是对统计报表的统计范围、指标、项目分类等做出的规定，具体包括：

① 填报范围：即统计报表的实施范围，规定每种统计报表的报告单位和填报单位，各级统计部门与主管部门的综合范围等。

② 指标解释：对列入表的统计指标的口径、计算方法及其他有关问题的具体说明，目的是为了基层填报时不致发生误解而错报资料，从而保证资料的准确性。

③ 分类目录：有关统计报表主栏中应进行填报的有关项目的分类，它是填报单位进行填报的重要依据。

④ 其他有关事项的规定：除了以上各项规定以外的一些注意事项，如报送日期报送方式、报送分数等。统计报表的资料来源，主要是基层的原始记录、台账及基层的内部报表，因此，建立健全的基层原始记录制度、统计台账和基层企业内部报表是保证统计报表资料质量的基础。

什么是"四上"企业

"四上"企业是现阶段我国统计工作实践中对达到一定规模、资质或限额的法人单位的一种通俗称谓，包括规模以上工业、有资质的建筑业、全部房地产开发经营业、限额以上批发零售业和住宿餐饮业、规模以上服务业法人单位。确定以上法人单位的标准为：

(1) 规模以上工业：年主营业务收入 2000 万元及以上的工业法人单位。

(2) 有资质的建筑业：有总承包、专业承包和劳务分包资质的建筑业法人单位。

(3) 限额以上批发和零售业：年主营业务收入 2000 万元及以上的批发业、年主营业务收入 500 万元及以上的零售业法人单位。

(4) 限额以上住宿和餐饮业：年主营业务收入 200 万元及以上的住宿和餐饮业法人单位。

(5) 房地产开发经营业：全部房地产开发经营业法人单位。

(6) 规模以上服务业：年营业收入 1000 万元及以上，或年末从业人员 50 人及以上服务业法人单位，包括交通运输、仓储和邮政业，信息传输、软件和信息技术服务业，租赁和商务服务业，科学研究和技术服务业，水利、环境和公共设施管理业，教育，卫生和社会工作，以及物业管理、房地产中介服务等行业；年营业收入 500 万元及以上，或年末从业人员 50 人及以上服务业法人单位，包括居民服务、修理和其他服务业，文化、体育和娱乐业。

2.3.2 普查

1. 普查的概念

普查是根据统计的特定目的而专门组织的一次性全面调查。它主要用来搜集不宜用定期统计报表搜集的统计资料，一般用来调查属于一定时点的社会经济现象总量，如全国人口普查、工业普查、科技人员普查等；也可以用来调查反映一定时期现象的总量，如出生人口总数和死亡人口总数等。普查往往在全国范围内进行，主要用于搜集重要的国情国力和资源状况的全面资料，为政府制定规划、方针和政策提供依据。

普查是一种重要的调查方法。虽然有些情况可以通过定期统计报表搜集全面的基本统计资料，但它不能代替普查。因为有些社会经济现象，如人口年龄构成变化、物资库存、耕地面积、工业设备等情况不可能也不需要组织经常性的全面调查，而在我国经济建设中，又必须掌握比较全面详细的资料，这就需要通过普查来解决。我国已进行过的普查主要有人口普查、工业普查、第三产业普查、农业普查、经济普查等。2003 年经国务院批准，我国调整了普查项目，调整后的普查项目包括人口普查、农业普查和经济普查三项。

2. 普查的组织方式

普查的组织方式一般有两种：一种是建立专门的普查机构，配备大量的普查人员，对调查单位进行直接登记，如人口普查等；另一种是利用调查单位的原始记录和核算资料，颁发调查表，由登记单位填报，如物资库存普查等。这种方式比第一种简便，适用于内容比较单一、涉及范围较小的情况，特别是为了满足某种紧迫需要而进行的"快速普查"。快速普查是指由登记单位将填报的表格越过中间一些环节直接报送到最高一级机构集中汇总。

 知识链接

我国采取建立专门的普查机构方式进行普查的有 1953 年第一次全国人口普查、1964 年第二次全国科技售货员普查、1977 年全民所有制单位实际用工人数普查、1978 年全国科技人员普查、1982 年第三次全国人口普查、1990 年第四次全国人口普查、1995 年私营商业及饮食业普查、2000 年第五次全国人口普查、2010 年的第六次全国人口普查等。采取快速普查方式的有 1954 年黑色金属、有色金属和木材库存普查、1954 年以后所进行的多次物资库存普查，1985 年第二次全国工业普查等。

3. 普查的特点

普查作为一种特殊的数据搜集方式，具有以下几个特点。

(1) 通常是一次性的或周期性的。普查涉及面广、调查单位多，需要耗费大量的人力、物力和财力，通常需要间隔较长的时间，一般每隔 10 年进行一次。今后，我国的普查的周期将规范化、制度化。例如，我国人口普查自 1990 年起每 10 年进行一次，在尾数逢 0 的年份实施；全国农业普查也是每 10 年进行一次，在尾数逢 6 的年份实施；全国经济普查每 5 年进行一次，在尾数逢 3 和 8 的年份实施。2003 年由于"非典"的特殊原因，第一次全国经济普查延至 2004 年实施。

(2) 规定统一的标准时点。标准时点是指对被调查对象登记时所依据的统一时点。调查资料必须反映调查对象在这一时点上的状况，以避免调查时因情况变动而产生重复登记或遗漏现象。例如，我国人口普查的标准时点为普查年度的 11 月 1 日零时，就是要反映这一时点上我国人口的实际状况；农业普查的标准时点为普查年度的 12 月 31 日 24 时，全国经济普查标准时点为普查年度的 12 月 31 日。

(3) 规定统一的普查期限。在普查范围内各调查单位或调查点尽可能同时进行登记，并在最短的期限内完成，以便在方法和步调上保持一致，保证资料的准确性和时效性。

(4) 规定普查的项目和指标。普查时必须按照统一规定的项目和指标进行登记，不准任意改变或增减，以免影响汇总和综合，降低资料质量。同一种普查，每次调查的项目和指标应力求一致，以便进行历次调查资料的对比分析和观察社会经济现象发展变化情况。

(5) 数据一般比较准确，规范化程度也较高。普查可以为抽样调查或其他调查提供基本依据。

(6) 使用范围比较窄，只能调查一些最基本及特定的现象。

普查既是一项技术性很强的专业工作，又是一项广泛性的群众工作。我国历次人口普查都认真贯彻群众路线，做好宣传和教育工作，得到了群众的理解和配合，因而取得了令世人瞩目的成果。

2.3.3 重点调查

1. 重点调查的概念

重点调查是专门组织的非全面调查，是在被调查者中，只选择一部分重点单位进行的调查。所谓重点单位，是指在总体中具有举足轻重地位的单位，这些单位的数量在总体中所占比重不大，但其标志总量在被研究总体的全部标志总量中占有很大的比重。因此，对这些重点单位的标志进行调查，就可以在数量方面说明总体在该标志总量方面的基本情况。例如，宝钢集团有限公司、马钢(集团)控股有限公司、鞍山钢铁集团公司、武汉钢铁(集团)公司几个大钢铁企业，虽然在全国的钢铁企业中只是少数，但他们的钢铁产量占了全国钢铁产量的大部分，所以，对这几个重点企业进行调查，就可以了解我国钢铁生产的基本情况。重点调查可以节省大量的人力、物力和财力，并能使调查工作做得更加细致、及时。此外，重点调查的组织也较灵活，既可以组织专门调查，也可以运用统计报表形式进行调查。

2. 重点单位的选择

重点单位选多选少要根据调查任务来确定。一般来说，选出的单位应尽可能少些，但其标志值在总体标志总量中所占比重应尽可能大些。另外，选中的单位，其经营管理制度应比较健全、统计力量应比较充实、统计基础应比较巩固，这样才能准确、及时地取得资料。

重点单位的选择要客观。由于重点单位的选择是着眼于这些单位的标志值在总体标志总量中的比重，而不是这些单位在技术管理或其他方面是否有特定意义，所以，重点单位的选择不应带有主观因素。

重点单位的选择要有相对的观念，即要用发展变化的眼光看问题。一个单位在某一问题上是重点，在另一问题上不一定是重点；在某一调查总体中是重点，在另一调查总体中不一定是重点；在这个时期是重点，在另一个时期不一定是重点。因此，对不同问题的重点调查，或同一问题不同时期的重点调查，要随着情况的变化而随时调整重点单位。

值得注意的是，虽然重点单位的标志值在总体标志总量中占有绝大比重，掌握了它们的情况，就基本掌握了总体特征，但这些情况毕竟不能完整地反映总体情况，而且重点调查的资料也不具备推断总体总量的条件。因此，重点调查只是为了获得反映总体基本情况的统计资料，而不能推断总体。

2.3.4 典型调查

1. 典型调查的概念

典型调查是根据调查的目的和要求，在对被研究总体进行全面分析以后，有意识地从中选取若干具有代表性的或典型意义的单位进行调查，以便认识事物的本质及规律性。所谓有代表性的典型单位，是指那些最集中、最充分地体现总体某一方面共性的单位。就人类认识事物的顺序来说，总是由认识个别和特殊事物，逐步扩大到认识一般事物。因此，从被研究对象中选择有代表性的典型单位，对其进行深入细致的调查研究，就可以了解事物的本质及其发展过程，也就可以认识同类事物的本质和发展规律。

2. 典型调查的特点

典型调查是一种比较灵活的调查方式，它具有如下特点：

(1) 典型调查的调查单位是根据调查目的有意识地选择出来的，这便于从典型入手，逐步认识事物的一般性和普遍性，调查方法机动灵活，省时、省力，有利于提高调查效率。

(2) 典型调查能够深入、细致地进行调查研究，既可以搜集有关数字资料，又可以掌握具体、生动的情况，研究事物发生、发展过程和结果，有利于探索事物发展变化的规律性。

3. 典型调查的作用

(1) 研究尚未充分发展、处于萌芽状况的新生事物或某种倾向性的社会问题。通过对典型单位深入细致的调查，可以及时发现新情况、新问题，探测事物发展变化的趋势，形成科学的预见。

(2) 可以弥补全面调查和其他非全面调查的不足。利用典型调查，可以搜集到不能用数字反映的各种情况,可以验证全面调查资料的真实性,以便有针对性地采取措施,提高统计工作质量。

(3) 可以分析事物的不同类型,研究它们之间的差别和相互关系。例如,通过典型调查可以区别先进事物与落后事物,分别总结它们的经验教训,进一步进行对策研究,促进事物的转化与发展。

(4) 在一定条件下,典型调查的资料可以用来推断总体的指标数值。一般情况下,不用典型调查的资料推断总体指标,但当需要及时掌握全面情况,又无法采用其他调查方式取得全面资料时,可以利用典型调查的资料进行估计。

4. 典型单位的选择

典型调查的中心问题是如何正确选择典型单位。选择典型单位必须依据正确的理论进行全面的分析,切忌主观片面性和随意性;它不仅要求调查者有客观的、正确的态度,而且要有科学的方法。根据不同的研究目的和要求,有以下三种选择典型单位的方法(简称选典方法)。

(1) "解剖麻雀"的方法。这种选典方法适用于总体内各单位差别不太大或发展比较均衡的情况。这样在调查时,只需要选择个别具有代表性的典型单位进行调查,就可以找出某种事物发展的规律性。

(2) "划类选典"的方法。这种选典方法适用于总体内部差异明显,但可以划分为若干个类型组,且各类型组内部差异较小的情况。在调查时从各类型组中分别抽选一两个具有代表性的单位进行调查即可。这种调查既可用于分析总体内部各类型特征,以及它们的差异和联系,又可综合各种类型对总体情况做出大致的估计。

(3) "抓两头"的方法。从社会经济组织管理和指导工作的需要出发,分别从先进单位和落后单位中选择典型,以便总结经验和教训,带动中间状态的单位,推动整体的发展。

典型调查通常是为研究某种特殊问题而专门组织的、非全面的、一次性调查。但是,有时为了观察事物发展变化的过程和趋势,系统地总结经验,也可对选定的典型单位连续地进行长时间的跟踪调查。例如,对新生事物或处于萌芽状态的事物的研究,就适宜采用这种定点的跟踪调查。

小思考

重点调查与典型调查都是非全面调查,这两者有哪些不同?重点调查中的重点单位的含义是什么?重点单位如何选择?典型调查中的典型单位的含义是什么?典型单位又该如何选择?

2.3.5 抽样调查

抽样调查是按照随机原则,从调查对象中抽取一部分单位作为样本进行调查,并根据这一部分单位的调查结果,从数量方面推断总体指标的一种非全面调查方法。抽样调查虽然是一种非全面调查,但它的目的是取得反映全面情况的统计资料,所以,在一定意义上说,它可以起到全面调查的作用。这部分内容将在第 6 章专门讲述,此处从略。

以上介绍的几种不同的统计调查方式,特点各不相同,具体比较如表 2-3 所示。在实际的统计工作中,往往需要多种统计调查方式结合运用。这不仅因为国民经济和社会发展情况复杂，门类众多，变化又较快，只有采用多种统计调查方式，才能搜集到丰富的统计资料，而且因为任何一种统计调查方法，都有它的优越性与局限性，以及各自不同的实施条件，只用一种统计调查方式，是不能满足多种需要的。

表2-3 各类统计调查组织形式比较表

组织形式 项目	统计报表制度	普查	重点调查	典型调查	抽样调查
调查范围	全面或非全面	全面	非全面	非全面	非全面
调查时间	经常	一时	经常或一时	一时	经常或一时
组织方式	报表制度	专门调查	报表制度或专门调查	专门调查	专门调查
调查单位的选择	—	—	有意挑选在总体标志总量中占绝大比重的单位	有意挑选具有代表性的典型单位	按随机原则抽取样本
结果是否可以推断总体	—	—	不能	一般不能，但在划类选典和对准确性要求不高时也可以	能
搜集资料的方法	报告法	采访法或报告法	报告法	采访法	直接观察法或报告法

【拓展案例】

2.4 统计调查问卷的设计

调查问卷是依据统计调查的目的和要求，按照一定的理论假设设计出来的，由一系列问题、项目、备选答案及说明组成，是向被调查者收集资料的一种工具。通过调查问卷收集统计数据，可以使调查内容标准化和系统化，便于统计处理和分析。

2.4.1 调查问卷设计的要求、类型与方法

1. 调查问卷设计的要求

(1) 有明确的主题。根据调查主题，从实际出发拟题，问题目的明确，重点突出，没有可有可无的问题。

(2) 结构合理、逻辑性强。问题的排列应有一定的逻辑顺序，符合应答者的思维程序。一般是先易后难、先简后繁、先具体后抽象。

(3) 通俗易懂。问卷应一目了然，并使应答者愿意如实回答。问卷中语气要亲切，符合应答者的理解能力和认识能力，避免使用专业术语。对敏感性问题可采取一定的技巧调查，使问卷具有合理性和可答性，避免主观性和暗示性，以免答案失真。

(4) 调查内容的量要适当。问卷中的问题如果太多，被调查者会不予合作，从而影响调查效果。

(5) 便于资料的校验、整理和统计。

2. 调查问卷的基本类型

问卷作为搜集资料的工具，在使用过程中并非完全一致。调查者的研究目的、调查内容、调查方式的不同决定了调查问卷的形式不尽相同。

(1) 按问卷的填写方式不同，可将调查问卷分为自填式问卷和访问式问卷。这两种类型的调查问卷在设计上有所区别，在使用过程中各有优缺点。

自填式问卷是指通过邮寄或分发的方式，由被调查者自己填写的问卷。在这种情况下，被调查者可以不受其他影响，如实表达自己的意见，尤其是敏感性问题的调查，自填式问卷往往可以得到较为可靠的资料。但这类问卷也存在不足：如果问卷填写的答案含糊不清，或对某些问题拒绝回答，是难以补救的；也无法知道被调查者是否独立完成答案及其回答问题的环境，以致影响问卷质量的判断。

访问式问卷是指由调查人员通过现场询问，根据被调查者口头回答的结果代为填写的问卷。这类问卷的应答率高、可控性强，调查人员可以设法确保被调查者独立回答问题，并能控制按问卷问题设计的顺序回答，从而保证应答的完整性。同时，调查人员还可以观察被调查者的态度及其回答问题的环境，有利于进一步分析、判断相关问题。但这类问卷也存在不足：一般费用高，容易受调查人员的影响，匿名性也差；当被调查者对调查人员的某些举止有偏见或不理解时，就可能导致差错或有意说谎；调查人员有时可能没有正确理解被调查者的意思或记录出错。另外，运用这类问卷调查，由于调查人员知道被调查者的基本情况，所以有时会给被调查者带来心理压力，甚至出现拒答的情况。

(2) 按问卷的问题是否有规定，可将调查问卷分为开放型问卷和封闭型问卷。这两种类型的调查问卷在使用过程中各有优缺点。

① 开放型问卷：对问卷的问题不事先做出任何选择答案，被调查者可根据自己的情况自由作答的问卷。例如，您如何看待食品价格上涨的问题？您对我国政府对房地产市场的限购政策有何评价？

开放型问卷的优点：一是有利于进行探索性研究。通过开放型问卷的调查，可能得到某些研究人员未曾预料到的结果。二是适用于问卷表上所列问题种类过多的情况。若问题过多，则易引起被调查者的厌烦而拒绝填写；若删除某些问题，又会缺少该类问题而影响调查效果。在这种情况下，就可以通过设立几个开放型问题，将所要调查的内容归纳于其中来解决。三是能给被调查者较多的创造性或自我表述的机会。

开放型问卷的缺点：一是它可能导致搜集到无价值和不相干的资料。因为被调查者自由发表看法，其看法不一定都与所问主题相关，因而有些无价值和不相干的信息就会掺杂进来。二是回答的内容常常非标准化，这给统计汇总及分析增添了难度。三是开放型问卷常常占用被调查者较多的时间和精力，容易引起被调查者的拒答。

② 封闭型问卷：问卷的每一个问题都事先列出了若干个可能的答案，被调查者根据自己的情况，在其中选择认为恰当的一个或多个答案的问卷。例如，

a. 您经常去苏果超市购物吗？（　　）

　　A．经常去　　　　B．偶尔去　　　　C．不去

b. 您对本次提供的服务满意吗？（　　）

　　A．非常满意　　　B．满意　　　　C．不满意　　　　D．非常不满意

封闭型问卷的优点：一是答案标准，有利于材料的统计整理与分析。二是所问的问题具体且清楚，被调查者容易且愿意回答，可获得较高的回收率，调查所得材料的可信度也较高。

封闭型问卷的缺点：一是它对问题的答案作了限定，不利于被调查者的自我表述。二是容易导致不知道如何回答或对该问题没有看法的被调查者随便乱答。三是容易使一个找不到合适答案的被调查者不回答。

3. 调查问卷设计的方法

调查问卷以书面的形式记录和反映调查对象的看法和要求，问卷设计的好坏对调查结果影响很大。因此，调查问卷的设计除了主题明确、重点突出、通俗易懂、便于回答之外，还应便于计算机对问卷的汇总和处理。问卷的设计，可根据具体情况采用不同的设计方法，其基本方法有以下几种。

1) 自由询问式

这种方法只提问不设答案，由被调查者自由回答，适用于对所有问题提问，但如果出现被调查者不愿或不便用文字形式表达自己看法的情况，就会影响调查结果的全面性与准确性。此外，这种方法不利于进行资料的整理和统计。

2) 二项选择式

这种方法的问卷只让被调查者在两个可能答案中选择一个，如"是"与"不是"，"有"与"没有"等。此类方法易于发问，也易于回答，且方便统计汇总，但不便于调查人员了解形成答案的原因。

3) 多项选择式

这种询问方法设置了多种答案供被调查者选择。这种方法既能较全面地反映被调查者的看法，又能自由询问，易于统计和整理，但在设计时应注意供选择的答案不宜过多，只要能概括各种可能的情况即可，一般不应超过 10 个。

4) 顺位式

这是让被调查者依据自己的爱好和认知程度对调查项目中所列答案定出先后次序的方法。顺位式一般分为两种：一种是预先给出多个答案，由被调查者定出先后顺序；另一种是不预先给出答案，而由被调查者按先后顺序自己填写。

5) 赋值评价式

这是通过评分数或定等级来评价事物的好坏或优劣的方法。评分时，一般用百分制或十分制，等级一般为 1～5 级或 1～10 级。这种方法简便易行，评价的活动余地较大，而且便于统计处理和比较。缺点是分数的多少和等级的高低不易掌握分寸，往往因人而异，差异较大。因此，采用这种方法时，应当对评分或定级的标准做出统一的规定，以便调查者有所参考。

上述的五种设计形式，第 1 种属于开放式问卷，第 2、3、5 种属于封闭式问卷，第 4 种既可以用于封闭式问卷中，也可以用于开放式问卷中。当然，也可以采取其他的设计方法。

2.4.2 调查问卷的基本结构

在设计调查问卷时,应该注意问卷的整体结构,问卷的整体结构可以分为四个部分。

1. 开头

问卷的开头应该包括以下内容。

(1) 标题。问卷的标题应该简单而明确,一般情况下不超过 15 个字,指出"关于××的调查问卷"即可。

(2) 开场白。调查问卷的开场白应该简单说明调查的目的和希望被调查者能够配合的语言。目的是接近被调查者,获得被调查者的合作。具体语言如"现在邀请您参与关于××的调查,感谢合作"等。

(3) 填表说明。填表说明是指导被调查者填写问卷的说明。它一般在开场白之后,并标有"填表说明"的标题,其主要内容是对填表的方法、要求、注意事项等做简单介绍。当然,对于一些比较复杂的问题,也应当有填表说明附在问题后面并用括号括起来,其作用是指导被调查者填写该问题。凡问卷中有可能使被调查者理解不清或产生疑义的地方,都应予以明确的指导。

2. 正文

正文就是问卷所提问题与答案,这是调查问卷最基本、最主要的组成部分,调查资料的搜集主要是通过这一部分来完成,也是使用问卷的目的所在。这一部分设计如何关系到该项调查有无价值和价值的大小。通常在这一部分既提出问题,又给出回答方式。从形式上看,问题有开放与封闭、客观与主观、直接与间接、假设与断定、文字与图形等题型之分;从内容上看,又有背景问题、行为问题、态度问题与解释性问题之别。问题的内容取决于调查目的和调查项目,在设计时,应该注意如下问题。

(1) 问题应该从易到难。按照需要提问的内容,应该从一般的容易回答的问题开始。例如,"有"或"没有","是"或"不是"等是非问题,或者叫"客观题"。然后到比较复杂的心理动机、潜在意识及需要进行广泛性探讨的问题等。使被调查者在不知不觉中回答重要和难以回答的问题。

(2) 针对主要问题提问。调查问卷的正文部分,应该对涉及企业进行市场调查的主要目的和内容进行详细的调查提问,应该包括比较多的内容和比较大的范围,应该尽量探讨被调查者的内心活动和心理效应等,不要因为担心浪费时间和精力而压缩主要问题的提问内容。

3. 最后部分

在调查问卷的最后部分,可以提出一些需要自由回答的、更深层次的问题。因为这些问题,需要被调查者进行一定程度的思考,所以应该放在调查问卷的后半部分。只有这时,被调查者才不知不觉地进入对调查问题的深度思考,被调查者才可能会愿意将调查问卷进行到底。

4. 被调查者的基本情况

这一部分内容是对调查资料进行分类研究的基本依据。一般而言,被调查者包括两大类，一类是个人，另一类是单位。如果被调查者是个人，则基本情况包括姓名、性别、年龄、文化程度、职业、职务、个人或家庭收入等。如果被调查者是企业、事业等单位，则基本情况包括单位名称、经济类型、行业类别、职工人数、资产规模等。若采用不记名调查，则被调查者的姓名可在基本情况中省略。当然，如果被调查者不想讲，也不要勉强。最后还应该对被调查者的合作表示感谢。如果有礼物的话，不要忘记把礼物送给被调查者。

2.4.3 问卷设计时应注意的问题

问卷设计是一项十分复杂又需要耐心的细致工作，即使是很有经验的研究人员在进行这项工作时也要反复推敲，否则问卷结果就达不到调查的目的。因此，设计问卷必须注意下列问题：

(1) 问卷上所列问题应该都是必要的，可要可不要的问题不要列入。

(2) 问卷的问题应该易于回答。所列问题是被调查者熟悉且易回答的，避免出现被调查者不了解或难以回答的问题。回答问题所用的时间最多不超过半小时。

(3) 问卷中问题的安排顺序应该符合逻辑。问卷中问题的安排顺序应该与被调查者的实际行为方式和思考规律相吻合。例如，不能立即被调查者："您是否会购买某个产品？"这样的提问太突然，被调查者没有任何思想准备，在仓促的情势下，按照心理活动的规律和思维逻辑，被调查者的选择只能要么是拒绝回答，要么是胡乱回答。

(4) 问卷中问题提问时的措辞和语气要恰当。问卷中注意询问语句的措辞和语气，问题要清楚、明确、具体、简短。提问时，应该说明调查目的和要求，便于被调查者消除顾虑。每一个问题的内容不要过多，可以把问题拆开进行提问。此外，还要明确问题的界限与范围，问句的字义(词义)要清楚，避免用引导性问题或带有暗示性的问题，也应该避免涉及显而易见的问题。

(5) 问卷中的问题应该注意回避个人隐私。涉及年龄、收入等私人生活问题，最好采用间接提问的方法，不要直接询问"您今年多大年龄"或"您每月的收入是多少"，而应给出范围，如"18～30""30～40"等或"1000 以下""1000～2000""2000～3000"等，让被调查者选择。

(6) 问卷上所拟问题要有穷尽性，避免重复和相互交叉；要有编号，便于计算机汇总。

(7) 问卷中的问题应该有相互制约与回应的地方。在调查问卷中，除去电话调查和一些简单的调查外，应该在适当的地方设计一些可以相互制约和回应的问题，以便检查和控制调查问卷质量，既可以确认被调查者的回答是不是经过认真思考，也可以监控调查人员的工作作风。例如，在问卷前部分可设计简单的问题，"您是否消费过与本公司类似的产品？"在问卷的后半部分，可设计问题"您消费的是那几个品牌的产品？"等。因为一个进行问卷作假的人，总是不能自圆其说的，匆忙中总会对一些自认为简单的问题做出错误的回答。据此可以立即确定该问卷为虚假问卷。

(8) 印刷问卷的纸张质量要好，不易破损，字迹印刷要清晰，留作填写说明的空白处要大，页数较多的要装订成册。

2.5 统 计 分 组

2.5.1 统计整理的意义

所谓统计整理是根据统计研究的任务，对统计调查阶段所搜集到的大量原始资料进行加工汇总，使其系统化、条理化、科学化，以得出反映事物总体综合特征资料的工作过程。通过统计调查或从现成的调查中获取统计数据后，接下来的工作就是对这些数据进行加工整理，使其系统化、条理化，以符合分析的需要。统计调查得到的数据，只是一些个别单位分散的、不系统的原始数据，所反映的问题常常是事物的表面现象，不能深刻揭示事物的本质，更不能从量的方面反映事物发展变化的规律性。只有根据统计研究的目的，运用科学的统计整理方法，对数据进行加工整理，同时用图表形式将数据展示出来，才能发现经济社会现象的数量规律性，便于我们进一步的理解和分析。统计数据整理包括两个方面：一是对原始统计数据的整理，即通过分组(分类)和汇总，使大量的、零散的、反映个体特征的数据，转化为综合的、反映总体特征的数据；二是对第二手统计数据的再整理，即通过新的分组、计算或各种必要的调整，使数据资料满足新的需求。

统计整理实现了从个别单位的标志值向说明总体数量特征的指标值的过渡，是人们对社会经济现象从感性认识向理性认识的过渡阶段，是统计工作中起着承前启后作用的一个十分重要的中间环节。它既是统计调查阶段的继续和深入，又是统计分析阶段的基础和前提。统计整理工作的质量，不仅关系到统计调查资料是否能发挥其应有的作用，而且直接影响到统计分析和预测能否得出正确的结论。

2.5.2 统计整理的步骤

统计整理一般包括整理方案的设计、数据预处理、统计分组和汇总、整理数据的显示和整理数据的保存与公布几个步骤。

(1) 整理方案的设计主要以数据收集方案为基础，围绕统计分析的目的，确定需要的统计分组、需要汇总计算的统计指标、数据处理方法与工具，以及数据显示的形式等内容。

(2) 数据预处理是统计整理的先前步骤，是在统计分组和汇总前对原始数据所做的必要工作，包括数据的审核、数据的筛选和数据的排序等。数据的审核主要是检查数据的完整性、准确性、适用性和时效性，确保数据质量。数据的筛选是指通过数据审核后，剔除那些明显不符合或有明显错误而又难以弥补、纠正的数据，或者在原始数据中把符合某种规定要求的数据筛选出来。数据排序是指为了发现所收集数据中的某些特征或规律，寻找某些有用的线索，或检查纠正原始数据中的差错，而将原始数据按一定的顺序加以排列。

(3) 统计分组和汇总是统计整理的关键步骤，是根据统计研究的目的和研究对象的特点，通过科学选择分组标志和科学确定分组界限，将观测的个体及其原始数据进行归类，借助必要的数据处理方法和工具，汇总计算有关统计指标。在这一步骤中，进行统计分组并形成频数分布是其主要内容。

(4) 整理数据的显示是表现统计整理结果的步骤，就是要将统计分组和汇总后的数据，用适当的统计表或统计图显示出来，直观、准确、清楚地表达出研究对象总体的有关数量特征，以便开展统计分析。

(5) 整理数据的保存与公布是统计整理的最后一个步骤，就是要把统计整理的结果以适当的形式加以保存，并以适当的内容、形式和范围加以公布。

2.5.3 统计分组的含义

统计分组是根据统计研究的目的和客观现象的内在特点，选择一定的标志将研究现象总体划分为若干个性质不同的组或类的一种统计研究方法。

构成总体的各个总体单位，在某一变量或某些变量上具有彼此相同的性质，而在另一些变量的具体表现上具有差异性。统计分组的基本要求：使各组内部保持同质性、各组之间呈现质的差异性。因此，统计分组的实质是在现象总体内进行的一种分类，用以揭示总体内在的数量结构以及总体之间的数量依存关系。

统计分组是基本的统计研究方法之一，在数据整理和统计分析中都广泛应用分组。统计分组也是数据整理和统计分析的基础步骤、分组的好坏直接关系到统计能否整理出正确的、中肯的统计资料，关系到统计分析能否得出正确的结论。

2.5.4 统计分组在统计研究中的作用

1. 划分现象的类型

社会经济现象存在着复杂多样的类型，各种不同的类型有着不同的特点及不同的发展规律。在整理大量统计资料时，有必要运用统计分组法将所研究的现象总体划分为不同类型的组来进行研究。社会经济现象的类型各异，其中最重要的类型是指直接反映社会生产关系的类型，因为该类型可以直接反映一定社会经济结构的特点。例如，我国经济成分划分为公有经济和非公有经济两大类型，公有经济包括国有及国有控股经济和集体经济，非公有经济包括个体经济、股份制经济、三资企业、私营经济等；社会产品划分为生产资料和消费资料两大类；农业划分为农、林、牧、渔四大类型；工业划分为重工业和轻工业，轻工业又可以划分为以农产品为原料的轻工业和以非农产品为原料的轻工业；等等。表2-4列出的是江苏省2009—2013年农、林、牧、渔业分行业地区生产总值。

表2-4 江苏省农、林、牧、渔业分行业地区生产总值

单位：亿元

项 目	2009年	2010年	2011年	2012年	2013年
农业	918.16	975.90	1083.75	1213.69	1355.07
林业	26.25	31.19	33.42	36.81	39.79
畜牧业	225.69	224.78	277.20	371.60	355.46
渔业	220.10	236.42	322.87	369.71	399.32
农、林、牧、渔服务业	71.31	76.76	99.07	108.30	112.22

(资料来源：http://www.jssb.gov.cn/jstj/jsnj/2010/nj02/nj0207.htm)

2. 揭示现象内部结构

社会经济现象包括的类型多样，它们不仅在性质上有所差异，而且在总体中所占比重也不相同，因此它们在总体中所处的地位不同，对总体分布特征的影响也不同，其中比重大的决定着总体的性质或结构类型。例如，人口按年龄分组，可以反映一个国家或一个地区人口年龄的构成情况、劳动力资源丰富程度和人口老龄化程度。将总体的结构分组资料按其随时间的变动联系起来进行分析，可以反映由于各组比重变化速度不同而引起各组相对地位改变的状况，从而认识现象发展变化的趋势和规律性。表2-5列出了2000年和2010年两次全国人口普查三个年龄段的人口状况，从表中可以看出，2010年，0～14岁人口占16.60%，比2000年下降6.29个百分点；2011年60岁以上人口占13.26%，比2000年上升2.93个百分点。我国人口年龄结构的变化说明随着我国经济社会的快速发展，人民生活水平和医疗卫生保健事业的巨大改善，生育率持续保持较低水平，老龄化进程逐步加快。

表 2-5 我国分年龄段人口构成

年龄段	2000年		2010年	
	人口数(人)	比重(%)	人口数(人)	比重(%)
0～14	284433939	22.89	222459737	16.60
15～59	829816444	66.78	939616410	70.14
60岁以上	128361843	10.33	177648705	13.26

3. 分析现象之间的依存关系

社会经济现象之间存在着广泛的相互联系和制约的关系，但现象之间发生联系的方向和程序各不相同。研究现象之间依存关系的统计方法很多，如相关和回归分析法、指数因素分析法、分组分析法等。其中，统计分组分析法是最基本的方法，在研究过程中，往往是先通过分组分析法观察现象之间的依存关系，然后在此基础上应用其他方法进一步深入分析。例如，收入和消费之间有一定的联系，一般来说，收入越高，消费也越多；教育投入和首次就业工资存在一定的依存关系，一般来说，教育投入越多，首次就业工资也越高。这些都是一些正向的依存关系。此外，在商品流转额与流通费用水平之间也存在依存关系，一般来说，随着商品流转额的增加，流通费用水平会降低，这称为负依存关系。表2-6为某地区67个商品流通企业的年销售额与流通费用情况，由表可得随着销售额的增加，每百元商品销售额中支付的流通费呈降低趋势。

表 2-6 某地区商品流通企业的年销售额与流通费用情况

按销售额分组(万元)	企业数	每百元商品销售额中支付的流通费(元)
50以下	5	15.1
50～100	10	13.2
100～200	25	10.8
200～300	15	8.4
300以上	12	7.6

统计分组的上述三方面作用不是相互孤立的,而是相辅相成、相互补充、配合应用的。

2.5.5 分组标志的选择

统计分组可以按照不同的标志进行分类,分组的标志是划分数据的标准和依据,分组的标志选择是否得当,关系到能否正确地反映总体数量特征及其变化规律。

1. 正确选择分组标志的依据

(1) 根据研究问题的目的来选择。每个研究对象都有许多特征或属性,分组标志选择不恰当,分组的结果就不能反映总体的性质特征,也就不能达到我们所要研究的目的。例如,对某地的经济状况进行研究,如果目的是了解该地企业的规模状况,就要选择反映企业规模的标志,如企业职工数、生产总值等进行分组;如果目的是了解该地经济的产业结构,就要选择企业的产业类型作为分组标志;如果目的是了解该地企业内部生产结构,就要按企业生产部门作为分组标志。

(2) 要选择最能反映被研究现象本质特征的标志作为分组标志。说明同一问题可能有若干个相关标志,在进行统计分组时应选择最能反映事物本质特征的标志,这就必须以有关经济理论和对客观事物的分析为依据,在相同的研究目的下选择好分组标志。例如,研究城镇居民家庭生活水平状况时,反映居民家庭生活水平的指标有家庭人口数、就业人口数、每一就业人口负担人数、家庭年收入、平均每人年收入等,其中最能反映居民家庭生活水平状况的标志是"平均每人年收入",所以应选择这一标志作为分组标志。

小思考

反映企业规模的标志有许多,如企业职工人数、企业固定资产和生产能力等,请问划分企业规模大小的最具有本质特征的标志是什么?

(3) 要结合现象所处的历史条件和社会经济环境的变化来选择分组标志。社会经济现象随着时间地点条件的不同而不同,历史条件变了,事物特征也会有所变化。分组标志的选择绝对不是一个单纯的技术性问题,而是需要研究者对研究目的、研究对象的特征有比较好的了解和把握,只有这样才能选择比较恰当的分组标志。例如,在计划经济时期,企业按所有制形式分为全民所有制企业、集体所有制企业、私营企业和其他企业四种类型。而现在企业按登记注册类型分为国有企业、集体企业、股份合作制企业、联营企业、有限责任公司、股份有限公司、私营企业、港澳台商投资企业、外商投资企业、个体企业等类型。

2. 统计分组应遵循的原则

统计分组必须遵守两个原则:穷尽原则和互斥原则。穷尽原则,就是要求总体中的每个单位都有组可依。互斥原则,就是在特定的分组标志下,总体中的任何一个单位只能归属于某一组,而不能同时或可能归属于几个组。只有遵循以上两个原则才能使每个总体单位有且只有归属于某一个组。

2.5.6 统计分组的种类

1. 根据分组标志的性质不同，统计分组可以分为品质分组和数量分组

1) 品质分组

品质分组也叫属性分组，是指选择反映事物属性差异的品质标志作为分组标志进行分组，并在品质标志的变异范围内划定各组界限，将总体划分为若干性质不同的组成部分。例如，研究国民经济总体时，可以按经济类型、隶属关系、地区等品质标志进行分组；研究一个国家或地区人口状况时，可以按性别、民族、地区、文化程度等品质标志分组。

品质分组的分组标志一旦确定，各组的名称也同时确定，组与组的界限十分明确。但在有些情况下组界不易划分，对这些复杂问题的分组，统计上也常称为分类，如国民经济部门分类、产品分类等，它们不仅涉及复杂的分组技术，而且涉及国家的政策等。为了保证各种分类的统一性和完整性，国家制定了统一的分类目录，如商品分类目录、工业部门分类目录等。

2) 数量分组

数量分组也叫变量分组，是指选择反映事物数量差异的数量标志作为分组标志进行分组，在数量标志的变异范围内划定各组界限，将总体分为性质不同的若干组成部分。例如，人口按年龄分组，企业按固定资产价值分组，职工按工资额分组等。根据总体各单位某一数量标志值的变动特征，数量分组的分组方式有单项式分组和组距式分组两种。如果变量数值不多，变动范围不大，总体单位的不同标志值较少，可采用单项式分组，如家庭按人口数分组；如果变量数值较多，变动范围较大，总体单位的不同标志值较多，可采用组距式分组。

数量分组并不是单纯地确定各组间的数量差异，而是要通过分组体现的数量变化来确定不同类型及不同性质的事物。因此，按数量标志的分组不像大多数按品质标志的分组那样，标志一经确定，就能体现不同组的性质，要想使按数量标志的分组真正能通过数量表现反映总体的特征，需要考虑的问题较多，包括组数、组距及组限的确定等。

2. 根据分组标志的多少，统计分组可以分为简单分组与复合分组

1) 简单分组

简单分组是指对总体只按一个标志进行分组，只反映总体某一方面的分布状况和内在结构。例如，大学生只按性别分组，或只按年龄分组，或只按生源地分组等，就属于简单分组。

若总体同时按若干个标志分别进行分组，就成为平行分组体系。平行分组体系就是对同一总体同时选择两个或两个以上的标志分别进行简单分组，然后并列在一起形成平行分组体系。例如，为了认识我国工业企业的一些基本情况，可以按经济成分、登记注册类型、企业规模等分组，从而得到不同的分组体系(表 2-7)。

表 2-7　2015 年全国各类工业企业按经济成分、登记注册类型及企业规模分组表

指标	企业数(个)
按经济成分划分	
公有经济	—
非公有经济	—
按登记注册类型划分	
内资企业	—
港、澳、台商投资企业	—
外商投资企业	—
按企业规模划分	
大型企业	—
中型企业	—
小型企业	—

平行分组体系的特点是，每一分组只能固定一个因素对差异的影响，不能固定其他因素对差异的影响。应用平行分组体系，其多种分组相互独立而不重叠，既可以从不同的角度、不同方面对某一社会经济现象做出比较全面的说明，反映事物的多种结构，又不至于使分组过于烦琐，故这种分组被广泛采用。表 2-7 中的分组从多方面反映了我国企业类型的状况，给人以全面的认识。

2) 复合分组

复合分组是指对同一总体同时按两个或两个以上的标志进行分组。分组表的形式可以是层叠式和交叉式。层叠式分组就是先按一个主要标志分组，在此基础上再按另一个从属标志在已分好的各组中再分组，接着按第三个标志分成更小的组，依此类推。例如，我国工业企业按经济成分、投资主体、生产规模等标志进行复合分组的层叠表如表 2-8 所示。

表 2-8　我国工业企业复合分组体系表

公有经济	非公有经济
国有经济 　其中：大型企业 　　　　中型企业 　　　　小型企业 集体经济 　其中：大型企业 　　　　中型企业 　　　　小型企业	私有经济 　其中：大型企业 　　　　中型企业 　　　　小型企业 港澳台地区经济 　其中：大型企业 　　　　中型企业 　　　　小型企业 外商经济 　其中：大型企业 　　　　中型企业 　　　　小型企业

第 2 章 统计调查与整理

交叉式分组就是在对总体按两个标志进行复合分组时，形成交叉式分组表，表的纵栏和横栏分别代表两个标志的分组，交叉的格子表示按两个标志分组的结果。例如，企业的资产分别按用途和性质两个标志进行交叉分组，其结果如表2-9所示。

表2-9　企业资产分组表

按性质分组＼按用途分组	生产性	非生产性	合计
固定资产			
流动资产			
合计			

复合分组所形成的体系称为复合分组体系。复合分组体系的特点是，第一次分组只固定一个因素对差异的影响，第二次分组同时固定两个因素对差异的影响，依次类推，当最后一次分组时，所有的分组标志对差异的影响已全部固定。复合分组体系可以更深入细致地研究总体的内部结构，反映问题全面深入。但随着分组标志的增加其组数会成倍地增加，从而使各组的单位数减少，次数分布不集中，不易揭示总体的本质特征。因此复合分组体系不宜采用过多的分组标志，也不宜对较小总体进行复合分组。

小思考

(1) 对于平行分组体系中的"平行"二字你是如何理解的？试举一例说明某一研究对象可以按哪些分组标志进行平行分组？

(2) 你是如何理解复合分组体系中的"层叠"及"交叉"的？

(3) 试举例进行如下分组：按一个品质标志的简单分组、按两个品质标志的复合分组、按一个品质标志和一个数量标志的复合分组、按两个数量标志的复合分组。

2.6　分配数列

2.6.1　分配数列的概念和种类

1. 分配数列的概念

在统计分组的基础上，将总体的所有单位按组归类整理，并按一定顺序排列，形成总体中各个单位在各组间的分布，称为频数分布或次数分布，频数分布表现为一个数列，故又称分配数列，可以反映总体中各个单位在各组间的分布状态和分布特征。频数分布由两个要素构成：一是总体按某标志所分的组(组别)；二是各组所出现的单位数，即频数(次数)。

例如，表2-10中第1列是变量(某企业工人日产量)的分组；第2列是每天生产同样数量产品的工人人数，或者说是各组出现的次数(或权数、频数、各组的单位数)，各组频数之和等于总体单位数；第3列是频率，频率是各组频数与总体单位数之比，它反映了各组频数的大小对总体所起作用的相对强度，也称为权重。频率的计算公式为

$$频率 = \frac{f_i}{\sum f_i} = \frac{f_i}{N}$$

式中，$\sum f_i = N$。

频率具有如下两个性质：

(1) 任何频率都是介于 0 和 1 之间的一个分数，一般用百分比表示，即 $0 \leqslant f_i / \sum f_i \leqslant 1$；

(2) 各组频率之和为 1 或 100%，即 $\sum \frac{f_i}{\sum f_i} = 1$。

表 2-10 某企业工人日产量分组表

按日产量分组(件)	人数 f_i (人)	频率($f_i/\sum f_i$)(%)
5	4	10.0
6	6	15.0
10	15	37.5
11	9	22.5
12	6	15.0
合计	40	100.0

分配数列形式简单，但它是统计分组结果的主要表现形式，在统计研究中具有重要意义。分配数列可以直观地表明总体单位在各组的分布特征、结构状况，并可在此基础上研究总体的构成、平均水平及其变动规律。

2. 分配数列的种类

分配数列按其所选择的分组标志性质的不同，可以分为按品质标志分组形成的品质分配数列(简称品质数列)和按数量标志分组形成的变量分配数列(简称变量数列)。

1) 品质数列

按品质标志分组形成品质数列。品质数列用来观察总体单位中不同属性的单位分布情况。品质数列由各组名称和次数组成，各组次数可以用绝对数表示，即频数，也可以用相对数来表示，即频率，如表 2-11 所示。

表 2-11 某企业工人性别构成情况表

按性别分组	绝对数(人)(次数或频数)	比重(%)(比率或频率)
男	850	85.00
女	150	15.00
合计	1000	100.00

由表 2-11 可以看出，该企业性别构成的特点是男性员工所占的比重明显大于女性员工。对于品质数列来说，如果分组标志选择得当、分组标准适当，那么事物的差异表现就比较明确。

2) 变量数列

按数量标志分组形成变量数列。按变量标志分组就是将变量值划分为不同的区域，通过各组数量的差别和变化来区分现象的不同性质。

变量标志分组可分为单项式分组和组距式分组两种，因此，变量数列也可分为单项式数列和组距式数列两种。

单项式数列是总体按单项式分组形成的变量数列，每个变量值即为一个组，顺序排列，在组数不多和组值变动幅度不大时采用，如表2-12所示。

表2-12 某企业第一季度工人平均日产量

工人平均日产量(件)(变量)	工人数	
	绝对数(人)(次数或频数)	比重(%)(频率)
3	45	22.5
4	100	50.0
5	55	27.5
合计	200	100.0

组距式数列是总体按组距式分组形成的变量数列，每个组由若干个变量值形成的区间表示，在变量个数较多、变动幅度较大时采用，如表2-13所示。

表2-13 某企业工人完成生产定额情况表

工人按完成生产定额分组(%)(变量)	工人数	
	绝对数(人)(次数或频数)	比重(%)(频率)
80～90	30	16.7
90～100	40	22.2
100～110	60	33.3
110～120	30	16.7
120～130	20	11.1
合计	180	100.0

由此可见，变量数列也是由各组名称(用变量值表示)和次数(或频率)组成，频率大小表明各组标志值对总体的相对作用程度，也可以表明各组标志值出现的概率大小。变量的具体数值即变量值通常用符号 x 表示，各组单位数即次数或频数(其相对数形式为频率)通常用 f 表示。

2.6.2 组距式数列的编制

组距数列的编制涉及的问题较多，不仅取决于分组标志的选择，而且要分析分组界限的确定是否合理。在编制过程中，要正确处理以下三个问题。

1. 组距和组数

在组距数列中用变量变动的一定范围代表一个组，每个组的最大值为组的上限，最小值为组的下限。每个组的上限与下限之间的距离称为组距，即组距=上限-下限。

所谓组数是指某个变量数列划分为多少组。在编制组距数列时需要确定组距与组数，一般来说，首先计算全距，即全部变量的最大值与最小值之差，以及大多数变量集中在什么范围内；然后考虑组距与组数的问题，务必使分组的结果尽可能反映总体分布的特点。

组数与组距密切相关，在同一变量数列中，组距的大小与组数的多少成反比；组数越多，组距越小；组数越少，组距越大。

在编制组距数列时，正确确定组距与组数具有重要意义。一般应当掌握以下原则：一是要考虑各组的划分是否能区分总体内部各个组成部分的性质差别，即组内资料的同质性和组间资料的差异性。如果不能正确反映各部分性质的差别，就必须重新分组。二是要能准确、清晰地反映总体单位的分布特征。

例如，在统计学考试中，某班 30 位同学的成绩(单位：分)如下：

66 60 62 78 52 89 56 77 75 76 78 79 73 72 66
89 91 93 86 87 83 88 74 75 72 84 86 85 72 81

若将上述资料按数值由小到大排序如下：

52 56 60 62 66 66 72 72 72 73 74 75 75 76 77
78 78 79 81 83 84 85 86 86 87 88 89 89 91 93

经过初步加工，大致可以看出资料的集中趋势。资料的最小值为 52 分，最大值为 93 分，则全距为 93-52 = 41(分)。根据考试成绩性质的不同，在 60 分的数量界限基础上分为不及格、及格、中等、良好、优秀五个类型，并将每组组距定位 10 分编制组距数列，如表 2-14 所示，该表基本上能准确反映该班学生统计学成绩的分布特征。

表 2-14 某班统计学考试成绩分组表

分数	人数(人)	比重(%)
50～60	2	6.67
60～70	4	13.33
70～80	12	40.00
80～90	10	33.33
90～100	2	6.67
合计	30	100.00

本例根据研究对象本身的特点和研究的目的，按组距为 10、组数为 5 进行分组。依经验，组数过多过少都不妥，一般情况下可分为 5～7 组，组数尽可能取奇数，避免取偶数。

2. 等距分组和异距分组

组距数列根据组距是否相等，分为等距数列和异距数列。等距数列中各组组距都是相等的(表 2-14)；异距数列各组组距是不完全相等的(表 2-15)。

1) 等距数列

等距数列分组时，一般是先根据总体内部情况进行定性分析来确定组数，然后用全距除以组数，确定组距，并据划分各组的界限。

设 R 为全距，K 为组数，i 为等组距，则 $i = R/K$。

如在上例中，$R = 93-52 = 41$，设 $K = 5$，则 $i = 41/5 = 8.2$。

表2-15 某地区人口分布状况

人口按年龄分组	人口数(万人)
1岁以下(婴儿组)	8
1～7岁(幼儿组)	19
7～17岁(学龄儿童组)	36
17～60岁(中青年组)	12
60岁以上(老年组)	7
合计	82

为计算方便,组距最好取5或10的整倍数,故可令 $i=10$。根据考试成绩,一般情况下,60分以下为不及格,所以60分是划分及格与不及格两种性质的数量界限。因此,可以在60分以上及以下按10分的等距进行分组。

等距数列由于组距相等,各组次数分布不受组距大小的影响,所以便于比较,有利于现象间的依存关系的研究。一般来说,当变量分布比较均匀时可采用等距数列。

2) 异距数列

异距数列各组次数的分布受组距大小的影响,组距大次数可能多,组距小次数可能少,各组次数或频率不能直接比较,且直接通过次数分布难以确定现象的分布特征,因此必须消除不同组距对数列分布的影响,这就需要计算次数密度或频率密度。次数密度=各组次数/各组组距,频率密度=各组频率/各组组距,这两者的实质是相同的,其目的主要是消除因各组组距不相等而造成的对现象分布的影响。

通过比较各组的次数密度或频率密度可以反映现象的分布状况,或者将不等距次数换算为统一的标准组距次数进行比较。将不等距的次数换算为标准组距次数的方法:首先以数列中最小组组距为标准组距,计算各组的次数密度,然后用各组的次数密度乘以标准组距,得出换算后的每组标准组距次数。现以某公司职工年龄分布情况为例,将两种方法的换算结果列成表2-16。

表2-16 某公司职工年龄分布情况

职工按年龄分组(岁)	组距	人数(人)	标准组距人数	次数密度
20～25	5	25	25	5
25～30	5	70	70	14
30～35	5	50	50	10
35～45	10	30	15	3
45～55	10	10	5	1
合计	—	185	—	—

异距数列的使用场合如下:

(1) 许多社会经济现象的分布存在明显的偏斜状况,不适合等距分组,必须采用异距分组。例如,生命的一定时段(如5年)对于成年人与未成年人、中青年人与老年人是大不一样的，其生理特征有很大差别，因此研究人口疾病或死亡率状况，年龄分组就必须采用异距分组，如 1 岁以下可按月分组，1～10 岁按年分组，11～20 岁按 5 年分组，21～60 岁按 10 年分组，60 岁以上按 5 年分组。

(2) 有些社会经济现象的标志变异范围比较大，其变量若按一定比例关系变化发展，则可按等比间隔分组编制异距数列。例如，钢铁厂高炉按容积(立方米)的异距分组：100 以下、100～200、200～400、400～800、800～1600、1600 以上，显然，其组距间隔等比为 2。

3. 组限和组中值

1) 组限

在组距数列中，必须划定各组的数量界限即组限。组限的确定除了要区分事物的性质和体现总体分布特征外，还必须注意以下几点：

(1) 最小组的下限应略低于总体的最小变量值，最大组的上限应略高于总体的最大变量值。

(2) 连续型变量的各组组限必须重叠，以防分组时出现遗漏某个个体的现象。但为了明确变量值正好等于组限的个体归属问题，一般原则是把到达上限值的单位数计入下一组内，即称为"上组限不在内"原则。如前例统计学考试成绩的分布数列中 50～60 分这一组，60 分就应计入 60～70 分这一组内。对于离散型变量，相邻组组限可以不重叠，但习惯上也采用组限重叠的分组方法。

(3) 有时最小组只有上限而没有下限，最大组只有下限而没有上限，这样的组称为开口组。开口组的组距一般按相邻组组距确定，进而确定相应的下限或上限。当然，如果中间的非开口组的组距呈现某种规律(如各组组距相等、呈等差变化、呈等比变化)，则应该按规律来确定开口组的组距与组限。

2) 组中值

组距数列是按变量的一段区间来分组，掩盖了分布在各组内的单位的实际变量值。统计工作中往往用组中值来代表分布在各组中个体单位变量值的一般水平。组中值是各种变量范围的中间数值，通常可以根据各组上限、下限进行简单平均求得，即

$$组中值 = \frac{上限 + 下限}{2}$$

如上例 60～70 分一组的组中值为 65 分。

对于开口组组中值的确定，一般根据邻组的组距的一半来调整：

缺下限的开口组组中值=上限-邻组组距/2

缺上限的开口组组中值=下限+邻组组距/2

例如，某工厂工人完成产品产量的分组情况及其组中值如表 2-17 所示。

表 2-17 某工厂工人完成产品产量情况表

工人完成产品产量(件)	工人数(个)	组中值
90 以下	30	85
90～100	40	95
100～110	60	105

续表

工人完成产品产量(件)	工人数(个)	组中值
110～120	30	115
120 以上	20	125
合计	180	—

2.6.3 累计次数分布

次数分布反映总体中各总体单位在各组间的分布情况，通过次数分布可以研究大量现象的统计规律性。将变量数列各组的次数(或频率)逐组累计相加得到累计次数(或频率)分布，它表明总体在某一标志值的某一水平上下总共包含的总体次数(或频率)。累计次数(或频率)有以下两种计算方法。

1. 向上累计

向上累计次数(或频率)分布，其方法是先列出各组的上限，然后由变量值小的组向变量值大的组依次累计。向上累计次数表明某组上限以下的各组单位数之和是多少；向上累计频率表明某组上限以下的各组单位数之和占总体单位数的比重。例如，表 2-18 是某地区 40 个企业按产品销售收入分组表，表的第 4 列和第 5 列分别为向上累计次数和频率，第 4 列的数字 26 表示销售收入在 120 万元以下的企业累计有 26 个，而对应的第 5 列的 65%表示销售收入在 120 万元以下的企业在 40 个企业中占的比例为 65%。

表 2-18 某地区 40 个企业按产品销售收入分组表

按销售收入分组(万元)	企业数(个)	频率(%)	向上累计		向下累计	
			企业数	频率	企业数	频率
100 以下	5	12.5	5	12.5	40	100.0
100～110	9	22.5	14	35.0	35	87.5
110～120	12	30.0	26	65.0	26	65.0
120～130	7	17.5	33	82.5	14	35.0
130～140	4	10.0	37	92.5	7	17.5
140 以上	3	7.5	40	100.0	3	7.5
合计	40	100.0	—	—	—	—

2. 向下累计

向下累计次数(或频率)分布，其方法是先列出各组的下限，然后由标志值大的组向标志值小的组依次累计。向下累计次数表明某组下限以上的各组单位数之和；向下累计频率表明某组下限以上的各组单位数之和占总体单位数的比重。表 2-18 中第 6 列和第 7 列分别为向下累计次数和频率，第 6 列的数字 14 表示销售收入在 120 万元以上的企业累计有 14 个，而对应的第 7 列的 35%表示销售收入在 120 万元以上的企业在 40 个企业中占的比例为 35%。

累计次数分布具有以下两个特点：第一组的累计次数等于第一组本身的次数；最后一组累计次数等于总体单位数。累计频率同样也具有两个特点：第一组的累计频率等于第一组本身的频率；最后一组的累计频率等于1或100%。

对单项式数列也可以计算累计次数和累计频率。累计次数分布是确定各种位置平均数的依据，根据累计次数的资料绘制的累计次数分布图还可以用于研究社会财富分配的公平程度等问题。

知识链接

洛伦兹曲线

洛伦兹曲线研究的是国民收入在国民之间的分配问题，这是美国统计学家洛伦兹(M. O. Lorenz)提出来的。它先将一国或一地区人口按收入由低到高排列，然后考虑收入最低的任意百分比人口所得到的收入百分比。例如，最低的10%、20%、30%的人口所得到的收入比例分别为1.09%、4.16%、9.21%，如表2-19所示，最后将得到的人口累计百分比和收入累计百分比的对应关系制成图表，即得到洛伦兹曲线，如图2.1所示。

表2-19 人口累计百分比与收入累计百分比的对应关系

人口累计百分比	收入累计百分比	绝对平均收入累计百分比
0.0000	0.0000	0.0000
0.1000	0.0109	0.1000
0.2000	0.0416	0.2000
0.3000	0.0921	0.3000
0.4000	0.1624	0.4000
0.5000	0.2525	0.5000
0.6000	0.3624	0.6000
0.7000	0.4921	0.7000
0.8000	0.6416	0.8000
0.9000	0.8109	0.9000
1.0000	1.0000	1.0000

洛伦兹曲线的横坐标是人口累计百分比，纵坐标是收入累计百分比。如果收入是绝对均等的(当然这只是一种理想化的状态)，每1%的人口都得到1%的收入，累计99%的人口就得到累计99%的收入，则收入分配是完全平等的，累计收入曲线就是图2.1中的对角线 OL，图2.1中标明是绝对平均线。

假如收入分配绝对不均等(当然这也是一种设想的状态)，几乎所有的人口均一无所有，即99%的人完全没有收入，而所有的收入都在1%的人手中，即1%的人拥有100%的收入，累计分配曲线是由横轴和右边垂线组成的折线 OAL。图2.1中标明是绝对不平均线。

一般来说，一个国家、一个地区的收入分配，既不是完全不平等，也不是完全平等，而是介于两者之间，那么相应的洛伦兹曲线既不是折线 OAL，也不是对角线 OL，而是介于两者之间的那条向横轴突出的

OCL 曲线。洛伦兹曲线的弯曲程度具有重要意义。一般来说它的弯曲程度反映了收入的不平等程度，弯曲程度越大，收入分配程度越不公平。

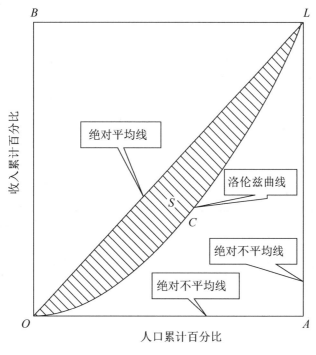

图 2.1　洛伦兹曲线

洛伦兹曲线和对角线之间的那块月牙形区域(图 2.1 中 S 区域)可以看成贫富之间的那条沟坎。这块月牙形区域 S 的面积大小可以用来表征实际收入分配与理想境界的差距：这块月牙形区域 S 的面积越大，洛伦兹曲线的弯曲度越大，月牙弯得越大，它和对角线离得越远，说明收入差距越大，贫富两极分化越严重。反之，这块月牙形区域 S 的面积越小，洛伦兹曲线越平缓，月牙弯得越小，它和对角线靠得越近，说明社会收入差距越小，贫富两极分化越不明显。

(资料来源：摘自 http://wenku.baidu.com/view/be4a956527d3240c8447ef45.html)

2.7　统计表和统计图

经过整理的统计数据可以用统计表也可以用统计图进行展示。统计表条理分明，集中醒目，且可以节省大量的文字叙述，也便于对比分析与积累；统计图形象生动，直观鲜明，能够清晰地显示现象之间的相互关系。

2.7.1　统计表

1. 统计表的定义和结构

统计调查得到的资料经过整理汇总后，可以得出很多说明社会经济现象的系统化的统计资料，把这些系统化的资料加以排列，填列在表格上，这种表格就称为统计表。统计表可分为广义统计表和狭义统计表两种。广义统计表包括统计工作各阶段中所用的一切表格。狭义统计表只是指统计整理阶段的统计表。狭义统计表是统计分析的重要工具，它清楚地、有条理地显示统计资料，并能直观地反映统计所研究对象的特征。

统计表的结构，从形式来看，其构成要素包括总标题、横行标题、纵栏标题、数字资料和附加五个部分。总标题置于表的正上方，是统计表的名称，它简明扼要地说明全表的基本内容。横行标题置于表的左端，是横行的名称，即总体各组名称或各指标名称，表示统计研究的对象。纵栏标题置于表的右上端，是各列的名称。横行标题与纵栏标题的位置依据统计资料和列表的具体情况，有时可以互换。如果统计表的数据是通过第二手资料整理或者统计表本身引用他人的调查结果，须在统计表的下端附加数据的来源。统计表的一般结构如表 2-20 所示。

表 2-20　我国 2010 年 1—11 月规模以上工业实现利润及其增长速度　——总标题

指　标	利润总额(亿元)	比上年增长同期(%)
规模以上工业	38828	49.6
其中：国有及国有控股企业	11924	59.1
其中：集体企业	689	34.6
股份制企业	21100	49.4
外商及港澳台投资企业	11131	46.3
其中：私营企业	10430	49.4

资料来源：中华人民共和国国家统计局. 中华人民共和国 2010 年国民经济和社会发展统计公报，2011 年 2 月 28 日.

2. 统计表的设计

统计表设计总的要求是简练、明确、实用、美观、便于比较。统计表设计应注意如下几点：

(1) 统计表应设计成由纵横交叉线条组成的长方形表格，长与宽之间保持适当的比例。

(2) 线条的绘制。表的上下端应以粗线绘制，表内纵横以细线绘制。表格的左右两端一般不画线，采用"开口式"。

(3) 合计栏的设置。统计表各列若需合计时，一般将合计列在最后一行，各行若需合计时，可将合计列在最后一列。

(4) 标题设计。统计表的总标题，行、列标题要简明扼要，以简练而准确地表述统计资料的内容、资料所属的时间和空间范围。

(5) 指标数值。表中数字应该填写整齐，对准位数，同一列应精确到小数点后同一位。因数值太小可忽略不计时，可写上"0"；当缺某项数字时，可用符号"…"表示；不应有数字时用符号"—"表示。

(6) 计量单位。必须注明数字资料的计量单位。当全表只有一种计量单位时，可将它写在总标题的右下方。如果表中各行的指标数值计量单位不同，可在行标题后加一列计量单位。

(7) 注解或资料来源。为了保证统计资料的科学性和严肃性，必要时，需在统计表下端加上注解或说明。

2.7.2 统计图

统计图是在统计表的基础上表现统计资料的一种辅助形式，它可以简洁、形象、直观地表示统计表中枯燥的数据，可以帮助我们从众多的数据中发现规律，从而更迅速、有效地传递信息，给人明确和深刻的印象。统计图的种类很多，常用的有圆饼图、柱状图、直方图、折线图等。

【拓展案例】

1. 圆饼图

圆饼图是把总体显示为一个圆，每组数据显示为圆中的一块"小饼"，主要用于表示总体内部的结构比例，即各组占总体的比例，适用于显示组数较少的分组数列。例如，根据表 2-21 的数据做出的不同品牌饮料市场占有率的圆饼图，即图 2.2，从图中可以了解每一种饮料的市场占有率，其中，百事可乐的市场占有率 30%为最高，其次为可口可乐市场占有率为 22%。一般来说，圆饼图中的每一块"小饼"代表一个分组标志，其"小饼"面积大小代表该分组标志在总体中所占的比例，比例越大，"小饼"的面积越大，所有"小饼"加在一起就构成一个完整的圆饼，即表示各组的频率之和为 1。圆饼图因其简单、形象、直观的特点在市场占有率的分析中应用广泛。

表 2-21　某地区 2016 年不同品牌饮料市场占有率分组表

饮料品牌	百分比(%)
百事可乐	30
可口可乐	22
汇源果汁	18
加多宝凉茶	12
其他	18
合计	100

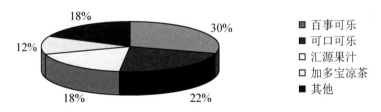

图 2.2　某地区 2016 年不同品牌饮料的市场占有率圆饼图

2. 柱状图

柱状图是把每组数据显示为一个垂直柱状体，其高度表示数值，横坐标表示分类或分组，纵坐标表示频数或频率。根据表 2-22 的数据绘制社区家庭拥有孩子数柱状图(图 2.3)。

横轴表示各组的代表值,纵轴表示频数或频率,依据各组组距的宽度和频数(频率)的高度绘成柱状形。从图 2.3 的图例可以看出,纵轴为户数,表示社区家庭拥有孩子数的频数,其中拥有 1 个孩子的家庭户为 200,频数最高。柱状图的各个条形柱并不相连,原因在于所反映的数据是离散型变量数列或品质数列,这些数据的特征是其在坐标轴上不连续,社区家庭拥有孩子数 0、1、2、3 就是离散型变量的取值。由此我们知道,柱状图只能适用于离散型变量数列和品质数列,不能用于连续型变量数列。

表 2-22　某社区家庭户拥有孩子数情况表

孩子数(个)	户数	百分比(%)
0	150	30
1	200	40
2	100	20
3	50	10
合计	500	100

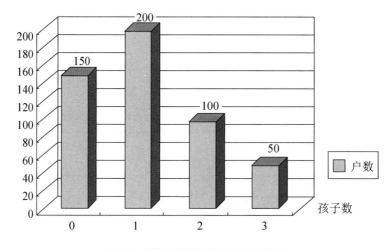

图 2.3　社区家庭拥有孩子数分布图

3. 直方图

直方图是把每组数据显示为一个矩形,用矩形的高度来表示频数(或频率),宽度表示组距的图形。绘制直方图时,横轴表示各组组限,纵轴表示频数(或频率),依据各组组距的宽度和频数(或频率)的高度绘成直方形。每一组的矩形面积与所有组的矩形面积总和的比值作为该组的频率,所有组的频率之和为 1。横轴和纵轴的具体设置可以根据研究和表述的需要进行变化,一般情况下,绘制直方图时习惯用横轴表示分组坐标,用纵轴表示频数(或频率)。直方图与柱状图存在细小的差异,柱状图是用柱的长度表示各类别频数的多少,其宽度(表示类别)是固定的;直方图是用面积表示各组的频率,矩形高度表示频数(或频率),矩形宽度表示各组的组距,矩形宽度不固定。直方图的长条形紧密地排列在一起,而柱状图的长条形是分散地排列,主要原因是直方图是根据连续型变量数列绘制的,而柱状图是根据品质数列和离散变量数列绘制的。图 2.4 是根据表 2-18 绘制的直方图。

第 2 章
统计调查与整理

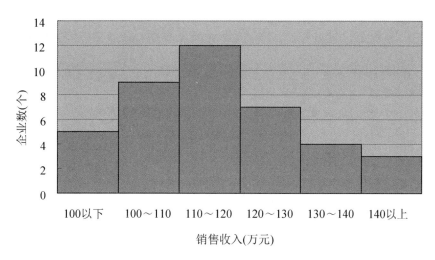

图 2.4 某地区 40 个企业按产品销售收入分组直方图

帕累托法则及帕累托图

帕累托法则又称 80/20 法则,是由意大利经济学家和社会学家帕累托(V. Pareto)发现的,这一法则最初只限定于经济学领域,后来被推广到社会生活的各个领域,且深为人们所认同。帕累托法则是指在任何大系统中,约 80%的结果是由该系统中约 20%的变量产生的。例如,在企业中,通常 80%的利润来自 20%的项目或重要客户;经济学家认为,20%的人掌握着 80%的财富;心理学家认为,20%的人身上集中了 80%的智慧等。具体到时间管理领域是指大约 20%的重要项目能带来整个工作成果的 80%,并且在很多情况下,工作的前 20%时间会带来所有效益的 80%。

帕累托图(图 2.5)是以帕累托的名字命名的。帕累托图又叫排列图、主次图,是按照发生频率大小顺序绘制的直方图,表示有多少结果是由已确认类型或范畴的原因所造成。它是将出现的质量问题和质量改进项目按照重要程度依次排列而采用的一种图表,可以用来分析质量问题,确定产生质量问题的主要因素。

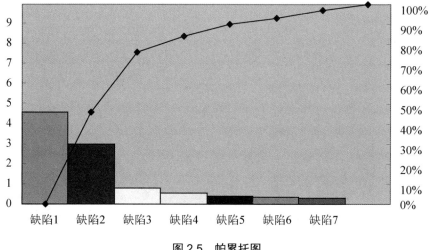

图 2.5 帕累托图

按等级排序的目的是指导如何采取纠正措施,项目负责人应首先采取措施纠正造成最多数量缺陷的问题。从概念上说,帕累托图与帕累托法则一脉相承,该法则认为相对来说数量较少的原因往往造成绝大多数的问题或缺陷。

帕累托图用双直角坐标系表示,左边纵坐标表示频数,右边纵坐标表示频率,分析线表示累积频率,横坐标表示影响质量的各项因素,按影响程度的大小(即出现频数多少)从左到右排列,通过对帕累托图的观察分析可以得到影响质量的主要因素。帕累托图在项目管理中主要用来找出产生大多数问题的关键原因,以解决大多数问题。

在帕累托图中,不同类别的数据根据其频率降序排列,并在同一张图中画出累积频率图。帕累托图可以体现帕累托原则:数据的绝大部分存在于很少类别中,极少剩下的数据分散在大部分类别中。这两组经常被称为"至关重要的极少数"和"微不足道的大多数"。

帕累托图能区分"微不足道的大多数"和"至关重要的极少数",从而方便人们关注重要的类别。帕累托图是进行优化和改进的有效工具,尤其应用在质量检测方面。

(资料来源:摘自 http://baike.baidu.com/view/480202.htm)

4. 折线图与曲线图

折线图是以线段的起伏表示数量分布的特征。绘制时,横轴表示变量值,纵轴表示频数或频率,先根据变量值和其频数在坐标轴上绘出相应的点,再用折线将所有的点连接起来,直观地表现数量分布的变动规律。折线图可以用单变量频数分布数列来绘制,也可以用分组数据来绘制,分组数据各组用其组中值作为代表值。图 2.6 是根据表 2-18 绘制的折线图,该图直观地反映出某地 40 个企业销售收入分布的特征,销售收入在 110~120 万元的企业最多。

当所观察的组距越小且组数越多时,所给出的折线图就会越光滑,逐渐形成一条光滑的曲线,这种曲线即频数分布曲线图,反映了数据或统计量的分布规律。统计曲线图在统计学中很重要,是描述各种统计量和分布规律的有效方法。在日常生活和经济管理中,较常见的有四种曲线,即正态分布曲线、偏态分布曲线、J 形分布曲线和 U 形分布曲线。

正态分布曲线也称钟形曲线,如图 2.7(a)所示,其分布特征为"中间大,两头小",即中间的变量值分布频数多,靠近两边的变量值分布的频数少,左右对称,似倒挂的钟,所以也称钟形分布。这种分布是客观事物数量特征表现最多的一种频数曲线,如人的身高、体重、智商、考试成绩等。

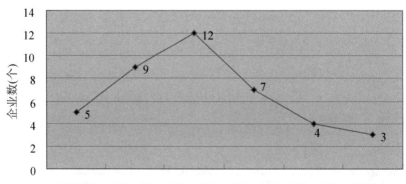

图 2.6 某地区 40 个企业销售收入分布折线图

偏态曲线根据尾部拖向哪一方又分为右偏和左偏两种曲线，图 2.7(b)为右偏分布曲线，图 2.7(c)为左偏分布曲线。例如，人均收入分配的曲线就是右偏曲线，即低收入的人数较多，故在收入较低的左边形成高峰；高收入的人数较少，且收入越高的人越少，故在右边形成了一个细长的尾巴。

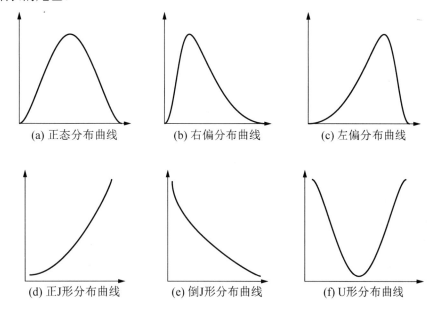

图 2.7　常见的频数分布曲线

J 形分布曲线包括正 J 形和倒 J 形分布两种曲线，比较常见的例子是西方经济学中的供给曲线和需求曲线。供给曲线如图 2.7(d)所示，随着价格的增加，供给量在不断增加；需求曲线如图 2.7(e)所示，随着价格的增加，需求量在不断减少。

U 形分布曲线又称生命曲线或浴盆曲线，人和动物的死亡率近似服从 U 形曲线分布。婴儿由于抵抗力弱，死亡率很高。随着对新环境的适应和年龄的增长，死亡率逐渐降低；到了中年时期，死亡率最低；进入老年后，身体出现衰退性病变，死亡率又逐渐提高。另外，人们的闲暇时间也呈 U 形曲线分布。婴儿和少儿时期，闲暇时间最多；随着年龄的增长，开始就学、就业，闲暇时间逐渐减少；人到中年事业达到最高峰同时家庭的负担也最重，工作和家庭的双重压力使中年人的闲暇时间最少；步入老年，逐渐退出工作岗位，孩子也都长大离开家庭，闲暇时间又逐渐增加。

知识链接

从 GDDS 到 SDDS：中国数据公布标准进一步与国际接轨

GDDS 是 General Data Dissemination System 的缩写，译成中文是数据公布通用系统，它是国际货币基金组织(International Monetary Fund, IMF)为统计基础不够健全的成员国制定的一套数据公布的规范。SDDS 是 Special Data Dissemination Standard 的缩写，成中文是数据公布特殊标准。SDDS 对统计数据的要求起点较高，对数据公布频率和及时性的要求比 GDDS 更严格一些，SDDS 要求参加国在 IMF 的网站上及时公布该国宏观经济统计数据；而 GDDS 对数据公布的要求要宽松得多，不被要求提供数据，但要向 IMF

提供有关统计数据编制和公布的现行做法(包括统计指标概念、数据来源、调查方法、数据编制方法和发布制度等)，以及针对 GDDS 的要求制定的有关统计体制的短期和中长期改进计划。

1994 年末，墨西哥发生了严重的金融危机，导致国际金融市场剧烈动荡。IMF 由于没有掌握墨西哥经济金融的统计数据，对危机爆发前金融市场出现的危险征兆未能及时察觉，反而错误地判断墨西哥经济状况良好。结果金融危机爆发后，IMF 不知所措，直到危机持续一个多月后，才制定出援助计划和墨西哥经济调整方案。

1997 年，东南亚金融危机首先从泰国爆发，并迅速波及亚洲其他国家乃至整个世界。东南亚金融危机的爆发，使 IMF 再次认识到，经济缺乏透明度是新兴市场经济国家发生金融危机的重要原因，只有在信息充分、制度健全、执法严格的情况下，市场经济才能更好地运作。

两次金融危机给 IMF 一个深刻教训，也对其职能提出了挑战。在总结经验教训的基础上，IMF 认为，在新的国际经济、金融形势下，必须制定统一的数据发布标准，使各成员国按照统一程序提供全面、准确的经济金融信息。

IMF 执行董事会在 1996 年 3 月 29 日批准了第一标准，称为数据公布特殊标准(SDDS)，在 1997 年 3 月考虑建立另一级标准的建议，并于 1997 年 12 月 19 日正式做出决定，批准建立数据公布通用系统(GDDS)。GDDS 主要由非洲国家、太平洋岛国、中东地区及少数亚洲发展中国家参与，SDDS 的参加国一般为发达国家或工业化国家。GDDS 仅仅对成员国的数据公布有框架性的指导原则，SDDS 则对数据公布的频率、覆盖范围、及时性及透明性等诸多方面有相当严格的要求。由于 SDDS 和 GDDS 的框架大致相同，其统计数据的核心框架和核心指标基本一致，只是在公布频率和公布及时性方面有些差异，所以 GDDS 是 SDDS 的过渡，GDDS 可以作为实现 SDDS 的桥梁或跳板。

GDDS 与 SDDS 的两级标准总体要求基本一致，在内容方面都囊括了实际部门、财政部门、金融部门、对外部门和社会人口部门五大宏观经济部门的数据。在数据的范围、频率和及时性方面对每一部门都选定了一些能够反映成员国经济运行效率和政策效率的类别及指标，统一规定了这些指标的公布频率和及时性；在数据的质量方面都要求成员国向公众公布数据编制方法，提供一套支持统计数据交叉核对的统计框架；在数据公布的完整性方面都要求成员国提供官方统计的法律制度、政府部门在数据公布时的评论和数据调整的情况，提前公布统计方法制度的修改和调整方案；在公众可得性方面都要求成员国事先公布数据发布日历表，按同一时间向社会公众发布统计数据。

2002 年 4 月 15 日，我国政府正式加入 GDDS。在新中国政府统计机构成立 50 周年纪念日(2002 年 8 月 7 日)，中国统计数字首次向国际社会公开，这样，中国统计数字更加透明化，国际社会可以很方便地在国际货币基金组织网站(www.imf.org)上浏览有关我国包括国内生产总值(GDP)在内的宏观经济数据和社会人口等数据。这是中国在加入 GDDS 之后首次向社会公布，标志着中国统计已经开始全面贯彻 GDDS 的要求并与国际接轨。从此，它的客观、权威、公正可以一览无遗。

加入 GDDS 有利于提高我国宏观经济统计数据的透明度，推进我国统计方法制度的改革，提高宏观经济统计数据的国际可比性；有利于更清楚地了解我国宏观经济的实际情况，以便对我国经济发展趋势做出较为准确的判断，为宏观经济决策提供可靠依据。加入 GDDS 标志着我国统计系统的发展迈出了重要的一步。时任国家统计局局长朱之鑫把中国加入 GDDS 比喻为"统计'入世'"。

在 2014 年 11 月 15—16 日举行的二十国集团(G20)领导人第九次峰会上，中国国家主席习近平在发言中宣布，中国将采纳国际货币基金组织(IMF)的数据公布特殊标准(SDDS)。这意味着，在不久的将来，中国经济数据有望更好地与国际接轨。如果评估得以顺利通过，中国将完成从 GDDS 到 SDDS 的"升级"，这意味着未来中国经济方面的统计数据质量和公布渠道将符合国际标准，数据公布体系将在标准层面与国际接轨。

"SDDS 是被监控的标准，而 GDDS 是一个指导发展的框架。"时任 IMF 数据公布标准部门负责人的阿塔克·阿鲁秋尼扬(Artak Harutyunyan)曾指出，"SDDS 规定了接受国必须遵守的特定做法，而 GDDS 提供了良好做法的指导原则,总体来说没有 SDDS 要求高。"这意味着,中国一旦正式采纳 SDDS,则必须完全达到 SDDS 对数据的要求,并接受监督和控制。

2015 年 10 月 8 日凌晨,中国已正式采纳 SDDS,作为全球第二大经济体,中国采纳 SDDS 对于全球经济数据的使用者有重要的影响。

本 章 小 结

本章主要介绍了统计调查的意义及分类、统计调查的方案设计、统计调查的组织形式、统计调查问卷的设计、统计分组、分配数列、统计表和统计图。统计调查的意义及分类主要介绍了统计调查对整个统计工作质量的高低的重要意义、统计调查方式的分类;统计调查的方案设计的主要内容包括确定调查目的、确定调查对象和调查单位、确定调查项目、确定调查时间和期限、制定统计调查组织实施计划;统计调查的组织形式主要介绍了统计报表制度的概念、种类,普查的概念、组织形式及特点,典型调查的概念、作用、特点及典型单位的选择方法,重点调查的概念、重点单位的选择,抽样调查的概念及特点;统计调查问卷的设计主要介绍了调查问卷设计的要求、问卷的类型、基本结构等问题;统计分组主要介绍了统计整理的意义及整理步骤、统计分组的含义及意义,如何选择分组标志、统计分组的类别等内容;分配数列主要介绍了分配数列的相关概念、种类、组距式数列的编制及累计次数分布;统计表与统计图主要介绍了统计表的结构、统计表编制中应注意的问题,以及圆饼图、柱状图、直方图、折线图、曲线图。

思 考 与 练 习

一、单项选择题

1. 为了解房价上涨情况,某课题组对北京、上海、广州和深圳的房价进行了调查。这种调查属于(　　)。
　　A. 典型调查　　　B. 重点调查　　　C. 抽样调查　　　D. 普查

2. 有意识地选择三个农村点调查农民收入情况,这种调查方式属于(　　)。
　　A. 典型调查　　　B. 重点调查　　　C. 抽样调查　　　D. 普查

3. 要了解某地区居民家庭的收支情况,最适合的调查方式是(　　)。
　　A. 典型调查　　　B. 重点调查　　　C. 抽样调查　　　D. 普查

4. 调查大庆、胜利等几个主要油田来了解我国石油生产的基本情况,这种调查方式属于(　　)。
　　A. 普查　　　　　B. 典型调查　　　C. 重点调查　　　D. 抽样调查

5. 某些不能够或不宜用定期统计报表搜集的全面统计资料,一般应采取的方法是(　　)。
　　A. 普查　　　　　B. 重点调查　　　C. 典型调查　　　D. 抽样调查

6. 一家公司需要了解员工的饮食习惯,以改善公司的餐饮状况,首先将调查问卷发放给员工,然后收上来,这种收集数据的办法属于(　　)。
　　A. 自填式问卷　　B. 访问式问卷　　C. 实验调查　　　D. 观察式调查

7. 工厂对生产的一批零件进行检查，通常采用(　　)。
　　A．普查　　　　B．抽样调查　　　C．重点调查　　D．典型调查
8. 为了了解居民对小区物业服务的意见及建议，管理人员随机抽取了100户居民，上门通过问卷进行调查，这种数据的收集方法称为(　　)。
　　A．访问式问卷调查　　　　　　　B．实验调查
　　C．观察式调查　　　　　　　　　D．自填式问卷调查
9. 适合于描述结构性问题的统计图是(　　)。
　　A．直方图　　　B．圆饼图　　　　C．柱状图　　　D．折线图
10. 将全部变量值依次划分为若干个区间，并将某一区间的变量值作为一组，这样的分组方法称为(　　)。
　　A．单项式分组　B．组距式分组　　C．等距分组　　D．连续分组
11. 某地区拟对占全区销售额70%的几个大的商业企业进行调查，以了解全区市场销售状况，这种调查方式是(　　)。
　　A．普查　　　　B．典型调查　　　C．抽样调查　　D．重点调查
12. 某连续变量分为五组：第一组为40～50，第二组为50～60，第三组为60～70，第四组为70～80，第五组为80以上。习惯上规定(　　)。
　　A．50在第一组，70在第四组　　　B．60在第二组，80在第五组
　　C．70在第四组，80在第五组　　　D．80在第四组，50在第二组
13. 变量数列中各组频率的总和应该(　　)。
　　A．大于1　　　B．等于1　　　　C．小于1　　　D．不等于1
14. 某组向上累计次数表示(　　)。
　　A．大于该组上限的次数有多少　　B．大于该组下限的次数有多少
　　C．小于该组上限的次数有多少　　D．小于该组下限的次数有多少
15. 对于国情国力情况的了解，通常采用的调查方式是(　　)。
　　A．重点调查　　B．普查　　　　　C．抽样调查　　D．典型调查
16. 某连续变量，其末组为开口组，下限为500，又知其邻组的组中值为480，则其末组的组中值为(　　)。
　　A．490　　　　B．500　　　　　C．510　　　　D．520
17. 对总体进行分组时，采用等距数列还是异距数列，取决于(　　)
　　A．次数的多少　　　　　　　　　B．变量的大小
　　C．组数的多少　　　　　　　　　D．现象的性质和研究的目的
18. (　　)只能使用于离散型变量数列和品质数列，不能用于连续型变量数列。
　　A．直方图　　　B．柱状图　　　　C．曲线图　　　D．折线图
19. 下列现象中，(　　)服从U形曲线分布。
　　A．身高　　　　B．需求曲线　　　C．考试成绩　　D．死亡率
20. 次数密度=(　　)。
　　A．各组次数/各组组距　　　　　　B．各组频率/各组组距
　　C．各组组距/各组次数　　　　　　D．各组组距/各组频率

二、多项选择题

1. 我国现行的统计调查方法体系是(　　)。
   A．以周期性普查为基础
   B．以全面定期统计报表、重点调查等为主体
   C．以经常性抽样调查为主体
   D．以全面定期统计报表、重点调查等为补充
   E．以经常性抽样调查为补充

2. 非全面调查包括(　　)。
   A．典型调查　　B．重点调查　　C．普查
   D．抽样调查　　E．全面定期统计报表

3. 关于工业企业生产设备普查的下列说法中，正确的是(　　)。
   A．工业企业的每一台设备是调查单位
   B．工业企业的每一台生产设备是调查单位
   C．工业企业的所有设备是调查对象
   D．工业企业的所有生产设备是调查对象
   E．每一个工业企业是填报单位

4. 统计表的主要组成部分包括(　　)。
   A．表头　　　　B．行标题　　　C．列标题
   D．分组频数　　E．数字资料

5. 我国统计调查的方法有(　　)。
   A．统计报表　　B．普查　　　　C．抽样调查
   D．重点调查　　E．典型调查

6. 普查是一种(　　)。
   A．专门组织的调查　　　　B．一次性调查
   C．经常性调查　　D．非全面调查　　E．全面调查

7. 制定统计调查方案，应确定(　　)
   A．调查目的和调查对象　　B．调查单位和填报单位
   C．调查项目和调查表　　　D．调查资料的使用范围
   E．调查的时间和时限

8. 按调查组织方式的不同，统计调查可分为(　　)。
   A．专门调查　　B．经常性调查　　C．统计报表制度
   D．非全面调查　　E．全面调查

9. 常用的统计图有(　　)。
   A．直方图　　B．柱状图　　C．圆饼图
   D．折线图　　E．曲线图

10. 统计表的结构，从形式来看，其构成要素包括(　　)。
    A．总标题　　B．横行标题　　C．纵栏标题
    D．数字资料　　E．附加

三、判断题

1. 重点调查的重点单位是根据当前的工作重点来确定的。（　）
2. 有意识地选择五个农村居民社区调查农民收入情况，这种调查方式属于典型调查。（　）
3. 统计报表与普查一样都属于全面调查。（　）
4. 统计资料的准确性是统计调查的生命，应做到实事求是。（　）
5. 统计调查中的调查单位与填报单位是一致的。（　）
6. 向上累计次数表示大于该组变量值下限的次数合计有多少。（　）
7. 由于直接观察法能保证资料的真实性和可靠性，因此在大规模调查中往往采用这种调查方式。（　）
8. 调查对象就是统计总体，而统计总体不都是调查对象。（　）
9. 全面调查和非全面调查是根据调查结果所得的资料是否全面来划分的。（　）
10. 对变化较小、变动较慢的现象应采用经常性调查来取得资料。（　）
11. 进行组距分组时，当标志值刚好等于相邻两组上下限数值时，一般把此值作为上限的那一组。（　）
12. 人口状况的调查都是采用普查的方式，进行全面调查。（　）
13. 普查的标准时间是对调查单位进行观察登记的时间。（　）
14. 两个简单分组并列起来就是复合分组。（　）
15. 分组标志是统计分组的依据。（　）
16. 为了解大学生创业情况，调查者对五名创业成功的大学生进行了访问和详细调查，这种调查方式属于典型调查。（　）
17. 在对现象进行分析的基础上，有意识地选择若干具有代表性的单位进行调查，这种调查属于重点调查。（　）
18. 对我国主要粮食作物产区进行调查，以掌握全国主要粮食作物生长的基本情况，这种调查是重点调查。（　）
19. 在等距数列中，组距的大小与组数的多少成反比。（　）
20. 区分简单分组与复合分组的依据是分组对象的复杂程度。（　）

四、简答题

1. 什么叫统计调查？获取统计数据的渠道有哪些？
2. 一个完整的统计调查方案包括哪些主要内容？
3. 简述重点调查与典型调查的区别与联系。
4. 简述抽样调查的优点和作用。
5. 简述统计分组的作用。
6. 为什么说统计分组的关键在于分组标志的选择？
7. 简述变量分组的种类及应用条件。

五、计算题

1. 某百货公司连续 40 天的商品销售额(单位：万元)如下：

   41，25，29，47，38，34，30，38，43，40，46，36，45，37，37，36，45，43，33，44，35，28，46，34，30，37，44，26，38，44，42，36，37，37，49，39，42，32，36，35

   要求：根据上面的数据进行适当分组，编制频数分布表，并绘制直方图。

2. 已知 2004—2016 年我国的国内生产总值数据如表 2-23 所示。

表 2-23　2004—2016 我国的国内生产总值数据

年份	国内生产总值(亿元)
2004	60794
2005	71177
2006	78973
2007	84402
2008	89677
2009	99215
2010	109655
2011	102333
2012	135823
2013	159878
2014	183217
2015	211924
2016	249530

其中，在 2016 年的国内生产总值中，第一产业为 28095 亿元，第二产业为 121381 亿元，第三产业为 100054 亿元。

要求：

(1) 根据 2004—2016 年的国内生产总值数据，利用 Excel 软件绘制折线图和直方图；

(2) 根据 2016 年的国内生产总值及其构成数据，绘制圆饼图。

3. 某年对冶金行业的高炉有效容积调查结果为(单位：m^3)：

   72，82，65，1900，2100，300，520，400，100，1100，
   1600，800，320，1200，2600，500，175，1110，660，420，
   800，720，97，240，200，870，200，100，1760，410，
   900，700，400，150，250，400，1600，900，200，800

   试根据上述数据分成以下几组：100 以下，100～200，200～400，400～800，800～1600，1600 以上，并绘制频数(率)分布图表。

六、案例分析

2016年11月份社会消费品零售总额增长10.8%

2016年11月份,社会消费品零售总额30959亿元,同比名义增长10.8%(扣除价格因素实际增长9.2%,以下除特殊说明外均为名义增长)。其中,限额以上单位消费品零售额14792亿元,增长9.5%。

2016年1—11月份,社会消费品零售总额300560亿元,同比增长10.4%。其中,限额以上单位消费品零售额137203亿元,增长7.9%。社会消费品零售总额分月同比增长速度如图2.8所示。

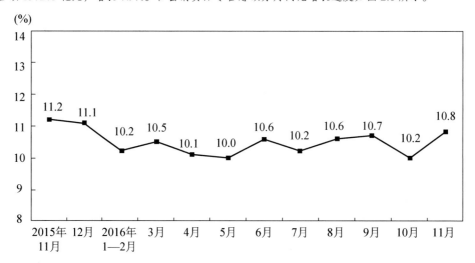

图2.8 社会消费品零售总额分月同比增长速度

2016年11月份社会消费品零售总额主要数据如表2-24所示。

表2-24 2016年11月份社会消费品零售总额主要数据

指　　标	11月 绝对量(亿元)	11月 同比增长(%)	1—11月 绝对量(亿元)	1—11月 同比增长(%)
社会消费品零售总额	30959	10.8	300560	10.4
其中:限额以上单位消费品零售额	14792	9.5	137203	7.9
其中:实物商品网上零售额	—	—	37470	25.7
按经营地分				
城镇	26748	10.8	258581	10.3
乡村	4210	11.0	41978	10.9
按消费类型分				
餐饮收入	3342	10.1	32447	10.8
其中:限额以上单位餐饮收入	851	4.9	8259	5.9
商品零售	27617	10.9	268113	10.3

续表

指　标	11月		1—11月	
	绝对量(亿元)	同比增长(%)	绝对量(亿元)	同比增长(%)
其中：限额以上单位商品零售	13940	9.8	128944	8.1
粮油、食品类	1392	8.8	13458	11.2
饮料类	194	9.9	1945	10.7
烟酒类	397	9.7	3833	9.1
服装鞋帽、针纺织品	1461	5.1	12772	6.9
化妆品	214	8.1	1994	8.0
金银珠宝	257	2.7	2664	-0.6
日用品	518	10.7	4872	11.2
家用电器和音像器材	922	14.7	8025	8.6
中西药品	787	11.5	7598	12.3
文化办公用品	354	15.4	2925	10.6
家具	263	8.8	2479	13.0
通信器材	404	17.8	3502	12.4
石油及制品	1686	5.7	16877	0.6
汽车	3886	13.1	35485	9.5
建筑及装潢材料	338	11.0	2974	14.6

注：1. 此表速度均为未扣除价格因素的名义增速。
　　2. 此表中部分数据因四舍五入的原因，存在总计与分项合计不等的情况。

按经营单位所在地分，2016年11月份，城镇消费品零售额26748亿元，同比增长10.8%；乡村消费品零售额4210亿元，增长11.0%。1—11月份，城镇消费品零售额258581亿元，同比增长10.3%；乡村消费品零售额41978亿元，增长10.9%。

按消费类型分，2016年11月份，餐饮收入3342亿元，同比增长10.1%；商品零售27617亿元，增长10.9%。1—11月份，餐饮收入32447亿元，同比增长10.8%；商品零售268113亿元，增长10.3%。

在商品零售中，2016年11月份，限额以上单位商品零售13940亿元，同比增长9.8%。1—11月份，限额以上单位商品零售128944亿元，同比增长8.1%。

2016年1—11月份，全国网上零售额45990亿元，同比增长26.2%。其中，实物商品网上零售额37470亿元，增长25.7%，占社会消费品零售总额的比重为12.5%；在实物商品网上零售额中，吃、穿和用类商品分别增长28.4%、17.9%和28.8%。

附注

1. 指标含义

社会消费品零售总额：企业(单位)通过交易售给个人、社会集团非生产、非经营用的实物商品金额，以及提供餐饮服务所取得的收入金额。

网上零售额：通过公共网络交易平台(包括自建网站和第三方平台)实现的商品和服务零售额之和。商品和服务包括实物商品和非实物商品(如虚拟商品、服务类商品等)。

社会消费品零售总额包括实物商品网上零售额，但不包括非实物商品网上零售额。

2．调查对象

从事商品零售活动或提供餐饮服务的法人企业、产业活动单位和个体户。其中，限额以上单位是指年主营业务收入 2000 万元及以上的批发业企业(单位)、500 万元及以上的零售业企业(单位)、200 万元及以上的住宿和餐饮业企业(单位)。

3．调查方法

对限额以上单位进行全数调查，对限额以下单位进行抽样调查。

4．环比数据修订

根据季节调整模型自动修正的结果，对 2015 年 11 月份以来的社会消费品零售总额环比增速进行修订。修订结果及 2016 年 11 月份环比数据如表 2-25 所示。

表 2-25 环比数据修订结果

	月份	环比增速(%)
2015 年	11 月	0.91
	12 月	0.82
2016 年	1 月	0.81
	2 月	0.80
	3 月	0.88
	4 月	0.86
	5 月	0.81
	6 月	0.95
	7 月	0.80
	8 月	0.93
	9 月	0.87
	10 月	0.75
	11 月	0.97

(资料来源：http://www.stats.gov.cn/tjsj/zxfb/201612/t20161213_1440910.html)

问题：

(1) 上述资料中社会消费品零售额是如何分组的？这种分组方法有何特点？

(2) 统计表的结构从形式上看包括哪些要素？设计时应注意哪些方面？

第 3 章 综合指标

教学目标

通过本章的学习，掌握总量指标的概念、分类；了解相对指标的概念，掌握相对指标的计算，了解相对指标应用的注意事项；掌握平均指标的概念，掌握算术平均数、调和平均数、几何平均数、众数、中位数的计算，了解数值平均数和位置平均数之间的关系，熟悉标志变异指标的概念，掌握全距、平均差、标准差的计算，掌握标志变动系数的计算。

教学要求

知识要点	能力要求	相关知识
总量指标	(1) 掌握总量指标的概念与作用 (2) 掌握总量指标的分类 (3) 了解总量指标的计量单位	(1) 总量指标的概念、作用 (2) 总量指标的种类 (3) 总量指标的计算
相对指标	(1) 掌握相对指标的概念及作用 (2) 掌握相对指标的内涵及计算 (3) 了解正确运用相对指标的原则	(1) 相对指标的概念及作用 (2) 相对指标的种类和计算方法 (3) 运用相对指标的原则
平均指标	(1) 了解平均指标的概念及作用 (2) 掌握算术平均数、调和平均数、几何平均数、众数、中位数的计算 (3) 了解运用平均指标的原则	(1) 平均指标的概念和作用 (2) 算术平均数、调和平均数、几何平均数、众数、中位数 (3) 运用平均指标的原则
标志变异指标	(1) 了解标志变动度的意义和作用 (2) 掌握全距、平均差、标准差的概念与计算 (3) 掌握离散系数的概念与计算	(1) 标志变动度的意义和作用 (2) 全距、平均差、标准差的概念与计算 (3) 离散系数的概念与计算

> 统计思维总有一天会像读与写一样成为一个有效公民的必备能力。
>
> ——赫伯特·乔治·威尔斯(H.G.Wells)

关键词

总量指标　总体单位总量　总体标志总量　时期指标　时点指标　实物单位　货币单位　劳动单位　相对指标　计划完成相对指标　结构相对指标　比例相对指标　比较相对指标　动态相对指标　强度相对指标　平均指标　算术平均数　简单算术平均数　加权算术平均数　调和平均数　几何平均数　众数　中位数　右偏分布　左偏分布　标志变异指标　全距　平均差　方差　标准差　标志变异系数　全距系数　平均差系数　标准差系数

广东官方工资指导价位：本科生平均月薪 6505 元

根据广东省人社厅 2015 年 5 月 12 日公布的《2014 年广东省人力资源市场工资指导价位》，广东企业人均人工成本为 61610 元/年，其中制造业为 57422 元/人·年，如表 3-1 所示。

表 3-1　广东省各行业人均工资成本数据

行业门类	人均人工成本(元/年)			
	高位数	中位数	低位数	平均数
全行业	258176	46583	14506	61610
金融业	409771	109480	22252	124064
科学研究和技术服务业	356548	82346	17242	94507
信息传输、软件和信息技术服务业	312330	66066	21765	83656
电力、势力、燃气及水生产和供应业	254080	63108	17943	76374
教育	395987	61319	19892	88125
卫生和社会工作	445910	59902	17966	81438
建筑业	584570	57419	16456	97825
租赁和商务服务业	214107	57039	13950	66464
交通运输、仓储和邮政业	202535	55739	14332	64662
房地产业	442464	55351	13808	84279
水利环境和公共设施管理业	450400	54957	25500	81575
农、林、牧、渔业	368705	49029	15243	71421
文化、体育和娱乐业	158213	48824	10965	56580
采矿业	138144	47120	11037	51003
批发和零售业	261670	45232	12676	61616
制造业	228860	45065	14085	57422
居民服务、修理和其他服务业	315451	44355	15678	68125
住宿和餐饮业	199672	43695	10795	50797

本次调查于 2014 年 7 月至 12 月间进行，采集数据为 2013 年 1 月 1 日至 12 月 31 日的数据，也即实

际反映 2013 年情况。报告以 2014 年全省 1 万家用工定点监测企业为调查对象，回收样本企业数据 8589 户，涉及职工 123 万人。样本量 2/3 集中在珠三角地区，粤东、西、北地区各占 11%。来自制造业样本占据绝大部分，占比接近 60%；其次是住宿和餐饮业、批发和零售业，占比分别为 9% 和 8.09%。企业规模方面，近五成样本来自小型企业，约三成来自中型企业，大型企业和微型企业占比都不超过 10%。

采集来的有效数据，按照样本行业人均人工成本水平从低到高排序后，处于数列中后 5% 的数据的算术平均数为"高位数"，处于中间位置的数值为"中位数"，处于前 5% 的数据的算术平均数为"低位数"。总体来看，中位数更有参考意义。

调查还显示，广东企业人工成本占企业总成本的比重为 31.75%。报告从从业人员劳动报酬、福利费用、保险费用等七个维度，剖析了广东企业人均人工成本的结构。结果显示，广东企业支付的用人成本中，保险费用(占比 9.54%)和住房费用(占比 1.97%)共计占 10.97%，仅次于从业人员劳动报酬(占比 78.53%)。也即按照全省企业人均人工成本 61610 元/年，用于保险费用支出为 6578 元/年。

通过对全省 1 万户用工监测企业人工成本情况、在岗职工工资报酬情况进行调查，调查对象包括住宿和餐饮业、制造业、批发和零售业、电力、热力、燃气及水生产和供应业等 18 个行业门类的劳动者。通过对劳动者薪酬进行系统统计分析，最终测算出去年广东劳动力工资指导价位。

统计显示，广东所有职业最高月均工资指导价位为 12393 元，最低为 1239 元，平均为 3318 万元；单位、企业负责人最高工资指导价位为 27265 元，最低为 1496 元，平均为 6226 元。

平均工资指导价位过万的有文学艺术工作人员(10318)、海洋工程技术人员(10623)、科学研究与技术服务企业负责人(11944)、金融业企业负责人(13705)、烟草及其制品加工人员(13948 元)。

从企业属性上看，中央企业负责人平均月薪指导价位是 10227 元，中型企业的金融业务人员月薪 11802 元。从学历上看，研究生(含博士、硕士)最高指导价位为 49299，最低为 1344 元，平均数为 9244 元；大学本科最高为 25778 元，最低为 1654 元，平均为 6505 元；专科最高为 15699 元，最低为 1467 元，平均为 4495 元。

(资料来源：http://www.xjrb.com/2015/0513/263694.shtml)

点评：

很多人有疑问，创业要付出多少成本？特别是人工。你可以通过广东省官方版企业人工成本调查报告了解不同行业人工成本的高位数、中位数、低位数及平均数，还可以了解人工成本的构成状况，根据人工成本占总成本的比重，测算出企业的总投入。

统计分析的目的是研究社会经济现象总体的数量特征，要达到目的就要借助于统计指标。用统计指标描述和分析总体数量特征和数量关系的方法称为综合指标法，简称综合指标。

总量指标、相对指标和平均指标统称为综合指标，这三种指标是统计整理的结果，同时又是统计分析的基础和工具。三种指标的计算过程、表达方式、作用等均不相同，下面分别予以介绍。

3.1 总量指标

3.1.1 总量指标的概念与作用

总量指标又称为绝对数，是用来反映社会经济现象在一定条件下的总规模、总水平或工作总量的统计指标。总量指标用绝对数表示，也就是用一个绝对数来反映特定现象在一定时间上的总量状况，它是一种最基本的统计指标。例如，2016 年国民经济和社会发展统计报告中指出：初步核算，全年国内生产总值 744127 亿元，年末全国大陆总人口 138271 万人，年末全国就业人员 77603 万人，全年全国一般公共预算收入 159552 亿元，年末国家外汇储备 30105 亿美元，全年粮食产量 61624 万吨。这些都是总量指标，都是利用绝对熟说明我国 2016 年国民经济发展的总体规模和总体水平。

总量指标在社会经济统计中具有重要作用，是对事物进行认识、比较和分析的基础，具体表现为：

(1) 总量指标能够反映一个国家、部门或单位基本的人、财、物数据，反映事物的基本情况。

(2) 总量指标是制定政策、编制计划、实行社会管理的基本依据之一。

(3) 总量指标是计算其他指标的基础，其他指标都是总量指标的派生指标。

3.1.2 总量指标的种类

1. 按其说明总体的内容不同，总量指标分为总体单位总量和总体标志总量

1) 总体单位总量

总体单位总量是反映统计总体内包含总体单位个数多少的总量指标，用来表明统计总体的容量大小。例如，研究某学校学生状况时，统计总体是全体学生，总体单位是每一位学生，那么全体学生数表明总体单位的个数，是总体单位总量。再如，研究某市的商业零售企业发展状况时，统计总体是该市的所有商业零售企业，若该市现有商业零售企业 4623 家，则 4623 家企业即为总体单位总量。

2) 总体标志总量

总体标志总量是统计总体中各总体单位某一方面数量标志值的总和。例如，若研究某市的商业零售企业发展状况，则该市的每个商业零售企业是总体单位，每一个商业零售企业职工人数是该企业的一个数量标志，该市全部商业零售企业职工总人数就是总体标志总量。另外，该市的全年商业总产值、商业利税总额等指标也都是总体标志总量。一个已经确定的统计总体，其总体单位总量是唯一确定的，而总体标志总量却不止一个。

某一总量指标是总体单位总量还是总体标志总量不是完全确定的，而是随着统计总体的改变而改变的。例如，上例中的全市商业职工人数是总体标志总量，若研究目的改变为认识该市商业企业职工的生活水平时，统计总体是全市的所有商业职工，全市商业职工人数则变成了总体单位总量。

2. 按其反映总体的时间状况不同问题指标分为时期指标和时点指标

1) 时期指标

时期指标是反映社会经济现象在一段时间上发展变化结果的总量。例如，我国 2016 年全年全社会固定资产投资 606466 亿元，是指在 2016 年一年时间内，全国固定资产投资的总量。国民生产总值、产品产量、社会零售商品销售额等都是时期指标。时期指标具有以下特点：

(1) 具有可加性。时间上相邻的时期指标相加能够得到另一更长时期的总量指标。

(2) 指标数值的大小与所属时期的长短直接相关。一般来讲，时期越长，指标数值就越大。

(3) 必须连续登记而得。时期指标数值的大小取决于整个时期内所有时间上的发展状况，只有连续登记得到的时期指标才会准确。

2) 时点指标

时点指标是指反映社会经济现象在某一时刻或某一时点上的状况的总量。例如，我国 2016 年统计公报显示，年末全国共有医疗卫生机构 99.3 万个，其中医院 2.9 万个，基层医疗卫生机构 93.1 万个，专业公共卫生机构 2.9 万个；年末卫生技术人员 844 万人，医疗卫生机构床位 747 万张。以上数据说明的是我国 2016 年年底的基本卫生和医疗服务各方面的数量情况。人口数、商品库存额、外汇储备额等也都是时点指标。时点指标具有如下特点：

(1) 不具有可加性。不同时点上的两个时点指标数值相加不具有实际意义。

(2) 数值大小与登记时间的间隔长短无直接关系。时点指标仅仅反映社会经济现象在一瞬间上的数量，每隔多长时间登记一次对它没有影响。

(3) 指标数值是间断计数的。时点指标没有必要进行连续登记，有的也是不可能进行连续登记的。

3.1.3 总量指标的计量单位

总量指标的计量形式都是有名数，即都有计量单位。根据总量指标所反映现象的性质不同，其计量单位一般有实物单位、货币单位和劳动单位三种。

1. 实物单位

实物单位是根据事物属性和特点而采用的单位。它又分为以下几种：

(1) 自然单位。如猪以"头"为单位，人以"人"为单位，车辆以"辆"为单位等。

(2) 度量衡单位。度量衡单位是以已经确定出的标准来计量实物的质量、长度、面积、容积等的单位，如面粉以 kg 为单位；身高以 m 为单位；时间以 h 或 s 为单位等。

(3) 复合单位。复合单位是两个单位的乘积，如货物周转量用 t·km(吨千米)计量；电的度数用 kW·h(千瓦时)计量等。

(4) 双重单位或多重单位。双重单位是用两种或两种以上的单位结合起来进行计量。如电动机以"kW/台"、起重机以"t/台"、货轮用"t/kW/艘"计量。

(5) 标准实物单位。标准实物单位是按照统一折算标准来度量被研究现象数量的一种计量单位，如将各种不同含量的化肥，用折纯法折合成含量 100%来计算其总量，将各种不同发热量的能源统一折合成 29.3kJ/kg 的标准煤单位计算其总量等。

2. 货币单位

货币单位也叫价值单位，是以货币作为价值尺度来计量社会财产和劳动成果的计量单位。常见的货币单位有美元、人民币元、欧元等。以货币为单位的统计指标应用广泛，如国内生产总值、企业利润总额，居民储蓄额、外汇收入、财政收入等都必须用货币单位来计量。货币单位有现行价格和不变价格之分。现行价格是各个时期的实际价格，不变价格的实质是为了消除不同时期价格变动影响的固定价格。用货币作单位的总量指标具有十分广泛的综合能力,在国民经济管理中起着重要的作用。

3. 劳动单位

劳动单位是用劳动时间表示劳动量的一种复合单位。如"工时""工日""台时""课时"等。劳动单位虽然用时间表示,但不是度量衡单位,它实质上描述的是工作量的大小。例如,某教师讲了一节45分钟的课,可以说该教师完成了一课时的工作量。某工厂加工一张桌子需三个工日,若某工人一天加工完成一张桌子,则可以说该工人一天完成了三个工日的工作量。

3.2 相对指标

社会经济现象之间是相互联系、不可分割的。分析社会经济现象,仅仅利用总量指标是远远不够的,还需要对总体的组成和其各部分之间的数量关系进行分析、比较,这就必须运用相对指标。

3.2.1 相对指标的概念和作用

1. 相对指标的概念

相对指标又称为相对数,是用两个有联系的指标进行对比的比值来反映社会经济现象数量特征和数量关系的综合指标。进行对比的指标可以是绝对数,也可以是相对数和平均数。

相对指标数值有两种表现形式:无名数和复名数。无名数是一种抽象化的数值,由计量单位相同的两种指标相除求得,多以系数、倍数、成数、百分数或千分数表示。也有一些相对数由性质不同、计量单位不同的指标对比求得,其结果以复名数形式表现出来。这些复名数的指标一般表明事物的密度、强度和普遍程度。例如,人均粮食产量用"kg/人"表示,人口密度用"人/km^2"表示等。

2. 相对指标的作用

总量指标只能从一个维度反映事物的特征,两个指标的比值就能抽象反映事物之间的关系,从而更深入地认识事物。相对指标的作用如下。

(1) 相对指标具体表明社会经济现象之间的比例关系,说明总体内部结构特征。例如,计算某一国家人口的性别比,可以说明该国家人口结构是否合理。又如,计算一个国家的第一、二、三产业的比例,可以说明该国国民经济构成情况。

(2) 相对指标可以显示事物相关程度、发展程度,弥补总量指标的不足。例如,某企业2015年实现利润100万元,2016年实现120万元,则2016年利润增长了20%,这是总量指标不能说明的。

(3) 相对指标将现象的绝对差异抽象化,使原来无法直接对比的指标变为可比。不同的企业由于生产规模条件不同,直接用总产值、利润比较评价意义不大,但如果采用一些相对指标，如资金利润率、资金产值率等进行比较，便可对企业生产经营成果做出科学评价。

(4) 相对指标方便记忆、具有一定隐藏性。在一定情况下，相对指标说明问题比绝对指标突出，给人鲜明印象，便于记忆。例如，某地区农民人均收入增长了40%，如果没有给出农民收入的绝对值，就没办法真实反映农民的收入情况。

3.2.2 相对指标的种类及计算方法

根据不同的统计分析目的，可以采用两个不同的相互联系的指标数值进行对比，即对比基础不同，对比基础不同形成的指标内涵和作用也不同，从而形成不同的相对指标。相对指标一般有六种形式，即计划完成程度相对指标、结构相对指标、比例相对指标、比较相对指标、强度相对指标和动态相对指标。

1. 计划完成程度相对指标

计划完成程度相对指标又称为计划完成程度相对数，是社会经济现象在某时期内实际完成数值与计划任务数值对比的结果，一般用百分数来表示，基本计算公式为

$$计划完成程度相对数 = \frac{实际完成数}{计划任务数} \times 100\% \tag{3-1}$$

由于计划数在实际计算中可以表现为总量指标、相对指标、平均指标等多种形式，因此计算计划完成程度相对指标的方法也不尽相同。

1) 根据绝对数计算计划完成程度相对指标

根据总量指标计算计划完成程度相对数可直接用上述基本公式进行计算。

例 3-1　某企业 2016 年 9 月份计划生产产品 1500 件，实际完成产品 1710 件，试计算产量计划完成程度。

解： 实际完成数为 1710，计划数为 1500，则

$$计划完成程度相对数 = \frac{实际完成数}{计划任务数} \times 100\% = \frac{1710}{1500} = 114\%$$

计算结果表明，该企业超额 14% 完成产量计划，实际产量比计划产量增加了 210 件。

2) 根据相对指标计算计划完成程度相对指标

在实际工作中，有些计划是以相对指标形式做出的。例如，劳动生产率计划提高 10%，成本计划降低 8% 等。这类计划是以比某个基期数值增减百分比的形式给出的，这种情况下计算计划完成程度相对指标的公式可变形为

$$计划完成程度相对数 = \frac{100\% \pm 实际增减率}{100\% \pm 计划增减率} \times 100\%$$

例 3-2　某企业 2016 年计划盈利 1000 万元，实际盈利 1060 万元；计划劳动生产率提高 10%，实际提高 32%；计划单位成本比去年降低 5%，实际降低 3%。试分别求该企业 2016 年盈利、劳动生产率和单位成本的计划完成程度相对数。

解： 根据上述公式得

$$盈利计划完成程度相对数 = \frac{实际完成数}{计划任务数} \times 100\% = \frac{1060}{1000} \times 100\% = 106\%$$

$$\text{劳动生产率计划完成程度相对数} = \frac{100\% \pm \text{实际增减率}}{100\% \pm \text{计划增减率}} \times 100\% = \frac{132\%}{110\%} \times 100\% \approx 120\%$$

$$\text{单位成本计划完成程度相对数} = \frac{100\% \pm \text{实际增减率}}{100\% \pm \text{计划增减率}} \times 100\% = \frac{97\%}{95\%} \approx 102.11\%$$

3) 根据平均指标计算计划完成程度相对指标

根据平均数计算计划完成程度相对数，其计算公式为

$$\text{计划完成程度相对数} = \frac{\text{实际平均数}}{\text{计划平均数}} \times 100\%$$

例 3-3 某企业计划提高员工收入，计划平均收入达到 3000 元/月，但是员工实际平均收入只达到了 2800 元/月，试计算员工收入的计划完成相对数。

解：员工平均收入计划完成程度相对数 $= \dfrac{\text{实际平均数}}{\text{计划平均数}} \times 100\% = \dfrac{2800}{3000} \times 100\% \approx 93.33\%$

4) 计算和应用计划完成程度相对指标应该注意的问题

(1) 计划完成程度相对数计算时，分子和分母不能互换。

(2) 指标性质决定计划完成程度相对数在何种情况下表示完成计划。对于正指标，其数值大于 100% 表示超额完成计划，小于 100% 表示未完成计划；对于逆指标，其数值大于 100% 表示未完成计划，小于 100% 为超额完成计划。

(3) 在检查中长期计划的完成情况时，根据计划指标的性质不同，计算可分为水平法和累计法两种。

用水平法检查计划完成程度就是根据计划末期(最后一年)实际达到的水平与计划规定的同期应达到的水平相比较，来确定全期是否完成计划。其计算公式为

$$\text{中长期计划完成程度} = \frac{\text{计划末期实际达到的水平}}{\text{计划末期计划达到的水平}} \times 100\%$$

例 3-4 某工厂按五年计划规定的最后一年(2015 年)的产量应达到 800 万吨，实际执行情况如表 3-2 所示。

表 3-2 某工厂实际完成情况

时间	2011年	2012年	2013年	2014年季度				2015年季度			
				一	二	三	四	一	二	三	四
产量(万吨)	15	40	100	130	150	200	220	250	300	330	400

试计算该工厂产量的五年计划完成程度。

解：该工厂产量的五年计划完成程度为

$$\text{中长期计划完成程度} = \frac{\text{计划末期实际达到的水平}}{\text{计划末期计划达到的水平}} \times 100\%$$

$$= \frac{250 + 300 + 330 + 400}{800} \times 100\%$$

$$= 160\%$$

计算结果表明，该企业超额 160% 完成产量五年计划。

采用水平法计算，只要有连续一年时间(可以跨年度)实际完成水平达到最后一年计划水平，就算完成了五年计划，余下的时间就是提前完成计划时间。在例 3-4 中，该企业实

际从 2014 年第二季度到 2015 年第一季度连续一年时间的产量就达到了计划期最后一年计划产量 800 万件水平,即完成了五年计划,那么 2015 年剩下的三个季度就是提前完成计划的时间。

用累计法检查计划完成程度就是通过整个计划期间实际完成的累计数与同期计划数相比,来确定计划完成程度。其计算公式为

$$中长期计划完成程度 = \frac{实际累计完成量}{计划累计量} \times 100\%$$

例 3-5 某中等技术专业学校计划四年招生 800 人,实际各年招生情况如表 3-3 所示。

表 3-3 某学校招生计划完成情况

年份	2011	2012	2013	2014
招生人数(人)	150	250	450	500

试计算该学校的招生计划完成程度。

解:该学校招生计划的完成程度为

$$中长期计划完成程度 = \frac{计划期实际累计完成量}{计划期计划累计量} \times 100\%$$

$$= \frac{150+250+450+500}{800} \times 100\%$$

$$= 168.75\%$$

计算结果表明,该学校超额 68.75%完成四年招生计划。

采用累计法计算,只要从中长期计划开始至某一时期止,所累计完成数达到计划数就是完成了计划。例 3-5 中,前三年招生人数已达到计划人数,因此提前一年完成计划。

小思考

指出下面的统计分析报告摘要中的错误之处,并改正。

(1) 本厂按计划规定,第一季度的单位产品成本应比去年同期降低 10%,实际执行结果,单位产品成本较去年同期降低 8%,仅完成产品成本计划的 80%。

(2) 本厂的劳动生产率(按全部职工计算)计划在去年的基础上提高 8%,计划执行的结果仅提高了 4%,劳动生产率的计划任务仅完成了一半。

2. 结构相对指标

研究社会经济现象总体时,不仅要掌握其总量,而且要揭示总体内部的组成,亦即要对总体内部的结构进行数量分析,这就需要计算结构相对指标。

结构相对指标就是应用分组的方法,将总体区分成不同性质的各部分,以各部分的单位数与总体单位数对比,或以各部分的标志总量与总体的标志总量对比求得的比重,借以反映总体内部结构的一种综合指标。结构相对指标一般用百分数、成数或系数表示,其计算公式为

$$结构相对数 = \frac{总体部分数值}{总体全部数值} \times 100\% \qquad (3-2)$$

概括地说，结构相对数就是部分与全体对比得出的比重或比率。例如，2010年第六次全国人口普查结果显示，31个省、自治区、直辖市(不包括香港特别行政区、澳门特别行政区和台湾省)和现役军人的人口中，男性人口为686852572人，占51.27%；女性人口为652872280人，占48.73%。由于对比的基础是同一总体的总数值，所以各部分(或组)所占比重之和应当等于100%或1。

例3-6 某电器企业进行顾客满意度调查，共随机抽查100个用户，满意的用户有86户，试计算顾客满意度。

解：顾客满意度 $=\dfrac{86}{100}\times 100\%=86\%$。

结构相对指标是统计分析的常用指标，它的主要作用可以概括为以下几个方面。

(1) 反映现象总体的性质和基本特征。例如，以2010年11月1日零时为标准时点的第六次全国人口普查数据显示，人口普查登记的全国总人口为1339724852人，男性人口占51.27%，女性人口占48.73%。以上数据显示了我国人口性别构成的基本特征，有利于相关管理部门分析性别比是否合理，并以此做出控制性别构成的相关办法。

(2) 不同时期结构相对指标的变化可以反映事物发展趋势。例如，从表3-4的资料中，可以看出我国不同年份的第一产业占国内生产总值的比重呈现平稳下降的趋势，而第三产业占国内生产总值的比重呈现上升趋势，这是伴随经济发展、工业化程度提高和社会进步而产生的必然结果。

表3-4 中国国内生产总值构成情况

年份	第一产业所占比重(%)	第二产业所占比重(%)	第三产业所占比重(%)
2010	12.1	47.4	40.5
2011	11.1	47.9	40.9
2012	10.8	47.3	41.9
2013	10.7	47.4	41.8
2014	10.3	46.3	43.4

(3) 各构成部分所占比重大小可以反映所研究现象总体的质量情况。例如，文盲率、入学率、青年受高等教育人口比例等可从文化教育方面表明人口的质量；产品的合格率、优质品率、高新技术品率、商品损耗率等可表明企业的工作质量；出勤率或缺勤率、设备利用率等则可反映企业的人、财、物的利用状况。

(4) 利用结构相对指标，有助于分清主次，确定工作重点。库存物资管理的ABC分类法就是利用结构相对指标确定物资管理重点的方法。该方法是根据物资品种和供应额之间的不均衡性，将其划分为A、B、C三类，对占用资金大的物资材料实行重点管理加强控制，对占用资金少的物资材料则采取一般控制，从而加强物资管理的一种方法。A类物资品种最少，约占企业全部物资的10%，占用70%左右的资金；B类物资品种较A类多，约占20%，占用20%的资金；C类物资品种最多，约占70%，只占10%左右的资金。因此，最重要的是A类，次重要的是B类，不太重要的是C类。A类物资品种数虽然不多，但是在物资供应总金额中却占有相当大的比例，对产品的成本、企业的经济效益影响最大，在保证生产需要中意义也最大，是库存管理工作的重点。

3. 比例相对指标

比例相对指标能够表明现象内部的比例关系，揭示总体不同部分之间的发展变化和协调平衡状况，是同一总体中某一部分数值与另一部分数值静态对比而得出的综合指标，计算公式为

$$比例相对数 = \frac{总体中某一部分数值}{总体中另一部分数值} \tag{3-3}$$

比例相对指标的数值，可以用百分数表示，也可以用一比几或者几比几的形式表示。例如，2010 年第六次全国人口普查结果显示，总人口性别比(以女性为 100，男性对女性的比例)为 100∶105.20，也可以描述为总人口性别比(以女性为 100，男性对女性的比例)为 1∶1.05。研究的总体分成两个以上部分时，比例相对指标可以采用连比形式。

在宏观经济管理中，比例相对指标具有重要的应用价值。利用比例相对指标可以分析国民经济中各种比例关系。例如，人口性别比，国民经济中第一产业、第二产业、第三产业的比例关系，城乡居民消费水平比，国内生产总值中投资与消费的比例等，都是研究分析整个国民经济和社会发展是否协调均衡的重要指标。

4. 比较相对指标

比较相对指标又称为比较相对数，是将同类总体在同一时间不同空间的指标数值作静态对比而得出的综合指标，表明同类事物在不同空间条件下的差异程度或相对状态。比较相对指标可以用百分数、倍数和系数表示。其计算公式为

$$比较相对数 = \frac{某条件下某类指标数值}{另一条件下同类指标数值} \times 100\% \tag{3-4}$$

式中，分子与分母涉及指标的含义、口径、计算方法和计量单位必须一致。

例 3-7 两个类型相同的企业，某年甲企业劳动生产率为 23695 元/人·年，乙企业全员劳动生产率为 21560 元/人·年，试计算两个企业劳动生产率的比较相对数。

解： 两企业劳动生产率的比较相对数 $= \frac{23695}{21560} \times 100\% \approx 109.90\%$。

比较相对指标的数值可以用百分数表示，也可以用一比几或者几比几的形式表示。例如，两个车间各有 15 名工人和 20 名工人，则工人人数比可表述为 3∶4。用来对比的两个性质相同的指标数值，其表现形式不一定仅限于总量指标，也可以是其他的相对指标或平均指标。

计算比较相对指标应注意对比指标的可比性。此外，比较基数的选择要根据资料的特点及研究目的而定。例如，例 3-7 是以乙企业的劳动生产率作为比较标准，计算结果说明甲企业全员劳动生产率约是乙企业的 109.90%；若以甲企业全员劳动生产率作为比较标准，则表明乙企业全员劳动生产率约是甲企业的 90.99%。这两种计算方法的角度不同，但都能说明问题，具体以哪个指标作为比较的基础，应根据研究目的决定。

在经济管理工作中，广泛应用比较相对指标。通过比较相对指标的计算可以反映事物在不同地区、不同部门、不同单位或不同个人之间的差距，从而为提高国家、企业或个人的管理水平提供依据。

5. 强度相对指标

强度相对指标又称为强度相对数,是由两个性质不同但有一定联系的总量指标之间进行对比而得出的综合指标,用来表明某一现象在另一现象中发展的强度、密度和普遍程度。其计算公式为

$$强度相对数 = \frac{某一总量指标数值}{另一有联系而性质不同的总量指标数值} \quad (3-5)$$

例 3-8 2010 年第六次全国人口普查结果显示全国总人口为 1339724852 人,试计算我国人口密度。

解: $人口密度 = \frac{人口总数}{土地面积} = \frac{1339724852人}{960万km^2} = 139.55(人/km^2)$。

强度相对指标的数值有两种表示方法:一种用复名数表示,如例 3-8 中的人口密度;另一种是用百分数或千分数表示,如产值利润率、人口自然增长率、流通费用率等。

强度相对指标和其他相对指标的根本区别在于它不是同类现象指标的对比,强度相对指标的分子、分母位置可以互换,因而有正指标、逆指标之分。例如,

$$商业网点密度(正指标) = \frac{零售商业机构数(个)}{地区人口数(千人)}$$

$$商业网点密度(逆指标) = \frac{地区人口数(千人)}{零售商业机构数(个)}$$

商业网点密度正指标越大,表示人均拥有商业网点数越多;商业网点密度逆指标越大,表示人均商业网点数越少。一般实际应用时,按研究目的和需要选择其中一个指标进行计算。

从强度相对指标数值的表现形式上看,强度相对指标带有"平均"的意义,例如,按人口计算的主要产品产量指标用"t/人""kg/人"表示;按全国人口分摊的每人平均国民收入用"元/人"表示。但究其实质,强度相对指标与平均指标有根本的区别,平均指标是同一总体中的总体标志总量与总体单位总量之比,是将总体的某一数量标志的各个变量值加以平均;而强度相对指标是两个性质不同而有联系的总量指标数值之比,它表明两个不同总体之间的数量对比关系。

6. 动态相对指标

动态相对指标又称为动态相对数,是将同一现象在不同时期的两个数值进行动态对比而得出的相对数,借以表明现象在时间上发展变动的程度。一般用百分数或倍数表示,也称为发展速度。其计算公式为

$$动态相对数 = \frac{报告期指标数值}{基期指标数值} \times 100\% \quad (3-6)$$

通常,作为比较标准的时期称为基期,与基期对比的时期称为报告期。例如,2016 年我国国内生产总值为 744127 亿元,2015 年为 676708 亿元,如果将 2015 年选作基期,亦即将 2015 年国内生产总值作为 100,则 2016 的国内生产总值与 2015 年的国内生产总值对比,得出动态相对数为 109.96%,它说明在 2015 年基础上 2016 年国内生产总值的发展速度。如果考虑物价变动因素,按不变价格计算,那么此动态相对指标需要调整。

动态相对指标在统计分析中应用很广,本书将在第4章动态数列中详细论述。

知识链接

"番"与"倍"的区别

增加一倍,就是增加100%,翻一番,也是增加100%。除了一倍与一番相当外,两倍与两番以上的数字含义就不同了,而且数字越大,差距越大。例如,增加两倍,就指增加200%;翻两番,则是400%(一番是二,二番是四,三番就是八),所以说翻两番就是增加了300%,翻三番就是增加了700%。"番"是按几何级数计算的,"倍"是按算术级数计算的。计算翻番的公式为

$$n = \frac{\lg(报告基数 \div 基数)}{\lg 2}$$

式中,n 表示番数。

3.2.3 正确运用相对指标的原则

相对指标是一种抽象化的指标数值,是对现象进行对比分析的一个重要手段,要使这种对比分析准确、深刻地反映现象之间的联系,充分发挥相对指标的作用,在计算、应用相对指标时必须注意以下原则。

1. 可比性原则

相对指标是两个有关的指标数值之比,对比结果的正确性,直接取决于两个指标数值的可比性。对比指标的可比性是指对比的指标在含义、内容、范围、时间、空间和计算方法等口径方面是否协调一致、相互适应。许多价值指标,价格的变动使各期的数字进行对比后不能反映实际的发展变化程度,因此,一般要按不变价格换算,以消除价格变动的影响。

2. 定性分析与定量分析相结合的原则

正确地计算和运用相对数,要注重定性分析与定量分析相结合的原则。事物之间的对比分析,必须是同类型的指标,只有通过统计分组,才能确定被研究现象的同质总体,便于同类现象之间的对比分析。通过定性分析,可以确定两个指标数值的对比是否合理。

3. 相对指标和总量指标结合运用的原则

绝大多数的相对量指标都是两个有关的总量指标数值之比,是用抽象化的比值来表明事物之间对比关系的程度,但不能反映事物在绝对量方面的差别。在一般情况下,若相对指标离开了据以形成对比关系的总量指标,就不能深入地说明问题。例如,某高校宣布提高全体员工的工资水平,工资调整按照向一线教师倾斜的原则进行,一线教师平均工资按照150%调整,管理人员按照120%调整。初看此段话可能认为工资调整对一线教师有利,但是如果一线教师人均月收入 2000 元左右,管理人员人均月收入 10000 元左右,那么工资调整后一线教师工资增长 1000 元,而管理人员增长 2000 元。因此相对数具有很强的迷惑性,只有与总量指标结合运用,才能做出正确的分析。

4. 各种相对指标综合应用的原则

【拓展知识】

为了全面而深入地说明现象及其发展过程的规律性，应该根据统计研究的目的综合应用各种相对指标。各种相对指标的具体作用不同，可以从不同的侧面来说明所研究的问题。把几种相对指标结合起来运用，可以比较、分析现象变动中的相互关系，更好地阐明现象之间的发展变化情况。由此可见，综合运用结构相对指标、比较相对指标、动态相对指标等多种相对指标，有助于剖析事物变动中的相互关系及其后果。例如，为了研究企业生产情况，既要利用生产计划的完成情况指标，又要计算生产发展的动态相对数和强度相对数。又如，分析生产计划的执行情况时，有必要全面分析总产值计划、品种计划、劳动生产率计划和成本计划等的完成情况。此外，把几种相对指标结合起来运用，可以比较、分析现象变动中的相互关系，更好地阐明现象之间的发展变化情况。由此可见，综合运用多种相对指标，有助于剖析事物变动中的相互关系及其后果。

知识链接

"百分数"应用

百分数是用一百做分母的分数，在数学中用"%"来表示，在文章中一般都写作"百分之多少"。百分数与倍数不同，它既可以表示数量的增加，也可以表示数量的减少。运用百分数时，也要注意概念要精确。例如，"比过去增长20%"，即过去为100，现在是120；"比过去降低20%"，即过去是100，现在是80；"降低到原来的20%"，即原来是100，现在是20。运用百分数时，还要注意有些数最多只能达到100%，如产品合格率，种子发芽率等；有些百分数只能小于100%，如粮食出粉率等；有些百分数却可以超过100%，如产品产量计划完成情况等。

3.3 平均指标

3.3.1 平均指标的概念和作用

1. 平均指标的概念

平均指标又称为平均数，是统计分析中常用的指标，在统计学中占有重要地位。平均指标是指一组数据向其中心值靠拢的倾向，又称为集中趋势。计算平均指标也就是寻找数据一般水平的代表值或中心值。取得平均指标的方法通常有两种：一是从总体各单位变量值中抽象出具有一般水平的量，这个量不是各个单位的具体变量值，但要反映总体各单位的一般水平，这种平均指标称为数值平均数。数值平均数有算术平均数、调和平均数、几何平均数等形式。二是先将总体各单位的变量值按一定顺序排列，然后取某一位置的变量值来反映总体各单位的一般水平，把这个特殊位置上的数值看作是平均数，称作位置平均数。位置平均数有众数、中位数、四分位数等形式。

【拓展知识】

2. 平均指标作用

(1) 反映现象总体的一般水平和变量值分布的集中趋势。例如,想要了解某地区居民的收入情况,不必也不可能采取一一列举的方法列出所有居民的收入,只需要计算出该地区居民收入的平均指标就可以显示出该地区居民收入的一般水平和收入数值的集中趋势。

(2) 用来分析现象之间的依存关系。例如,要了解人的收入与受教育程度的关系,则可以将人按受教育程度分组,分别计算各组的平均收入,由此就可以清晰地观察出受教育程度与收入之间的联系。

(3) 用来比较同一对象在不同时间或不同空间的发展水平。例如,要了解某地区某工业企业员工在近五年收入的变化情况,因为在五年中企业员工人数有变化,所以不能比较工资总额。这时,计算每年的员工平均工资,则可以按照不同时间对员工收入进行清晰的比较。再如,不同性质、不同规模、不同员工数的企业只有计算员工平均收入才能比较各企业员工收入的差别。

(4) 用来进行统计推断。平均指标是统计推断的一个重要统计量,是进行统计推断的基础。该部分内容将在第 6 章抽样调查中详细论述。

3.3.2 算术平均数

1. 算术平均数的概念

算术平均数也称为均值,是将一组数据的总和除以数据的项数得到的结果。算术平均数是分析社会经济现象一般水平和基本特征的最基本指标,是所有平均数中应用最广泛的平均数。其基本公式为:

$$算术平均数 = \frac{总体标志总量}{总体单位总量} \tag{3-7}$$

在应用式(3-7)进行计算时,要求各变量值必须是同质的,分子与分母必须属于同一总体,这也是算术平均数与强度相对指标的区别所在。

2. 算术平均数的计算

根据所掌握的统计资料的不同,算术平均数可分为简单算术平均数和加权算术平均数两种。

1) 简单算术平均数

如果掌握的资料是总体单位的标志值,而且没有经过分组,则可以将各个标志值求和,然后除以总体单位个数,这种计算方法计算的算术平均数称为简单算术平均数。设一组数据为 $x_1, x_2, \cdots, x_n$,则简单算术平均数的计算公式为

$$\bar{x} = \frac{x_1 + x_2 + \cdots + x_n}{n} = \frac{\sum x}{n} \tag{3-8}$$

式中,$\bar{x}$ 表示算术平均数;x 表示变量值;n 表示总体单位个数。

例 3-9 某班级有若干学习小组,其中一个学习小组共 6 人,英语考试成绩分别为 56 分、67 分、68 分、76 分、89 分、94 分,试计算平均分数。

解:给出数据未分组,因此计算简单算术平均数

$$\bar{x} = \frac{\sum x}{n} = \frac{56+67+68+76+89+94}{6} = 75$$

即该学习小组英语考试平均分数为 75 分。

2) 加权算术平均数

当已知数据以分组的形式给出时，需要计算加权算术平均数。其计算公式为

$$\bar{x} = \frac{x_1 f_1 + x_2 f_2 + \cdots + x_n f_n}{f_1 + f_2 + \cdots + f_n} = \frac{\sum xf}{\sum f} \qquad (3-9)$$

式中，$\bar{x}$ 表示算术平均数，x 表示变量值，f 表示权数。

权数又称为权重，是指在计算平均数或综合水平的过程中对各个数据具有权衡轻重作用的变量。为了体现各变量值不同的重要性，首先对各变量值赋予不同的权数，然后计算算术平均数，即为加权的过程。

(1) 单项式数列计算加权算术平均数。当分配数列为单项式数列时，需要计算加权算术平均数。分组标志作为变量取值，分布次数作为权数，采用加权算术平均数公式进行计算。

例 3-10 某班学生年龄分布情况如表 3-5 所示，计算该班级学生的平均年龄。

表 3-5 某班学生年龄分布情况

年龄(岁)	人数(人)
19	5
20	24
21	18
22	3
合计	50

解： 根据上述资料，计算过程如表 3-6 所示。

表 3-6 平均年龄计算表

年龄 x(岁)	人数 f(人)	xf
19	5	95
20	24	480
21	18	378
22	3	66
合计	50	1019

所以

$$\bar{x} = \frac{\sum xf}{\sum f} = \frac{1019}{50} = 20.38（岁）$$

即该班学生的平均年龄是 20.38 岁。

在该班平均年龄的计算过程中，各组人数就是权数。表中年龄的四个变量取值 20 岁的权数是最大的，因此 20 岁对平均年龄的影响最大，而 22 岁因权数最小，故对平均年龄的

影响最小,即频数大的变量值对平均数影响较大,频数小的变量值对平均数影响较小。因此,加权算术平均数的数值不仅受变量值大小的影响,而且受权数的影响。

权数也可以以比重的形式给出来,利用比重计算算术平均数的计算公式为

$$\bar{x} = \sum x \frac{f}{\sum f} \tag{3-10}$$

例 3-11 某班学生年龄分布如表 3-7 所示,计算该班级学生的平均年龄。

表 3-7 某班学生年龄分布表

年龄	人数 f(人)	频率(%)
19	5	10
20	24	48
21	18	36
22	3	6
合计	50	100

解: 根据上述资料,计算过程如表 3-8 所示

表 3-8 某班学生平均年龄计算表

年龄 x	频率 $\frac{f}{\sum f}$(%)	$x\frac{f}{\sum f}$
19	10	1.9
20	48	9.6
21	36	7.56
22	6	1.32
合计	100	20.38

所以

$$\bar{x} = \sum x \frac{f}{\sum f} = 20.38(岁)$$

即该班学生的平均年龄是 20.38 岁。

 知识链接

权 数

在统计计算中,用来衡量总体中各单位标志值在总体中作用大小的数值叫作权数。权数决定指标的结构,权数如果变动,绝对指标值和平均数也变动,所以权数是影响指标数值变动的一个重要因素。权数一般有两种表现形式:一是绝对数(频数)表示,另一个是相对数(频率)表示。相对数是用绝对数计算出来的百分数(%)或千分数(‰)表示的,又称比重。平均数的大小不仅取决于总体中各单位的标志值(变量值)的大小,而且取决于各标志值出现的次数(频数),由于各标志值出现的次数对其在平均数中的影响具有权衡轻重的作用,因此叫作权数。这说明权数的权衡轻重作用体现在各组单位数占总体单位数的比重大小上。工

业生产指数中的权数是对产品的个体指数在生产指数形成过程中的重要性进行界定的指标。产品的重要性不同,在工业生产指数中的作用就不同。产品或行业占比重大的,权数就大,在指数中的作用就大。工业经济效益综合指数中的权数是根据各项指标在综合经济效益中的重要程度确定的。零售物价指数除选用代表规格商品计算个体物价指数外,还要采用零售额为权数,其对个体商品物价指数在物价总指数形成中的重要程度起着权衡轻重的作用。

(2) 组距式数列计算算术平均数。当分组数列为组距式数列时,需要计算加权算术平均数。与单项式数列计算算术平均数不同的是,组距式数列变量取值是一个区间,而不是一个单一数值,因此需要用组中值作为变量值进行计算。

例 3-12 某社区居民月收入情况如表 3-9 所示,计算该社区居民平均收入。

表 3-9 某社区居民月收入情况表

月收入(元)	人数(人)
1000 以下	42
1000～2000	268
2000～3000	423
3000～4000	541
4000～5000	343
5000 以上	166
合计	1783

解:表 3-8 中的资料为组距式数列,计算加权算术平均数,计算过程如表 3-10 所示。

表 3-10 某社区居民平均月收入计算表

月收入(元)	人数(人)f	组中值 x	xf
1000 以下	42	500	21000
1000～2000	268	1500	402000
2000～3000	423	2500	1057500
3000～4000	541	3500	1893500
4000～5000	343	4500	1543500
5000 以上	166	5500	913000
合计	1783	—	5830500

所以

$$社区居民月平均收入 = \frac{\sum xf}{\sum f} = \frac{5830500}{1783} \approx 3270.05(元)$$

即该社区居民的月平均收入为 3270.05 元。

利用组中值作为本组平均值计算算术平均数,是在各组内的标志值分布均匀的假定下。计算结果与未分组数列的相应结果可能会有一些偏差,应用时应予以注意。

(3) 由相对数计算算术平均数。如果是计算相对数的平均数,一般应计算加权算术平均数,权数的选择应符合所求的相对数本身的公式,即将分子视为总体标志总量,分母视为总体单位总量,并由此来确定权数。下面以例 3-13 说明其计算方法。

例 3-13 某工厂三个车间的产量计划完成资料如表 3-11 所示,计算该工厂三个车间的平均产量计划完成程度。

表 3-11 某工厂三个车间产量完成情况表

车间	产量计划完成程度 x(%)	计划产量 f(台)	实际产量(台)
一车间	85	1000	850
二车间	105	1400	1470
三车间	110	900	990
合计	—	3300	3310

解: 取组中值为变量,计划产量为权数,则

$$平均产量计划完成程度 = \frac{\sum xf}{\sum f} = \frac{3310}{3300} = 100.30\%$$

即该工厂三个车间的平均产量计划完成程度为 100.30%。

3. 算术平均数的性质

从统计思想上看,算术平均数是一组数据的集中趋势所在,是数据误差相互抵消后的必然结果。比如对同一事物进行多次测量,若所得结果不一致,可能是测量误差所致,也可能是其他因素的偶然影响。若利用算术平均数作为其代表值,则可以使误差相互抵消,反映出事物必然性的数量特征。算术平均数具有一些重要的数学性质,这些数学性质在实际工作中有着广泛的应用,同时也体现了算术平均数的统计思想。

(1) 各变量值与其算术平均数的离差之和等于零,即 $\sum (x - \bar{x})f = 0$。这一性质说明算术平均数是一组数据的重心,它是将各个数据的差异抽象掉之后来代表变量的一般水平,说明一组数据分布中心位置的代表值。

(2) 各变量值与其算术平均数的离差平方和最小,即最小值为 $\sum (x - \bar{x})f$。这一性质说明,若以离差平方衡量各个变量值与数据分布中心的差异,则算术平均数作为数据一般水平和中心位置的代表值是最理想的,因为从全部数据来看,算术平均数最接近所有的变量值。

 知识链接

利用 Excel 计算算术平均数

下面以计算某班上学期期末考试各科平均成绩为例,说明利用 Excel 计算算术平均数的步骤。

方法一:

第一步 打开 Excel,输入全班每位同学各科的考试成绩(一般以每行记录一名学生的各科成绩,也可以列记录一名学生的各科成绩)。

第二步 单击"数据"→"数据分析"按钮,弹出"数据分析"对话框。

【拓展案例】

第三步 "分析工具"中选择"描述统计"选项并单击"确定"按钮。

第四步 在弹出的"描述统计"对话框中的"输入区域"框内输入要计算的单元格区域(如果包括字段行,则须选中"标志位于第一行"复选框。若分组方式为逐行,则该复选框选定标志位于第一列);在"输出选项"选项组中选择输出区域;选中"汇总统计"复选框(该选项给出全部描述统计量),然后单击"确定"按钮。

方法二:

第一步 打开 Excel,输入全班每位同学各科的考试成绩(一般以每行记录一名学生的各科成绩,也可以每列记录一名学生的各科成绩)。

第二步 在适当的单元格内输入计算公式(以每行记录一名学生的各科成绩为例,假设第一行依次为姓名及各考试科目名称,最后一名学生第一科的成绩所在单元格为 B45,则可在 B46 单元格输入计算公式":AVERAGE(B2:B45)"),然后按 Enter 键;或者在适当的单元格内插入函数(选择"插入"→"函数"选项,从弹出的"插入函数"对话框左侧的函数类别中选择"统计"选项,再从函数名称中选择"AVERAGE"函数,最后单击"确定"按钮)。

第三步 选定第二步计算结果所在单元格,复制其他考试科目的平均成绩。

3.3.3 调和平均数

1. 调和平均数的概念

调和平均数又称为倒数平均数,是指变量值的倒数的算术平均数的倒数,即先对各变量值的倒数计算算术平均数,再计算此算术平均数的倒数。

2. 调和平均数计算方法

根据所给资料的具体内容不同,与算术平均数类似,调和平均数也有简单调和平均数和加权调和平均数两种形式。

1) 简单调和平均数

当给出的资料未进行分组时,需要计算简单调和平均数,其计算公式为

$$\overline{x_h} = \frac{n}{\sum \frac{1}{x}} \tag{3-11}$$

式中,$\overline{x_h}$ 表示调和平均数;x 表示变量值;n 表示总体单位个数。

例 3-14 计算一组数据 4、7、15、34 的调和平均数。

解:数据未分组,因此计算简单调和平均数,即

$$\overline{x_h} = \frac{n}{\sum \frac{1}{x}} = \frac{4}{\frac{1}{4} + \frac{1}{7} + \frac{1}{15} + \frac{1}{34}} = 8.18$$

2) 加权调和平均数

当资料分组以后,需要计算加权调和平均数,其计算公式为

$$\overline{x_h} = \frac{\sum m}{\sum \frac{m}{x}} \tag{3-12}$$

式中,$\overline{x_h}$ 表示调和平均数;x 表示变量值;m 表示权数,即各组标志总量。

例 3-15 某地区西红柿在三个菜市场的平均价格和销售量如表 3-12 所示,计算三个市场西红柿的平均价格。

表 3-12 三个菜市场西红柿的销售情况

菜市场	平均价格 x(元/kg)	销售额 m(元)	m/x
甲	7.00	1540	220
乙	6.60	990	150
丙	5.80	1740	300
合计	—	4270	670

解: $\overline{x_h} = \dfrac{\sum m}{\sum \dfrac{m}{x}} = \dfrac{4270}{670} \approx 6.37 (元/kg)$

即三个市场西红柿平均价格为 6.37 元/kg。

在现实生活中,直接用调和平均数的地方较少,一般是把它作为算术平均数的变形来使用,两者虽然计算过程不同,但计算结果是相同的。

3. 调和平均数的特点

(1) 调和平均数易受极端值的影响,且受极小值的影响比受极大值的影响更大;
(2) 如果数列中有一个标志值为零,就不能计算调和平均数;
(3) 调和平均数应用的范围较小。

3.3.4 几何平均数

1. 几何平均数的概念

几何平均数也称对数平均数,它是若干项变量值的连乘积开其项数次方的算术根。当变量以比率的形式给出,且各比率的乘积等于总的比率时,计算平均指标就需要计算几何平均数。

2. 几何平均数的算法

根据所给资料的不同,几何平均数也分为简单几何平均数和加权几何平均数两种。

1) 简单几何平均数

若所给资料未进行分组,应计算简单几何平均数,它是几何平均数的常用形式。计算方法是直接将 n 项变量连乘,然后对其连乘积开 n 次方根,计算公式为

$$\overline{x_G} = \sqrt[n]{\Pi x} \tag{3-13}$$

式中,$\overline{x_G}$ 表示几何平均数;x 表示变量取值;Π 表示连乘符号;n 表示变量个数。

例 3-16 一位投资者持有一种企业债券,2010—2014 年的收益率分别是 5.2%、4.6%、6.9%、8.3% 和 5.8%。试计算该投资者在这五年内的平均收益率。

解: 根据以上资料,得

$$\overline{x_G} = \sqrt[5]{\Pi x} = \sqrt[5]{105.2\% \times 104.6\% \times 106.9\% \times 108.3\% \times 105.8\%} = 106.15\%$$

即该投资者五年的平均收益率为 6.15%。

2) 加权几何平均数

与算术平均数一样，当资料进行分组，即某些变量值重复出现时，相应地，简单几何平均数就变成了加权几何平均数，计算公式为

$$\overline{x}_G = \sqrt[\Sigma f]{\Pi x^f} \tag{3-14}$$

式中，$\overline{x}_G$ 表示几何平均数；x 表示变量取值；Π 表示连乘符号；f 表示权数，即各个变量值出现的次数。

例 3-17 某工商银行某项投资的年利率按复利计算。近 20 年的利率分配如表 3-13 所示，计算这 20 年的平均年利率。

表 3-13 投资本利率分组表

本利率 x(%)	年数 f(个)
103	1
107	4
116	11
120	4
合计	20

解： 按加权几何平均数公式计算这 20 年的平均本利率，计算过程如表 3-14 所示。

表 3-14 平均投资本利率计算表

本利率 x(%)	年数 f(个)	x^f
103	1	1.03
107	4	1.31
116	11	5.12
120	4	2.07
合计	20	—

$$\overline{x}_G = \sqrt[\Sigma f]{\Pi x^f} = \sqrt[20]{1.03 \times 1.08^4 \times 1.16^{11} \times 1.20^4} \approx 114.45\%$$

即这 20 年的平均年利率约为 14.45%。

【拓展知识】

3. 几何平均数的特点

(1) 几何平均数受极端值的影响较算术平均数小。

(2) 如果变量值有负值，计算出的几何平均数就会成为负数或虚数。

(3) 几何平均数仅适用于具有等比或近似等比关系的数据。

3.3.5 众数

算术平均数、调和平均数、几何平均数均是根据分配数列中各单位的标志值计算而来的，故称为数值平均数。当数据中有极端值出现时，用数值平均数反映总体一般水平有一定程度的误差。此时，位置平均数是较好反映一般水平的平均指标。所谓位置平均数，就是根据总体中处于特殊位置上的个别单位或部分单位的标志值确定的代表值，它对于整个

总体来说，具有非常直观的代表性，因此，常用来反映分布的集中趋势。众数、中位数是常用的位置平均数。

1. 众数的概念

众数是一组数据中出现次数最多的变量值，用 M_0 表示。众数一般用于测度分类数据的集中趋势。

2. 众数的计算方法

所给资料不同，众数的计算方法也不同。

(1) 资料未分组和单项式数列确定众数的方法。观察次数，出现次数最多的变量值就是众数。

例 3-18 某次体育测试成绩评定，某宿舍 6 人的成绩为 65 分、75 分、65 分、75 分、85 分、75 分，求该宿舍体育成绩的众数。

解：6 人中 65 分出现 2 次，75 分出现 3 次，85 分出现 1 次，75 分出现次数最多，因此，该宿舍体育成绩的众数是 75 分。

例 3-19 某服装企业八月份销售的女式服装规格和销售量如表 3-15 所示，试求该企业服装规格的众数。

表 3-15 某服装企业八月份女装销售情况

规格	销售量(件)
S	344
M	892
L	683
XL	421
XXL	125
合计	2465

解：该企业产品中销售量最多的是 892 件，即出现次数最多的变量值是 M 号，因此该批服装的众数是 M 号。

(2) 组距式数列确定众数的方法。首先，观察分配次数，寻找次数最多的组，即众数组，然后利用比例插值法推算众数的近似值，计算公式为

$$\text{下限公式} \quad M_0 = L + \frac{\Delta_1}{\Delta_1 + \Delta_2} d \quad (3-15)$$

$$\text{上限公式} \quad M_0 = U - \frac{\Delta_1}{\Delta_1 + \Delta_2} d \quad (3-16)$$

式中，L 表示众数所在组下限；U 表示众数所在组上限；Δ_1 表示众数所在组次数与其下限的邻组次数之差；Δ_2 表示众数所在组次数与其上限的邻组次数之差；d 表示众数所在组组距。

例 3-20 在某地区抽取 100 家企业，按利润额进行分组，结果如表 3-16 所示。

表 3-16　某地区企业按利润额的分组情况

利润额(万元)	企业数(个)
200～300	11
300～400	18
400～500	33
500～600	25
600 以上	13
合计	100

试计算该 100 家企业利润额的众数。

解：根据表 3-16，出现次数最多的是 400～500 这一组，即众数组为 400～500 组，利用下限公式，得

$$M_o = L + \frac{\Delta_1}{\Delta_1 + \Delta_2} d = 400 + \frac{33-18}{(33-18)+(33-25)} \times 100 \approx 465.22 (万元)$$

即平均利润额为 465.22 万元。

利用上限公式也可以计算得出众数，即

$$M_o = U - \frac{\Delta_2}{\Delta_1 + \Delta_2} d = 500 - \frac{33-25}{(33-18)+(33-25)} \times 100 \approx 465.22 (万元)$$

两个公式计算结果是相同的。

众数是一种位置平均数，是总体中出现次数最多的变量值，它能直观地说明客观现象分配的集中趋势，因而在实际工作中有时能够替代算术平均数来说明社会经济现象的一般水平。例如，内衣、鞋袜、帽子等商品最普遍的号码都是众数。如果总体中出现次数最多的标志值不止一个，那就称为双众数或复众数。例如，女式鞋销售过程中，37 码和 38 码销售量一样多，则 37 码、38 码均是女式鞋销售的众数。如果数据的分布没有明显的集中趋势，众数也可能不存在，只有在总体单位比较多，且又明显地集中于某个变量值时，计算众数才有意义。

3. 众数的特点

(1) 众数是一个位置平均数，用出现次数最多的变量值代表总体的一般水平，它不受极端值和开口组数列的影响，从而增强了众数的代表性。

(2) 当分配数列中没有明显的集中趋势，即没有任何一组的次数占多数，而是近似于均匀分布时，该分配数列无众数；当分配数列是异距分组时，众数的位置也不好确定。

(3) 众数缺乏敏感性。这是由于众数的计算只利用了众数组的数据信息，不像数值平均数那样利用了全部的数据信息。

3.3.6 中位数

1. 中位数的概念

将总体中的各单位标志值按照大小顺序排列起来，位于中间位置的标志值即为中位数，中位数用 M_e 表示。

从中位数的定义可知，以中位数为界，可将整个数据分成相等的两组，即较大的一半和较小的一半。由于中位数由所处的中间位置决定，因此中位数的大小不受极端值影响，有时可以替代数值平均数反映现象的一般水平。

2. 中位数的计算方法

确定中位数，必须将总体各单位的标志值按大小顺序排列。

1) 未分组数据确定中位数

对于未分组的原始资料，首先必须将标志值按大小排序，然后按照下列公式确定中位数位置：

$$中位数位置 = \frac{n+1}{2}$$

式中，n 代表总体单位数。如果，n 为奇数，则位于中间位置的变量值即为中位数。

例 3-21 某小组有 5 名学生，身高排序为 1.62m、1.65m、1.66m、173m、1.78m，试计算该组数据的中位数。

解： 因为中位数位置 $= \frac{n+1}{2} = \frac{5+1}{2} = 3$，则第三个学生 1.66m 的身高即为中位数。

如果总体单位数为偶数，则位于中间位置有两个变量值，两个变量值的算术平均数即为中位数。

例 3-22 某小组 6 名学生，身高排序为 1.62m、1.65m、1.66m、173m、1.78m、1.80m，试计算该组数据的中位数。

解： 根据以上资料，得该组数据中位数位置 $= \frac{n+1}{2} = \frac{6+1}{2} = 3.5$，则第三个学生和第四个学生均位于中间位置，因此中位数为

$$\frac{1.66 + 1.73}{2} = 1.695 \, (m)$$

即 6 名学生身高的中位数为 1.695m。

2) 由单项式数列确定中位数

据单项式数列确定中位数的方法可按下列步骤进行：首先计算中位数的位置，然后计算各组累计次数(向上累计、向下累计均可)，最后根据中位数位置找到中位数。

例 3-23 数据如表 3-15 所示，试计算中位数。

解： 计算过程如表 3-17 所示。

表 3-17 某服装规格中位数计算表

规格	销售量(件)	累计次数
S	344	344
M	892	1236
L	683	1919
XL	421	2340
XXL	125	2465
合计	2465	—

所以
$$中位数位置 = \frac{n+1}{2} = \frac{2465+1}{2} = 1233$$

根据累计次数可知，中位数位于第二组，即 M 号为中位数。

3) 由组距式数列确定中位数

由组距数列确定中位数，应先按公式 $\frac{\sum f}{2}$ 求出中位数所在组的位置，然后按下限公式或上限公式确定中位数，下限公式、上限公式为

【拓展知识】

下限公式：$M_e = L + \dfrac{\dfrac{\sum f}{2} - s_{m-1}}{f_m} d$ (3-17)

上限公式：$M_e = U - \dfrac{\dfrac{\sum f}{2} - s_{m+1}}{f_m} d$ (3-18)

式中，M_e 表示中位数；L 表示中位数所在组下限；U 表示中位数所在组上限；f_m 表示为中位数所在组的次数；d 表示中位数所在组的组距；s_{m-1} 表示中位数所在组以下的累计次数；s_{m+1} 表示中位数所在组以上的累计次数。

应用上限公式和下限公式计算中位数结果相同，实际应用中可任选其一。

例 3-24 数据如表 3-16 所示，计算中位数。

解： 计算过程如表 3-18 所示。

表 3-18 利润额中位数计算表

利润额(万元)	企业数(个)	向上累计次数	向下累计次数
200~300	11	11	100
300~400	18	29	89
400~500	33	62	71
500~600	25	87	38
600 以上	13	100	13
合计	100	—	—

所以
$$中位数位置 = \frac{n+1}{2} = \frac{101}{2} = 50.5$$

因此中位数组为第三组，即 400~500 这一组。

应用下限公式计算，得
$$M_e = L + \frac{\dfrac{\sum f}{2} - s_{m-1}}{f_m} d = 400 + \frac{\dfrac{100}{2} - 29}{33} \times 100 \approx 463.64 \,(万元)$$

应用上限公式计算，得
$$M_e = U - \frac{\dfrac{\sum f}{2} - s_{m+1}}{f_m} d = 500 - \frac{\dfrac{100}{2} - 38}{33} \times 100 \approx 463.64 \,(万元)$$

即中位数为 463.64 万元。

3. 中位数的特点

(1) 中位数是以它在所有标志值中所处的位置确定的全体单位标志值的代表值，不受分布数列的极大或极小值影响，具有稳定性。对于某些不能用数字测定的现象，可以用中位数反映其一般水平。

(2) 有些离散型变量的单项式数列，当次数分布偏态时，中位数的代表性会受到影响。

(3) 计算只利用了中位数组和中位数组临近组的数据信息，不像数值平均数那样利用了全部数据信息，因此缺乏敏感性。

3.3.7 众数、中位数和算术平均数的关系

算术平均数、众数和中位数之间的关系与总体分布的特征有关，有以下两种情况。

(1) 在总体特征呈现对称分布时，算术平均数、众数和中位数都是同一数值，即 $M_o = M_e = \bar{x}$，如图 3.1 所示。

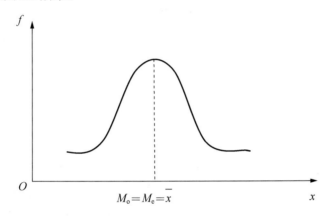

图 3.1 对称分布

(2) 当总体分布呈现偏态时，算术平均数、众数和中位数不再是同一数值，而是具有相对固定的关系。当总体分布呈现右偏态分布时，众数最小，中位数适中，算术平均数最大，即 $M_o < M_e < \bar{x}$，如图 3.2 所示；在呈现尾巴拖在左边的左偏态分布时，众数最大，中位数适中，算术平均数最小，即 $\bar{x} < M_e < M_o$，如图 3.3 所示。

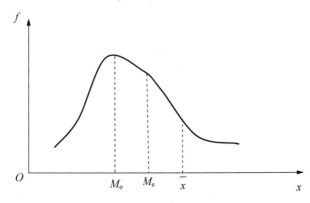

图 3.2 右偏分布

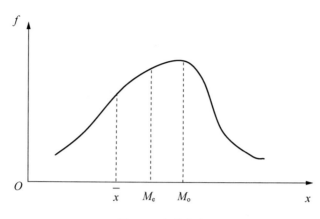

图 3.3　左偏分布

在统计实务中，可以利用算术平均数、中位数和众数的数量关系判断次数分布的特征。此外还可利用三者的关系进行相互之间的估算。根据皮尔逊经验公式，可以在轻微偏态的总体分布中，根据两者推算第三者。三者关系为众数与中位数的距离约为算术平均数与中位数的距离2倍，用公式表示为

$$M_o = 3M_e - 2\bar{x}$$

$$M_e = \frac{1}{3}(M_o + 2\bar{x})$$

$$\bar{x} = \frac{1}{2}(3M_e - M_o)$$

众数是一种位置数值，其优点是，易理解、不受极端值的影响；大多数类型的数据资料都可以计算，即使资料有开口组仍然能够使用众数，但主要适合于作为定类数据的集中趋势测度值。众数应用的局限性是不适于进一步代数运算；有的资料众数根本不存在；当资料中包括多个众数时，很难对它进行比较和说明，因此众数的应用不如算术平均数广泛。

中位数也是一种位置数值，其优点是，不受极端值的影响；除了数值型数据，定序数据也可以计算，且主要适合于作为定序数据的集中趋势测度值；开口组资料也不影响计算。中位数应用的局限性是不适于进一步代数运算，应用不如算术平均数广泛。

算术平均数的优点是，含义通俗易懂，直观清晰；全部数据都要参加运算，是一个可靠的具有代表性的量；任何一组数据都有一个平均数，而且只有一个平均数；用统计方法推断几个样本是否取自同一总体时，必须使用算术平均数；具有优良的数学性质，适合于代数方法的演算。算术平均数是实际中应用最广泛的集中趋势测度值，主要适合于作为定距和定比数据的集中趋势测度值。算术平均数的局限性是最容易受极端值的影响；对于偏态分布的数据，算术平均数的代表性较差；资料有开口组时，按相邻组组距计算假定性很大，代表性降低。

众数、中位数和算术平均数各自具有不同的特点，掌握它们之间的关系和各自的特点，有助于在实际应用中选择合理的测度值来描述数据的集中趋势。

3.3.8　正确应用平均指标的原则

具体应用平均指标时，应遵循以下原则。

1. 平均指标只能应用于同质总体

只有在同质总体中,总体各单位才具有共同的特征,才需要通过计算平均指标反映其总体的一般水平。否则,计算平均指标就会将质的差别忽视,不利于说明事物的性质及特征。

2. 用组平均数说明总平均数

计算平均指标时,经常采用统计分组的方法。通过计算各组的平均数来补充说明总平均数,以便更好地反映总体的内部结构对总平均数的影响。

3. 用分配数列说明平均数

平均数是把总体各单位数量标志的差异抽象掉了,只说明了现象的共性,即现象的一般水平,这就掩盖了总体各单位的差异及分配情况。为了具体说明各单位的差异及分配情况就应该结合原来的分配数列,分析平均指标在原数列中所处的位置,以及各单位标志值在平均数上下分配的情况。

小思考

说出下列统计指标是属于总量指标、相对指标、还是平均指标。
(1) 某年某市人口出生率,死亡率;
(2) 某年全国粮食总产量;
(3) 某年全国工业总产量;
(4) 资金利润率;
(5) 某市某年的工业产品产值;
(6) 某月份某工厂工人出勤率;
(7) 商品流通费用率;(注:流通费用率=流通费用额/实际销售额。)
(8) 某市某年的工业净产值;
(9) 某地区按人口平均计算的国民收入;
(10) 某年华东地区粮食产量为华北地区粮食产量的82%;
(11) 某个时期某种商品的价格;
(12) 单位产品的成本;
(13) 某年某月某日的全国人口数;
(14) 粮食单位面积的产量。

3.4 标志变异指标

3.4.1 标志变异指标的概念和作用

1. 标志变异指标的概念

平均指标反映了数据聚集的中心所在,但是数据的差异是必然存在的,因此分析数据时不仅需要研究数据的集中趋势和一般水平,还需要测度数据的离散程度即差异情况。通过标志变异指标可以测定数据的差异情况。

标志变异指标又称为标志变动度，是反映总体各单位标志值差异程度的综合指标，又称离散程度或者离中程度。

2. 标志变异指标的作用

(1) 说明数据的差异程度，反映变量的稳定性、均衡性。在社会经济生活中，经常需要在静态上研究某一现象个体之间差异性的大小，即数据是否稳定，或者从动态上研究某一现象发展变化是否剧烈，即数据发展是否均衡。标志变异指标能够反映变量的稳定性和均衡性。

(2) 反映平均指标的代表性。平均指标反映了数据的一般水平和集中趋势，但是其代表性高低则取决于数据的差异程度。一般来讲，差异程度小的数据平均指标代表性高，反之，则代表性低。

(3) 判别统计推断是否成立的依据。在统计推断中，标志变异指标常常作为判别统计推断是否成立的重要依据，也是衡量推断效果好坏的重要标准。

常用的变异指标有全距、平均差、标准差和变异系数。

3.4.2 全距

全距也称为极差，是指一组数据最大值与最小值之差，用 R 表示。其计算公式为：

$$R = 最大标志值 - 最小标志值 \tag{3-19}$$

因此，全距(R)可反映总体标志值的差异范围。

例 3-25 两个学习小组的统计学成绩(单位：分)如下：

第一组：32，65，71，82，81，89

第二组：45，66，74，76，78，81

求各组的全距，并说明哪一组学生学习成绩差异较大。

解： $R_1 = 89-32 = 57(分)$，$R_2 = 81-45 = 36(分)$。很明显，两个小组的考试成绩平均分都是 70 分。若用全距指标来衡量，第一组的全距大于第二组的全距，说明第二组英语成绩差异小于第一组，也即第二组的平均分数代表性优于第一组。

全距一般只对未分组数据或单项式数列计算。对于组距式数列，只能近似计算，即用最大组的上限减去最小组的下限进行计算。

【拓展知识】

用最大值减去最小值计算的全距容易受极端值影响，因此根据全距测定变量差异程度只是测定标志变异指标的一种简单方法，不能充分反映社会经济现象的离散程度。在实际应用中，全距作为标志变异指标的应用并不多。

3.4.3 平均差

1. 平均差的概念

平均差又称为平均绝对离差，是各变量值与其平均数离差绝对值的平均数，通常用 A.D. 表示。平均差越大，则表示标志变异指标越大，数据越离散，平均指标代表性越低；反之则表示标志变异指标越小，数据越集中，平均指标代表性越高。

2. 平均差的计算

根据平均差的概念,平均差计算有资料未分组和资料分组两种情况。

(1) 资料未分组时,平均差的计算公式为

$$A.D. = \frac{\sum |x - \bar{x}|}{n} \qquad (3-20)$$

例 3-26 某小组共 6 人,英语考试成绩分别为 46、62、65、76、78、87(单位:分),求成绩分布的平均差。

解:资料未分组,因此根据式(3-20),得

$$\bar{x} = \frac{\sum x}{n} = \frac{46 + 62 + 65 + 76 + 78 + 87}{6} \approx 69(分)$$

$$A.D. = \frac{\sum |x - \bar{x}|}{n} = \frac{23 + 7 + 4 + 7 + 9 + 18}{6} \approx 11.33(分)$$

(2) 资料分组时,平均差的计算公式为

$$A.D. = \frac{\sum |x - \bar{x}| f}{\sum f} \qquad (3-21)$$

例 3-27 某班学生统计学考试成绩如表 3-19 所示,求成绩的平均差。

表 3-19 某班学生统计学成绩分布表

成绩 x	学生人数 f
60 以下	2
60~70	4
70~80	18
80~90	19
90~100	7
合计	50

解:计算过程如表 3-20 所示。

表 3-20 某班学生统计学成绩平均差计算表

成绩	学生人数 f	x	xf	$|x - \bar{x}|$	$|x - \bar{x}| f$
60 以下	2	55	110	25	50
60~70	4	65	260	15	60
70~80	18	75	1350	5	90
80~90	19	85	1615	5	95
90~100	7	95	665	15	105
合计	50	—	4000	—	400

$$\bar{x} = \frac{\sum xf}{\sum f} = \frac{4000}{50} = 80(\text{分})$$

$$A.D. = \frac{\sum |x - \bar{x}|f}{\sum f} = \frac{400}{50} = 8(\text{分})$$

即该班统计学成绩的平均差为 8 分。

3. 平均差的特点

平均差含义清晰,计算结果容易理解。同时,计算平均差时,所有变量取值全部参与计算,因此与全距相比,平均差能更好地反映数据的离散程度。平均差计算的局限性在于为了避免正负抵消而取离差绝对值进行平均,这种处理方式在数学特性上不是最优的,且计算时不够方便。因此,在统计实践中,平均差的应用也不多。

3.4.4 标准差

1. 标准差的概念

标准差是总体各单位标志值与其平均数离差平方的平均数的算术平方根,一般用 σ 表示,是测定标志变异指标最常用的指标。标准差的意义与平均差基本相同,但是标准差采用平方的方法消除了离差正负的影响,更符合数学的计算要求。标准差不仅具有平均差的优点,而且更符合数学计算的要求。标准差的平方称为方差,是各个数据与其算术平均数的离差平方的平均数,一般用 σ^2 表示。

2. 标准差的计算

根据资料是否分组,标准差计算分为以下两种情况。

(1) 在资料未分组的情况下,标准差的计算公式为

$$\sigma = \sqrt{\frac{\sum (x - \bar{x})^2}{n}} \tag{3-22}$$

例 3-28 某小组共 6 人,英语考试成绩分别为 46、62、65、76、78、87(单位:分),求成绩分布的标准差。

解: 资料为未分组,因此根据式(3-22),得

$$\bar{x} = \frac{\sum x}{n} = \frac{46 + 62 + 65 + 76 + 78 + 87}{6} \approx 69(\text{分})$$

$$\sigma = \sqrt{\frac{\sum (x - \bar{x})^2}{n}} = \sqrt{\frac{529 + 49 + 16 + 49 + 81 + 324}{6}} = 13.22(\text{分})$$

(2) 在资料分组的情况下,标准差计算公式为

$$\sigma = \sqrt{\frac{\sum (x - \bar{x})^2 f}{\sum f}} \tag{3-23}$$

例 3-29 某班学生统计学考试成绩如表 3-18 所示,求成绩的标准差。

解: 计算过程如表 3-21 所示。

表 3-21　某班学生统计学考试成绩标准差计算表

成绩	学生人数 f	x	xf	$x-\bar{x}$	$(x-\bar{x})^2$	$(x-\bar{x})^2 f$
60 以下	2	55	110	25	625	1250
60～70	4	65	260	15	225	900
70～80	18	75	1350	5	25	450
80～90	19	85	1615	5	25	475
90～100	7	95	665	15	225	1575
合计	50	—	4000	—		4650

$$\bar{x} = \frac{\sum xf}{\sum f} = \frac{4000}{50} \approx 80(\text{分})$$

$$\sigma = \sqrt{\frac{\sum(x-\bar{x})^2 f}{\sum f}} = \sqrt{\frac{4650}{50}} \approx 9.64(\text{分})$$

即该班学生统计学考试成绩的标准差是 9.64 分。

3. 标准差的特点

方差和标准差也是根据全部数据计算的，它反映了每个数据与其平均值相比平均相差的数值，因此它能准确地反映出数据的离散程度。方差和标准差是实际应用中应用最广泛的标志变异指标。

3.4.5 离散系数

以上介绍的标志变异指标均是反映数据离散程度的绝对值，其数值单位与原变量值有相同的单位(方差除外)，其大小取决于原变量值本身水平高低的影响，也就是与变量的均值大小有关。变量值绝对水平越高，离散程度的测度值自然也就越大；绝对水平越低，离散程度的测度值自然也就越小。因此，对于平均水平不同或计量单位不同的不同组别的变量值，是不能直接用上述标志变异指标测度值直接进行比较的。为了消除变量值水平高低和计量单位不同对离散程度测度值的影响，需要计算离散系数。

离散系数又称为标志变动系数，是全距、平均差和标准差与其算术平均数的比值，分别称为全距系数、平均差系数、标准差系数。在实际应用中，离散系数越大，说明总体标志值差异越大，总体越离散，平均指标的代表性越低；离散系数越小，说明总体标志值差异越小，总体越集中，平均指标的代表性越高。离散系数中最常用的是标准差系数，它是一组数据的标准差与其相应的平均指标之比，其计算公式为

$$V_\sigma = \frac{\sigma}{\bar{x}} \times 100\% \tag{3-24}$$

例 3-30　2015 年，甲、乙两个单位的职工数及工资资料如表 3-22 所示，比较两个单位职工平均工资的代表性的高低。

表 3-22 甲、乙两个单位的职工数及工资情况表

甲单位		乙单位	
工资 x_1(元)	人数 f_1	工资 x_2(元)	人数 f_2
1545	4	1040	5
1555	8	1060	10
1570	15	1075	24
1585	20	1087	15
1595	7	1097	2
1615	3	1120	1
合计	57	—	57

解： 计算过程如表 3-23 所示。

表 3-23 甲、乙两个单位职工的工资平均差系数计算表

甲单位		乙单位		$x_1 f_1$	$x_2 f_2$	$(x-\overline{x_1})^2 f_1$	$(x-\overline{x_2})^2 f_2$
工资 x_1(元)	人数 f_1	工资 x_2(元)	人数 f_2				
1545	4	1040	5	6180	5200	4055.14	5786.80
1555	8	1060	10	12440	10600	3815.88	1965.60
1570	15	1075	24	23550	25800	701.78	23.05
1585	20	1087	15	31700	16305	1331.71	2527.21
1595	7	1097	2	11165	2194	2308.50	1056.16
1615	3	1120	1	4845	1120	4368.56	2114.16
合计	57	—	57	89880	61219	16581.57	13472.98

$$\overline{x}_1 = \frac{\sum xf}{\sum f} = \frac{89880}{57} \approx 1576.84(元)$$

$$\overline{x}_2 = \frac{\sum xf}{\sum f} = \frac{61219}{57} \approx 1074.02(元)$$

$$\sigma_1 = \sqrt{\frac{\sum(x-\overline{x})^2 f}{\sum f}} = \sqrt{\frac{16581.57}{57}} \approx 17.06(元)$$

$$\sigma_2 = \sqrt{\frac{\sum(x-\overline{x})^2 f}{\sum f}} = \sqrt{\frac{13472.98}{57}} \approx 15.37(元)$$

因为甲单位和乙单位平均工资水平不同，所以不能直接用标准差进行比较，此时需要计算离散系数。由上面的数据计算得

$$V_{\sigma_1} = \frac{\sigma_1}{\overline{x}_1} \times 100\% = \frac{17.06}{1576.84} \approx 1.08\%$$

$$V_{\sigma_2} = \frac{\sigma_2}{\bar{x}_2} \times 100\% = \frac{15.37}{1074.02} \approx 1.43\%$$

因为 $V_{\sigma_1} < V_{\sigma_2}$，所以甲单位的职工平均工资更具有代表性。

本 章 小 结

【拓展案例】

> 本章主要介绍了综合指标与标志变异指标，综合指标包括总量指标、相对指标与平均指标。总量指标介绍了总体单位总量、总体标志总量、时期指标、时点指标的概念和内涵；相对指标介绍了计划完成程度相对指标、结构相对指标、比例相对指标、比较相对指标、动态相对指标、强度相对指标的概念和内涵；平均指标介绍了算术平均数、调和平均数、几何平均数、众数和中位数的概念和计算方法。标志变异指标介绍了全距、平均差、标准差和标准差系数的概念、计算方法及应用。

思考与练习

一、单项选择题

1．某公司下属五个企业，共有 2000 名工人。已知每个企业某月产值计划完成百分比和实际产值，要计算该公司月平均产值计划完成程度，采用加权调和平均数的方法计算，其权数是(　　)。
　　A．计划产值　　　B．实际产值　　　C．工人数　　　D．企业数

2．是非标志标准差的取值范围是(　　)。
　　A．0～1　　　　　B．0～0.5　　　　 C．0～0.25　　　D．0.25～0.5

3．不受极端值影响的平均数有(　　)。
　　A．几何平均数　　　　　　　　　　　B．调和平均数和算术平均数
　　C．数值平均数　　　　　　　　　　　D．中位数和众数

4．用标准差比较两个总体的平均数代表性大小时，要求这两个总体的平均数(　　)。
　　A．不等　　　　　　　　　　　　　　B．相差不大
　　C．无要求　　　　　　　　　　　　　D．相差很大

5．如果各个标志值都扩大 1 倍，而频数都减少为原来的 1/2，则平均数(　　)。
　　A．不变　　　　　　　　　　　　　　B．减少 1/2
　　C．扩大 1 倍　　　　　　　　　　　　D．无法判断

6．下列指标属于结构相对数的是(　　)。
　　A．资金利润率
　　B．2013 年我国钢产量为美国的 58.6%
　　C．工人出勤率
　　D．2013 年国民生产总值为 2012 年的 103.9%

7．对于右偏分布，均值、中位数和众数之间的关系是(　　)。
　　A．均值>中位数>众数　　　　　　　　B．中位数>均值>众数

C. 众数>中位数>均值　　　　　　　D. 众数>均值>中位数

8. 根据样本数据 3、5、12、10、8、22 计算的中位数是( )。
   A. 9　　　　　　　　　　　　　　B. 10
   C. 12　　　　　　　　　　　　　 D. 11

9. 根据样本数据 3、5、12、10、8、22 计算的标准差是( )。
   A. 45.2　　　　　　　　　　　　 B. 6.72
   C. 6.13　　　　　　　　　　　　 D. 17.94

10. 当变量值中有一项为零时，不能计算( )。
    A. 算术平均数　　　　　　　　　B. 中位数
    C. 几何平均数　　　　　　　　　D. 调和平均数

11. 在组距数列中，如果每组的组中值都增加 10 个单位，而各组的次数不变，则均值( )。
    A. 不变　　　　　　　　　　　　B. 上升
    C. 增加 10 个单位　　　　　　　D. 无法判断其增减

12. 若变异系数为 0.4，均值为 20，则标准差为( )。
    A. 80　　　　　　　　　　　　　B. 0.02
    C. 4　　　　　　　　　　　　　 D. 8

13. 若两组数据的均值不等，但标准差相等，则( )。
    A. 均值小，差异程度大　　　　　B. 均值大，差异程度大
    C. 两组数据的差异程度相同　　　D. 无法判断

14. 某企业 2016 年的利润计划规定比 2015 年增长 4%，实际增长 6%，则利润计划完成情况的相对指标为( )。
    A. 101.92%　　B. 150.00%　　C. 66.67%　　D. 98.11%

15. 某企业 2015 年完成产值 200 万元，2016 年计划增长 10%，实际完成 231 万元，则产值超额完成计划( )
    A. 115.5%　　B. 5.5%　　C. 15.5%　　D. 5%

16. 简单算术平均数和加权算术平均数的计算结果相同，是因为( )。
    A. 各组次数相等　　　　　　　　B. 各组次数不相等
    C. 各组变量值多数相等　　　　　D. 各组变量值不相等

17. 如果掌握各组标志总量和各组变量值时，计算平均数应采用( )。
    A. 简单算术平均数公式　　　　　B. 中位数
    C. 调和平均数公式　　　　　　　D. 几何平均数公式

18. 权数对算术平均数的影响作用，实质上取决于( )。
    A. 各组单位数占总体单位数比重的大小
    B. 各组标志值占总体标志值总量比重的大小
    C. 标志值本身的大小
    D. 标志值次数的多少

19. 下列标志变异指标中易受极端值影响的是( )。
    A. 全距　　　B. 平均差　　　C. 标准差　　　D. 标准差系数

20．已知本学期甲、乙两个班级学生统计学原理的考试成绩的标准差分别为 6 分和 5 分，则学生成绩相对均衡的班是(　　)
   A．甲班　　　　B．乙班　　　　C．无法判断　　　D．一样
21．众数是总体中(　　)的标志值。
   A．位置居中　　B．数值最大　　C．出现次数较多　D．出现次数最多
22．某工厂新工人月工资 3000 元，工资总额 150000 元，老工人月工资 5000 元，工资总额 500000 元，则平均工资为(　　)。
   A．4000　　　　B．3500　　　　C．4333.33　　　 D．4166.67
23．2016 年某市下岗职工已安置了 13.7 万人，安置率达 80.6%，安置率是(　　)。
   A．总量指标　　B．变异指标　　C．平均指标　　　D．相对指标
24．总量指标是用(　　)表示的。
   A．绝对数形式　B．相对数形式　C．平均数形式　　D．百分比形式

二、多项选择题

1．下列指标中属于总量指标的有(　　)。
   A．月末商品库存额　　　　　　B．劳动生产率
   C．历年产值增加额　　　　　　D．年末固定资金额
2．加权算术平均数等于简单算术平均数的条件有(　　)。
   A．各组次数相等　　　　　　　B．各组变量值不等
   C．变量数列为组距数列　　　　D．各组次数都为 1
   E．各组次数占总次数的比重相等
3．由总体所有单位的标志值计算的平均数有(　　)．
   A．算术平均数　　　　　　　　B．调和平均数
   C．几何平均数　　　　　　　　D．中位数
4．某班学生成绩分组中，80～90 分一组的学生人数占总数的 25%，这一数字是(　　)。
   A．频数　　　　B．次数密度　　C．频率
   D．比重　　　　E．概率

三、判断题

1．用水平法检查长期计划完成情况适用于规定计划期内应达到的水平。　　　(　　)
2．某厂有两个车间，一个是机械车间，另一个是工具车间。2014 年，机械车间工人的月平均工资为 2220 元，工具车间工人的月平均工资为 2240 元。2015 年，各车间的工资水平不变，但机械车间工人增加 20%，工具车间工人增加 10%，则该厂工人的平均工资比 2014 年降低。　　　　　　　　　　　　　　　　　　　　　　　　　　　　(　　)
3．比例相对指标用以反映总体内部各部分之间内在的密度关系。　　　　　(　　)
4．学生总成绩是总体单位总量。　　　　　　　　　　　　　　　　　　　(　　)
5．某企业产品成本水平计划规定降低 5%，而实际降低 6%，那么实际超额完成计划任务 20%。　　　　　　　　　　　　　　　　　　　　　　　　　　　　　　(　　)

6. 若甲、乙是两个同类总体，并且它们的平均水平一致，当$\sigma_甲 > \sigma_乙$时，说明甲总体的平均水平的代表性较乙总体差。（   ）

7. 社会经济统计中最基本的统计指标是平均指标。（   ）

8. 总量指标按其说明总体内容的不同，可分为总体单位总量和总体标志总量。（   ）

9. 用有名数表现的相对指标是结构相对指标。（   ）

10. 计算平均比率和平均速度最适宜的方法是几何平均数法。（   ）

四、简答题

1. 试述总量指标的概念、种类和作用。
2. 总量指标的计量单位有哪些？它们各有什么不同意义？
3. 试述相对指标的概念、相对指标的数值表现形式。
4. 试述结构相对指标、比较相对指标和强度相对指标的意义和作用。
5. 试述长期计划完成情况的水平法和累计法的不同特点。
6. 当计划指标用提高或降低百分比表示时，应该怎样检查和分析计划的完成程度？
7. 计算和应用相对指标必须遵循哪些原则？
8. 试述平均指标的概念及作用，它与强度相对指标如何分辨？
9. 平均指标有哪几种？为什么算术平均数是平均指标中最基本的、最常用的指标？
10. 什么是加权算术平均数？什么是权数？加权算术平均数数值大小受哪两个因素的影响？
11. 什么是调和平均数？在什么情况下计算平均数要采用的调和平均数公式？
12. 试述众数、中位数的意义和作用。
13. 应用平均指标必须遵循哪些原则？
14. 试述标志变异指标的意义和作用。
15. 测定标志变异的指标有哪几个？各有什么特点？
16. 标准差和标准差系数有何区别？在什么情况下要应用标准差系数？
17. 试述众数、中位数与算术平均数的相互关系。

五、计算题

1. 某企业劳动生产率2015年比2014年增长7%，超额完成计划2%，试确定劳动生产率计划增长数。
2. 某厂按计划规定，第一季度的单位产品成本比去年同期降低8%。实际执行结果，单位产品成本较去年同期降低4%。问该厂第一季度产品单位成本计划的完成程度如何？
3. 某厂的劳动生产率(按全部职工计算)计划在去年的基础上提高8%，计划执行的结果是仅提高了4%。试计算劳动生产率的计划完成程度。
4. 某企业产值计划完成103%，比去年增长5%。试问计划规定比去年增长多少？
5. 某地区2014—2015年国内生产总值的资料如表3-24所示：

表 3-24　某地区 2014—2015 年国内生产总值资料　　　　　　　　单位：亿元

	2014 年	2015 年
国内生产总值	36405	44450
其中：第一产业	8157	8679
第二产业	13801	17472
第三产业	14447	18319

试计算 2014 年和 2015 年第一产业、第二产业、第三产业的结构相对指标和比例相对指标。

6．某企业 2015 年 12 月工人工资的资料如表 3-25 所示，试计算工人平均工资。

表 3-25　某企业工人工资的资料

按工资金额分组(元)	工人数
2000～2500	30
2500～3000	40
3000～3500	100
3500～4000	170
4000～4500	220
4500～5000	90
5000～5500	50
合计	700

7．2015 年 12 月份某企业按工人劳动生产率高低分组的资料如表 3-26 所示。

表 3-26　某企业工人劳动生产率的资料

按工人劳动生产率分组(件/人)	工人数(人)
50～60	300
60～70	200
70～80	140
80～90	60

试计算该企业工人平均劳动生产率。

8．某公司下属 5 个企业，2015 年某产品的单位成本分组资料如表 3-27 所示。

表 3-27　某企业某产品的单位成本分组资料

单位成本	各组产量占总产量的比重(%)
200～220	40
220～240	45
240～260	15
合计	100

试计算该公司 2015 年该产品的平均单位成本。

9. 某地区商业局下属的20个零售商店,某月按零售计划完成情况分组的资料如表3-28所示。

表3-28　某地区20个商店的实际零售额

计划完成程度(%)	本月实际零售额(万元)
90~100	200
100~110	1000
110~120	800
合计	2000

试计算该商业局平均计划完成程度。

10. 某商品在三个市场上的单价和贸易额资料如表3-29所示。

表3-29　某商品的单价和贸易额资料

市场	单价(元/kg)	贸易额(元)
甲	1.00	30000
乙	1.50	30000
丙	1.40	35000

试计算该商品的市场平均价格。

11. 某种商品在甲、乙两个地区的销售情况如表3-30所示。

表3-30　某商品的销售情况

商品等级	单价(元)	甲地区销售额(元)	乙地区销售量(件)
甲级	1.3	13000	20000
乙级	1.2	24000	10000
丙级	1.1	11000	10000
合计	—	48000	40000

试分别计算甲、乙两个地区该商品的平均价格。

12. 某居民有一笔存款拟存入银行10年,按复利计息,前4年的年利率为11%,后6年的年利率为7%。试计算该笔银行存款的平均年利率。

13. 甲、乙两车间工人的日产量数据如表3-31所示。

表3-31　甲、乙两车间工人的日产量数据

日产量	甲车间人数	乙车间人数
1	15	35
2	30	45
3	15	15
合计	60	95

试分析：(1)哪个车间工人的生产水平高？

(2) 哪个车间工人的生产水平较整齐？

14．某企业 360 名工人生产某种产品的资料如表 3-32 所示。

表 3-32　某企业生产某种产品的资料

工人按日产量分组(件)	工人数(人)	
	7月份	8月份
40 以下	30	18
40～60	78	30
60～80	108	72
80～100	90	120
100～120	42	90
120 以上	12	30
合计	360	360

试分别计算该企业 7、8 月份每名工人的平均日产量，并说明 8 月份每名工人的平均日产量变化的原因。

15．某企业工人完成产量定额资料如表 3-33 所示。

表 3-33　某企业工人完成产量定额的资料

工人按完成产量定额分组(%)	工人数(人)	
	7月份	8月份
90 以下	8	4
90～100	12	8
100～110	42	88
110～120	54	98
120～130	60	56
130～140	38	20
140～150	46	6
合计	260	280

试分别计算该企业 7、8 月份的众数和中位数。

16．某车间有两个小组，每组都是 7 名工人，各名工人的日产量如下：

第一小组：20　40　60　70　80　100　120

第二小组：67　68　69　70　71　72　73

这两个小组每人的平均日产量都是 70 件，试计算工人日产量的下列变异指标：

(1)全距；(2)平均差；(3)标准差，并比较哪一组的平均数代表性较大。

17. 某地区水稻收获量的分组资料如表 3-34 所示。

表 3-34 某地区水稻收获量的分组资料

水稻收获量(kg/亩)	耕地面积(亩)
150～175	18
175～200	32
200～225	53
225～250	69
250～275	84
275～300	133
300～325	119
325～350	56
350～375	22
375～400	10
400～425	4
合　　计	600

注：1 亩≈666.7m²。

要求：(1) 计算中位数及众数；

(2) 计算算术平均数；

(3) 计算全距、平均差和标准差；

(4) 比较算术平均数、中位数、众数的大小，说明本资料分布的偏斜特征。

18. 某采购供应站工作人员的日工资分组数据如表 3-35 所示。

表 3-35 某采购供应站工作人员的日工资分组数据

工资分组(元)	工作人员数
50～60	10
60～70	20
70～80	110
80～90	90
90～100	15
100～110	5
合计	250

要求：根据上述资料

(1) 计算算术平均数；

(2) 计算全距 R、平均差 A.D.、标准差 σ；

(3) 计算标准差系数 V_σ；

(4) 计算众数 M_0；

(5) 用皮克逊关系式换算出中位数 M_e。

六、综合题

某校甲、乙两个班级期末测试的语文、数学考试成绩分别如表 3-36 和表 3-37 所示。要求：

(1) 根据考试成绩表编制频数分布表；
(2) 计算两个班级各科成绩的平均分、各分数段人数的比例、标准差、众数、中位数。
(3) 指出对两个班级的考试成绩做综合评价需要考虑的因素。
(4) 写一份统计分析报告。

表 3-36　甲班考试成绩

序号	语文	数学	序号	语文	数学
1	79	82	22	94	81
2	89	87	23	97	90
3	79	82	24	87	82
4	85	83	25	91	86
5	91	85	26	92	84
6	89	86	27	94	88
7	86	92	28	74	86
8	77	83	29	49	78
9	87	83	30	79	86
10	91	86	31	78	81
11	88	85	32	69	68
12	95	94	33	63	79
13	57	86	34	69	76
14	55	84	35	80	83
15	91	84	36	60	78
16	84	84	37	61	81
17	97	89	38	79	79
18	85	90	39	94	84
19	72	77	40	91	87
20	91	87	41	94	90
21	93	80	42	97	87

表 3-37　乙班考试成绩

序号	语文	数学	序号	语文	数学
1	86	83	21	76	83
2	91	90	22	75	84
3	86	86	23	66	78
4	83	84	24	73	83
5	84	77	25	81	82
6	78	78	26	77	77
7	86	84	27	84	85
8	81	85	28	81	82
9	83	81	29	80	83
10	92	86	30	92	88
11	78	84	31	80	86
12	80	82	32	54	71
13	80	84	33	84	83
14	73	82	34	80	82
15	82	72	35	77	81
16	84	89	36	67	84
17	80	86	37	84	84
18	75	61	38	60	78
19	83	83	39	61	75
20	91	89	40	72	73

第 4 章 动态数列

教学目标

通过本章的学习，掌握动态数列的概念和编制原则；熟悉动态数列的分析指标，掌握发展水平和平均发展水平的计算，掌握增长量和平均增长量的计算；掌握发展速度和增长速度的计算，掌握平均发展速度和平均增长速度的计算，熟悉动态数列分析指标之间的关系；了解长期趋势测定概念与预测的意义；掌握长期趋势测定的方法；了解季节变动、周期变动的测定与预测。

教学要求

知识要点	能力要求	相关知识
动态数列的概述	(1) 掌握动态数列的概念，理解动态数列的作用 (2) 掌握动态数列分类 (3) 理解并应用动态数列的编制原则	(1) 动态数列的概念及作用 (2) 动态数列的分类 (3) 动态数列的编制原则
动态数列的水平分析指标	(1) 掌握发展水平、增长量的概念 (2) 理解并应用平均发展水平和平均增长量	(1) 发展水平及平均发展水平 (2) 增长量与平均增长量
动态数列的速度分析指标	(1) 理解发展速度的概念 (2) 会计算并应用平均发展速度 (3) 理解增长速度的概念 (4) 会计算并应用平均增长量 (5) 理解并应用速度指标	(1) 发展速度与平均发展速度 (2) 增长速度与平均增长速度 (3) 速度指标的分析与应用
长期趋势的测定与预测	(1) 理解长期趋势测定与预测的意义 (2) 理解并应用间隔扩大法 (3) 理解并应用移动平均法 (4) 理解并应用最小平方法	(1) 长期趋势测定与预测的意义 (2) 间隔扩大法 (3) 移动平均法 (4) 最小平方法
季节变动、周期变动的测定与预测	(1) 理解并应用季节变动分析 (2) 理解并应用周期变动的测定	(1) 季节变动分析 (2) 周期变动的测定

> 未来是不可预测的，不管人们掌握多少信息，都不可能存在能做出正确决策的方法。
>
> —— C. R. Rao

关键词

动态数列　绝对数动态数列　相对数动态数列　平均数动态数列　时期数列　时点数列　发展水平　平均发展水平　增长量　平均增长量　发展速度　平均发展速度　增长速度　平均增长速度　长期趋势　间隔扩大法　移动平均法　最小平方法　季节变动　按月平均法　移动平均趋势剔除法

丰田财报业绩劲升　销售额同比增长 6%

丰田汽车公司(以下简称丰田)发布的 2014 年 4 月至 2015 年 3 月丰田集团联合财务报表与 2015 财年联合财务预测报告(日本的财政年度为前一年 4 月到次年 3 月)，其范围包括大发汽车公司和日野汽车公司等丰田集团联合财务报表对象范围内的子公司。

在全球用户的支持下，经过公司全体员工及包括供应商、经销店在内的合作伙伴的共同努力，丰田集团 2014 财年销售额达到 27.2345 万亿日元，比 2013 年同期增加 1.5426 万亿日元，同比增长 6%。营业利润为 2.7506 万亿日元，比 2013 年同期增加 4585 亿日元，同比增长 20%。纯利润为 2.1733 万亿日元，比 2013 年同期增加 3502 亿日元，同比增长 19%。

丰田将在"制造更好的汽车"的造车理念下，继续完善收益机制，并积极推动必要的投资，努力实现可持续发展。丰田预测，2015 财年(即 2015 年 4 月至 2016 年 3 月)销售额将达到 27.5 万亿日元。营业利润预计将达到 2.8 万亿日元。丰田在 2016 年 5 月 11 日发布的财报显示，丰田 2015 财年实现销售额 284031 亿日元，营业利润 28539 亿日元。

(资料来源：i8,hexuning,cn/2016-05-13-183840164)

点评：

这是用动态数列分析方法对企业运营情况进行的分析，从绝对数和相对数两个角度分析了销售额、营业利润、纯利润的变化情况，并对下一财年销售额和营业利润进行了预测。为什么用同样资料营业利润预测准确而销售额相差较大？投资者可以相信公司的预测吗？

动态数列分析就是根据历史资料，对其发展水平、发展速度进行分析，从而揭示客观事物随时间演变的趋势和规律。

4.1　动态数列的概述

社会经济现象随着时间发展不断变化，因此我们不仅需要从静态上研究其数量方面的特征与相互关系，而且需要从动态上研究其发展变化的过程和规律。动态数列是研究事物动态变化的重要方法。

4.1.1 动态数列的概念及作用

动态数列又称为时间数列，对某一现象的观测值按照时间顺序排列起来，就构成动态数列。动态数列包括两个要素，一是现象所属的时间，通常用 t 表示；二是不同时间上的统计数据，常用 y 表示，如表 4-1 所示。

表 4-1　某国 A1—A9 年国民经济主要指标数据

年份	国内生产总值 (亿元)	年末总人口 (万人)	男性占总人口比重 (%)	城镇单位就业人员 平均工资(元)
A1	109655.2	127627	51.46	10834
A2	120332.7	128453	51.47	12373
A3	135822.8	129227	51.50	13969
A4	159878.3	129988	51.52	15920
A5	184937.4	130756	51.53	18200
A6	216314.4	131448	51.52	20856
A7	265810.3	132129	51.50	24721
A8	314045.4	132802	51.47	28898
A9	340506.9	133474	51.44	32244

表 4-1 中列出的 A1—A9 年国内生产总值、年末人口数、男性占总人口比重、城镇单位就业人员平均工资四项指标的具体数值，构成了四个动态数列。

动态数列是按时间顺序排列的指标数值，通过动态数列的编制和分析可以描述现象发展的状态、趋势和速度；通过动态数列可以探索某些事物发展的规律性；通过动态数列可以对现象进行预测等。

4.1.2 动态数列的分类

动态数列的指标根据表现形式不同有总量指标、相对指标和平均指标三种，因此，从观察表现形式上看，时间序列可分为总量指标动态数列、相对指标动态数列和平均指标动态数列。

1. 总量指标动态数列

总量指标动态数列又称绝对数动态数列，是指将总量指标按照时间顺序排列形成的数列，反映现象在各个时间上达到的绝对水平。例如，表 4-1 中国民生产总值动态数列就是绝对数动态数列。绝对数动态数列是计算相对指标动态数列和平均指标动态数列、进行各种动态数列分析的基础。

按总量指标所反映时间状况的不同，总量指标动态数列又分为时期数列和时点数列。时期数列中所排列的指标为时期指标，各时期上的数值分别反映现象在这一段时期内所达到的总规模、总水平，是现象在这一段时期内发展过程的累积总量(见表 4-1 国民生产总值动态数列)。时点数列中所排列的指标为时点指标,各时点上的数值分别反映现象在该时点上所达到的总规模、总水平,是现象在某一时点上的数量表现(见表 4-1 年末总人口动态数列)。

时期数列和时点数列具有不同的性质和特点:

(1) 时期数列中各个指标的数值是可以相加的,即相加具有经济意义。而时点数列中各个指标数值相加不具有实际经济意义。例如,表 4-1 国民生产总值动态数列中,A3 年国民生产总值与 A4 年国民生产总值之和表示两年的国民生产总值,而年末总人口动态数列中,A3 年末人口数与 A4 年末人口数之和不具有实际意义。

(2) 时期数列中每一个指标的数值大小与时期长短有关。例如,一个月的国民生产总值一定小于(或等于)两个月的国民生产总值。而时点指标数值大小与时期长短没有直接关系。例如,年末人口数值只表明现象在该时点上的数量,年末数值可能大于月末数值,也可能小于月末数值。

(3) 时期数列中指标数值是通过连续不断的计数取得的,而时点数列中指标数值是通过一定时期登记一次取得的。

2. 相对指标动态数列和平均指标动态数列

相对指标动态数列又称为相对数动态数列,指将反映现象相对水平的某一相对指标在不同时间上的观察值按时间先后顺序排列起来所形成的数列,如表 4-1 中男性占总人口比重的动态数列。平均指标动态数列又称为平均数动态数列,指将反映现象平均水平的某一平均指标在不同时间上的观察值按时间先后顺序排列起来所形成的数列,如表 4-1 中城镇单位就业人员平均工资动态数列。相对指标动态数列和平均指标动态数列均是由总量指标动态数列派生的,都不具有可加性。

 知识链接

动态数列其他分类

动态数列还可以分为水平型时间数列、季节型时间数列、循环型时间数列。

水平型时间数列的走势无倾向性,既不倾向于逐步增加,也不倾向于逐步减少,总是在某一水平上下波动,且波动无规律性,即时间数列的后序值,既可高于水平值也可低于水平值。因这一水平是相对稳定的,故水平型数列又称为稳定型时间数列或平稳型时间数列。通常呈水平型时间数列的有日用生活必需品的销售量,某种耐用消费品的开箱合格率、返修率等。

季节型时间数列的走势按日历时间周期起伏,即在某日历时间段内时间数列的后序值逐步向上,到达顶峰后逐步向下,到达谷底后又逐步向上,周而复始。因为最初研究产生于伴随一年四季气候的变化而出现的现象的数量变化,故称为季节型时间数列。其实,"季节"可以是一年中的四季、一年中的 12 个月、一月中的 4 周、一周中的 7 天等。通常呈季节型时间数列的有月社会零售额,与气候有关的季节性商品季度、月度销售量等。

循环型时间数列的走势也呈周期性变化,但不是在一个不变的时间间隔中反复出现,其每一周期的长度一般都有若干年。通常呈循环型时间数列的有期货价格、商业周期等。

(资料来源:http://baike.baidu.com/view/613304.htm)

4.1.3 动态数列的编制原则

编制动态数列是动态分析的基础，而各种动态分析的方法是通过对数据的对比研究来揭示现象的动态特征和规律的，因此可比性是编制动态数列的基本原则，具体包括：

(1) 时期长短的可比性。因为动态数列中时期数列数值的大小与时期长短直接相关，为了保证各个时期数值的可比性，一般要求时期长短一致。时点指标的数值虽然与时期长短没有直接关系，但为了准确分析现象发展变化的规律性，一般也要求时间间隔尽可能一致。相对指标和平均指标均是直接或间接通过总量指标计算得来的，因此总量指标动态数列与相对指标动态数列的时期长短一般也要求一致。

(2) 总体范围的可比性。指标数值的大小都与总体范围直接相关，因此在动态数列中指标的总体范围必须保持一致，否则各项指标不能直接对比，必须进行调整。

(3) 指标内容的可比性。动态数列中的各指标数值，必须具有相同的含义，这样在统计分析中才能进行对比。由于种种原因，有时同一指标在不同的范围有不同的含义，致使其缺乏可比性。

(4) 计算方法的可比性。同一名称的指标在不同时间，计算方法和计算口径可能不一致，在编制动态数列时应注意调整。

4.2 动态数列水平分析指标

动态数列分析经常用到两大类指标：水平指标和速度指标。水平指标主要有发展水平、平均发展水平、增长量和平均增长量。

4.2.1 发展水平

在动态数列中，按照时间顺序排列的各具体指标数值称为发展水平。一般用 a_0，a_1，a_2，…，a_n 表示。

发展水平可以是总量指标，如工业企业产值，也可以是相对指标或平均指标，如单位产品成本、商品流转次数。动态数列中第一个指标值称为最初水平，一般用 a_0 表示，最后一个指标值称为最末水平，一般用 a_n 表示，其余各个指标称为中间水平。

4.2.2 平均发展水平

平均发展水平又称序时平均数，是动态数列中各项发展水平的平均数，反映现象在一段时期中发展的一般水平。

平均发展水平与一般平均数既有区别又有共同之处，两者的区别如下：

(1) 平均发展水平平均的是现象总体在不同时期上的数量表现，从动态上说明其在某一时期内发展的一般水平；而一般平均数是将总体各单位同一时间的变量值差异抽象化，用以反映总体在具体历史条件下的一般水平。

(2) 平均发展水平是根据动态数列计算的，而一般平均数是根据分配数列计算的。

平均发展水平与一般平均数的共同点是它们都是将各个变量值差异抽象化。

1. 总量指标动态数列平均发展水平计算

由于问题指标动态数列分为时期数列和时点数列,因而平均发展水平有以下几种计算方法。

1) 时期数列计算序时平均数

由时期数列计算序时平均数,可以计算简单算术平均数,计算公式为

$$\bar{a} = \frac{\sum a}{n} \tag{4-1}$$

式中,$\bar{a}$ 表示平均发展水平;a 表示发展水平;n 表示时期数。

例 4-1 根据表 4-1 中的国内生产总值动态数列,计算年度平均国内生产总值。

解:$\bar{a} = \dfrac{\sum a}{n} = \dfrac{109655.2 + 120332.7 + \cdots + 340506.9}{9} \approx 205255.93(亿元)$

即 A1～A9 年度平均国内生产总值为 205255.93 亿元。

2) 时点数列平均发展水平的计算

由时点数列计算平均发展水平较为复杂。为了清晰说明此问题,先把时点数列进行分类。按照时点数列是否连续,分为连续时点数列和间断时点数列。连续时点数列是指每一瞬间都登记资料的时点数列,但在实际过程中是不可能的。在社会经济统计中一般将一天看作一个时点,即以"一天"作为最小的时间单位,这样就把每天都登记资料的时点数列称为连续时点数列,而不是每天登记资料的时点数列称为间断时点数列。下面分别介绍这两种时点数列平均发展水平的计算方法。

(1) 连续时点数列平均发展水平的计算。在连续时点数列中有连续变动和非连续变动两种情况。

① 对连续变动的连续时点数列计算平均发展水平。如果连续时点数列每日的指标数值都有变动,则称为连续变动的连续时点数列,计算其平均发展水平只需要用简单算术平均数方法计算即可,计算公式为

$$\bar{a} = \frac{\sum a}{n}$$

式中,$\bar{a}$ 表示平均发展水平;a 表示发展水平;n 表示时期数。

例 4-2 某车间某月 1～10 日内人员数量变动情况如表 4-2 所示,试计算该车间这 10 天的平均人数。

表 4-2 某车间人员数量变动情况

时间	1日	2日	3日	4日	5日	6日	7日	8日	9日	10日
人数	26	31	28	29	27	30	31	27	25	29

解:此时点数列每天资料都有变动,故是连续变动的连续时点数列,因此平均人数为

$$\bar{a} = \frac{\sum a}{n} = \frac{26+31+28+29+27+30+31+27+25+29}{10} = 28.3(人)$$

即该车间这 10 天的平均人数为 28.3 人。

② 对非连续变动的连续时点数列计算平均发展水平。如果连续时点数列的指标数值不是每日都有变动,而是隔几天变动一次,称为非连续变动的连续时点数列,计算其平均发

展水平需要计算加权算术平均数,计算公式为

$$\bar{a} = \frac{\sum af}{\sum f} \tag{4-2}$$

式中,$\bar{a}$ 表示平均发展水平;a 表示发展水平;f 表示间隔长度。

例 4-3 某车间 5 月份的人员变动登记情况如表 4-3 所示,试计算该车间 5 月份的平均人数。

表 4-3 某车间人员数量变动情况

时间	1 日	3 日	16 日	20 日
人数	26	31	28	29

解:此时点数列不是每天资料都有变动,故是间隔不等连续时点数列,因此平均人数为

$$\bar{a} = \frac{\sum af}{\sum f} = \frac{26 \times 2 + 31 \times 13 + 28 \times 4 + 29 \times 12}{31} \approx 29.5(人)$$

即该车间 5 月份的平均人数约为 29.5 人。

(2) 间断时点数列平均发展水平的计算。在实际工作中,为简化登记手续,对时点性质的指标往往每隔一段时间登记一次,这就组成了间断时点数列。如果相邻时点间隔都相等,就称为间隔相等间断时点数列;如果相邻时点间隔不等,则称为间隔不等间断时点数列。对间断时点数列计算平均发展水平,可以采用二次平均的方法。

① 对间隔相等间断时点数列计算平均发展水平。

例 4-4 甲企业每月月初对库存的某一商品进行盘点,盘点资料如表 4-4 所示,计算该种商品一季度的平均库存量。

表 4-4 某商品一季度的库存量情况表

月份	1 月 1 日	2 月 1 日	3 月 1 日	4 月 1 日
库存量(台)	95	110	160	125

解:第一次平均:现假定每天变化是均匀的,本月初与上月末的库存量相等。则各月平均库存量为

$$1月份的平均库存量 = \frac{95+110}{2} = 102.5(台)$$

$$2月份的平均库存量 = \frac{110+160}{2} = 135(台)$$

$$3月份的平均库存量 = \frac{160+125}{2} = 142.5(台)$$

第二次平均:

$$第一季度的平均库存量 = \frac{102.5+135+142.5}{3} \approx 126.67(台)$$

可以将上面的两个步骤合并为

$$第一季度的平均库存量 = \frac{\frac{95+110}{2} + \frac{110+160}{2} + \frac{160+125}{2}}{3} = \frac{102.5+135+142.5}{3} \approx 126.67(台)$$

因此，由间隔相等间断时点数列计算平均发展水平，首先需要计算每一时期的平均发展水平，然后计算各个时期平均发展水平的简单算术平均数。其计算公式为

$$\bar{a} = \frac{\frac{a_1+a_2}{2}+\frac{a_2+a_3}{2}+\frac{a_3+a_4}{2}+\cdots+\frac{a_{n-2}+a_{n-1}}{2}+\frac{a_{n-1}+a_n}{2}}{n-1}$$

$$= \frac{\frac{a_1}{2}+a_2+\cdots+a_{n-1}+\frac{a_n}{2}}{n-1} \tag{4-3}$$

式中，$\bar{a}$ 表示平均发展水平；a_i 表示发展水平；n 表示时期数。这种计算方法称为首末折半法。

② 对间隔不等间断时点数列计算平均发展水平。由间隔不等间断时点数列计算平均发展水平，首先需要计算每一时期的平均发展水平，然后以时间间隔长度为权数计算各个时期平均发展水平的加权算术平均数。其计算公式为

$$\bar{a} = \frac{\frac{a_1+a_2}{2}f_1+\frac{a_2+a_3}{2}f_2+\cdots+\frac{a_{n-1}+a_n}{2}f_{n-1}}{\sum f} \tag{4-4}$$

式中，$\bar{a}$ 表示平均发展水平，a_i 表示发展水平，f_i 表示间隔长度。

例 4-5 根据表 4-5 中的资料，计算该地区 2016 年平均每月的人口数。

表 4-5 某地区 2016 年人口情况表

月份	上年末	1月31日	3月31日	7月31日	11月31日	12月31日
人口数(万人)	31	30	32	30	31	33

解： 首先计算每个时间段的平均人数，然后以时间间隔长度为权数计算加权算术平均数，即为 2016 年该地区平均每月的人口数，所以

$$\bar{a} = \frac{\frac{a_1+a_2}{2}f_1+\frac{a_2+a_3}{2}f_2+\cdots+\frac{a_{n-1}+a_n}{2}f_{n-1}}{\sum f}$$

$$= \frac{\frac{31+30}{2}\times 1+\frac{30+32}{2}\times 2+\frac{32+30}{2}\times 4+\frac{30+31}{2}\times 4+\frac{31+33}{2}\times 1}{1+2+4+4+1}$$

$$= 30.875(万人)$$

即 2016 年该地区平均每月人口数为 30.875 万人。

2. 相对指标或平均指标动态数列平均发展水平的计算

相对指标和平均指标实质上都是由两个有关的总量指标数值对比得来的，用符号表示为 $c=\dfrac{a}{b}$，因此，由相对指标动态数列和平均指标动态数列计算平均发展水平的方法实质上是相同的。

由相对指标或平均指标数列计算平均发展水平，不能根据该相对指标或平均指标数列中各发展水平直接计算，而应当先分别计算构成该相对指标或平均指标数列的分子数列和分母数列的平均发展水平，再对比求得。用公式表示为

$$\bar{c} = \frac{\bar{a}}{\bar{b}}$$

式中，$\bar{c}$ 代表相对指标或平均指标动态数列的平均发展水平；$\bar{a}$ 代表分子数列的平均发展水平；$\bar{b}$ 代表分母数列的平均发展水平；a 数列和 b 数列既可以是时期数列也可以是时点数列。

例 4-6 某企业 2016 年第四季度职工人数资料如表 4-6 所示，计算工人占全体职工人数的平均比重。

表 4-6 某企业 2016 年第四季度职工人数资料

时间	9月末	10月末	11月末	12月末
工人人数 a(人)	168	180	205	210
职工人数 b(人)	260	270	295	300
工人占职工比重 c(%)	64.62	66.67	69.49	70.00

解：工人人数和职工人数动态数列均为间隔相等间断时点数列，因此四季度平均人数为

$$\bar{c} = \frac{\bar{a}}{\bar{b}}$$

$$= \frac{\left(\frac{a_1}{2} + a_2 + \cdots + a_{n-1} + \frac{a_n}{2}\right)/(n-1)}{\left(\frac{b_1}{2} + b_2 + \cdots + b_{n-1} + \frac{b_n}{2}\right)/(n-1)} = \frac{\frac{a_1}{2} + a_2 + \cdots + a_{n-1} + \frac{a_n}{2}}{\frac{b_1}{2} + b_2 + \cdots + b_{n-1} + \frac{b_n}{2}}$$

$$= \frac{\frac{168}{2} + 180 + 205 + \frac{210}{2}}{\frac{260}{2} + 270 + 295 + \frac{300}{2}} \approx 67.93\%$$

例 4-7 某企业 2016 年下半年劳动生产率资料如表 4-7 所示，计算 2016 年下半年平均月劳动生产率。

表 4-7 某企业 2016 年下半年劳动生产率资料

时间	6月	7月	8月	9月	10月	11月	12月
总产值 a(万元)	32	40	46	54	62	71	85
月末职工人数 b(人)	520	528	534	542	550	564	578
劳动生产率 c(元/人)	615.38	757.58	861.42	996.31	1127.27	1258.87	1470.59

解：从表 4-7 中可以看到，总产值动态数列是时期数列，职工人数动态数列是间隔相等间断时点数列，平均月劳动生产率为

$$\bar{c} = \frac{\bar{a}}{\bar{b}}$$

$$= \frac{(40 + 46 + 54 + 62 + 71 + 85)/6}{\left(\frac{520}{2} + 528 + 534 + 542 + 55 + 564 + \frac{578}{2}\right)/(7-1)}$$

$$\approx 1095.87(元/人)$$

4.2.3 增长量与平均增长量

1. 增长量

增长量是说明社会经济现象在一定时期内所增长的绝对数量,是报告期水平与基期水平之差。其计算公式为

$$增长量 = 报告期水平 - 基期水平 \quad (4-5)$$

由于所选择的基期不同,增长量可分为逐期增长量和累积增长量。逐期增长量是指计算增长量时,以报告期水平前一期水平作为基期,说明本期较上期增长的绝对数量,用公式表示为

逐期增长量:$a_1 - a_0, a_2 - a_1, \cdots, a_n - a_{n-1}$

累计增长量是指计算增长量时,以最初时期水平作为基期,说明本期较最初时期增长的绝对数量,用公式表示为

累计增长量:$a_1 - a_0, a_2 - a_0, \cdots, a_n - a_0$

逐期增长量与累积增长量之间的关系是各逐期增长量的和等于相应时期的累积增长量;两相邻时期累积增长量之差等于相应时期的逐期增长量。用公式表示为

$$(a_1 - a_0) + (a_2 - a_1) + \cdots + (a_n - a_{n-1}) = a_n - a_0$$

具体计算实例如表 4-8 所示。

表 4-8 某厂某年四个季度的产量

季度	一季度	二季度	三季度	四季度
产量(台)	200	260	350	540
逐期增长量	—	60	90	190
累计增长量	0	60	150	340

2. 平均增长量

平均增长量是各逐期增长量的平均数,用于说明现象在一定时期内平均每期增长的数量。它可以根据逐期增长量求得,也可以根据累积增长量求得,计算公式为

$$平均增长量 = \frac{逐期增长量之和}{逐期增长量个数} = \frac{累计增长量}{动态数列项数 - 1} \quad (4-6)$$

例 4-8 以表 4-8 资料为例,计算该厂四个季度平均增长量。

解:该厂产量平均增长量 $= \dfrac{累计增长量}{动态数列项数 - 1} = \dfrac{340}{4-1} \approx 113.33$(台)

即该厂四个季度产量的平均增长量的为 113.33 台。

4.3 动态数列的速度分析指标

动态数列的速度指标用来说明现象在某一段时间上发展变化的快慢程度,包括发展速度、平均发展速度、增长速度、平均增长速度。

4.3.1 发展速度与平均发展速度

1. 发展速度

发展速度是报告期水平与基期水平之比，用于描述现象在一定时期内相对的发展变化程度，一般用百分数形式表示，其基本计算公式为

$$发展水平 = \frac{报告期水平}{基期水平} \times 100\% \tag{4-7}$$

由于采用的基期不同，发展速度可以分为环比发展速度和定基发展速度。环比发展速度是指计算发展速度时，以报告期前一时期水平作为基期来说明现象逐期发展变化的程度，计算公式为

$$环比发展速度 = \frac{a_n}{a_{n-1}}$$

式中，a_n 表示报告期水平，a_{n-1} 表示报告期前一时期水平。

定基发展速度是指计算发展速度时，以最初时期作为基期，说明现象在整个观察期内总的发展变化程度，计算公式为

$$定基发展速度 = \frac{a_n}{a_0}$$

式中，a_n 表示报告期水平，a_0 表示最初时期水平。

环比发展速度与定基发展速度之间存在一定的数量关系：一定时期内各个环比发展速度的连乘积等于相应时期的定基发展速度，即 $\frac{a_n}{a_0} = \frac{a_1}{a_0} \times \frac{a_2}{a_1} \times \cdots \times \frac{a_n}{a_{n-1}}$，两个相邻的定基发展速度，用后者除以前者，等于相应时期的环比发展速度，即 $\frac{a_n}{a_0} \Big/ \frac{a_{n-1}}{a_0} = \frac{a_n}{a_{n-1}}$。利用以上关系，可以进行速度之间的推算。

2. 平均发展速度

平均发展速度是一定时期内环比发展速度的平均数，用于描述现象在一定时期内平均发展变化的程度。在实际应用中，计算平均发展速度的常用方法是几何平均法。

几何平均法又称水平法，是根据各期的环比发展速度采用几何平均法计算出来的，计算公式为

$$\overline{X} = \sqrt[n]{\frac{a_1}{a_0} \times \frac{a_2}{a_1} \times \cdots \times \frac{a_n}{a_{n-1}}} = \sqrt[n]{\frac{a_n}{a_0}} \tag{4-8}$$

式中，$\overline{X}$ 表示平均发展速度；n 表示环比发展速度的个数，它等于观察数据的项数减1。

例 4-9 已知某项存款的本利和利率如表4-9所示，计算平均本利和利率。

表4-9 某项投资的投资收益率表

年份	投资收益率(%)
2006	29
2007	34
2008	23
2009	36
2010	46
2011	12
2012	16
2013	27
2014	28

解：由表4-9中的数据得

$$\overline{X} = \sqrt[n]{\frac{a_1}{a_0} \times \frac{a_2}{a_1} \times \cdots \times \frac{a_n}{a_{n-1}}} = \sqrt[n]{\frac{a_n}{a_0}}$$

$$= \sqrt[9]{129\% \times 134\% \times 123\% \times 136\% \times 146\% \times 112\% \times 116\% \times 127\% \times 128\%}$$

$$\approx 127.52\%$$

即平均本利和利率约为127.52%。

从几何平均法计算平均发展速度的公式中可以看出，$\overline{X}$ 实际上只与动态数列的最初值 a_0 和最末值 a_n 有关，与其他各值无关，即几何平均法旨在考察现象在最后一期所达到的发展水平。

4.3.2 增长速度与平均增长速度

1. 增长速度

增长速度又称增减速度，是增长量与基期水平之比，用于说明报告期水平较基期水平的相对增长程度。它可以根据增长量求得，也可以根据发展速度求得。其基本计算公式为

$$增长速度 = \frac{增长量}{基期水平} \times 100\% = \frac{报告期水平 - 基期水平}{基期水平} \times 100\% = 发展速度 - 1 \quad (4-9)$$

由于采用的基期不同，增长速度也可分为环比增长速度和定基增长速度。前者是逐期增长量与前一时期水平之比，用于描述现象逐期增长的程度，后者是累积增长量与某一固定时期水平之比，用于描述现象总的增长程度。它们的计算公式如下：

$$定基增长速度 = 定基发展速度 - 1$$
$$环比增长速度 = 环比发展速度 - 1$$

环比增长速度与定基增长速度之间没有直接的换算关系。由环比增长速度推算定基增长速度时，可先将各环比增长速度加1后连乘，再将结果减1，即得定基增长速度。

2. 平均增长速度

平均增长速度是各期环比增长速度的平均发展水平，它说明现象逐期增长的平均程度。根据增长速度与发展速度之间的运算关系，平均增长速度计算公式如下：

$$平均增长速度 = 平均发展速度 - 1 \quad (4-10)$$

若平均增长速度为正值，表明现象在某段时期内逐期平均递增的程度，也称为平均递增率；若为负值，表明现象在某段时间内逐期平均递减的程度，也称为平均递减率。

例 4-10 如表 4-9 所示，求该项存款本利和利率的平均增长率，即平均利率。

解： 例 4-9 已经算出本利和利率的平均发展速度为 127.52%，所以平均增长率为 27.52%，即平均利率为 27.52%。

4.3.3 应用速度指标应注意的问题

对于有关社会经济现象的大多数动态数列，经常需要利用速度来描述其发展的数量特征。尽管速度在计算与分析上都比较简单，但在实际应用中，也会出现误用乃至滥用的现象。因此，在应用速度分析实际问题时，应注意以下几方面的问题。

(1) 当动态数列中的观察值出现 0 或负数时，不宜计算速度。例如，假如某工厂连续四年的利润额分别为 60 万元、30 万元、0 万元、-20 万元、50 万元，对这一动态数列计算速度，要么不符合数学公理，要么无法解释其实际意义。在这种情况下，适宜直接用绝对数进行分析。

(2) 在有些情况下，不能只计算速度，还要注意速度与基期绝对水平的结合分析，通常需要计算增长 1% 的绝对值来弥补速度分析中的局限性。增长 1% 绝对值表示速度每增长 1% 而增加的绝对数量，其计算公式为

$$增长1\%绝对值 = \frac{前期水平}{100} \tag{4-11}$$

例 4-11 假定甲、乙两个工厂的生产条件基本相同，各自两年的利润额及有关的速度值如表 4-10 所示。试分析哪个工厂的生产业绩较好。

表 4-10 甲、乙两个工厂的有关资料

年份	甲厂		乙厂	
	利润额(万元)	增长速度(%)	利润额(万元)	增长速度(%)
2015	1000	—	60	—
2016	1200	20	84	40

解： 如果不看利润额的绝对值，仅就速度对甲、乙两个工厂进行分析评价，可以看出乙厂的利润增长速度比甲厂高出 1 倍。如果就此得出乙厂的生产经营业绩比甲厂要好得多的结论是不切实际的。

对比的基期水平不同可能会造成速度数值上较大的差异，进而造成速度上的虚假现象。由于两个工厂的基期利润额不同，所以导致二者速度上的较大差异。从利润的绝对额来看，两个工厂的速度每增长 1% 所增加的利润绝对额是不同的。在这种情况下，需要将速度与绝对水平结合起来进行分析。

根据表 4-10 的资料计算，甲厂增长 1% 绝对值为 10 万元，而乙厂增长 1% 绝对值为 0.6 万元，甲厂远高于乙厂。这说明甲厂的生产经营业绩不是比乙厂差，而是比乙厂更好。

4.4 长期趋势的测定与预测

任何事物的发展变化，总是受诸多因素的影响。这些因素有的重要，起决定性作用，

有的起次要作用；有的因素经常出现，有的因素偶然出现；有些因素是已知的，有些因素是未知的。影响因素按照其性质和作用不同，大致可以分为四类：长期趋势(T)、季节变动(S)、周期变动(C)和不规则变动(I)。长期趋势是指社会经济现象按一定方向不断长期发展变化(向上或向下发展)的趋势。季节变动是指现象在一年内所呈现的较有规律的周期性起伏波动。周期变动，也称循环变动，是指在较长时间内(通常是若干年)，事物出现反复高低变化的一种变动。不规则变动，也称偶然变动，指由于自然或社会的偶然因素引起的社会经济现象的变动。

虽然动态数列影响因素可以分解为以上四种因素，但在一个具体的动态数列中这四种因素不一定都具备。一般来说，在任何一个动态数列中，长期趋势和不规则变动总是存在的，季节变动和周期变动则不一定存在。例如，以年为周期形成的动态数列就不包括季节变动，因为季节性的起伏波动相互抵消了。有些现象发展变化中不存在周期起伏，因而就不存在周期变动。

若设 Y 代表动态数列的各项数值，则上述因素对动态数列的影响可用下面两个数学模型来表示：

$$加法模型：Y = T + S + C + I$$

$$乘法模型：Y = T \cdot S \cdot C \cdot I$$

在应用中，加法模型和乘法模型都可以采用，也可以将加法模型和乘法模型混合使用。但实际上，乘法模型的假定更接近于现象变化的性质，因而乘法模型在动态数列分析中广泛应用。本章分析以乘法模型为例。

4.4.1　长期趋势测定与预测的意义

长期趋势是影响事物发展变化的主要因素，长期趋势是由事物内在的本质属性决定的。排除短期、偶然因素的影响，研究现象变动的总趋势是动态数列分析中的重要任务。测定长期趋势的目的是描述长期趋势的走向，以便进行预测。

长期趋势的表现形式有直线趋势和曲线趋势两种。直线趋势是从长期看，现象发展变动基本上呈现一条直线的状态。直线趋势是变化速度基本相同的长期趋势。当动态数列的逐期增长量大致相同时，长期趋势呈现为直线趋势。曲线趋势是指从长期看，现象发展变动呈现近似的曲线状态，如抛物线、指数曲线等。大多数事物的发展呈现曲线形式，但是如果仅取其中一段时间研究，那么曲线形式往往又表现为直线趋势。因此，直线趋势是简单、基本的趋势。测定长期趋势时所描述出来的规律性不一定是该现象的本质规律，它可能只是一种现象，只有经历从现象到本质的认识过程，规律才能被发现。

【拓展知识】

测定长期趋势的分析方法有许多，如间隔扩大法、半数平均法、部分平均法、移动平均法、最小平方法(最小二乘法)等。其中，间隔扩大法、移动平均法和最小平方法是测定长期趋势的基本方法。

4.4.2　间隔扩大法

间隔扩大法是测定直线趋势的一种简单方法。间隔扩大法是将动态数列的间隔扩大，从而使若干项数据合并，得到新的动态数列。通过数据的合并，各项数据所包含的不规则变动被部分抵消，包含季节变动、周期变动的数列，也能通过周期变大使季节变动和周期变动部分抵消，从而使新数列清晰地反映事物发展的长期趋势。

例 4-12 某 4S 店 2016 年每月汽车销售量如表 4-11 所示，试用间隔扩大法描述该店汽车销售量的长期趋势。

表 4-11 某 4S 店 2016 年各月汽车销售量

月份	1	2	3	4	5	6	7	8	9	10	11	12
汽车销售量(辆)	62	73	69	84	82	76	95	89	94	98	106	93

解：从表 4-11 中的数据可以看出，该店各月的汽车销售量变化不均匀，通过该数列不能直接清楚地反映该 4S 店汽车销售量的变动趋势。现将数列间隔扩大为季，即将间隔由 1 个月扩大为 3 个月，重新整理资料，得出表 4-12。

表 4-12 某 4S 店 2016 年各季汽车销售量

季度	一	二	三	四
汽车销售量(辆)	204	242	278	297

通过间隔扩大后得到的数列可以看到汽车销售量呈现逐期增长的变化趋势。

间隔扩大法也可以用间隔扩大后的平均数来编制新的动态数列。如表 4-11 可以整理资料为表 4-13。

表 4-13 某 4S 店 2016 年各季平均汽车销售量

季度	一	二	三	四
汽车平均销售量(辆)	68	80.67	92.67	99

由此，同样可以看出该 4S 店的汽车销售量呈现逐期增长的趋势。

4.4.3 移动平均法

移动平均法的出发点与间隔扩大法一样，也是用扩大动态数列间隔的方法部分抵消不规则变动、季节变动和周期变动的影响。两者的区别是移动平均法在扩大时间间隔时逐期移动，分别计算一系列移动平均数，然后由这些移动平均数形成新数列。移动平均法与间隔扩大法相比，优点是避免了数据的大量丢失。移动平均法测定长期趋势的具体方法见例 4-14。

例 4-13 根据例 4-12 的资料，试用移动平均法描述该 4S 店汽车销售量的长期趋势。

解：具体计算如表 4-14 所示。

表 4-14　某 4S 店汽车销售量移动平均法计算表

月份	汽车销售量(辆)	三项移动平均数	五项移动平均数
1	62	—	—
2	73	68	—
3	69	75.33	74
4	84	78.33	76.8
5	82	80.67	81.2
6	76	84.33	85.2
7	95	86.67	87.2
8	89	92.67	90.4
9	94	93.67	96.4
10	98	99.33	96
11	106	99	—
12	93	—	—

从三项移动平均和五项移动平均所得到的两个平均数动态数列中，可以明显看到汽车销售量呈现逐期增长的趋势。

【拓展案例】

原有动态数列如有循环周期，则移动平均的项数以循环周期的长度为准。事实证明，当移动平均的时期长度等于周期长度或其整倍数时，就能把周期的波动完全消除。

采用偶数项移动平均时，由于偶数项移动平均数都是在两项中间位置，所以要将第一次移动的平均值再进行两项"移正平均"。

4.4.4　最小平方法

最小平方法又称为最小二乘法，就是用一定的数学模型对原有的动态数列配合一条适当的趋势线来进行修匀。根据最小平方法的原理，这条趋势线必须满足最基本的要求，即原有数列的实际数值与趋势线的估计值的离差平方和最小，用公式表示如下：

$$\sum(y-y_c)^2 \to 最小值$$

式中，y 为实际数值；y_c 为趋势线的估计值。

最小平方法可以配合直线趋势，也可以配合曲线趋势，所以它是分析长期趋势的十分普遍和理想的方法。

1. 直线趋势模型

如果现象的逐期增长量大体相等，可以考虑拟合直线趋势模型。直线趋势的一般模型为

$$y_c = a + bt$$

式中，a 表示截距；b 表示直线斜率。

应用最小平方法求解上述方程中两个未知参数 a、b，采用求偏导的方法，导出以下联立方程组：

$$\begin{cases} \sum y = na + b\sum t \\ \sum ty = a\sum t + b\sum t^2 \end{cases}$$

式中，t 表示动态数列时间单位；y 表示动态数列中各期水平(实际值)；n 表示动态数列项数。

解联立方程组可得

$$\begin{cases} b = \dfrac{n\sum ty - \sum t \sum y}{n\sum t^2 - (\sum t)^2} \\ a = \dfrac{\sum y}{n} - b\dfrac{\sum t}{n} \end{cases} \tag{4-12}$$

然后将 a，b 两个参数代入直线趋势模型中，便可得到与实际值相对应的趋势值。

例 4-14 某医院求诊患者数的资料如表 4-15 所示，试用最小平方方法进行长期趋势分析。

表 4-15 某医院求诊患者数的最小平方方法计算表

年份	患者数 y(百人)	t	t^2	ty	y_c
2009	200	1	1	200	187.51
2010	240	2	4	480	230.72
2011	260	3	9	780	273.93
2012	300	4	16	1200	317.14
2013	350	5	25	1750	360.35
2014	410	6	36	2460	403.56
2015	460	7	49	3220	446.77
合计	2220	28	140	10090	2219.98

解：由表 4-15 可以看出该医院求诊患者的逐年增加值大体相等，所以配合直线方程。由资料得，$\sum t = 28$，$\sum y = 2220$，$\sum t^2 = 140$，$\sum ty = 10090$，代入公式得

$$b = \frac{n\sum ty - \sum t \sum y}{n\sum t^2 - (\sum t)^2} = \frac{7 \times 10090 - 28 \times 2220}{7 \times 140 - 28 \times 28} = \frac{8470}{196} \approx 43.21$$

$$a = \frac{\sum y}{n} - b\frac{\sum t}{n} = \frac{2220}{7} - 43.21 \times \frac{28}{7} \approx 144.3$$

从而求得直线趋势方程：$y_c = 144.3 + 43.21t$。

将各 t 值代入上式，便求得相对应的趋势值 y_c，如表 4-15 所示。

为了计算简便，可以将 a、b 两个参数的求解过程简化。在模型中 t 为时间序号，在不改变顺序的前提下，只要使 $\sum t = 0$，其参数计算过程就简化了。当动态数列是奇数项时，将中间时期的时间设为 0，使动态数列时间依次为…，-3，-2，-1，0，1，2，3，…；当动态数列是偶数项时，将中间两项的中点设为 0，使动态数列时间依次为…，-5，-3，-1，1，3，5，…。其简化公式为

$$\begin{cases} b = \dfrac{\sum ty}{\sum t^2} \\ a = \dfrac{\sum y}{n} \end{cases}$$

【拓展案例】

例 4-15 仍以表 4-15 为例，用简捷法拟合直线方程。

表 4-16 某医院求诊患者数的最小二乘法简捷计算表

年份	患者数 y(百人)	时间 t	t^2	ty	y_c
2009	200	−3	9	−600	187.51
2010	240	−2	4	−480	230.72
2011	260	−1	1	−260	273.93
2012	300	0	0	0	317.14
2013	350	1	1	350	360.35
2014	410	2	4	820	403.56
2015	460	3	9	1380	446.77
合计	2220	0	28	1210	2219.98

解： 计算过程如表 4-16 所示。

由数据得

$$b = \frac{\sum ty}{\sum t^2} = \frac{1210}{28} \approx 43.12$$

$$a = \frac{\sum y}{n} = \frac{2220}{7} \approx 317.14$$

将 a、b 参数代入直线方程，得 $y_c = 317.14 + 43.21t$。

根据直线方程计算各年趋势值，如表 4-16 所示。由表 4-15 和表 4-16 可知，两种方法计算的各年趋势值相同。

应用最小平方法进行直线模型预测需要注意的问题如下：

(1) 此处的直线方程 $y_c = a + bt$，不涉及变量 t 与变量 y 之间的任何因果关系，也没有考虑误差的任何性质，因此它仅仅是一个直线拟合公式，并不是什么回归模型。

(2) 作为较长期的一种趋势，利用所拟合的数学方程式进行预测时，必须假定趋势变化的因素到预测年份仍然起作用。

(3) 由于例题只是为了说明分析计算的方法，为简便起见，一般选用的数据都比较少，但实际应用时，数据应丰富些方能更好地反映长期趋势。

2. 抛物线趋势模型

如果现象发展的逐期增长量的增长量(二级增长量)大体相同，则可以配合抛物线模型。抛物线模型公式为

$$y_c = a + bt + ct^2 \tag{4-13}$$

抛物线趋势模型有 a、b、c 三个待定参数，根据最小平方法的要求，同样用求偏导数的方法，导出以下联立方程组：

$$\begin{cases} \sum y = na + b\sum t + c\sum t^2 \\ \sum ty = a\sum t + b\sum t^2 + c\sum t^3 \\ \sum t^2 y = a\sum t^2 + b\sum t^2 + c\sum t^4 \end{cases}$$

求解上述方程组，得到 a、b、c 三个参数值，然后代入抛物线模型公式，可求得趋势值和预测值。

为了计算方便，可以采用简捷公式进行计算，即使 $\sum t = 0$，$\sum t^3 = 0$，此时上述联立方程组简化为

$$\begin{cases} \sum y = na + c\sum t^2 \\ \sum ty = b\sum t^2 \\ \sum t^2 y = a\sum t^2 + c\sum t^4 \end{cases}$$

求解上述方程组，得到 a、b、c 三个参数值，然后代入抛物线模型公式，可求得趋势值和预测值。

例 4-16 某企业各年的利润资料如表 4-17 所示，试配合曲线方程。

表 4-17 某企业各年的利润资料

年份	利润(万元)	逐期增长量	二级增长量
2007	1240	—	—
2008	1291	51	—
2009	1362	71	20
2010	1450	88	17
2011	1562	112	24
2012	1695	133	21
2013	1845	150	17
2014	2018	173	23
2015	2210	192	19

解： 根据表 4-17 中的数据初步分析计算可得，各年二级增长量大体相等，所以该资料的趋势比较适合配合抛物线模型。现以表 4-18 来说明拟合抛物线方程的过程。

表 4-18 最小平方法配合抛物线方程计算表　　　　　　　　　　单位：万元

年份	利润 y	t	ty	t^2	$t^2 y$	t^4	y_c
2007	1240	−4	−4960	16	19840	256	1240.52
2008	1291	−3	−3873	9	11619	81	1290.46
2009	1362	−2	−2724	4	5448	16	1360.76
2010	1450	−1	−1450	1	1450	1	1451.42
2011	1562	0	0	0	0	0	1562.44
2012	1695	1	1695	1	1695	1	1693.82
2013	1845	2	3690	4	7380	16	1845.56
2014	2018	3	6054	9	18162	81	2017.66
2015	2210	4	8840	16	35360	256	2210.12
合计	14673	0	7272	60	100954	708	14672.76

将表中数据代入抛物线模型的联立方程组，得

$$\begin{cases} 14673 = 9a + 60c \\ 7272 = 60b \\ 100954 = 60a + 708c \end{cases}$$

解得

$$\begin{cases} a = 1562.44 \\ b = 121.2 \\ c = 10.18 \end{cases}$$

将 a、b、c 的值代入抛物线模型，得 $y_c = 1562.44 + 121.2t + 10.18t^2$。据此可计算该部门各年的趋势值，如表 4-18 所示。

将趋势线延伸，可以预测 2016 年的产量，即

$$y_{2016} = 1562.44 + 121.2 \times 5 + 10.18 \times 5^2 = 2422.94 (万元)$$

3. 指数曲线趋势模型

当动态数列的各期数值大致按某一相同比率增长时，可以考虑拟合指数曲线趋势模型。指数曲线的一般模型为

$$y_c = ab^t \tag{4-14}$$

式中，a 表示动态数列的基期水平；b 表示现象的一般发展速度；t 表示动态数列的时间。

用指数曲线模型分析长期趋势时，一般是先将指数方程取对数，使之成为直线方程，然后按照直线趋势模型进行参数估计，最后通过查反对数表还原。

对方程式(4-14)两端取对数，得

$$\lg y_c = \lg a + t \lg b$$

设 $Y_c = \lg y_c$，$A = \lg a$，$B = \lg b$，$Y = \lg y$，则 $Y_c = A + Bt$。

用最小平方法求得联立方程组为

$$\begin{cases} \sum Y = nA + B \sum t \\ \sum tY = A \sum t + B \sum t^2 \end{cases}$$

同样设 $\sum t = 0$，则上述方程组可简化为

$$\begin{cases} \sum Y = nA \\ \sum tY = B \sum t^2 \end{cases}$$

求解上述联立方程组的 A、B 参数值，然后按照反对数表查得 a、b 的值，代入指数曲线模型公式中，就得到指数曲线方程。利用该方程，可以进行预测。

需要特别指出，在分析社会经济现象发展的长期趋势时，不论将哪一种趋势线向外延伸进行预测，都具有一定的假设性。因此，要做好预测工作应该结合具体事物，综合分析，评估预测值的可靠性。

4.5 季节变动、周期变动的测定与预测

4.5.1 季节变动分析

季节变动往往会给社会生产和人们的经济生活带来一定的影响，季节变动是影响动态数列波动的重要因素。例如，某些商品具有淡季旺季特征，其生产、销售与库存会因为时间的变换而呈现波动。研究季节变动的意义主要在于掌握现象的季节变动规律，为预测和决策提供依据；另外，分析动态数列其他因素的影响时，也需要从原动态数列剔除季节变动的影响。

季节变动分析的基本原理就是对一个动态数列计算季节指数，然后根据各季节指数与其平均数的偏差程度来测定季节变动。季节指数是各季(月)平均数与全期数据平均数的比值。它以全期的总平均水平为基准，用百分数的形式来反映各季(月)平均水平相对于总平均水平的高低程度。季节指数高于100%说明是"旺季"，反之为"淡季"。如果分析的是季节数据，则有4个季节指数，季节指数之和为400%；如果分析的是月份数据，则有12个季节指数，季节指数之和为1200%。

测定季节指数的方法有很多，按照是否排除长期趋势的影响看，可分为两种：一种是不排除长期趋势的影响，直接根据原动态数列来测定，常用方法是按月平均法；另一种是依据消除长期趋势后的动态数列来测定，常用方法是移动平均趋势剔除法。通常应根据数据分布的散点图或折线图，分析数据的基本类型和季节变动特征，选择合适的季节比率测定方法。但是，不管采用哪种方法，都需具备连续多年的各月(季)资料，以保证所求的季节比率具有代表性，从而能比较客观地描述现象的季节变动。

1. 按月平均法

按月平均法又称为简单平均法，是指在若干年的月(季)的资料中，把每个相同的月(季)的数值进行平均，再与所有月(季)的平均数比较，形成用百分数表示的各月(季)的季节比率，又可以称为季节指数。其具体的计算步骤如下：

(1) 计算各年同期(月或季)的平均数；
(2) 计算全期平均数；
(3) 将月(季)平均数除以全期平均数，计算出季节指数，即

$$\text{季节指数} = \text{同月(季)平均数} \div \text{全期平均数} \tag{4-15}$$

例 4-17 表 4-19 是一家商店中某商品的销售量数据。试按月平均法计算各季节指数。

表 4-19 某商店某商品的销售量情况表

年份	产量(千件)			
	一季度	二季度	三季度	四季度
2010	32	42	50	30
2011	41	49	51	39
2012	39	57	49	42

续表

年份	产量(千件)			
	一季度	二季度	三季度	四季度
2013	36	48	56	44
2014	45	56	51	42
2015	40	53	60	38

解：该商店某商品的季节指数计算过程如表 4-20 所示。

表 4-20 某商店某商品的销售量按月平均法测定季节指数计算表

年份	产量(千件)				全年合计
	一季度	二季度	三季度	四季度	
2010	32	42	50	30	154
2011	41	49	51	39	180
2012	39	57	49	42	187
2013	36	48	56	44	184
2014	45	56	51	42	194
2015	40	53	60	38	191
同季合计	233	305	317	235	1090
同季平均	38.83	50.83	52.83	39.17	45.42
季节指数(%)	85.49	111.91	116.31	86.24	399.95

由于是季资料，季节比率之和应等于 400%，本例中季节比率之和为 399.95%，基本接近。若相差太大，则应作调整，调整方法是先求出校正系数(校正系数= 400/4 个季度比率之和)，再用此系数乘以原来的各季的季节比率。

按月平均法的基本假定是原动态数列没有明显的长期趋势和周期变动。但实际上，许多动态数列包含长期趋势和周期变动，此时，按月平均法计算的季节指数就不够准确了。

2. 移动平均趋势剔除法

移动平均趋势剔除法与按月平均法的区别是，在计算季节指数之前要先用移动平均法剔除长期趋势。其计算步骤及方法如下：

(1) 根据动态数列中各年按月(季)的数值计算移动平均数。

(2) 剔除趋势值。如果是加法模型，则用动态数列中各月(季)的数值(y)与其相对应的趋势值(y_c)相减；如果是乘法模型，则用动态数列中各月(季)的数值(y)与其相对应的趋势值(y_c)相除，并计算 y/y_c 的百分比数值。

(3) 把 $y-y_c$ 或者 y/y_c 的百分比数值按月(季)排列，计算出各年同月(季)的总平均数，这个平均数就是各月(季)的季节比率。

(4) 把各月的季节比率加起来，其总计数应等于 1200%；若为季资料，其季节比例之和应等于 400%，如果相差较大，则应用校正系数进行调整。

【拓展案例】

例 4-18 根据例 4-17 中的资料(表 4-19),试运用移动平均趋势剔除法测定该企业某商品的销售量的季节变动。

解: 有关计算如表 4-21 所示。

表 4-21 某商店某商品的销售量剔除长期趋势计算表

年份	季度	时间序号	销售量 y (百台)	四项移动平均移正 y_c	剔除趋势值 y/y_c(%)
2010	一	1	32	—	—
	二	2	42	—	—
	三	3	50	39.625	126.18
	四	4	30	41.625	72.07
2011	一	5	41	42.625	96.19
	二	6	49	43.875	111.68
	三	7	51	44.75	113.97
	四	8	39	45.5	85.71
2012	一	9	39	46.25	84.32
	二	10	57	46.375	122.91
	三	11	49	46.375	105.66
	四	12	42	44.875	93.59
2013	一	13	36	44.625	80.67
	二	14	48	45.75	104.92
	三	15	56	47.125	118.83
	四	16	44	49.25	89.34
2014	一	17	45	49.625	90.68
	二	18	56	48.75	114.87
	三	19	51	47.875	106.53
	四	20	42	46.875	89.6
2015	一	21	40	47.625	83.99
	二	22	53	48.25	109.84
	三	23	60	—	—
	四	24	38	—	—

回到按月平均法,把 y/y_c 的百分比数值按月(季)排列,计算出各年同月(季)的平均数,这个平均数就是各月(季)的季节比率,如表 4-22 所示。

表 4-22　某商店某商品的销售量除法剔除长期趋势后测定季节比率计算表

年份	一季度	二季度	三季度	四季度	合计
2010			126.18	72.07	
2011	96.19	111.68	113.97	85.71	
2012	84.32	122.91	105.66	93.59	
2013	80.67	104.92	118.83	89.34	
2014	90.68	114.87	106.53	89.60	
2015	83.99	109.84			
合计	435.85	564.22	571.17	430.31	
平均	87.17	112.844	114.234	86.062	400.31
校正系数	0.9992256	0.9992256	0.9992256	0.9992256	
季节比率(%)	87.10	112.76	114.15	85.99	400

【拓展案例】

显然，季节变动分析中的两种方法各有特点，前者计算简便，但所求出的季节比率包含长期趋势的影响；后者计算较复杂，但却得到了一个反映现象发展过程中剔除长期趋势后的季节比率。

4.5.2　周期变动的测定

周期变动由于时间长短和波动大小不一，且常与偶然波动交织在一起，因此很难单独加以描述和分析。通常用剩余法来分析周期变动。其基本思想是，首先对各期动态数列资料运用长期趋势和季节比率消除趋势变动和季节变动，从而得出反映循环变动与不规则变动的数列，然后采用移动平均法消除不规则变动，便可得出反映周期变动程度的各期循环变动系数，即

$$Y = T \cdot X \cdot C \cdot I$$

$$\frac{Y}{T \cdot S} = \frac{T \cdot S \cdot C \cdot I}{T \cdot S} = C \cdot I$$

将 $C \cdot I$ 数列进行移动平均修匀，则修匀后的数列即为各期周期变动的系数。

测定周期变动的程度，认识经济波动的某些规律，预测下一个周期变动可能产生的各种影响，以便充分利用有利因素。避免不利因素，这对于保持国民经济持续稳定的发展有重要的意义。但是周期变动预测和长期趋势预测不同，周期变动主要属于景气预测，在很大程度上要依靠经济分析，而仅仅对历史资料进行统计处理是不够的。

本 章 小 结

本章主要介绍了动态数列的概念与分类；动态数列水平指标和速度指标的计算，水平指标介绍了发展水平、平均发展水平、增长量、平均增长量的概念及计算方法，速度指标介绍了发展速度、平均发展速度、增长速度、平均增长速度的概念及计算方法；动态数列长期趋势测定的三种方法，分别是间隔扩大法、移动平均法、最小平方法；季节变动的测定方法，即按月平均法和移动平均趋势剔除法。

思考与练习

一、单项选择题

1. 某企业产值2014年比2005年增长200%，计算其年平均发展速度的算式是(   )。
   A. $\bar{x} = \sqrt[10]{3}$ B. $\bar{x} = \sqrt[10]{2}$
   C. $\bar{x} = \sqrt[9]{2}$ D. $\bar{x} = \sqrt[9]{3}$

2. 已知连续3年的环比增长速度为7.1%、3.4%、3.6%，则定基增长速度为(   )。
   A. 7.1%×3.4%×3.6%   B. (7.1%×3.4%×3.6%)−1
   C. 1.071×1.034×1.036   D. 1.071×1.034×1.036−1

3. 序时平均数是反映现象(   )。
   A. 在各单位之间的一般水平   B. 在一段时间内的一般水平
   C. 总体中，某数量标志值的一般水平 D. 各部门之间的一般水平

4. 动态数列的发展水平(   )。
   A. 只能是总量指标   B. 只能是平均指标
   C. 只能是相对指标   D. 上述三种指标均可

5. 适合于简单算术平均数计算序时平均数的有(   )。
   A. 时期数列   B. 相对数时点数列
   C. 间隔相等的时点数列   D. 间隔不等的时点数列

6. 下面属于时点数列的是(   )。
   A. 2015年每个月工业企业的总产值
   B. "十二五"时期各年全社会固定资产投资
   C. "十二五"时期每年第三产业从业人数(年底数)
   D. "十二五"时期企业每年产值利润率

7. 某家具商店三年中商品流转额每年增加10元，则逐年商品流转额发展速度(   )。
   A. 提高   B. 降低
   C. 保持不变   D. 无法做出决定

8. 已知某地区2014年财政收入比2009年增长了1倍，比2004年增长了1.5倍，那么2009年财政收入比2004年增长了(   )
   A. 0.5倍   B. 0.25倍   C. 1.25倍   D. 1.5倍

9. 某地区1990年粮食亩产350kg，2014年亩产为600kg，求1990—2014年的粮食亩产的平均发展速度应开(   )方。
   A. 24次   B. 25次   C. 26次   D. 23次

10. 某地1994年工农业总产值为6800万元，计划以后每年按6%的增长速度增长，到2014年年末的工农业总产值为(   )。
    A. 21808.5万元   B. 144160万元
    C. 8160万元   D. 7208万元

11. 某地区粮食产量的环比增长速度，2012 年为 3%，2013 年为 5%，则 2011—2013 年该地区的粮食产量共增长了(　　)。

　　A. 2%　　　　B. 8%　　　　C. 8.15%　　　D. 15%

12. 某地区 2010—2015 年的国内生产总值分别为 800 万元、860 万元、900 万元、950 万元、1100 万元、1500 万元，则该地区的国内生产总值平均每年的增长量为(　　)。

　　A. 116.7 万元　　B. 140.0 万元　　C. 128.0 万元　　D. 120.0 万元

13. 动态数列的构成要素是(　　)。

　　A. 变量和次数　　　　　　　B. 时间和指标数值
　　C. 时间和次数　　　　　　　D. 主词和宾词

14. 动态数列中，每个指标数值可以相加的是(　　)。

　　A. 相对数动态数列　　　　　B. 时期数列
　　C. 间断时点数列　　　　　　D. 平均数动态数列

15. 按季平均法测定季节比例时，各季的季节比例之和应等于(　　)。

　　A. 100%　　　B. 400%　　　C. 120%　　　D. 1200%

16. 某地区 2010—2015 年各年 12 月 31 日统计的人口资料如表 4-23 所示。

表 4-23　某地区 2010—2015 年各年的人口资料

年份	2010	2011	2012	2013	2014	2015
人口数(万人)	23	23	24	25	25	26

则该地区 2010~2015 年的年平均人数为(　　)。

A. $\dfrac{\dfrac{23}{2}+23+24+25+25+\dfrac{26}{2}}{5}=24.3$(万元)

B. $\dfrac{23+24+25+25+26}{5}=24.6$(万元)

C. $\dfrac{\dfrac{23}{2}+24+25+25+\dfrac{26}{2}}{5}=19.7$(万元)

D. $\dfrac{\dfrac{23}{2}+24+25+25+\dfrac{26}{2}}{4}=24.63$(万元)

17. 定基增长速度与环比增长速度的关系为(　　)。

　　A. 定基增长速度等于相应的各个环比增长速度的算术和
　　B. 定基增长速度等于相应的各个环比增长速度的连乘积
　　C. 定基增长速度等于相应的各个环比增长速度加 1 后的连乘积再减 1
　　D. 定基增长速度等于相应的各个环比增长速度的连乘积加 1

18. 累计增长量与其相应的各个逐期增长量的关系表现为(　　)。

　　A. 累计增长量等于相应的各个逐期增长量之积
　　B. 累计增长量等于相应的各个逐期增长量之和
　　C. 累计增长量等于相应的各个逐期增长量之差

D．以上都不对

19．将近 20 年来某国的国内生产总值指标按年份顺序排列起来，形成的时间数列是（　　）。
　　A．时期总量的时间数列　　　　　　B．时点总量的时间数列
　　C．相对数的时间数列　　　　　　　D．平均数的时间数列

20．已知前五年的平均增长速度为 10%，后五年的平均增长速度为 8%，求这 10 年的平均增长速度，正确的计算方法是（　　）。
　　A．$\sqrt[10]{(0.1)^5 \times (0.08)^5}$　　　　　　B．$\sqrt[10]{(0.1)^5 \times (0.08)^5} - 1$
　　C．$\sqrt[10]{(1.1)^5 \times (1.08)^5}$　　　　　　D．$\sqrt[10]{(1.1)^5 \times (1.08)^5} - 1$

21．计算序时平均数时，首末折半法适用于（　　）。
　　A．时期数列计算序时平均数　　　　B．连续时点数列计算序时平均数
　　C．间断的时点数列计算序时平均数　D．由两个时点数列构成的相对数动态数

22．今年某月发展水平除以固定时期发展水平得到的指标是（　　）。
　　A．定基发展速度　　　　　　　　　B．环比发展速度
　　C．平均发展速度　　　　　　　　　D．年距发展速度

23．如果某企业中某产品六年的产量分别是 20、15、22、25、27、31，那么其平均增长量是（　　）。
　　A．$\dfrac{31}{5}$　　B．$\dfrac{11}{5}$　　C．$\dfrac{11}{4}$　　D．$\sqrt[5]{\dfrac{31}{20}}$

24．计算增长 1%的绝对值所用的公式是（　　）。
　　A．$\dfrac{\text{本期水平}}{100}$　　　　　　　　　　B．$\dfrac{\text{前期水平}}{100}$
　　C．$\dfrac{\text{本期水平} - \text{前期水平}}{100}$　　D．本期水平 × 1%

二、多项选择题

1．长期趋势的测定方法有（　　）。
　　A．季节比率法　　B．移动平均法　　C．分段平均法
　　D．最小平方法　　E．时距扩大法

2．构成动态数列的基本要素是（　　）。
　　A．指标名称　　　B．指标数值　　　C．指标单位
　　D．现象所属的时间　　E．现象的处理地点

3．根据动态数列中不同时期的发展水平所求的平均数称为（　　）。
　　A．序时平均数　　B．算术平均数　　C．几何平均数
　　D．平均发展水平　E．平均发展速度

4．动态数列中的发展水平具体包括（　　）。
　　A．期初水平和期末水平　　　　　　B．报告期水平和基期水平
　　C．平均发展水平　　　　　　　　　D．中间水平
　　E．增长量

5. 动态数列中的派生数列是( )。
   A．时期数列　　　B．时点数列　　　C．绝对数动态数列
   D．相对数动态数列　　　　　　　E．平均数动态数列

6. 计算平均发展速度可采用的公式有( )。
   A．$\bar{x}=\sqrt[n]{\dfrac{a_n}{a_0}}$　　B．$\bar{x}=\sqrt[n]{\pi x}$　　C．$\bar{x}=\dfrac{\sum x}{n}$　　D．$\bar{x}=\sqrt[n]{R}$

7. 下列动态数列中，直接相加无意义的数列有( )。
   A．年末职工人数数列　　　　　B．年在校学生数数列
   C．年铁路通车里程数数列　　　D．年销售额数列
   E．年平均工资数列

三、判断题

1. 按月平均法测定季节比率时，各季的季节比率之和应等于1200%。　　( )
2. 平均发展速度是各期发展水平的序时平均数。　　( )
3. 在具有各期的环比发展速度的情况下，各期环比发展速度的连乘积等于定基增长速度。　　( )
4. 以1950年a_0为最初水平，1997年a_n为最末水平，计算钢产量的年平均发展速度时，需开47次方。　　( )
5. 增长1个百分点而增加的绝对数量称为增长1%绝对值。　　( )
6. 将通过对动态数列逐期移动求得的平均数作为预测值的一种预测方法称为最小平方法。　　( )
7. 季节指数反映了某一月份或季度的数值占全年平均数值的大小。如果现象的发展没有季节变动，则各期的季节指数应该大于100%。　　( )

四、简答题

1. 试述动态数列的概念和构成要素。
2. 动态数列有哪些种类？
3. 编制动态数列要遵守哪些原则？
4. 什么是时期数列和时点数列？它们有什么不同特点？
5. 什么是序时平均指标？它有什么作用？
6. 什么是定基发展速度和环比发展速度？它们之间有什么联系？
7. 将增长量、增长速度与增长1%绝对值结合分析的意义。
8. 简述平均发展速度和平均增长速度的意义和作用。
9. 从动态数列来分析事物发展的基本趋势的方法有哪几种？
10. 对动态数列为什么要修匀？怎样进行修匀？
11. 什么是季节变动？研究它的意义何在？如何测定季节变动？

五、计算题

1. 某汽车制造厂历年产量的统计资料如表4-24所示。

表 4-24 某汽车制造厂历年产量的统计资料

年份	产量(万辆)	增长量(万辆)		发展速度(%)		增长速度(%)		增长1%绝对值
		逐期	累积	环比	定基	环比	定基	
2011	100							
2012		20						
2013			100					
2014				175				
2015					500			

要求：根据动态分析指标的相互关系，计算并填入表中所缺的指标。

2．某企业产品的市场情况如表 4-25 所示。

表 4-25 某企业产品的市场情况统计数据

	年份	2010	2011	2012	2013	2014	2015
	产量	95					
与上年对比	增长绝对量	—	5				10
	发展速度	—		104.0			
	增长速度	—			5.8		
	增长1%绝对值	—	0.95				1.15

要求：补充表中所缺数字。

3．某工厂 2015 年某产品的库存资料如表 4-26 所示。

表 4-26 某工厂 2015 年某产品的库存资料

时间	1月31日	2月28日	3月31日	4月30日
库存额(万元)	220	252	294	326

已知上年末的库存额为 250 万元。

要求：计算该厂第一季度平均每月的产品库存额。

4．某企业第二季度有关资料如表 4-27 所示。

表 4-27 某企业第一季度的有关资料

月份	4月	5月	6月	7月
计划产值(万元)	105	105	110	112
实际产值(万元)	105	110	115	120
月初工人数(人)	50	50	52	46

要求计算：(1) 第二季度月平均实际产值；

(2) 第二季度月平均工人数；

(3) 第二季度产值平均计划完成程度；

(4) 第二季度平均每人季产值。

5．1982年我国人口数为10.1亿人，1990年我国人口数为11.3亿人。问在这期间我国人口平均增长率为多少？如果按这个平均增长速度发展下去，到2018年年末我国人口数将达到多少亿？

6．2008—2013年某企业职工人数和工程技术人员人数如表4-28所示。

表4-28　某企业职工人数和工程技术人员数据资料

年份	2008	2009	2010	2011	2012	2013
年末职工人数	1000	1020	1083	1120	1218	1426
年末工程技术人员数	300	320	380	400	480	520

试计算2008—2013年工程技术人员占全部职工人数的平均比重。

7．某地区2014—2016年各年年末的人口数资料如表4-29所示。

表4-29　某地区各年年末的人口数资料

年份	2012	2013	2014	2015	2016
年末人口数(万人)	75	78	81	84	90

要求：(1) 判断人口数发展的趋势接近于哪一种类型。
(2) 用最小平方法配合适当的曲线方程。
(3) 预测该地区2017年底人口数。

8．表4-30是我国第一个五年计划期间各年工业总产值的环比增长速度，试求其平均增长速度。

表4-30　工业总产值的环比增长速度表

年份	1953年	1954年	1955年	1956年	1957年
工业总产值环比增长速度(%)	30.2	16.3	5.6	28.2	11.4

9．已知某地区2016年各时点的人口数资料如如表4-31所示。

表4-31　某地区2016年各时点的人口数资料

日期	1月1日	6月1日	8月1日	12月31日
总人数(万人)	21.3	21.35	21.36	21.5

试计算该地区人口的月平均数。

10．已知某产品历年的销售资料如表4-32所示

表4-32　某产品历年的销售资料

年份	2010	2011	2012	2013	2014	2015	合计
销售额(万元)	25	35	30	40	45	60	235

要求：(1) 根据以上资料作销售额随时间变化的趋势图(折线图)；

(2) 配合时间与销售额之间的趋势直线方程,并预测 2017 年的销售额。

11. 某国 2012—2016 年年人均国内生产总值资料如表 4-33 所示。

表 4-33 某国年人均国内生产总值资料

年份	2012	2013	2014	2015	2016
人均 GDP(亿元)	65	70	76	82	90

要求:(1) 对该国人均国内生产总值用最小平方法配合直线方程;

(2) 预测 2017 年该国人均国内生产总值。

12. 我国某市商品鲜蛋分季收购量的资料如表 4-34 所示。

表 4-34 某市商品鲜蛋分季收购量资料

年份\季度	一	二	三	四
2013	16	38	14	7
2014	18	42	14	9
2015	16	28	12	6
2016	16	26	10	8

试用按季平均法计算各季的季节比例。

13. 某产品连续三年间各季度的销售额资料如表 4-35 所示。

表 4-35 某产品各季度的销售额

年份	一季度	二季度	三季度	四季度
第一年	51	75	87	54
第二年	65	67	82	62
第三年	76	77	89	73

要求:(1) 分别采用按季平均法和移动平均趋势剔除法计算季节比率;

(2) 计算第三年无季节变动情况下的销售额。

六、案例分析

预测旅游人数和旅游收入

海南省简称琼,位于中国的最南端,包括海南岛和中沙、西沙、南沙群岛及其周围广阔的海域,全省陆地总面积 3.54 万平方千米(其中海南岛陆地面积 3.39 万平方千米,海域面积约 200 万平方千米,是我国仅次于台湾岛的第二大岛,是中国最小的陆地省,最大的海洋省,省会为椰城海口市)。海南是我国唯一的热带岛屿省份,也是我国最受欢迎的热带滨海度假胜地。这里四季无冬、阳光充沛、空气清新、水质纯净,堪称人间天堂、南海明珠。

旅游业已经成为海南省国民经济的支柱产业和龙头产业,目前已初步建成"吃、住、行、游、购、娱"配套齐全的度假旅游接待设施与服务体系,具备年接待游客 3000 万人次的能力,具体数据如表 4-36 所示。

表 4-36　海南各年的旅游资料

项目	2014年		2015年		2016年				2017年			
	接待过夜旅游者(万人次)	旅游总收入(亿元)	接待过夜旅游者(万人次)	旅游总收入(亿元)	接待旅游者(万人次)	(一)过夜旅游者(万人次)	(二)接待一日游游客(万人次)	旅游总收入(亿元)	接待旅游者(万人次)	(一)过夜旅游者(万人次)	(二)接待一日游游客(万人次)	旅游总收入(亿元)
1月	288.34	54.71	293.72	34.98	393.64	328.11	65.53	37.42	434.24	360.79	73.45	43.92
2月	281.13	28.24	309.35	35.34	506.01	360.19	145.82	45.56	566.41	396.99	169.42	46.84
3月	286.03	29.55	311.73	31.75	377.7	342.28	35.42	36.07	419.30	378.46	40.84	42.38
4月	257.26	25.33	276.83	28.45	331.45	296.51	34.94	30.02	372.67	327.28	45.39	36
5月	231.35	22.39	264.34	26.05	337.08	294.56	42.52	31.78	380.07	332.44	47.63	36.43
6月	212.21	20.65	240.18	24.07	294.79	265.44	29.35	28.00				
7月	245.62	24.41	273.4	27.5	328.49	297.84	30.65	32.02				
8月	254.31	24.48	290.76	30	364.29	320.53	43.76	34.72				
9月	232.92	23.5	267.7	28.29	329.15	295.41	33.74	33.88				
10月	243.26	25.01	322.55	35.89	485.76	358.9	126.86	46.27				
11月	355.7	34.62	425.24	47.47	501.58	432.37	69.21	49.96				
12月	384.29	40.94	425.24	47.47	539.16	468.01	71.15	57.54				

根据海南省旅游发展委员会公布的相关资料，写一份预测报告。其内容包括

(1) 时间数列的图形。

(2) 对数据进行分析，并预测 2017 年全年接待的旅游者人数及旅游总收入。

(3) 通过数据分析，指出海南省旅游业是否受季节影响？预测 2017 年 6、7、8 月的旅游者人数及旅游总收入。

(4) 在对旅游者人数和旅游总收入进行分析预测时，需要考虑哪些因素？

【拓展案例】

第 5 章 统 计 指 数

教学目标

通过本章的学习，熟悉统计指数的概念及种类、指数体系的概念和作用，了解指数的应用、常用经济指数的编制方法，掌握数量指标综合指数和质量指标综合指数的计算、平均指标指数的基本形式及其应用、平均指标对比指数的分解、指数体系编制的原则与分析，能根据社会经济生活中的实际资料构建指标体系，进行因素分析。

教学要求

知识要点	能力要求	相关知识
统计指数的概念和分类	(1) 熟悉统计指数的概念及其性质 (2) 了解统计指数的作用 (3) 理解统计指数的分类	(1) 统计指数的概念和性质 (2) 统计指数的作用 (3) 统计指数的分类
综合指数的编制	(1) 掌握综合指数的特点 (2) 能够熟练、准确地编制数量指标指数和质量指标指数 (3) 了解综合指数的其他编制方法	(1) 综合指数的特点 (2) 数量指标指数的编制 (3) 质量指标指数的编制 (4) 综合指数的其他编制
平均指标指数的编制	(1) 理解平均指标指数的概念 (2) 掌握平均指标指数编制的条件 (3) 能够熟练地编制平均指标指数	(1) 平均指标指数的概念 (2) 加权算术平均指标指数的编制 (3) 加权调和平均指标指数的编制
平均指标对比指数	(1) 了解平均指标对比指数编制的方法 (2) 学会平均指标对比指数的分解原则 (3) 掌握平均指标对比指数的分析方法	(1) 平均指标对比指数的编制 (2) 平均指标对比指数的分解 (3) 平均指标对比指数的分析
几种常用的经济指数	理解并应用几种常用的经济指数编制方法	(1) 居民消费者价格指数 (2) 农产品收购价格指数 (3) 股票价格指数 (4) 房地产价格指数 (5) 空间价格指数
指数体系及因素分析	(1) 理解指数体系的概念 (2) 掌握指数体系的编制方法 (3) 熟练运用指数体系进行经济分析	(1) 指数体系的概念和作用 (2) 指数体系的编制和使用 (3) 指数体系中的因素推算

> 数字证明一切。
>
> ——托·卡莱尔

关键词

统计指数　同度量因素　个体指数　总指数　数量指标指数　质量指标指数　定基指数　环比指数　平均指标指数　平均指标对比指数　可变构成指数　结构影响指数　固定构成指数　指数体系　因素分析

PMI 指数小幅下行　中国经济走势将逐渐平稳

中国官方发布的 2015 年 1 月份中国制造业采购经理指数(Purchasing Manager's Index，PMI)为 49.8%，较上月下降 0.3 个百分点。对此，中国物流信息中心称，这显示当前中国经济下行压力仍不容忽视。

中国物流信息中心专家说，受节日因素扰动，市场需求有所回落。新订单指数回落到 50.2%，为 2013 年 3 月份以来的最低值。专家指出，生产水平下降是 2015 年 1 月份中国 PMI 指数回落的主要原因。一些企业提前放假，安排停产检修，导致生产指数下降。生产指数为 51.7%，较上月下降 0.5 个百分点，拉动综合指数 PMI 下降 0.13 个百分点。该指数自 2013 年 3 月份以来，首次回落到 52% 以下，处在相对较低水平。从一些具体行业来看，生产经营活动有升有降。回落明显的行业主要是钢铁和有色金属行业；同居民消费密切相关的食品、纺织服装、家具制造等行业，节日效应已经显现，生产、订单均有上升；通用设备、铁路运输设备等高端制造业仍保持平稳较快的发展势头。

调查结果显示，中小企业稳中有升，市场活力增强。受益于改革红利、政策扶持，中小企业经营形势稳中有升。生产指数、新订单指数回升明显，升幅均达到 1 个百分点以上。大型企业受结构调整加快影响，经营活动回落，生产指数、新订单指数回落幅度接近 2 个百分点。

2 月份，受春节影响，企业经营活动仍将下行波动。调查发现，企业心态较为积极，对全年经济形势抱有信心。多数企业认为今年是深化改革年，改革红利将加快释放，货币政策保持松紧适度、财政政策更有力度，宏观经济形势将继续保持稳中有进、稳中向好。

(资料来源：http://news.xinhuanet.com/finance/2015-02/01/c_127445481.htm)

点评：

中国制造业采购经理指数是一个综合指数，按照国际上通用的做法，由五个扩散指数即新订单指数(简称订单)、生产指数(简称生产)、从业人员指数(简称雇员)、供应商配送时间指数(简称配送)、主要原材料库存指数(简称存货)加权而成。制造业采购经理指数已成为世界经济运行活动的重要评价指标和世界经济变化的晴雨表，当指数高于 50% 时，被解释为经济扩张的信号；当指数低于 50%，尤其是非常接近 40% 时，则有经济萧条的忧虑。

第 5 章 统计指数

什么是指数？如何编制指数？如何将指数用于经济分析？这些将是本章讲解的主要内容。

5.1 统计指数的概念和分类

5.1.1 统计指数的概念和性质

1. 统计指数的概念

统计指数，简称指数，是研究社会经济现象数量变动情况的一种特有的统计分析方法。它通常由被研究对象两个时期的数值比较得到，用以反映所研究现象在时间上的发展变化及其程度，通常表现为百分数。它表明：若把作为对比基准的水平(基数)视为100%，则所要考察的现象水平相当于基数的多少。譬如，已知某年全国的居民消费价格指数为104%，这就表示：若将基期年份(通常为上年)的一般价格水平看成是100%，则当年全国的价格水平就相当于基年的104%，或者说，当年的价格上涨了4%。

 知识链接

指数的编制是由物价的变动产生的。1675年，英国经济学家伏亨(Rice Vaughan)在其所著的《铸货币及其货币铸造论》一书中，为了测定当时劳资双方对于货币交换的比例，采用谷物、家畜、鱼类、布帛与皮革等样品，以1352年为基期，将1650年的价格与之做比较。这是价格指数的首创。到了1707年，英国主教佛里特伍德(Bishop Fleetwood)出于和伏亨同样的目的，为了计算货币交换价值将1440—1480年间五英镑货币所购买上列物品的数量加以比较，以研究数百年间这些物品价格的变动。这些实际上都是个体指数比较的问题。

18世纪中叶，由于金银大量流入欧洲，欧洲的物价飞涨，引起社会不安，于是产生了反映物价变动的要求，这就是物价指数产生的根源。1764年，意大利贵族卡里(Giovanni Rinaldo Carli)，在其所著的《铸币金属的价值与比例》一书中，用1750年的粮食、葡萄酒和植物油三种消费品的价格与1500年同样的三种商品的价格对比，再把计算得到的百分数相加除以3，这就是简单算术平均指数法。

统计指数的概念有广义和狭义两种理解。广义指数是泛指社会经济现象数量变动的比较指标，即用来表明同类现象在不同空间、不同时间、实际与计划对比变动情况的相对数。狭义指数仅指反映不能直接相加的复杂社会经济现象在数量上综合变动情况的相对数。例如，要说明一个国家或一个地区居民消费价格的综合变动情况，由于各种商品的经济用途、规格、型号、计量单位等不同，所以不能直接将各种商品的价格简单对比，而要解决这种复杂经济总体各要素相加的问题，就要编制统计指数来综合反映它们的变动情况。

下面通过一个简单的例子来理解指数的含义。

例 5-1 假设某商场三种商品的销售价格和销售量资料如表 5-1 所示。

表 5-1　某商场三种商品销售量和销售价格表

商品名称	计量单位	销售量		销售价格(元)	
		基期(q_0)	报告期(q_1)	基期(p_0)	报告期(p_1)
甲	米	600	480	25	25
乙	件	810	920	40	36
丙	千克	600	600	50	60
合计	—	—	—	—	—

根据资料计算：
(1) 每一种商品的价格指数和销售量指数；
(2) 全部商品的价格指数和销售量指数。

对于问题(1)，计算单个商品的价格指数和销售量指数，可以根据广义指数的概念，直接将每种商品的价格和销售量进行对比即可得出结果，即

$$甲商品的价格指数 = \frac{甲商品报告期价格}{甲商品基期价格} = \frac{25}{25} = 100\%$$

$$甲商品的销售量指数 = \frac{甲商品报告期销售量}{甲商品基期销售量} = \frac{480}{600} = 80\%$$

其他两种商品也可以用同样的方法求得。这一类指数反映的是单一商品或现象的某方面的变动情况，可以直接将报告期与基期的水平进行对比。

对于问题(2)，反映全部商品的价格变动和销售量变动，由于各种商品类别不同，计量单位不同，不能直接将它们的数量加总进行对比。这种多个项目组成的、不能直接加总的总体，称为复杂现象总体。反映复杂现象总体综合变动状况的指数为总指数，这就是我们说的狭义指数。

本章主要基于统计指数的狭义的概念探讨指数的作用、编制方法及在统计分析中的运用。

2. 统计指数的性质

统计指数具有以下性质：
1) 相对性

指数是总体各变量在不同场合下对比形成的相对数。它可以度量一个变量在不同时间或不同空间的相对变化，如一种商品的价格指数或数量指数；也可用于反映一组变量的综合变动，如消费价格指数反映一组指定商品和服务的价格变动水平。

2) 综合性

对于狭义指数而言，它是反映一组变量在不同场合下的综合变动水平，而不是某一个组成部分的变动。复杂现象总体的数量变化常常受到许多因素的影响，例如，各种商品价格变动的方向和幅度经常是不一致的，有些商品价格上涨，有些商品价格下跌，而且上涨与下跌的幅度也不一样，因此需要以指数来反映复杂现象总体在数量上的综合变动程度，商品价格总指数就是衡量各种商品价格综合影响变动程度的指数。

3) 平均性

指数是总体水平的一个代表性数值，其平均性的含义有二：一是用指数进行比较的综

合数量是作为个别量的一个代表,这本身就具有平均的性质;二是两个综合量对比形成的指数反映了个别量的平均变动水平,如商品价格总指数比上月上涨5%,表示平均来说商品价格比上月上涨5%,但有的商品可能上涨7%,有的商品可能下跌2%。

5.1.2 统计指数的作用

统计指数的作用主要表现在以下几个方面。

1. 综合反映社会经济现象总变动方向及变动幅度

在统计实践中,经常要研究多种商品或产品的价格综合变动情况,多种商品的销售量或产品产量的总变动,多种产品的成本总变动,多种股票价格综合变动等。这类问题由于各种商品或产品的使用价值不同、各种股票价格涨跌幅度和成交量不同,所以所研究总体中的各个个体不能直接相加。指数法的首要任务,就是把不能直接相加的现象过渡到可以相加对比,从而反映复杂经济现象的总变动方向及变动幅度。

2. 分析现象总变动中各因素变动的影响方向及影响程度

利用指数体系理论可以测定复杂社会经济现象总变动中,各构成因素的变动对现象总变动的影响情况,并对经济现象变化做综合评价。任何一个复杂现象都是由多个因子构成的,如商品零售总额受商品零售价格和零售量的影响,运用指数法编制商品零售价格指数和零售量指数,可分析它们的变动对商品零售总额变动的影响;又如影响利润总额变化因素有产品产量、产品销售量、产品成本、产品销售价格等,编制产品产量指数、产品销售量指数、产品成本指数和产品销售价格指数,并分别对它们进行测定,可综合评价利润总额变动的情况。

3. 反映复杂现象变动趋势

编制一系列反映同类现象变动情况的指数形成指数数列,可以反映被研究现象的变动趋势。例如,根据2005—2016年共12年的零售商品价格资料,编制11个环比价格指数,构成价格指数数列。这样,就可以揭示价格的变动趋势,研究物价变动对经济建设和人民生活水平的影响程度。

4. 运用统计指数可以对多指标的复杂社会经济现象进行综合测评

许多经济现象都需要用多指标构成的指标体系进行综合描述和分析,如对综合国力、社会发展水平的综合评价研究。运用指数可以对复杂现象中各个指标的变动程度、差异程度进行测定和评判,如综合指数中的制造业采购经理指数就成为评价世界经济运行活动的重要指标。

5.1.3 统计指数的分类

指数的种类很多,可以按不同的方式进行不同的分类。

1. 按其反映对象范围的不同分为个体指数和总指数

(1) 个体指数:说明个别事物(如某种商品或产品等)数量变动的相对数叫作个体指数。个体指数通常记作 k,如

$$个体产品产量指数\ k_q = \frac{q_1}{q_0}$$

$$个体产品成本指数\ k_z = \frac{z_1}{z_0}$$

$$个体物价指数\ k_p = \frac{p_1}{p_0}$$

式中，q 代表产量；z 代表单位产品成本；p 代表商品或产品的单价；下标 1 代表报告期；下标 0 代表基期。可见，个体指数就是同一种现象的报告期指标数值与基期指标数值对比而得的发展速度指标。

(2) 总指数：说明多种事物数量综合变动的相对指数叫作总指数，如工业总产量指数、居民消费价格指数等。总指数的特点是多种事物的计量单位不相同，不能直接相加。具体编制方法将在 5.2 节中详细介绍。

2. 按其所反映的社会经济现象特征的不同分为数量指标指数和质量指标指数

(1) 数量指标指数：简称数量指数，主要是指反映现象的总规模、总水平变化的指数，如商品销售量指数、工业产品产量指数等。

(2) 质量指标指数：简称质量指数，是指综合反映生产经营工作质量变动情况的指数，如物价指数、产品成本指数等。

3. 按其采用基期的不同分为定基指数和环比指数

将不同时期的某种指数按时间先后顺序排列，形成指数数列。

(1) 定基指数：在同一个指数数列中，如果各个指数都以某一个固定时期作为基期，就称为定基指数。

(2) 环比指数：如果各个指数都是以报告期的前一期作为基期，则称为环比指数。

4. 按其对比内容的不同分为动态指数和静态指数

(1) 动态指数：由两个不同时期的同类经济变量值对比形成的指数，说明现象在不同时间上发展变化的过程和程度。

(2) 静态指数：包括空间指数和计划完成程度指数两种。空间指数(地域指数)是将不同空间(如不同国家、地区、部门、企业等)的同类现象进行比较的结果，反映现象在不同空间的差异程度。计划完成程度指数是由同一地区、单位的实际指标值与计划指标数值对比而形成的指数，反映计划的执行情况或完成与未完成的程度。

指数分析方法主要论述动态指数，动态指数是出现最早、应用最多的指数，也是理论上最重要的统计指数。静态指数则是动态指数在实际应用中的扩展。

5. 按照常用的计算总指数的方法或形式可以分为综合指数、平均指标指数和平均指标对比指数

(1) 综合指数：两个有联系的综合总量指标对比计算的总指数，从数量上表明不能直接相加的社会经济现象的总指数。

(2) 平均指标指数：以个体指数为基础，采取平均形式编制的总指数，分加权算术平均数指数和加权调和平均数指数。

(3) 平均指标对比指数：两个有联系的加权算术平均数指标对比计算的总指数。

5.2 综合指数的编制

编制总指数可以考虑两种方式，一种是先综合后对比，另一种是先对比后平均。

(1) 先综合、后对比的方式。我们知道某几种商品价格和销售量资料，研究全部商品的价格和销售量变动情况，首先将各种商品的价格或销售量资料加总起来，然后通过对比得到相应的总指数，这种方法通常称为综合(总和)指数法。

(2) 先对比、后平均的方式。首先将各种商品的价格或销售量资料进行对比(计算个体指数)，然后通过个体指数的平均得到相应的总指数，这种方法通常称为平均指数法。

5.2.1 综合指数法的特点

1. 借助于同度量因素进行综合对比

在分析复杂社会经济现象综合变动时，不同度量单位的事物不能直接相加，但有时又需要把它们作为一个总体来研究，此时必须把它们加总起来，这是运用综合指数法首先要解决的问题。例如，要研究销售价格总指数，因商品的单价不能相加而无法计算，如果用销售量将单价过渡为销售额就可以相加了；同样要研究销售量总指数，由于实物量计量单位不同而不能相加，如果用单价过渡为销售额也就可以相加了，这种假设是从它们的经济联系考虑的，因为

$$商品销售额=商品销售价格×商品销售量$$

在这里引进一个概念叫作同度量因素，同度量因素是把不能直接相加的指标过渡为可以相加的因素。计算销售价格总指数时用商品销售量作为同度量因素，计算销售量总指数时用商品销售价格作为同度量因素。

2. 同度量因素的时期要固定

运用综合指数法编制总指数时，人们只关心一个因素的变动程度。例如，工业产品产量总指数只反映各种工业产品产量的总变动；零售价格总指数只反映多种商品零售价格的总变动。这就要求编制指数时，把新加入的媒介因素即同度量因素加以固定，来测定人们所关心的因素的变化。

3. 用综合指数法编制总指数，使用的是全面材料，没有代表性误差

例如，用综合指数法编制产品产量指数，要求使用报告期和基期的全部产品产量资料，即利用全面统计资料。全面统计资料只存在登记误差，而不存在代表性误差。

5.2.2 数量指标指数的编制

数量指标指数是说明总体规模(数量指标)变动情况的相对数，如商品销售量指数、工业产品产量指数、职工人数指数、货物运输量指数等。下面我们以商品销售量指数来说明数量指标综合指数的编制方法和过程。

例 5-2 根据表 5-2 的资料，编制全部商品的销售量指数。

表 5-2 某商场三种商品的销售量和销售价格表

商品名称	计量单位	销售量		销售价格(元)		销售额(元)			
		基期 q_0	报告期 q_1	基期 p_0	报告期 p_1	q_0p_0	q_0p_1	q_1p_0	q_1p_1
甲	米	600	480	25	25	15000	15000	12000	12000
乙	件	810	920	40	36	32400	29160	36800	33120
丙	千克	600	600	50	60	30000	36000	30000	36000
合计	—	—	—	—	—	77400	80160	78800	81120

注：q—销售量；p—销售价格；下标 1—报告期；下标 0—基期。

解： 如果计算商品销售量的个体指数，可得甲商品销售量指数

$$k_q = \frac{q_1}{q_0} = \frac{480}{600} = 80\%$$

乙商品销售量指数

$$k_q = \frac{q_1}{q_0} = \frac{920}{810} \approx 113.58\%$$

丙商品销售量指数

$$k_q = \frac{q_1}{q_0} = \frac{600}{600} = 100\%$$

计算结果表明三种商品的销售量有增有减，甲商品减少、乙商品增加、丙商品持平；三种商品的增减幅度也各不相同，甲商品减少了 20%、乙商品增加 13.58%。但三种商品的综合变动情况如何呢？

三种商品的度量单位不同，它们的销售量不能够直接相加，因此使用同度量因素销售价格，使不能直接相加的销售量变成可以相加的销售额。

我们研究的是销售量的综合变动，因此销售价格必须固定，这样就会出现两种形式的销售量综合指数。

1. 以基期价格作为同度量因素的综合指数

销售量指数

$$\overline{K}_q = \frac{\sum q_1 p_0}{\sum q_0 p_0} \tag{5-1}$$

经计算得

$$\overline{K}_q = \frac{78800}{77400} \approx 101.81\%$$

$$\sum q_1 p_0 - \sum q_0 p_0 = 78800 - 77400 = 1400 \,(元)$$

计算结果表明：

(1) 多种商品销售量综合变动的方向和程度。三种商品的销售量有增有减，程度不同，总的来讲，商品销售量上升了 1.81%。

(2) 商品销售量变动对商品销售额的影响程度。商品销售量上升了 1.81%，也就是说，它的变动使商品销售额上升了 1.81%。

(3) 分子和分母相减的差额说明由于商品销售量变动对销售额绝对值的影响。由于销售量上升使销售额增加了 1400 元。

2. 以报告期价格为同度量因素的综合指数

销售量指数

$$\overline{K}_q = \frac{\sum q_1 p_1}{\sum q_0 p_1} \tag{5-2}$$

经计算得

$$\overline{K}_q = \frac{81120}{80160} \approx 101.20\%$$

$$\sum q_1 p_1 - \sum q_0 p_1 = 81120 - 80160 = 960 \,(\text{元})$$

计算结果表明：

(1) 多种商品销售量综合变动的方向和程度。三种商品的销售量有增有减，程度不同，总的来讲，商品销售量上升了 1.20%。

(2) 商品销售量变动对商品销售额的影响程度。商品销售量上升了 1.20%，也就是说，它的变动使商品销售额上升了 1.20%。

(3) 分子和分母相减的差额说明由于商品销售量变动对销售额绝对值的影响。由于销售量增加使销售额增加了 960 元。

3. 结论

比较以上两种计算结果我们发现：不论将同度量因素销售价格固定在基期计算的销售量指数还是固定在报告期计算的销售量指数都表明销售量是上升的，但两种方法得出的上升程度是不同的，按式(5-1)将销售价格固定在基期时，销售量上升了 1.81%，销售额增加了 1400 元，而按式(5-2)将销售价格固定在报告期时，销售量上升了 1.20%，销售额增加了 960 元。两种计算方法依据的是同一资料，所得结果却有差异，是什么原因造成的？这又说明什么问题？我们用哪一个更合适？下面我们分析说明。

将式(5-1)和式(5-2)的绝对值进行比较如下：

$$\sum q_1 p_1 = \sum q_1(p_1 - p_0 + p_0) = \sum q_1(p_1 - p_0) + \sum q_1 p_0$$

$$\sum q_0 p_1 = \sum q_0(p_1 - p_0 + p_0) = \sum q_0(p_1 - p_0) + \sum q_0 p_0$$

$$\sum q_1 p_1 - \sum q_0 p_1 = \left[\sum q_1(p_1 - p_0) + \sum q_1 p_0\right] - \left[\sum q_0(p_1 - p_0) + \sum q_0 p_0\right]$$

$$= \left[\sum q_1 p_0 - \sum q_0 p_0\right] + \left[\sum q_1(p_1 - p_0) - \sum q_0(p_1 - p_0)\right]$$

$$= \left[\sum q_1 p_0 - \sum q_0 p_0\right] + \sum (q_1 - q_0)(p_1 - p_0)$$

$(\sum q_1 p_1 - \sum q_0 p_1)$ 与 $(\sum q_1 p_0 - \sum q_0 p_0)$ 相比多了一个因素 $\sum (q_1 - q_0)(p_1 - p_0)$，这个因素就是销售量和销售价格同时变动的影响，称为共变影响额。

由此可见，式(5-2)不仅反映了销售量的变动，同时还反映了销售量和销售价格同时变动的影响，也就是包含销售价格变动因素在内。因此，式(5-1)比式(5-2)更合理一些。

用表 5-2 的资料计算可得

$$\sum q_1p_1 - \sum q_0p_1 = \left[\sum q_1p_0 - \sum q_0p_0\right] + \sum(q_1-q_0)(p_1-p_0) = 1400 + (-440) = 960(元)$$

编制销售量总指数的目的，在于综合反映多种商品销售量的变动情况，即从总体来说是增加了还是减少了，增加或减少的幅度有多大，以及由此带来的经济效果如何。在实际工作中，计算商品销售量指数时，一般采用基期价格作为同度量因素。这是因为：

第一，编制销售量指数的目的是排除价格因素变动影响，纯粹反映商品销售量的总变动。要假定价格不变就应该采用没有包含价格变动的基期价格，这才符合经济现象的客观实际。

第二，由于报告期价格 p_1 是由基期价格 p_0 变化而来的，用 p_1 作为同度量因素，就把价格变化的影响带入指数中，因此，计算销售量总指数将同度量因素固定在报告期是不合理的。

综上所述，在编制综合指数中，编制数量指标指数用基期质量指标作为同度量因素，即数量指标综合指数：

$$\overline{K}_q = \frac{\sum q_1p_0}{\sum q_0p_0}$$

5.2.3 质量指标指数的编制

质量指标指数是说明总体内涵(质量指标)数量变动情况的相对数，如商品价格指数、工资水平指数、成本指数、股票价格指数等。下面我们以商品销售价格指数来说明质量指标指数的编制方法的过程。

例 5-3 根据表 5-2 的资料，编制全部商品销售价格指数。

解：如果计算商品销售价格的个体指数，可得甲商品销售价格指数

$$k_p = \frac{p_1}{p_0} = \frac{25}{25} = 100\%$$

乙商品销售价格指数

$$k_p = \frac{p_1}{p_0} = \frac{36}{40} = 90\%$$

丙商品销售价格指数

$$k_p = \frac{p_1}{p_0} = \frac{60}{50} = 120\%$$

计算结果表明三种商品的销售价格有升有降，甲商品持平、乙商品下降、丙商品上升；三种商品的增减幅度也各不相同，乙商品下降了 10%、丙商品上升了 20%。但三种商品的综合变动情况如何呢？

商品的销售价格是单位商品的价值尺度即单价，不能够直接相加，因此使用同度量因素销售量，使不能直接相加的销售价格变成可以相加的销售额。

我们研究的是销售价格的综合变动，因此销售量必须固定，和研究销售量综合指数相同，这里也会出现两种形式的销售价格综合指数。

1. 以基期销售量作为同度量因素的综合指数

销售价格指数
$$\overline{K}_p = \frac{\sum q_0 p_1}{\sum q_0 p_0} \tag{5-3}$$

经计算得
$$\overline{K}_p = \frac{80160}{77440} \approx 103.57\%$$

$$\sum q_0 p_1 - \sum q_0 p_0 = 80160 - 77400 = 2760\,(\text{元})$$

计算结果表明：

(1) 多种商品销售价格综合变动的方向和程度。三种商品的销售价格有升有降，程度不同，总的来讲，商品销售价格上升了 3.57%。

(2) 商品销售价格变动对商品销售额的影响程度。商品销售价格上升了 3.57%，也就是说，它的变动使商品销售额上升了 3.57%。

(3) 分子和分母相减的差额说明由于商品销售价格变动对销售额绝对值的影响。由于销售量价格上升使销售额增加了 2760 元。

2. 以报告期销售量为同度量因素的综合指数

销售价格指数
$$\overline{K}_p = \frac{\sum q_1 p_1}{\sum q_1 p_0} \tag{5-4}$$

经计算得
$$\overline{K}_p = \frac{81120}{78800} \approx 102.94\%$$

$$\sum q_1 p_1 - \sum q_1 p_0 = 81120 - 78800 = 2320\,(\text{元})$$

计算结果表明：

(1) 多种商品销售价格综合变动的方向和程度。三种商品的销售价格有升有降，程度不同，总的来讲，商品销售价格上升了 2.94%。

(2) 商品销售价格变动对商品销售额的影响程度。商品销售价格上升了 2.94%，也就是说，它的变动使商品销售额上升了 2.94%。

(3) 分子和分母相减的差额说明由于商品销售价格变动对销售额绝对值的影响。由于销售价格上升使销售额增加了 2320 元。

3. 结论

比较两种计算结果，我们同样发现：不论将同度量因素销售量固定在基期计算的销售价格指数还是固定在报告期计算的销售价格指数都表明销售价格是上升的，但两种方法得出的上升程度是不同的，按式(5-3)将销售量固定在基期时，销售价格上升了 3.57%，销售额增加了 2760 元，而按式(5-4)将销售量固定在报告期时，销售价格却上升了 2.94%，销售额增加了 2320 元。两种计算方法依据的是同一资料，所得结果却有差异，是什么原因造成的？这又说明什么问题？我们用哪一个更合适？下面我们分析说明。

同样，我们将式(5-3)和式(5-4)的绝对值进行比较如下：

$$\sum q_1 p_1 = \sum (q_1 - q_0 + q_0) p_1 = \sum (q_1 - q_0) p_1 + \sum q_0 p_1$$

$$\sum q_1 p_0 = \sum (q_1 - q_0 + q_0) p_0 = \sum (q_1 - q_0) p_0 + \sum q_0 p_0$$

$$\sum q_1 p_1 - \sum q_1 p_0 = \left[\sum (q_1 - q_0) p_1 + \sum q_0 p_1 \right] - \left[\sum (q_1 - q_0) p_0 + \sum q_0 p_0 \right]$$

$$= \left[\sum q_0 p_1 - \sum q_0 p_0 \right] + \left[\sum (q_1 - q_0) p_1 - \sum (q_1 - q_0) p_0 \right]$$

$$= \left[\sum q_0 p_1 - \sum q_0 p_0 \right] + \sum (q_1 - q_0)(p_1 - p_0)$$

与数量指标指数分析时一样，$(\sum q_1 p_1 - \sum q_1 p_0)$与$(\sum q_0 p_1 - \sum q_0 p_0)$相比也多了共变影响额$[\sum (q_1 - q_0)(p_1 - p_0)]$。因此式(5-4)不仅反映了销售量价格的变动，同时还反映了销售量和销售价格同时变动的影响。

由表 5-2 的资料，计算可得

$$\sum q_1 p_1 - \sum q_1 p_0 = \left(\sum q_0 p_1 - \sum q_0 p_0\right) + \sum (q_1 - q_0)(p_1 - p_0)$$
$$= 2760 + (-440) = 2320 (元)$$

编制销售价格总指数的目的，在于综合反映多种商品销售价格的变动情况，即从总体来说是增加了还是减少了，增加或减少的幅度有多大，以及由此带来的经济效果如何。

在实际工作中，计算价格指数等质量指标指数时，一般采用报告期同度量因素(数量指标)作为权数，这是由计算指数的目的决定的。例如，计算价格指数时，其目的是反映价格的变动方向和程度，反映价格变动对国家财政以及居民收支的实际影响。如以报告期销售量作为同度量因素，能够较正确地反映当前现实生活中商品价格总变动，使价格指数具有现实经济意义，符合统计的研究目的。如采用基期销售量作为同度量因素，虽然排除了销售量变动的影响，但从绝对量上看，其分子与分母的差额是个假定值，其意义是观察在过去的时期(基期)所销售的商品，由于价格的变化而带来的销售额的变化，脱离了现实经济生活。因此在综合指数中，编制质量指标指数用报告期数量指标作同度量因素，即质量指标综合指数为

$$\overline{K}_p = \frac{\sum q_1 p_1}{\sum q_1 p_0}$$

知识链接

早在 1864 年由德国经济学家埃蒂恩·拉斯贝尔(Etienne Laspeyres)就提出了拉斯贝尔综合指数，也称拉氏指数，它包括拉斯贝尔数量指标指数和拉斯贝尔质量指标指数，都是将同度量因素固定在基期的。

拉斯贝尔数量指标指数

$$\overline{K}_q = \frac{\sum q_1 p_0}{\sum q_0 p_0}$$

拉斯贝尔质量指标指数

$$\overline{K}_p = \frac{\sum q_0 p_1}{\sum q_0 p_0}$$

1874 年由德国经济学家哈曼·派许(Herman Paasche)提出派许综合指数，它包括派许数量指标指数和派许质量指标指数，都是将同度量因素固定在报告期的。

派许数量指标指数

$$\overline{K}_q = \frac{\sum q_1 p_1}{\sum q_0 p_1}$$

派许质量指标指数

$$\overline{K}_p = \frac{\sum q_1 p_1}{\sum q_1 p_0}$$

拉氏指数和派许指数的经济解释如下

1) 拉氏指数

拉氏指数是在基期价格(或物量)的基础上来考察各种代表品物量(或价格)的综合变动。具体而言,拉氏物量指数是以基期的价格为同度量因素,说明它是在基期价格水平基础上来考察各种商品物量的综合变动。其分子与分母之差,即

$$\sum q_1 p_0 - \sum q_0 p_0 = \sum (q_1 - q_0) p_0$$

说明假定在价格不变的前提下纯粹由于物量变动而带来的价值变动。

拉氏价格指数以基期商品物量为同度量因素,说明它是在基期的物量和物量的结构的基础上来考察各种商品价格的综合变动的。其分子与分母之差,即

$$\sum q_0 p_1 - \sum q_0 p_0 = \sum q_0 (p_1 - p_0)$$

说明消费者为了维持基期的消费水平或购买同基期一样多的商品,由于价格变化将会增减多少实际开支。这种分析意义通常就是人们编制消费者价格指数的主要目的。

从以上两式可以看出,价值额的变动中只考虑了价格或物量自身的变动所引起的价值变动,没有考虑物量变动和价格变动交互影响引起的价值变动,这与拉氏指数的数理解释中得出的结论一致。

价格指数从理论上来说必须满足两个原则:纯价格比较原则和代表性原则。纯价格比较原则是指必须在假定只有价格因素发生变化的情况下,对经济发展情况进行描述。代表性原则是指代表品集体的特征和结构能很好地反映社会商品的特征和结构。一般来说,同时满足这两个原则是困难的。纯价格比较原则要求对所要进行价格统计的商品和劳务进行详细的描述,并且代表品集团最好长期保持不变。然而,代表品一段时间过后可能不再具有代表性或根本就不存在了。相反,代表性要求在价格采集中具有很大的自由性和灵活性,从而能够选出真正有代表性的商品。

拉氏价格指数由于在相对较长的时间里保持权数不变,所以能较好地反映纯价格比较原则,但代表性较差,尤其是在产品更新换代快的时期。

2) 派许指数

派许指数是在报告期价格(或物量)的基础上来考察各种代表品物量(或价格)的综合变动。具体而言,派许物量指数是以报告期价格为同度量因素,说明它是在报告期价格水平基础上考察各种商品物量变动的综合变动。其分子分母之差,即

$$\sum q_1 p_1 - \sum q_0 p_1 = \sum (q_1 - q_0) p_1$$

说明在价格已经发生变化的前提下,由于物量变动而带来的价值变动。也就是说,变动的价值额不只是物量变动的结果,还包含着价格变动的影响。

派许价格指数以报告期物量作为同度量因素,说明它是在报告期的物量和物量结构的基础上来考察各种商品价格的综合变动的。派许价格指数的分子与分母之差,即

$$\sum q_1 p_1 - \sum q_1 p_0 = \sum q_1 (p_1 - p_0)$$

能够说明报告期实际销售的商品由于价格变化而增减了多少销售额,因而较拉氏价格指数具有更强的现实经济意义。据此,有人认为派许指数公式是编制所有质量指标指数的一般形式或唯一合理的形式。与派许物量指数一样,派许价格指数包含了物价和物量变动的双重影响。

由于派许价格指数的权数是实时变化的，所以其代表性较强，但不能很好地反映纯价格比较原则。

(资料来源：http://baike.baidu.com/item/拉氏指数
http://baike.baidu.com/item/派许指数)

5.2.4 综合指数的其他编制方法

【拓展知识】

拉氏指数和派许指数是两种基本的指数公式，由于同度量因素的固定方法不同，两种指数通常存在差异，这种差异有时还比较显著。为了调和这种偏差，满足特殊分析的需要，一些经济统计学家试图对已有的这些指数进行改造，由此形成了各种新的综合指数公式。

1. 马歇尔-艾奇沃斯指数

1887 年英国经济学家马歇尔(Alfred Marshall)提出以基期与报告期实物平均量作为权数的综合物价指数，其计算公式为：

$$\text{综合物价指数}\ \overline{K}_p = \frac{\sum p_1 \cdot \frac{q_0+q_1}{2}}{\sum p_0 \cdot \frac{q_0+q_1}{2}} = \frac{\sum p_1(q_0+q_1)}{\sum p_0(q_0+q_1)}$$

此公式又为英国统计学家艾奇沃斯(Francis Ysidro Edgeworth)推广，故称为马歇尔-艾奇沃斯公式。此公式的思想也可用于计算综合物量指数，其计算公式为

$$\text{综合物量指数}\ \overline{K}_q = \frac{\sum q_1 \cdot \frac{p_0+p_1}{2}}{\sum q_0 \cdot \frac{p_0+p_1}{2}} = \frac{\sum q_1(p_0+p_1)}{\sum q_0(p_0+p_1)}$$

用这组公式计算的指数，失去了拉氏公式和派许公式的经济意义，但在实际工作中，当用于不同地区价格综合比较时，马歇尔-艾奇沃斯指数是一种公允的方法。

2. 理想指数

理想指数公式由经济学家沃尔什和庇古(Arthur Cecil Pigou)等人于 1901—1902 年间先后提出，后经著名经济学家费雪(Irving Fisher)通过大量比较验证其优良性质，于是将它命名为"理想指数"，也称"费雪指数"。它是对拉氏指数和派许指数直接进行平均的结果，即对拉氏指数和派许指数求几何平均数。其中价格指数和物量指数的"理想指数"如下：

$$\text{价格指数}\ \overline{K}_p = \sqrt{\frac{\sum q_0 p_1}{\sum q_0 p_0} \times \frac{\sum q_1 p_1}{\sum q_1 p_0}}$$

$$\text{物量指数}\ \overline{K}_q = \sqrt{\frac{\sum q_1 p_0}{\sum q_0 p_0} \times \frac{\sum q_1 p_1}{\sum q_0 p_1}}$$

费雪系统地总结了各种指数公式的特点，提出了测验指数优劣的三种方法：
(1) 时间互换测验：计算期对基期的指数和基期对计算期的指数的乘积应等于 1。
(2) 因子互换测验：物价指数和相应的物量指数的乘积应等于其价值指数。
(3) 循环测验：第一个时期对基期的指数和第二个时期对第一个时期指数的乘积，应等于第二个时期对基期的指数。

理想公式和马歇尔-艾奇沃斯公式一样,虽然"不偏不倚",但同样缺乏明确的经济意义,而且所用资料更多,计算比较困难,但费雪的价格指数在一些国际对比中应用较多。例如,不同国家的人均国民生产总值,就是借用理想公式的价格指数公式并运用货币购买力平价指数计算的;还有联合国编制的地域差别生活费指数,也采用了理想公式的价格指数公式。

上述各种加权方法的综合指数公式都有其特点和一定的适用条件,由于社会经济现象极其复杂,任何一种指数形式都不可能满足所有需要。因此,对同度量因素所属时期的选择,应当从实际出发,服从研究的任务,根据编制指数的目的、任务与研究对象的经济内容来确定适当的时期,同时选择合适的指数公式。

5.3 平均指标指数的编制

综合指数法的最大优点在于不仅可以反映复杂经济现象总体的变动方向和程度,而且可以准确地、定量地说明现象变动所产生的实际经济效果。但是,运用综合指数法编制总指数,要求掌握全面的原始资料,否则无法进行编制。因此,在资料不全的情况下,往往用平均指标指数公式来计算。

以个体指数为基础采取平均指标形式编制的总指数,叫作平均指标指数。仍以表 5-1 的资料讲解平均指标指数的编制方法,将表 5-1 的资料进行整理后,得到表 5-3。

表 5-3 某商场三种商品销售量和销售价格表

商品名称	计量单位	销售量个体指数 k_q (%)	销售价格个体指数 k_p (%)	销售额(元)	
				基期 q_0p_0	报告期 q_1p_1
甲	米	80	100	15000	12000
乙	件	113.58	90	32400	33120
丙	千克	100	120	30000	36000

5.3.1 加权算术平均数指数

1. 数量指标指数

我们将综合指数做下列变形,即

数量指标指数

$$\overline{K}_q = \frac{\sum q_1 p_0}{\sum q_0 p_0} = \frac{\sum \frac{q_1}{q_0} q_0 p_0}{\sum q_0 p_0} = \frac{\sum k_q q_0 p_0}{\sum q_0 p_0} \tag{5-5}$$

依据表 5-3 的数据,按式(5-5)计算销售量指数为

$$\overline{K}_q = \frac{\sum k_q q_0 p_0}{\sum q_0 p_0}$$

$$= \frac{80\% \times 15000 + 113.58\% \times 32400 + 100\% \times 30000}{15000 + 32400 + 30000} = \frac{78799.92}{77400} = 101.81\%$$

以 q_0p_0 为权数的个体数量指标指数的加权算术平均数等于数量指标综合指数。

2. 质量指标指数

同样我们可以将综合指数进行变形，即质量指标指数

$$\overline{K}_p = \frac{\sum q_1p_1}{\sum q_1p_0} = \frac{\sum \frac{p_1}{p_0} q_1p_0}{\sum q_1p_0} = \frac{\sum k_p q_1p_0}{\sum q_1p_0}$$

以 q_1p_0 为权数的个体质量指标指数的加权算术平均数等于质量指标综合指数。q_1p_0 是较难得到的资料，因此一般不用这种方法计算质量指标指数。

5.3.2 加权调和平均数指数

1. 数量指标指数

我们将综合指数做下列变形，即数量指标指数

$$\overline{K}_q = \frac{\sum q_1p_0}{\sum q_0p_0} = \frac{\sum q_1p_0}{\sum \frac{q_0}{q_1} q_1p_0} = \frac{\sum q_1p_0}{\sum \frac{1}{k_q} q_1p_0}$$

以 q_1p_0 为权数，个体数量指标指数为倒数的加权调和平均数等于数量指标综合指数。q_1p_0 是较难得到的资料，因此一般不用这种方法计算数量指标指数。

2. 质量指标指数

将综合指数进行变形，即质量指标系数

$$\overline{K}_p = \frac{\sum q_1p_1}{\sum q_1p_0} = \frac{\sum q_1p_1}{\sum \frac{p_0}{p_1} q_1p_1} = \frac{\sum q_1p_1}{\sum \frac{1}{k_p} q_1p_1} \tag{5-6}$$

以 q_1p_1 为权数，个体质量指标指数为倒数的加权调和平均数等于质量指标综合指数。

我们依据表 5-3 的资料，按照式(5-6)计算销售价格指数如下：

$$\overline{K}_p = \frac{\sum q_1p_1}{\sum \frac{1}{k_p} q_1p_1}$$

$$= \frac{12000 + 33120 + 36000}{\frac{1}{100\%} \times 12000 + \frac{1}{90\%} \times 33120 + \frac{1}{120\%} \times 36000} = \frac{81120}{78800} \approx 102.94\%$$

从上述举例中可以看出，平均指标指数与综合指数虽然形式不同，但结果相同。平均指标指数公式中所用的权数是根据综合指数的原理和要求，从相应的综合指数公式中转化而来的，人们习惯把平均指标指数称为综合指数的变形公式。但两者所依据的计算资料是不同的，我们可以根据资料状况，选择不同的公式进行计算。平均指标指数除了作为综合指数的变形使用外，还具有更为广泛的应用价值。在 5.5 节我们将给大家介绍几种常用的经济指数，它们的编制方法就是采用平均指标指数法。

5.4 平均指标对比指数

5.4.1 平均指标对比指数的概念

平均指标对比指数是两个平均指标在不同时间上对比的相对数,即

$$K_{\bar{x}} = \frac{\bar{x}_1}{\bar{x}_0}$$

式中,$\bar{x}_1$ 为报告期平均指标;$\bar{x}_0$ 为基期平均指标。常用的平均指标对比指数有平均工资指数、平均劳动生产率指数、平均单位成本指数等。

我们知道,总体的一般水平取决于两个因素:一个是总体内部各部分(组)的水平,另一个是总体的结构,即各部分在总体中所占的比重,总体平均指标的变动是这两个因素变动的综合结果,即

$$加权算术平均数\ \bar{x} = \frac{\sum xf}{\sum f} = \sum x \cdot \frac{f}{\sum f}$$

加权算术平均数 = $\sum$ 变量 × 权数比率

两个时期的加权算术平均数进行对比时,仍然存在着这两个因素的影响,我们同样要考虑如何确定同度量因素及同度量因素固定在哪一时期的问题。

根据加权算术平均数的公式,我们很容易确定变量与权数比率互为同度量因素。变量是反映各部分(组)水平的,因而是质量指标,$f/\sum f$ 虽然以相对指标表示,其实质还是数量指标。

5.4.2 平均指标对比指数的编制

平均指标对比指数又称为可变构成指数,平均指标对比指数的一般公式可以表示如下:

$$\overline{K_{\bar{x}}} = \frac{\bar{x}_1}{\bar{x}_0} = \frac{\sum x_1 \cdot \dfrac{f_1}{\sum f_1}}{\sum x_0 \cdot \dfrac{f_0}{\sum f_0}} \tag{5-7}$$

按照综合指数编制的一般原则,我们可以编制下面两个指数分别反映变量及权数比率(频率)的变动状况。

编制反映权数比率变动的指数时,变量固定在基期,反映权数比率变动的指数称为结构影响指数。

$$结构影响指数 = \frac{\sum x_0 \cdot \dfrac{f_1}{\sum f_1}}{\sum x_0 \cdot \dfrac{f_0}{\sum f_0}} = \frac{\sum x_0 f_1}{\sum f_1} \bigg/ \frac{\sum x_0 f_0}{\sum f_0} \tag{5-8}$$

编制反映变量变动的指数时,权数比率固定在报告期,反映变量变动的指数称为固定构成指数。

$$固定构成指数 = \frac{\sum x_1 \cdot \frac{f_1}{\sum f_1}}{\sum x_0 \cdot \frac{f_1}{\sum f_1}} = \frac{\sum x_1 f_1}{\sum f_1} \bigg/ \frac{\sum x_0 f_1}{\sum f_1} \qquad (5-9)$$

例 5-4 根据表 5-4 中的资料，计算结构影响指数和固定构成指数。

表 5-4 某企业职工月工资情况

工人类别	月工资额(元)		职工人数(人)		工资总额(元)		
	基期 x_0	报告期 x_1	基期 f_0	报告期 f_1	$x_0 f_0$	$x_1 f_1$	$x_0 f_1$
工种 A	1000	1100	48	40	48000	44000	40000
工种 B	1100	1250	50	60	55000	75000	66000
工种 C	1200	1400	80	80	96000	112000	96000
合 计	—	—	178	180	199000	231000	202000

解：由表 5-4 中数据，得

$$结构影响指数 = \frac{\sum x_0 f_1 / \sum f_1}{\sum x_0 f_0 / \sum f_0} = \frac{202000/180}{199000/178} \approx \frac{1122.22}{1117.98} \approx 100.38\%$$

计算结果表明，由于不同工种人数结构的变动，企业平均工资上升了约 0.38%。

又有

$$固定构成指数 = \frac{\sum x_1 f_1 / \sum f_1}{\sum x_0 f_1 / \sum f_1} = \frac{231000/180}{202000/180} \approx \frac{1283.33}{1122.22} \approx 114.36\%$$

计算结果表明，由于各工种平均工资的上升，企业平均工资上升了约 14.36%。

5.5 几种常用的经济指数

在 5.3 节，我们介绍了平均指标指数的编制方法，它是作为综合指数的变形使用的。其实，平均指标指数自身的特点决定了它不仅可以作为综合指数的变形，而且在资料不完善的情况下，也可以计算数量指标指数和质量指标指数。另外，平均指标指数作为独立的指数，也有广泛的应用。加权平均指数中的权数也可以采取比重形式，其权数(ω)可以在一定时期内相对固定下来，连续使用几年，这就是所谓的固定权数加权的平均指标指数。我国现行编制的几种价格指数多采用平均指标指数公式。

5.5.1 居民消费价格指数

【拓展知识】

我们在谈及我国经济发展状况时，除了用国内生产总值(GDP)总量、经济发展速度、经济增长速度等指标进行衡量外，还经常提到居民消费价格指数，那么居民消费价格指数是如何编制出来的呢？

居民消费价格是指城乡居民支付生活消费品和服务项目消费的价格，是社会产品和服务项目的最终价格。居民消费价格指数(Consumer Price Index，CPI)是反映一定时期内居民消费价格变动趋势和变动程度的相对数，是反映通货膨胀的重要指标。编制这一指数的目的在于全面观察居民消费价格变动对居民生活的影响,为政府制定经济政策提供依据。

我国的居民消费价格指数是采用固定加权算术平均指数方法来编制的,计算公式为

$$\overline{K} = \frac{\sum k\omega}{\sum \omega} = \sum k \frac{\omega}{\sum \omega} \tag{5-10}$$

式中,$\overline{K}$ 为居民消费价格总指数;k 为商品(或类)价格指数;ω 为权数。

年度指数的计算以上年为基期,月度指数分别计算以上年同期和上月为基期的同比和月环比两种指数。该指数主要的编制过程如下。

首先,将各种居民消费划分为八大类,即食品类、烟酒类、衣着类、家庭设备用品及维修服务类、医疗保健和个人用品类、交通和通信类、娱乐教育文化用品及服务类及居住类,每大类又划分为若干个中类和小类。

其次,从以上各小类中选定有代表性的商品项目(含服务项目)入编指数,利用有关对比时期的价格资料分别计算代表性商品项目(含服务项目)的个体价格指数。

再次,依据有关时期内各种商品的销售额构成确定代表性商品的比重权数,它不仅包括代表性商品本身的权数(直接权数),而且包括该代表性商品所属的那一类商品中其他项目所具有的权数(附加权数),以此提高入编项目对于所有消费品的一般代表性程度。

最后,按从低到高的顺序,依次编制各小类、中类的消费价格指数和消费价格总指数。

例 5-5 以表 5-5 为例说明居民消费价格指数的编制方法。

解:计算步骤如下:

(1) 计算各个代表规格品的个体零售价格指数。如大米的个体价格指数为

$$k = \frac{p_1}{p_0} = \frac{4.20}{3.70} \approx 113.5\%$$

(2) 计算小类指数。如细粮的价格指数为

$$\overline{K} = \frac{\sum k\omega}{\sum \omega} = \sum k \frac{\omega}{\sum \omega} = 113.5\% \times 0.75 + 110\% \times 0.25 \approx 112.63\%$$

(3) 计算中类指数。如粮食指数为

$$\overline{K} = \frac{\sum k\omega}{\sum \omega} = \sum k \frac{\omega}{\sum \omega} = 112.62\% \times 0.9 + 110.38\% \times 0.1 = 112.40\%$$

(4) 计算大类指数。如食品指数为

$$\overline{K} = \frac{\sum k\omega}{\sum \omega} = \sum k \frac{\omega}{\sum \omega}$$
$$= 112.4\% \times 0.25 + 132.3\% \times 0.20 + 123.3\% \times 0.08 + 113.9\% \times 0.06$$
$$+ 107.3\% \times 0.18 + 109.8\% \times 0.08 + 100.26\% \times 0.15 \approx 114.4\%$$

(5) 计算总指数。

$$\overline{K} = \frac{\sum k\omega}{\sum \omega} = \sum k \frac{\omega}{\sum \omega}$$
$$= 114.4\% \times 0.35 + 102.7\% \times 0.08 + 102.1\% \times 0.12 + 102.5\% \times 0.08 + 103.4\% \times 0.1$$
$$+ 100.9\% \times 0.1 + 100.6\% \times 0.14 + 106.2\% \times 0.03 \approx 106.4\%$$

表 5-5　某市某年某月居民消费价格指数计算表

商品类别和名称	规格等级牌号	计量单位	平均价格(元)		权数(%)	以上年为基础	
			上年同月 p_0	本月 p_1	ω	指数(%) $k = p_1/p_0$	指数乘权数(%) $k\omega$
甲	乙	丙	(1)	(2)	(3)	(4) = (2)/(1)	(5) = (4) × (3)
总指数					100		106.4
(一) 食品类					35	114.4	40.04
1. 粮食					{25}	112.40	28.1
(1) 细粮					(90)	112.62	101.36
大米	一级标准	kg	3.70	4.20	[75]	113.5	85.12
面粉		kg	3.10	3.41	[25]	110	27.5
(2) 粗粮					(10)	110.38	11.04
2. 肉禽及其制品					{20}	132.3	26.46
3. 鲜蛋					{8}	123.3	9.86
4. 水产品					{6}	113.9	6.83
5. 鲜菜					{18}	107.3	19.31
6. 鲜果					{8}	109.8	8.78
7. 在外用餐					{15}	100.26	15.04
(二) 烟酒类					8	102.7	8.22
(三) 衣着类					12	102.1	12.25
(四) 家庭设备用品及维修服务类					8	102.5	8.20
(五) 医疗保健和个人用品类					10	103.4	10.34
(六) 交通和通信类					10	100.9	10.09
(七) 娱乐教育文化用品及服务类					14	100.6	14.08
(八) 居住类					3	106.2	3.19

由此我们计算出该市某年某月居民的消费价格指数约为 106.4%。

货币购买力指数是与居民消费价格指数有关的一个指数,是单位货币所能购买的商品或非商品性劳务服务的数量。当居民的生活费收入不变,而货币购买力提高时,居民消费水平也会提高;相反,若货币购买力降低,则居民消费水平也随之降低。

货币购买力指数= 1/居民消费价格指数

5.5.2　农产品收购价格指数

【拓展知识】

农产品收购价格指数是综合反映社会农产品收购者以各种形式直接收购农产品的价格水平变动趋势和程度的相对数。为使指数的编制准确、及时,并与其体现的经济内容及其编制目的相符合,农产品收购价格指数以报告期实际收购额为权数,其计算公式为

$$\overline{K} = \frac{\sum q_1 p_1}{\sum \frac{1}{k} q_1 p_1} \qquad (5\text{-}11)$$

式中：$\overline{K}$ 为农产品收购价格总(类)指数；k 为单项农产品收购价格指数；$q_1 p_1$ 为报告期各类农产品实际收购额。

例 5-6 举例说明农产品收购价格指数的编制方法，资料如表 5-6 所示。

表 5-6 某省农产品收购价格和收购金额表

类别及名称	等级规格	计量单位	平均价格(元) 基期	平均价格(元) 报告期	指数(%)	报告期实际收购额(元)
一、粮食类					102.22	900000
稻谷	二级	kg	1.75	1.78	101.71	600000
小麦	中等	kg	2.60	2.66	102.31	200000
玉米	中等	kg	2.30	2.42	105.22	100000
二、经济作物类					105.11	550000
三、木材类					104.23	230000
四、工业品油漆类					101.23	500000
五、禽畜产品类					99.36	152000
六、蚕丝类					101.35	120000
七、干鲜类					102.38	380000
八、干鲜菜及调味品类					108.40	80000
九、土副产品类					105.40	31000
十、药材类					102.50	150000
十一、水产品类					98.60	800000

解： 编制农产品收购价格指数的步骤如下：

(1) 计算各类代表规格品的个体指数。如稻谷的个体价格指数为

$$k = \frac{p_1}{p_0} = \frac{1.78}{1.75} \approx 101.71\%$$

(2) 计算各类农产品的价格指数。如粮食类的价格指数为

$$\overline{K} = \frac{\sum q_1 p_1}{\sum \frac{1}{k} q_1 p_1} = \frac{600000 + 200000 + 100000}{\frac{1}{101.71\%} \times 600000 + \frac{1}{102.31\%} \times 200000 + \frac{1}{105.22\%} \times 100000} \approx 102.22\%$$

(3) 计算农产品收购价格总指数。

$$\overline{K} = \frac{\sum q_1 p_1}{\sum \frac{1}{k} q_1 p_1}$$

$$= \frac{900000 + 550000 + \cdots + 150000 + 800000}{\frac{1}{102.22\%} \times 900000 + \frac{1}{105.11\%} \times 550000 + \cdots + \frac{1}{102.50\%} \times 150000 + \frac{1}{98.60\%} \times 800000}$$

$$\approx \frac{3893000}{3821765.71} \approx 101.86\%$$

$$3893000 - 3821765.71 = 71234.29(元)$$

结果表明,该省农产品收购价格提高了 1.86%,农民收入增加了 71234.29 元。

5.5.3 股票价格指数

【拓展知识】

股票价格指数综合反映股票市场价格的变动程度,是影响投资者决策行为的重要因素,而且股票价格的波动和走向也是反映经济景气状况的敏感指标,世界上影响较大的有道·琼斯指数、标准普尔指数、纳斯达克指数、伦敦金融时报指数、日经指数等。

股票价格指数的编制方法主要有以下两种。

1) 运用综合指数编制的股票指数

我国的上证指数、香港恒生股票指数和美国的标准普尔指数等,都是采用综合指数公式编制的。其计算公式为

$$I_p = \frac{\sum q_0 p_1}{\sum q_0 p_0}$$

以基期的股票发行量(或流通量)为同度量因素的综合指数,q_0 代表基期股票发行量(或流通量)。

不同股票指数的样本范围和基期日期的选定不同。例如,标准普尔指数的样本范围包括 500 种股票,其中工业股本 400 种、公用事业股票 40 种、金融业股票 40 种、运输业股票 20 种,以 1941—1943 年为基期。而我国的上海证券交易所股票价格指数包括全部上市股票,基期为 1990 年 12 月 19 日。

2) 运用平均指标指数编制的股票指数

道·琼斯股票价格指数就是运用简单算术平均的方法来编制的。其基本方法:对编入指数的各种股票分别计算不同时间的简单平均价格,通过对比得到相应日期的股份指数。其计算公式为:

$$I_p = \frac{\overline{p_1}}{\overline{p_0}}$$

 知识链接

1. 道·琼斯指数

道·琼斯股票价格指数最早是在 1884 年由道琼斯公司的创始人查尔斯·亨利·道开始编制的。最初的道·琼斯股票价格平均指数是根据 11 种具有代表性的铁路公司的股票,采用算术平均法进行计算编制而成的,发表在查理斯·道自己编辑出版的《每日通讯》上。其计算公式为

股票价格平均数=入选股票的价格之和/入选股票的数量

自 1897 年起,道·琼斯股票价格平均指数开始分成工业与运输业两大类,其中工业股票价格平均指数包括 12 种股票,运输业平均指数包括 20 种股票,并且开始在道琼斯公司出版的《华尔街日报》上公布。在 1929 年,道·琼斯股票价格平均指数又增加了公用事业类股票,这使其所包含的股票达到 65 种,并一直延续至今。

现在的道·琼斯股票价格平均指数是以 1928 年 10 月 1 日为基期,因为这一天收盘时的道·琼斯股票价格平均数恰好约为 100 美元,所以就将其定为基准日。而以后股票价格同基期相比计算出的百分数,就

成为各期的股票价格指数,所以现在的股票指数普遍用点来作单位,而股票指数每一点的涨跌就是相对于基准日的涨跌百分数。

目前,道·琼斯股票价格平均指数共分四组:

第一组是工业股票价格平均指数。它由30种有代表性的工商业公司的股票组成,且随着经济发展而变大,大致可以反映美国整个工商业股票的价格水平,这也就是人们通常所引用的道·琼斯工业平均指数。平时所说的道·琼斯指数就是指道·琼斯工业股票价格平均指数,这是一种代表性强、应用范围广、作用突出的股价指数。

第二组是运输业股票价格平均指数。它包括20种有代表性的运输业公司的股票,即8家铁路运输公司、8家航空公司和4家公路货运公司。

第三组是公用事业股票价格平均指数。它由代表着美国公用事业的15家煤气公司和电力公司的股票组成。

第四组是平均价格综合指数。它是综合前三组股票价格平均指数涉及的65种股票而得出的综合指数,这组综合指数显然为优等股票提供了直接的股票市场状况。

从1996年5月25开始,道·琼斯公司还针对我国的股票市场编制了道·琼斯中国股票指数。截至1998年4月1日,沪深两市共有88支股票作为其成分股入选,故称为道·琼斯中国88股票指数。

2.纳斯达克指数

纳斯达克(Nasdaq)是全美证券商协会自动报价系统(National Association of Securities Dealers Automated Quotations)的英文缩写,但目前已成为纳斯达克股票市场的代名词。信息和服务业的兴起催生了纳斯达克。纳斯达克始建于1971年,是一个完全采用电子交易、为新兴产业提供竞争舞台、自我监管、面向全球的股票市场。纳斯达克是全美也是世界上最大的股票电子交易市场。

纳斯达克指数是反映纳斯达克证券市场行情变化的股票价格平均指数,基本指数为100。纳斯达克的上市公司涵盖所有新技术行业,包括软件和计算机、电信、生物技术、零售和批发贸易等。世人瞩目的微软公司便是通过纳斯达克上市并获得成功的。

纳斯达克股票市场是世界上主要的股票市场中成长速度最快的市场,而且是首家电子化的股票市场。每天在美国市场上交易的股票中有超过半数的交易是在纳斯达克上进行的,将近有5400家公司的证券在这个市场上挂牌。

3.伦敦金融时报指数

伦敦金融时报指数是伦敦《金融时报》工商业普通股票平均价格指数的简称,由英国《金融时报》于1935年7月1日起编制,用以反映伦敦证券交易所行情变动的一种股票价格指数。该指数以1935年7月1日作为指数的基期,令基期股价指数为100,采用几何平均法进行计算。该指数最早选取在伦敦证券交易所挂牌上市的30家代表英国工业的大公司的股票为样本,是欧洲最早和最有影响的股票价格指数。目前的金融时报指数有30种、100种和500种等各组股票价格平均数构成,范围涵盖各主要行业。

伦敦金融时报指数的种类有三种:第一种是由30种股票组成的价格指数;第二种是由100种股票组成的价格指数;第三种是由500种股票组成的价格指数。通常所讲的英国金融时报指数指的是第一种,即由30种有代表性的工商业股票组成并采用加权算术平均法计算出来的价格指数。该指数也是国际上公认的重要股价指数之一。

(资料来源:http://baike.baidu.com/view/36414.htm

http://baike.baidu.com/view/36379.htm

http://baike.baidu.com/view/11049.htm)

5.5.4 房地产价格指数

【拓展知识】

房地产价格指数是反映房屋销售、租赁和土地交易过程中房地产价格水平变动趋势和变动程度的相对数。它是房屋销售价格指数、房屋租赁价格指数和土地交易价格指数的统称。

(1) 房屋销售价格指数：反映商品房、公有房屋和私有房屋各大类房屋的销售价格的变动情况。其中，商品房细分为经济适用房、普通住房、高档公寓等各类住宅，以及商业用房、写字楼等非住宅。在房屋销售价格指数的计算中，小类指数是以报告期的销售收入为计算权数，大类指数和总指数是以上一年全市各类房屋的销售额为权数，采用加权算术平均的方法计算出来的。

(2) 房屋租赁价格指数：反映住宅、办公用房、商业用房、厂房、仓库的租赁价格变动情况。房屋租赁价格指数的计算与房屋销售价格指数的计算相同，小类指数是以报告期的租赁收入为计算权数，大类和总指数是以上一年全市各类房屋的租赁额为权数，采用加权算术平均的方法计算出来的。

(3) 土地交易价格指数：反映房地产开发商或其他建设单位，为取得土地使用权而实际支付价格的变动情况。土地交易价格指数主要分类为住宅用地、工业用地、商业用地、旅游用地等，它是以上一年各类用地的成交额为权数，采用加权算术平均的方法计算出来的。

房地产价格指数采用重点调查与典型调查相结合的方法取得被调查项目的价格资料，然后采用由下到上逐级汇总的方法编制。

5.5.5 空间价格指数

【拓展知识】

空间价格指数概括反映同一时间、不同国家或不同地区各种商品价格水平的差异，也称区域价格指数。不同地区之间价格水平的比较是经济领域里最敏感的现象。因此空间价格指数也是进行国际对比或地区对比的重要指标。与动态指数不同，空间价格指数是一种静态指数，而它的编制和分析也有一些特殊的要求。

下面，通过一个例子来说明如何编制空间价格指数。

例 5-7 要比较 A、B 两地的水果价格，以两地苹果和梨子为代表商品，收集到如表 5-7 所示的数据，试计算两地水果价格比较指数。

表 5-7 A、B 两地水果销售情况表

商品	计量单位	销售量		销售价格(元/kg)	
		A 地(q_A)	B 地(q_B)	A 地(p_A)	B 地(p_B)
苹果	kg	200000	50000	8.5	9.0
梨子	kg	100000	150000	6.0	5.5

解：如果以 A 地为比较基准，则价格指数为

$$\overline{K_p^{\frac{B}{A}}} = \frac{\sum q_A p_B}{\sum q_A p_A} = \frac{200000 \times 9.0 + 100000 \times 5.5}{200000 \times 8.5 + 100000 \times 6.0} \approx 102.17\%$$

计算结果表明，B 地的价格比 A 地的价格高 2.17%。

如果以 B 地为比较基准，则价格指数为

$$\overline{K}_{p}^{\frac{A}{B}} = \frac{\sum q_B p_A}{\sum q_B p_B} = \frac{50000 \times 8.5 + 150000 \times 6.0}{50000 \times 9.0 + 150000 \times 5.5} \approx 103.92\%$$

计算结果表明，A 地的价格比 B 地的价格高 3.92%。

不难发现，两种计算结果是互相矛盾的，因为它们在互换基准后指数计算结果不能保持一致。因此空间价格指数要用马歇尔-艾奇沃斯公式进行计算。

以 A 地为比较基准，用马歇尔-艾奇沃斯公式计算的空间价格指数为

$$\overline{K}_{p}^{\frac{B}{A}} = \frac{\sum p_B(q_A + q_B)}{\sum p_A(q_A + q_B)} = \frac{9.0 \times (200000 + 50000) + 5.5 \times (100000 + 150000)}{8.5 \times (200000 + 50000) + 6.0 \times (100000 + 150000)} = 100\%$$

计算结果表明，A、B 两地水果价格相同。

同样，以 B 地为比较基准，用马歇尔-艾奇沃斯公式计算的空间价格指数也是 100%。因此在实际工作中，当用于不同地区价格综合比较时，马歇尔-艾奇沃斯指数是一种公允的方法。

5.6 指数体系及因素分析

5.6.1 指数体系的概念和作用

1. 指数体系的概念

指数体系有广义和狭义两种含义。广义的指数体系泛指由若干内容上相互关联的指数所结成的体系；狭义的指数体系是指有一定经济联系的若干指数结成的严密的数量关系式。这里讨论的指数体系是狭义的指数体系，一般表现为一个总值指数等于两个(或两个以上)因素的乘积。例如，

销售额=销售量×销售价格
总成本=产品产量×单位成本
销售利润额=销售量×销售价格×利润率

则对应的可以构成指数体系，即

销售额指数=销售量指数×销售价格指数
总成本指数=产品产量指数×单位成本指数
销售利润额指数=销售量指数×销售价格指数×利润率指数

2. 指数体系的作用

(1) 分析现象总体总量指标的变动及受各种因素变动的影响方向和影响程度。如通过编制销售量指数和销售价格指数，分析销售量和价格对销售额的影响。

(2) 分析社会经济现象总体平均指标变动及受各种因素变动的影响方向和影响程度。如通过不同工种工人的平均工资和工人结构的变化，分析它们对总平均工资的影响。

(3) 利用各指数之间的联系进行指数间的相互推算。如果知道销售额指数和销售价格指数，可以推算销售量指数。

5.6.2 指数体系的编制

指数体系的编制可以采用连锁替代法。所谓连锁替代法，就是在被分析指标的因素结合式中，首先根据各因素的性质和相互联系的数量关系，将各个因素的基期数字顺次以报告期的数字替代，有多少因素就替代多少次；然后将每次替代后的结果与替代前的结果进行对比，从相对数和绝对数两方面分析各因素对现象总体的影响。

连锁替代法按以下步骤进行：
(1) 数量指标在前，质量指标在后；
(2) 相邻指标相乘有经济意义；
(3) 顺序变动；
(4) 箭头除以箭尾。

1. 综合指数的指数体系

关于综合指数的指数体系构建，我们以销售量、价格和销售额这三个有联系的经济现象为例，讲述具体的编制方法。我们知道销售额=销售量×销售价格，其中销售量是数量指标，用 q 表示，销售价格是质量指标，用 p 表示。我们可以把上述步骤表示如下：

$$q_0 p_0 \xrightarrow{q\text{变动}} q_1 p_0 \xrightarrow{p\text{变动}} q_1 p_1$$

其中销售量指数

$$\overline{K_q} = \frac{\sum q_1 p_0}{\sum q_0 p_0}$$

销售价格指数

$$\overline{K_p} = \frac{\sum q_1 p_1}{\sum q_1 p_0}$$

我们构建的指数体系为

销售额指数=销售量指数×销售价格指数

$$\text{销售额指数} = \frac{\sum q_1 p_1}{\sum q_0 p_0} = \frac{\sum q_1 p_0}{\sum q_0 p_0} \times \frac{\sum q_1 p_1}{\sum q_1 p_0}$$

$$\sum q_1 p_1 - \sum q_0 p_0 = \left(\sum q_1 p_0 - \sum q_0 p_0\right) + \left(\sum q_1 p_1 - \sum q_1 p_0\right)$$

如果总现象受到三个或三个以上因素的影响，那么如何编制指数体系呢？我们以销售利润额、销售量、销售价格、利润率来说明。

销售利润额是总现象，它受到销售量、销售价格和利润率三者的共同影响，销售量是数量指标，销售价格、利润率是质量指标，在排放顺序上，我们遵循相邻指标相乘有经济意义的原则，如

销售利润额=销售额×利润率

销售利润额=销售量×销售价格×利润率

用 p、q、r 分别表示销售价格、销售量、利润率，则变化过程如下：

$$q_0p_0r_0 \xrightarrow{q\text{变动}} q_1p_0r_0 \xrightarrow{p\text{变动}} q_1p_1r_0 \xrightarrow{r\text{变动}} q_1p_1r_1$$

$$\text{销售量指数} = \frac{\sum q_1p_0r_0}{\sum q_0p_0r_0}$$

$$\text{销售价格指数} = \frac{\sum q_1p_1r_0}{\sum q_1p_0r_0}$$

$$\text{利润率指数} = \frac{\sum q_1p_1r_1}{\sum q_1p_1r_0}$$

我们构建的指数体系为

$$\text{销售利润额指数} = \text{销售量指数} \times \text{销售价格指数} \times \text{利润率指数}$$

$$\frac{\sum q_1p_1r_1}{\sum q_0p_0r_0} = \frac{\sum q_1p_0r_0}{\sum q_0p_0r_0} \times \frac{\sum q_1p_1r_0}{\sum q_1p_0r_0} \times \frac{\sum q_1p_1r_1}{\sum q_1p_1r_0}$$

$$\sum q_1p_1r_1 - \sum q_0p_0r_0 = \left(\sum q_1p_0r_0 - \sum q_0p_0r_0\right) + \left(\sum q_1p_1r_0 - \sum q_1p_0r_0\right) + \left(\sum q_1p_1r_1 - \sum q_1p_1r_0\right)$$

2. 平均指标对比指数的指数体系

对于平均指标对比指数，我们同样可以构建指数体系。在总体分组的条件下，平均数的变动受到两个因素的影响：各组的变量水平及各组的频率，即

具体的变化过程为

$$\bar{x} = \frac{\sum xf}{\sum f} = \sum x \frac{f}{\sum f}$$

$$\frac{f_0}{\sum f_0} x_0 \xrightarrow{f\text{变动}} \frac{f_1}{\sum f_1} x_0 \xrightarrow{x\text{变动}} \frac{f_1}{\sum f_1} x_1$$

我们构建的指数体系为

可变构成指数=结构影响指数×固定构成指数

$$\frac{\bar{x_1}}{\bar{x_0}} = \frac{\sum \frac{f_1}{\sum f_1} \cdot x_1}{\sum \frac{f_0}{\sum f_0} \cdot x_0} = \frac{\sum \frac{f_1}{\sum f_1} \cdot x_0}{\sum \frac{f_0}{\sum f_0} \cdot x_0} \times \frac{\sum \frac{f_1}{\sum f_1} \cdot x_1}{\sum \frac{f_1}{\sum f_1} \cdot x_0}$$

$$\frac{\sum x_1f_1}{\sum f_1} - \frac{\sum x_0f_0}{\sum f_0} = \left(\frac{\sum x_0f_1}{\sum f_1} - \frac{\sum x_0f_0}{\sum f_0}\right) + \left(\frac{\sum x_1f_1}{\sum f_1} - \frac{\sum x_0f_1}{\sum f_1}\right)$$

5.6.3 因素分析

1. 总现象变动的两因素分析

以表 5-2 中的资料计算说明销售额变动受销售量和销售价格变动的影响情况。

(1) 销售额的变动分析：

$$\text{销售额指数} = \frac{\sum q_1p_1}{\sum q_0p_0} = \frac{81120}{77400} = 104.8\%$$

$$\sum q_1 p_1 - \sum q_0 p_0 = 81120 - 77400 = 3720 (元)$$

报告期与基期相比销售额增长 4.8%，即 3720 元。

(2) 销售量变动对销售额的影响分析：

$$销售量指数 \overline{K}_q = \frac{\sum q_1 p_0}{\sum q_0 p_0} = \frac{78800}{77400} = 101.81\%$$

$$\sum q_1 p_0 - \sum q_0 p_0 = 78800 - 77400 = 1400 (元)$$

销售量增长 1.81% 使销售额增加了 1400 元。

(3) 销售价格变动对销售额的影响分析：

$$销售价格指数 \overline{K}_p = \frac{\sum q_1 p_1}{\sum q_1 p_0} = \frac{81120}{78800} = 102.94\%$$

$$\sum q_1 p_1 - \sum q_1 p_0 = 81120 - 78800 = 2320 (元)$$

销售价格上升 2.94% 使销售额增加了 2320 元。

(4) 影响因素综合分析：

$$\frac{\sum q_1 p_1}{\sum q_0 p_0} = \frac{\sum q_1 p_0}{\sum q_0 p_0} \times \frac{\sum q_1 p_1}{\sum q_1 p_0}$$

$$104.8\% = 101.81\% \times 102.94\%$$

$$\sum q_1 p_1 - \sum q_0 p_0 = \left(\sum q_1 p_0 - \sum q_0 p_0\right) + \left(\sum q_1 p_1 - \sum q_1 p_0\right)$$

$$3720 = 1400 + 2320$$

分析结果表明：销售量增长 1.81% 使销售额增加了 1400 元，销售价格上升 2.94% 使销售额增加了 2320 元，两者共同影响使销售额增长 4.8%，即 3720 元。

2. 总现象变动的多因素分析

以表 5-8 中的资料计算说明总现象变动的多因素分析的方法和步骤。

表 5-8　某企业销售利润额资料

商品名称	计量单位	销售量		销售价格(元)		利润率(%)		销售利润额(元)	
		q_0	q_1	p_0	p_1	r_0	r_1	$q_0 p_0 r_0$	$q_1 p_1 r_1$
甲	kg	480	600	25	25	20	22	2400	3300
乙	m	500	600	40	36	35	31	7000	6696
丙	件	200	180	50	70	30	32	3000	4032
合计	—	—	—	—	—	—	—	12400	14028

(1) 销售利润额的变动分析：

$$销售利润额指数 = \frac{\sum q_1 p_1 r_1}{\sum q_0 p_0 r_0} = \frac{14028}{12400} \approx 113.13\%$$

$$\sum q_1 p_1 r_1 - \sum q_0 p_0 r_0 = 14028 - 12400 = 1628 (元)$$

报告期与基期相比，销售利润额增长 13.13%，即 1628 元。

(2) 销售量变动对销售利润额影响分析：

$$销售量指数 \overline{K}_q = \frac{\sum q_1 p_0 r_0}{\sum q_0 p_0 r_0} = \frac{14100}{12400} \approx 113.71\%$$

$$\sum q_1 p_0 r_0 - \sum q_0 p_0 r_0 = 14100 - 12400 = 1700 \, (元)$$

销售量增长 13.71%使销售利润额增加了 1700 元。

(3) 销售价格变动的影响分析：

$$销售价格指数 \overline{K}_p = \frac{\sum q_1 p_1 r_0}{\sum q_1 p_0 r_0} = \frac{14340}{14100} = 101.70\%$$

$$\sum q_1 p_1 r_0 - \sum q_1 p_0 r_0 = 14340 - 14100 = 240 \, (元)$$

销售价格上升 1.70%使销售利润额增加了 240 元。

(4) 利润率变动的影响分析：

$$利润率指数 \overline{K}_r = \frac{\sum q_1 p_1 r_1}{\sum q_1 p_1 r_0} = \frac{14028}{14340} \approx 97.82\%$$

$$\sum q_1 p_1 r_0 - \sum q_1 p_1 r_0 = 14028 - 14340 = -312 \, (元)$$

利润率下降 2.18%使销售利润额下降 312 元。

(5) 影响因素综合分析：

$$\frac{\sum q_1 p_1 r_1}{\sum q_0 p_0 r_0} = \frac{\sum q_1 p_0 r_0}{\sum q_0 p_0 r_0} \times \frac{\sum q_1 p_1 r_0}{\sum q_1 p_0 r_0} \times \frac{\sum q_1 p_1 r_1}{\sum q_1 p_1 r_0}$$

$$113.13\% \approx 113.71\% \times 101.70\% \times 97.82\%$$

$$\sum q_1 p_1 r_1 - \sum q_0 p_0 r_0 = \left(\sum q_1 p_0 r_0 - \sum q_0 p_0 r_0\right) + \left(\sum q_1 p_1 r_0 - \sum q_1 p_0 r_0\right) + \left(\sum q_1 p_1 r_1 - \sum q_1 p_1 r_0\right)$$

$$1628 = 1700 + 240 + (-312)$$

分析结果表明：销售量增长 13.71%使销售利润额增加了 1700 元，销售价格上升 1.70%使销售利润额增加了 240 元，利润率下降 2.18%，使销售利润额下降 312 元，三者共同影响使销售利润额增长 13.13%，即 1628 元。

3. 平均指标变动的因素分析

以表 5-4 中的资料计算说明影响企业职工平均工资变动的因素。

(1) 计算企业职工平均工资指数，以说明平均工资的变动情况。

$$报告期的平均工资 \overline{x}_1 = \sum x_1 f_1 / \sum f_1 = 231000/180 \approx 1283.33 (元)$$

$$基期的平均工资 \overline{x}_0 = \sum x_0 f_0 / \sum f_0 = 199000/178 \approx 1117.98 (元)$$

$$平均工资指数 \overline{K}_{\overline{x}} = \frac{\overline{x}_1}{\overline{x}_0} = \frac{1283.33}{1117.98} \approx 114.79\%$$

$$\overline{x}_1 - \overline{x}_0 = 1283.33 - 1117.98 = 165.35 (元)$$

报告期企业职工的平均工资比基期上升了 14.79%，企业职工平均工资增加了 165.35 元。

(2) 分析工人结构的变动对企业职工平均工资的影响。

$$结构影响指数 = \frac{\sum x_0 f_1 / \sum f_1}{\sum x_0 f_0 / \sum f_0} = \frac{202000/180}{199000/178} = \frac{1122.22}{1117.98} \approx 100.38\%$$

$$\frac{\sum x_0 f_1}{\sum f_1} - \frac{\sum x_0 f_0}{\sum f_0} = 1122.22 - 1117.98 = 4.24 \,(元)$$

工人结构变动使企业职工平均工资上升了 0.38%，即增加了 4.24 元。

(3) 分析各工种工资水平的变动对企业职工平均工资的影响。

$$固定构成指数 = \frac{\sum x_1 f_1 / \sum f_1}{\sum x_0 f_1 / \sum f_1} = \frac{231000/180}{202000/180} = \frac{1283.33}{1122.22} \approx 114.36\%$$

$$\frac{\sum x_1 f_1}{\sum f_1} - \frac{\sum x_0 f_1}{\sum f_1} = 1283.33 - 1122.22 = 161.11 \,(元)$$

各组工资水平提高使企业职工平均工资上升了 14.36%，每组平均工资提高使企业职工平均工资增加了 161.11 元。

(4) 影响因素综合分析。

$$\frac{\sum x_1 f_1}{\sum f_1} \bigg/ \frac{\sum x_0 f_0}{\sum f_0} = \left(\frac{\sum x_0 f_1}{\sum f_1} \bigg/ \frac{\sum x_0 f_0}{\sum f_0} \right) \times \left(\frac{\sum x_1 f_1}{\sum f_1} \bigg/ \frac{\sum x_0 f_1}{\sum f_1} \right)$$

$$114.79\% \approx 100.38\% \times 114.36\%$$

$$\frac{\sum x_1 f_1}{\sum f_1} - \frac{\sum x_0 f_0}{\sum f_0} = \left(\frac{\sum x_0 f_1}{\sum f_1} - \frac{\sum x_0 f_0}{\sum f_0} \right) + \left(\frac{\sum x_1 f_1}{\sum f_1} - \frac{\sum x_0 f_1}{\sum f_1} \right)$$

$$165.35 = 4.24 + 161.11$$

计算结果表明：报告期企业职工平均工资比基期上升了 14.79%，这是由工人结构变动使企业职工平均工资上升 0.38% 及各组工资水平提高使企业职工平均工资上升 14.36% 两个因素共同作用的结果；结构变动使企业职工平均工资增加了 4.24 元，每组平均工资提高使企业职工平均工资增加了 161.11 元，两个因素共同作用使企业职工平均工资增加了 165.35 元。

根据上述计算结果，还可以进一步分析由于平均工资水平的变动对企业职工工资总额支出的影响。

总平均工资的变动使企业职工工资总额支出的增加额为

$$\left(\frac{\sum x_1 f_1}{\sum f_1} - \frac{\sum x_0 f_0}{\sum f_0} \right) \sum f_1 = (1283.33 - 1117.98) \times 180 = 29763 \,(元)$$

其中，工人结构变动使平均工资提高，从而使企业职工工资总额支出的增加额为

$$\left(\frac{\sum x_0 f_1}{\sum f_1} - \frac{\sum x_0 f_0}{\sum f_0} \right) \sum f_1 = (1122.22 - 1117.98) \times 180 = 763.2 \,(元)$$

各组平均工资提高使企业职工工资总额支出的增加额为

$$\left(\frac{\sum x_1 f_1}{\sum f_1} - \frac{\sum x_0 f_1}{\sum f_1} \right) \sum f_1 = (1283.33 - 1122.22) \times 180 = 28999.8 \,(元)$$

4. 指数体系中的因素推算

指数体系还有一个重要作用，就是根据已知因素推算未知因素。例如，某地区社会商

品零售额报告期为 9 亿元,比基期增加 1.2 亿元,零售物价指数上涨了 4%,则报告期比基期的商品销售量变动情况如何?

我们可以先计算出社会商品零售额指数,即

社会商品零售额指数= 9 ÷ (9−1.2) ≈ 115.38%。

因为社会商品零售额指数=商品销售量指数×零售物价指数,所以

商品销售量指数=社会商品零售额指数÷零售物价指数

$= 115.38\% \div (1 + 4\%) \approx 110.94\%$

也即报告期比基期销售量增加 10.94%。

例 5-8 某地区的市场销售额,报告期为 40 万元,比上年增加了 5 万元,销售量与上年相比上升 3%,试计算:

(1) 市场销售量总指数;
(2) 市场销售价格指数;
(3) 销售量变动对销售额的影响。

解:销售额指数:

$$\overline{K} = \frac{\sum q_1 p_1}{\sum q_0 p_0} = \frac{40}{40-5} = \frac{40}{35} \approx 114.29\%$$

销售量指数:

$$\overline{K}_q = \frac{\sum q_1 p_0}{\sum q_0 p_0} \approx 103\%$$

所以

$$\sum q_1 p_0 = \overline{K}_q \times \sum q_0 p_0 = 103\% \times 35 = 36.05 (万元)$$

销售价格指数=销售额指数÷销售量指数= 114.29% ÷ 103% ≈ 110.96%

所以销售量变动对销售额的影响为

$$\sum q_1 p_0 - \sum q_0 p_0 = 36.05 - 35 = 1.05 (万元)$$

本 章 小 结

> 指数是一种重要的统计指标,主要用以综合反映复杂现象总体的变动,是现代统计方法的重要内容之一,在社会经济领域和自然科学领域有着广泛的应用。在统计指数的概念和分类中介绍了统计指数的概念和性质、统计指数的作用、统计指数的分类;在综合指数中介绍了综合指数的特点、数量指标指数的编制、质量指标指数的编制;在平均指标指数中介绍了平均指标指数的概念、加权算术平均指标指数的编制、加权调和平均指标指数的编制;在平均指标对比指数中介绍了平均指标对比指数的编制、平均指标对比指数的分解、平均指标对比指数的分析;还介绍了居民消费者价格指数、农产品收购价格指数、股票价格指数、房地产价格指数、空间价格指数等几种常用的经济指数的编制方法;在指数体系及因素分析中介绍了指数体系的概念和作用、指数体系的编制和使用、指数体系中的因素推算。本章重点掌握综合指数的特点,能够熟练、准确地编制数量指标指数和质量指标指数,掌握平均指标指数编制的条件,掌握平均指标对比指数的分析方法,掌握指数体系的编制方法并能够熟练运用指数体系进行经济分析。

思考与练习

一、单项选择题

1. 按照指数的性质不同,指数可分为(　　)。
   A. 个体指数和总指数　　　　　　　B. 简单指数和加权指数
   C. 数量指标指数和质量指标指数　　D. 动态指数和静态指数

2. 总指数编制的两种形式是(　　)。
   A. 算术平均数指数和调和平均数指数
   B. 个体指数和综合指数
   C. 综合指数和平均指数
   D. 定基指数和环比指数

3. 根据指数研究的范围不同,可以把它分为(　　)。
   A. 个体指数和总指数　　　　　　　B. 简单指数和加权指数
   C. 综合指数和平均指数　　　　　　D. 动态指数和静态指数

4. 设 p 表示商品的价格,q 表示商品的销售量,$\dfrac{\sum p_1 q_1}{\sum p_0 q_1}$ 说明了(　　)。
   A. 在基期销售量条件下,价格综合变动的程度
   B. 在报告期销售量条件下,价格综合变动的程度
   C. 在基期价格水平下,销售量综合变动的程度
   D. 在报告期价格水平下,销售量综合变动的程度

5. 按照个体价格指数和报告期销售额计算的价格指数是(　　)。
   A. 综合指数　　　　　　　　　　　B. 平均指标指数
   C. 加权算术平均指数　　　　　　　D. 加权调和平均指数

6. 作为综合指数变形使用的平均指数,可以作为加权算术平均指数的权数是(　　)。
   A. $p_0 q_0$　　　B. $p_1 q_1$　　　C. $p_0 q_1$　　　D. $p_1 q_0$

7. 用加权平均法求总指数时,所需资料(　　)。
   A. 必须是全面资料
   B. 必须是非全面资料
   C. 既可以是全面资料,也可以是非全面资料
   D. 个体指数可以用全面调查资料,权数一定用非全面资料

8. 根据指数所采用的基期不同,指数可分为(　　)。
   A. 数量指标指数和质量指标指数
   B. 拉氏指数和派许指数
   C. 环比指数和定基指数
   D. 时间指数、空间指数和计划完成指数

9. 综合指数一般是(　　)。
   A．简单指数   B．加权指数
   C．静态指数   D．平均指数
10. 平均指标指数中的平均指标通常是(　　)。
   A．简单调和平均数   B．简单算术平均数
   C．加权调和平均数   D．加权算术平均数
11. 在由三个指数所组成的指数体系中，两个因素指数的同度量因素通常(　　)。
   A．都固定在基期
   B．都固定在报告期
   C．一个固定在基期，一个固定在报告期
   D．采用基期和报告期的平均
12. 某商店的某商品在价格不变的条件下，报告期销售量比基期增加10%，那么报告期商品销售额比基期增加(　　)。
   A．1%　　　　B．5%　　　　C．10%　　　　D．3%
13. 物价上涨后，若同样多的人民币少购买商品20%，则物价指数为(　　)。
   A．25%　　　　B．80%　　　　C．115%　　　　D．125%
14. 某种产品报告期与基期比较产量增长26%，单位成本下降32%，则生产费用支出总额为基期的(　　)。
   A．166.32%　　　　B．85.68%　　　　C．185%　　　　D．54%
15. 若销售量增加，销售额持平，则物价指数(　　)。
   A．降低　　　　B．增长　　　　C．不变　　　　D．趋势无法确定
16. 某商店本年同上年比较，商品销售额没有变化，而各种商品价格上涨了7%，则商品销售量增加(或减少)(　　)。
   A．-6.54%　　　　B．-3%　　　　C．+6.00%　　　　D．+14.29%
17. 某公司三个企业生产同一种产品，由于各企业成本降低使公司平均成本降低20%，由于各种产品产量的比重变化使公司平均成本提高15%，则该公司平均成本报告期比基期降低(　　)。
   A．2.5%　　　　B．8.0%　　　　C．32.0%　　　　D．5.0%
18. 能分解为固定构成指数和结构影响指数的平均数，它的分子、分母通常是(　　)。
   A．简单调和平均数   B．简单算术平均数
   C．加权调和平均数   D．加权算术平均数
19. 在下列指数中，属于质量指标指数的是(　　)。
   A．产量指数   B．单位产品工时指数
   C．生产工时指数   D．销售量指数
20. 平均价格可变构成指数的公式是(　　)。
   A. $\dfrac{\sum p_1 q_1}{\sum q_1} \bigg/ \dfrac{\sum p_0 q_1}{\sum q_1}$ B. $\dfrac{\sum p_0 q_1}{\sum q_1} \bigg/ \dfrac{\sum p_0 q_0}{\sum q_0}$
   C. $\dfrac{\sum p_1 q_1}{\sum q_1} \bigg/ \dfrac{\sum p_0 q_0}{\sum q_0}$ D. $\dfrac{\sum p_0 q_1}{\sum q_1} \bigg/ \dfrac{\sum p_1 q_0}{\sum q_0}$

二、多项选择题

1. 下面反映平均指标变动的指数有(　　)。
   A. 可变构成指数　　　　　　　B. 固定构成指数
   C. 算术平均数指数　　　　　　D. 调和平均数指数
   E. 结构变动影响指数

2. 下列指数中属于质量指标指数的有(　　)。
   A. 单位产品成本指数　　　　　B. 商品价格指数
   C. 工资水平指数　　　　　　　D. 商品销售额指数
   E. 全社会零售商品价格指数。

3. 同度量因素的作用有(　　)。
   A. 同度量作用　　B. 比较作用　　C. 权数作用
   D. 稳定作用　　　E. 平衡作用

4. 下列指数中属于数量指标指数的有(　　)。
   A. 产品产量指数　　　　　　　B. 多种产品产值指数
   C. 商品销售量指数　　　　　　D. 职工人数指数
   E. 工资总额指数

5. 狭义统计指数的主要性质有(　　)。
   A. 相对性　　　B. 综合性　　　C. 平均性
   D. 整体性　　　E. 大量性

6. 编制综合指数的一般原则是(　　)。
   A. 编制质量指标指数，宜采用报告期数量指标为同度量因素
   B. 编制质量指标指数，宜采用基期数量指标为同度量因素
   C. 编制质量指标指数，则宜采用基期质量指标为同度量因素
   D. 编制质量指标指数，则宜采用报告期质量指标为同度量因素
   E. 同度量因素的确定与是编制质量指标指数，还是编制数量指标指数无关

7. 指数因素分析法的步骤包括(　　)。
   A. 确定分析的对象和影响因素
   B. 确定分析对象指标和影响因素指标
   C. 列出分析对象指标和影响因素指标关系式
   D. 建立分析指数体系及绝对增减量关系式
   E. 分析各因素变动对对象变动的影响

8. 下面关于综合指数体系与平均指标对比指数体系关系的说法中，正确的是(　　)。
   A. 综合指数体系是对总指标进行因素分析的表达形式，而平均指标对比指数体系是对平均指标进行因素分析的表达形式
   B. 从分析的目的看，它们是两种不同性质的形式
   C. 从运用资料和分析的结构来看，二者有一定的联系

D. 在资料中数量指标不能求和的情况下，只能选用综合指数体系，不能选用平均指标对比指数体系

E. 在数量指标能够求和的情况下，需要看分析目的和要求。如果要求对总指标进行因素分析，则宜采用综合指数体系；如果要求对平均指标进行因素分析，则宜采用平均指标对比指数体系

三、判断题

1．分析复杂现象总体的数量变动，只能采用综合指数的方法。　　（　）
2．在实际应用中，计算价格综合指数，需要采用基期数量指标为同度量因素。
　　　　　　　　　　　　　　　　　　　　　　　　　　　　　　（　）
3．分析复杂现象总体的数量变动时，若研究的是数量指标的变动，则选择的同度量因素是数量指标。　　　　　　　　　　　　　　　　　　　　　（　）
4．指数的实质是相对数，它能反映现象的变动和差异程度。　　　（　）
5．只有总指数可划分为数量指标指数和质量指标指数，个体指数不能进行这种划分。
　　　　　　　　　　　　　　　　　　　　　　　　　　　　　　（　）
6．质量指标指数是固定质量指标因素，只观察数量指标因素的综合变动。（　）
7．算术平均指数是反映平均指标变动程度的相对数。　　　　　　（　）
8．在特定的权数条件下，综合指数与平均指数有变形关系。　　　（　）
9．算术平均数指数是通过数量指标个体指数，以基期的价值量指标为权数，进行加权平均得到的。　　　　　　　　　　　　　　　　　　　　　　　　（　）
10．本年与上年相比，若物价上涨 10%，则本年的 1 元只值上年的 0.9 元。（　）
11．可变指数既包含了各组水平变动对总体平均数的影响，又包含了结构变动对总体平均数的影响。　　　　　　　　　　　　　　　　　　　　　　　　（　）
12．平均指标因素分析建立的指数体系由三个指数构成，即可变构成指数、固定构成指数和结构变动影响指数。　　　　　　　　　　　　　　　　　　（　）
13．总指数有两种计算形式，即个体指数和综合指数。　　　　　（　）
14．如果各种商品价格平均上涨 5%，销售量平均下降 5%，则销售额指数不变。
　　　　　　　　　　　　　　　　　　　　　　　　　　　　　　（　）

四、简答题

1．什么是统计指数？它的主要作用是什么？
2．什么是同度量因素？如何确定同度量因素的指标和时期？
3．简述编制综合指数的要点及一般原则。
4．综合指数与平均指标指数有何联系与区别？
5．什么是指数体系？研究指数体系的主要目的是什么？

五、计算题

1．某市几种商品的销售量和价格如表 5-9 所示。

表 5-9 某市几种商品的销售量和价格

商品名称	销售量(万 kg)		销售价格(元/kg)	
	调整前	调整后	调整前	调整后
菠菜	5.00	6.50	1.2	1.6
猪肉	4.50	5.20	6.8	7.4
鲜蛋	1.20	1.50	6.0	6.4
水产品	1.15	1.30	9.6	10.8
调味品	0.50	0.40	5.0	6.4

计算：(1) 各种商品的价格个体指数；
(2) 各种商品销售量个体指数；
(3) 全部商品价格总指数；
(4) 全部商品销售量总指数。

2．试根据表 5-10 中关于某企业三种产品产值和产量的资料，计算三种产品产量的总指数，并说明由于产量增加使企业增加的产值。

表 5-10 某企业三种产品的产值和产量

产品	实际产值(万元)		2015 年比 2014 年产量增长(%)
	2014 年	2015 年	
甲	400	600	5
乙	800	900	10
丙	700	850	8

3．某地区 2015—2016 年三种鲜果产品收购资料如表 5-11 所示。

表 5-11 某地区 2015—2016 年三种鲜果产品的收购资料

商品名称	2015 年		2016 年	
	平均价格(元/kg)	收购额(万元)	平均价格(元/kg)	收购额(万元)
苹果	11	250	11.8	300
香蕉	12	300	12.8	320
梨子	9.8	80	10.6	120

试计算三种鲜果产品收购价格总指数，并说明该地区 2016 年较 2015 年鲜收购价格的变化程度，以及由于收购价格提高使农民增加的收入。

4．试根据表 5-12 中关于某企业三种产品产值和出厂价格的资料，计算：
(1) 三种产品出厂价格总指数，并说明由于价格增加使企业增加的产值；
(2) 计算总产值指数和产品产量总指数；

(3) 试从相对数和绝对数两方面分析总产值变动所受的因素影响。

表 5-12 某企业三种产品产值和出厂价格的资料

产品	实际产值(万元)		2016 年比 2015 年出厂价格增长(%)
	2015 年	2016 年	
甲	400	600	5
乙	800	900	10
丙	700	850	8

5．根据表 5-13 中的资料，计算某市粮食物价指数、食品类物价指数和全部零售商品物价指数。

表 5-13 某市粮食作物的数据资料

类别和项目	权数	组指数或类指数(%)
一、食品类	48	
(一) 粮食	17	
1. 细粮	98	100
2. 粗粮	2	100
(二) 肉禽及其制品	36	95
(三) 蛋	5	102
(四) 水产品	12	101
(五) 鲜菜	18	103
(六) 在外用餐	12	97
二、烟酒及用品	16	116.4
三、衣着	10	109.7
四、家庭设备用品及服务	3	98.0
五、医疗保健和个人用品	3	105.2
六、交通和通信	8	108.0
七、娱乐教育文化	7	128.3
八、居住	5	112.6

6．三种商品的销售情况如表 5-14 所示。

表 5-14 某企业三种商品的销售情况

商品	计量单位	销售量		价格(元)	
		基期	报告期	基期	报告期
甲	kg	8000	8800	10.0	10.5
乙	件	2000	2500	8.0	9.0
丙	盒	10000	10500	6.0	6.5

试计算：(1) 销售额指数和销售额增减额；

(2) 销售量总指数和由于销售量变动对销售额的影响；
(3) 价格总指数和由于价格变动对销售额的影响；
(4) 说明三者的变动关系。

7. 某总厂所属两个分厂的某产品成本资料如表 5-15 所示，试分析总厂该产品平均单位成本变动受分厂成本水平及总厂产量结构变动的影响。

表 5-15　某总厂所属两个分厂的某产品成本资料

	单位成本(元)		生产量(件)	
	x_0	x_1	f_0	f_1
甲分厂	10.0	9.0	300	1300
乙分厂	12.0	12.2	700	700
总　厂	—	—	1000	2000

8. 某公司下属甲、乙两个子公司近期的有关资料如表 5-16 所示。

表 5-16　某公司下属公司的有关资料

子公司名称	平均职工人数(人)		劳动生产率(元/人)	
	2015 年	2016 年	2015 年	2016 年
甲	800	700	11000	18000
乙	900	1200	19000	35000

试计算全公司劳动生产率指数，并对其变动从相对程度及绝对量两方面进行因素分析。

9. 某单位职工人数和工资总额资料如表 5-17 所示。

表 5-17　某单位职工人数和工资总额资料

指标	2014 年	2015 年
工资总额(万元)	500	567
职工人数(人)	1000	1050
平均工资(元/人)	5000	5400

试对该单位工资总额变动进行因素分析。

10. 某公司下属三个子公司的有关资料如表 5-18 所示。

表 5-18　某公司下属三个子公司的有关资料

子公司名称	平均工人人数(人)		人均工作时数(小时/人)		时劳动生产率(元/时)	
	基期	报告期	基期	报告期	基期	报告期
甲	300	330	195	188	90	92
乙	150	152	202	182	58	60
丙	210	206	190	208	80	85

试对工业生产总值的变化进行因素分析。(提示：工业生产总值=工人人数×人均工作时数×时劳动生产率。)

六、案例分析

因素分析法在社会保险基金统计中的应用

社会保险基金管理是社会保险经办机构工作的核心,而充分发挥统计职能、建立高效的统计预测机制则是基金管理的重要内容。统计预测机制的建立,不仅有赖于充分完备的信息系统统计数据的支持,而且需要将各种统计方法有机结合起来,发挥更有效的综合分析优势,只有这样才能构建起数据汇集、分析预测、决策支持、服务监督一体化的统计管理体系。社会保险统计分析是运用统计资料和统计方法研究分析社会保险业务的一项专业工作。在社会保险日常业务中,统计分析为各级领导的正确决策提供了重要依据。

以社会保险费征缴收入为例,社会保险费征缴收入总额是社会保险基金运营过程中的一项重要指标,在分析中,不仅要从总量上看其增减变化,还要对影响总量变化的各种因素进行分析。这项指标受参保职工人数(缴费人数)、参保职工平均缴费基数、缴费费率和征缴率四个因素的共同影响。征缴收入总额表现为以上四个因素的乘积,即

征缴总额指数=缴费人数指数×人均缴费基数指数×缴费率指数×征缴率指数

其中每个因素发生变化都会使总量发生变化。某区社会保险经办机构2015年度和2016年9月养老保险费征缴情况如表5-19所示。

表5-19 2015年9月与2016年9月养老保险费征缴情况

性质	缴费人数 (人/月)		人均缴费基数 (元/人/月)		缴费率 (%)		征缴率 (%)		核定缴费总额 (万元)		核定结算总额 (万元)	
时间	2015	2016	2015	2016	2015	2016	2015	2016	2015	2016	2015	2016
合计	50314	62725	1808	2129	28	28	100	100	2547	3739	2547	3739

(资料来源:徐静姝. 浅析因素分析法在社会保险基金统计中的应用 [J]. 天津社会保险,2009(2): 31-32.)

要求:应用因素分析法测定各个因素的影响方向和影响程度,并写一份分析报告。

第 6 章 抽样调查

教学目标

通过本章的学习，认识抽样调查在社会经济领域中的作用，理解抽样调查的概念，了解抽样调查的种类，熟悉抽样误差的概念及影响抽样误差的因素，掌握抽样平均误差的计算，把握抽样平均误差、极限误差、置信区间和置信度的关系，掌握主要统计指标的计算、抽样极限误差的计算和区间的推算方法，掌握必要抽样数目的确定方法，了解假设检验的原理及方法。

教学要求

知识要点	能力要求	相关知识
抽样调查概述	(1) 理解抽样调查的概念 (2) 掌握抽样调查的特点 (3) 了解抽样调查的适用范围	(1) 抽样调查的概念 (2) 抽样调查的特点 (3) 抽样调查的作用
抽样调查中几个基本概念	(1) 掌握全及总体、抽样总体、全及指标、抽样指标的概念 (2) 了解重复抽样和不重复抽样的区别	(1) 全及总体和抽样总体 (2) 全及指标和抽样指标 (3) 抽样框与样本数 (4) 重复抽样和不重复抽样
抽样设计与组织实施	(1) 掌握抽样设计的基本原则 (2) 了解各种抽样组织方式的特点和运用环境	(1) 抽样调查的程序 (2) 抽样组织方式
抽样调查的理论基础	(1) 理解大数定律和中心极限定理	(1) 大数定律 (2) 中心极限定理
抽样误差	(1) 理解抽样误差、抽样平均误差、抽样极限误差的概念 (2) 了解影响抽样误差的因素 (3) 掌握抽样平均误差、抽样极限误差的计算与运用	(1) 抽样误差的概念 (2) 影响抽样误差的因素 (3) 抽样平均误差 (4) 抽样极限误差
全及指标推断	熟练掌握点估计和区间估计的计算，并能够熟练运用，做出判断	(1) 统计量选择的标准 (2) 抽样估计的方法 (3) 总量指标的抽样推算

第6章 抽样调查

续表

知识要点	能力要求	相关知识
必要抽样单位数的确定	(1) 了解影响样本容量的因素 (2) 熟练掌握必要抽样单位数的计算与运用	(1) 影响样本容量的因素 (2) 必要抽样单位数的确定
假设检验	(1) 理解假设检验的相关理论依据 (2) 了解统计参数的假设检验方法	(1) 假设检验的概述 (2) 假设检验的步骤 (3) 统计参数的假设检验方法

> 通常我们无法预测某个人在未来某一时刻的行为，但是却能够准确地说出大多数人在这一时刻的行为。个体可能变化，然而总的可能性不变——这就是统计学。
>
> ——洛克·福尔摩斯

关键词

抽样调查　全及总体　抽样总体　全及指标　抽样指标　抽样误差　抽样平均误差　抽样极限误差　概率度　假设检验

导入案例

　　由于战争，德国有一个时期物资特别紧缺，于是对面包实行配给制：政府把面粉发给指定的面包房，面包师傅烤好了面包再发给居民。有一个统计学家，怀疑他所在区域的面包师傅私扣面粉，于是就天天称自己的面包。几个月以后，他去找面包师傅，说："政府规定配给的面包是400g，因为模具和其他因素，你做的面包可能是398g、399g，也可能是401g、402g，但是按照统计学的正态分布原理，这么多天的面包质量平均应该等于400g，可是你给我的面包平均重量是398g。我有理由怀疑你使用较小的模具，私吞了面粉。"面包师傅承认确实私吞了面粉，并再三道歉保证马上更换正常的模具。又过了几个月，统计学家又去找这个面包师傅，说："虽然这几个月你给我的面包都在400g以上，但是这可能是因为你没有私吞面粉，也可能是因为你从面包里特意挑大的给我。同样根据正态分布原理，这么多天不可能没有低于400g的面包，所以我认为你只是特意给了我比较大的面包，而不是更换了正常的模具。我会立刻要求政府检查你的模具。"面包师傅只好当众认错道歉，接受处罚。

　　(资料来源：http://www.btdcw.com/btd-527ae166b52acfc788ebc921-1.html)

　　思考：为什么统计学家根据发放给自己的面包的平均质量就可以断定面包师傅使用较小的模具、私吞了面粉？

点评：

　　抽样调查可以快速、准确地获得相关资料，从样本数据到总体性质做出科学的推断，为国家制定经济政策和检查政策执行情况提供可靠的依据，也是企业进行管理获取数据的一个有效途径。但是简单的显著性检验在应用中却会产生各式各样的问题。尽管结论在统计上被认为是可信的，但由偶然因素(统计信度仍保持5%的错误概率)、一些未被注意到的混淆因素，或者实验者误差所造成的可能性仍然存在。

本章主要介绍如何进行抽样调查，抽样调查的原则，怎样根据样本资料推断总体指标，误差如何控制等问题。

6.1 抽样调查概述

在社会经济统计工作的实践中，有些事物往往是不必要或不可能进行全面调查的，有些事物即使可以进行全面调查，但考虑到调查成果与调查成本之间的关系，也是没有必要的，在此情况下，抽样调查应运而生。调查的目的是推断总体，因而常常把抽样调查与统计推断结合起来称为抽样推断。

6.1.1 抽样调查的概念

抽样调查的概念可以有广义和狭义两种理解。按照广义的理解，凡是抽取一部分单位进行观察，并根据观察结果来推断全体的都是抽样调查。抽样调查可分为非随机抽样和随机抽样两种。非随机抽样就是由调查者根据自己的认识和判断，选取若干个有代表性的单位，然后根据这些单位进行观察的结果来推断全体，如民意测验等。随机抽样则是根据大数定律的要求，在抽取调查单位时，应保证总体中各个单位都有同样的机会被抽中。一般所讲的抽样调查，大多数是指随机抽样，即狭义的抽样调查。所以，严格意义上的抽样调查就是，按照随机原则从总体中抽取一部分单位进行观察，并运用数理统计的原理，以被抽取的那部分单位的数量特征为代表，对总体做出数量上的推断分析。

6.1.2 抽样调查的特点

1. 遵循随机原则抽取总体中的一部分单位进行调查

其他非全面调查，如典型调查和重点调查等，一般是要根据统计调查任务的要求，有意识地选取若干个调查单位进行调查，而抽样调查不同，从总体中抽取部分单位时，必须非常客观，毫无偏见，也就是严格按照随机原则抽取调查单位，不受调查人员任何主观意图的影响。只有严格遵循随机原则才能使被调查对象中每个单位都有同等机会被抽中，以保证被抽中单位的次数分布类型与调查对象(总体)的分布状况接近，从而增强被抽中单位的代表性；只有遵循随机原则，才能计算抽样误差，才能控制误差。

2. 以部分特征推断整体特征

这是抽样调查和重点调查的区别。重点调查是选择总体中被研究标志在标志总量占有绝大比重的那些单位进行调查，其作用是掌握总体的主要情况，并不在于推算总体的综合数量特征。

抽样调查和全面调查都可以获得全面资料，但达到目的的手段不同，抽样调查是通过部分单位的特征值推断总体指标，全面调查是通过各单位标志值的汇总而得到总体指标。

3. 抽样调查会产生抽样误差，抽样误差可以计算，并且可以加以控制

在统计调查中有两种误差，一种是登记误差，也叫作调查误差或工作误差，是指在调

查登记、汇总计算过程中发生的误差,这种误差在全面调查和非全面调查中都可能产生,这种误差是应该设法避免的;另一种是代表性误差,是指用部分单位的统计数字为代表,去推算总体的全面数字时所产生的误差,这种误差一定会发生,是不可避免的。

抽样推断必然会产生抽样误差,这种误差可以根据科学的方法进行计算,并且可以采用措施将其控制在一定的范围内,从而使抽样推断达到一定的可靠程度。

6.1.3 抽样调查的作用

抽样调查适用的范围是广泛的,从原则上讲,为取得大量社会经济现象的数量方面的统计资料,在许多场合都可以运用抽样调查方法取得;在某些特殊场合,甚至还必须应用抽样调查的方法取得。

(1) 和全面调查相比较,抽样调查能节省人力、费用和时间,且比较灵活。抽样调查的调查单位比全面调查少得多,因而既能节约人力、费用和时间,又能比较快地得到调查的结果,这对许多工作都是很有利的。例如,农产量全面调查的统计数字要等收割完毕以后一段时间才能得到,而抽样调查的统计数字在收获的同时就可以得到,一般能提前两个月左右,这对于安排农产品的收购、储存、运输等都是很有利的。

由于抽样调查的调查单位少,所以可以增加调查内容。因此,有的国家在人口普查的同时也进行人口抽样调查,一般项目通过普查取得资料,另一些项目则通过抽样调查取得资料。这样既可以节省调查费用和时间,又丰富了调查内容。

(2) 抽样调查能够对无法用全面调查方法进行调查的事物进行调查,以取得总体的数量特征。有些事物在测量或试验时有破坏性,不可能进行全面调查,如灯泡耐用时间试验、电视机抗震能力试验、轮胎的里程试验等,都是有破坏性的,不可能进行全面调查,只能使用抽样调查。

有些总体从理论上讲可以进行全面调查,但实际上办不到,例如,了解某林区有多少棵树、职工家庭生活状况如何等。从理论上讲这是有限总体,可以进行全面调查,但实际上办不到,也没有必要。对这类情况的了解一般采取抽样调查方法。

(3) 抽样调查方法可以用于工业生产过程中的质量控制。抽样调查不但广泛用于生产结果的核算和估计,而且也有效地应用于对成批或大量连续生产的工业产品在生产过程中进行质量控制,检查生产过程是否正常,及时提供有关信息,便于采取措施,保证产品质量稳定。

(4) 用抽样调查的资料修正和补充全面调查资料。全面调查涉及面广、工作量大、参加人员多、调查结果容易出现差错。因此,在全面调查之后可进行抽样复查,根据复查结果计算差错率,并以此为依据检查和修正全面调查的结果,从而提高全面调查的质量。

(5) 利用抽样调查的方法,可以对于某种总体的假设进行检验,来判断这种假设的真伪,以决定取舍。例如,要判断新教学法的采用、新工艺新技术的改革、新医疗方法的使用等是否收到明显效果,首先要对未知的或不完全知道的总体做出一些假设,然后利用抽样调查的方法,根据试验材料对所做的假设进行检验,做出判断。

6.2 抽样调查中几个基本概念

6.2.1 全及总体和抽样总体

在抽样调查中，有两种不同的总体即全及总体和抽样总体。

1. 全及总体

全及总体简称总体，是指被研究事物或现象的全体，总体是由具有某种共同性质的许多单位组成的，因此，总体也就是具有同一性质的许多单位的集合体。例如，我们要研究某地区居民的生活水平，则该地区全体居民即构成全及总体；如果要研究某校学生的学习状况，则该校的所有学生构成全及总体。

总体的单位数通常很大，甚至是无限的，这样才有必要组织抽样调查。通常全及总体的单位数用大写的英文字母 N 来表示。

2. 抽样总体

【拓展知识】

抽样总体简称样本，是从全及总体中随机抽取出来，代表全及总体部分单位的集合体。抽样总体的单位数通常用小写英文字母 n 表示。

例如，要调查某种产品的质量，从生产的所有该种产品 10 万件中随机抽取 200 件进行检验，则 10 万件产品构成全及总体，$N = 10$ 万，200 件产品为抽样总体，$n = 200$。

全及总体是唯一确定的，抽样总体是按随机原则抽取的，因而它本身也是一个随机变量。一个全及总体可能抽取很多个抽样总体，全部样本的可能数目和每一样本的容量(n)有关，也和随机抽样的方法有关。不同的样本容量和取样方法，样本的可能数目可能有很大的差别。

对于全及总体单位数 N 来说，n 是个很小的数，它可以是 N 的几十分之一、几百分之一、几千分之一、几万分之一。一般说来，样本单位数达到或超过 30 个称为大样本，而在 30 个以下称为小样本。社会经济现象的抽样调查多取大样本，而自然实验观察则多取小样本。以很小的样本来推断很大的总体，这是抽样调查的一个特点。

6.2.2 全及指标和抽样指标

1. 全及指标

根据全及总体各个单位的标志值或标志特征计算的、反映总体某种属性的综合指标，称为全及指标。不同性质的总体，需要计算不同的全及指标，常用的全及指标有全及平均数、全及成数、总体标准差和方差。由于全及总体是唯一确定的，所以根据全及总体计算的全及指标也是唯一确定的。

1) 全及平均数

对于变量总体，由于各单位的标志可以用数量来表示，所以可以计算全及平均数，也称为总体平均数，用 $\bar{X}$ 表示。

在总体未分组情况下：

$$\bar{X} = \frac{\sum X}{N}$$

在总体分组情况下：

$$\bar{X} = \frac{\sum Xf}{\sum f}$$

2) 全及成数

对于属性总体，由于各单位的标志不可以用数量来表示，只能用一定的文字加以描述，所以，应该计算结构相对指标，称为全及成数。用大写英文字母 P 表示，它说明总体中具有某种标志的单位数在总体中所占的比重。变量总体也可以计算成数，即总体单位数在所规定的某变量值以上或以下的比重，视同具有或不具有某种属性的单位数比重。

设总体 N 个单位中，有 N_1 个单位具有某种属性，N_0 个单位不具有某种属性，$N_1 + N_0 = N$，P 为总体中具有某种属性的单位数所占的比重，Q 为不具有某种属性的单位数所占的比重，则全及成数为

$$P = \frac{N_1}{N}$$

$$Q = \frac{N_0}{N} = \frac{N - N_1}{N} = 1 - P$$

例如，某企业本月生产 1000 件产品，其中，合格品 950 件，则 $N = 1000$，$N_1 = 950$，合格率 $P = N_1/N = 950/1000 = 95\%$，这里的合格率即全及成数。

3) 总体方差和总体标准差

总体方差和总体标准差都是测量总体标志值分散程度的指标。

在总体未分组情况下：

$$方差\ \sigma^2 = \frac{\sum(X - \bar{X})^2}{N}$$

$$标准差\ \sigma = \sqrt{\frac{\sum(X - \bar{X})^2}{N}}$$

在总体分组情况下：

$$方差\ \sigma^2 = \frac{\sum(X - \bar{X})^2 f}{\sum f}$$

$$标准差\ \sigma = \sqrt{\frac{\sum(X - \bar{X})^2 f}{\sum f}}$$

如果是属性总体，标志值可以如下定义：

$$X = \begin{cases} 1, & 具有某一属性 \\ 0, & 不具有这一属性 \end{cases}$$

若具有这一属性的单位数为 N_1，则

$$\bar{X} = \frac{\sum X}{N} = \frac{N_1}{N} = P$$

$$方差 \sigma^2 = \frac{\sum(X-\bar{X})^2}{N} = \frac{(1-P)^2 \cdot N_1 + (0-P)^2(N-N_1)}{N}$$

$$= (1-P)^2 \frac{N_1}{N} + P^2\left(1-\frac{N_1}{N}\right) = (1-P)^2 P + P^2(1-P)$$

$$= P(1-P)$$

$$标准差 \sigma = \sqrt{P(1-P)}$$

2. 抽样指标

由抽样总体各个标志值或标志特征计算的综合指标称为抽样指标，也称为统计量。由于抽样总体数值随抽样总体的不同而不同，因而它本身也是随机变量。和全及指标相对应，抽样指标有抽样平均数 $\bar{x}$、抽样成数 p、样本标准差 S 和样本方差 S^2 等。$\bar{x}$ 和 p 用小写英文字母表示，以示区别。

(1) 抽样平均数，也称为样本平均数，是根据抽样总体各单位的标志值计算的平均数。

在样本未分组情况下：

$$\bar{x} = \frac{\sum x}{n}$$

在样本分组情况下：

$$\bar{x} = \frac{\sum xf}{\sum f}$$

(2) 抽样成数，是指在抽样总体中，具有某种研究标志的单位数占抽样总体的比重，用 p 表示。

设样本的 n 个单位中有 n_1 个单位具有某种属性，n_0 个单位不具有某种属性，$n_1 + n_0 = n$，p 为样本中具有某种属性的单位数所占的比重，q 为不具有某种属性的单位数所占的比重，则抽样成数为 $p = \frac{n_1}{n}$，$q = \frac{n_0}{n} = \frac{n-n_1}{n} = 1-p$。

例如，从本月产生的 1000 件产品中抽取 50 件进行检验，合格品 49 件，则合格率 $p = \frac{n_1}{n} = 98\%$，98%就是抽样成数。

(3) 样本的方差和样本标准差。

在样本未分组情况下：

$$S^2 = \frac{\sum(x-\bar{x})^2}{n}$$

$$S = \sqrt{\frac{\sum(x-\bar{x})^2}{n}}$$

在样本分组情况下：

$$S^2 = \frac{\sum(x-\bar{x})^2 f}{\sum f}$$

$$S = \sqrt{\frac{\sum(x-\bar{x})^2 f}{\sum f}}$$

如果是属性样本，那么方差 $S^2 = p(1-p)$，标准差 $S = \sqrt{p(1-p)}$。

全及指标是客观存在的数值，但在抽样调查中，它们是未知的，是需要推断的数值；抽样指标在抽样调查中是能够计算的。抽样调查的目的之一，就是用计算出来的样本指标推断未知的全及指标。统计抽样过程的示意图如图 6.1 所示。

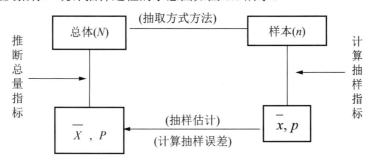

图 6.1 统计抽样过程示意图

6.2.3 抽样框与样本数

1. 抽样框

抽样框，又称为抽样结构，是指对可以选择作为样本的总体单位列出名册或排序编号，以确定总体的抽样范围和结构。设计出了抽样框后，便可采用抽签的方式或按照随机数表来抽选必要的单位数。若没有抽样框，则不能计算样本单位的概率，从而也就无法进行概率选样。

【拓展知识】

2. 样本数

样本数，又称为样本的可能数目，是指从总体的 N 个单位中随机抽选 n 个单位构成样本，通常有多种抽选方法，每一种抽选方法实际上是 n 个总体单位的一种排列组合，一种排列组合便构成一个可能的样本，n 个总体单位的排列组合总数称为样本的可能数目。

6.2.4 重复抽样和不重复抽样

根据取样的方法不同，抽样可以分为重复抽样和不重复抽样两种。

1. 重复抽样

重复抽样，又称为有放回的抽样，是指首先从全及总体 N 个单位中随机抽取一个样本单位，抽中的单位经记录其有关标志表现后再放回总体中，重新参加下一次的抽选；然后从全及总体 N 中随机抽取第二个样本单位，记录它的有关标志表现后，也把它放回全及总体中，以此类推，直到抽选 n 个样本单位。每次从总体中抽取一个单位，可看作一次试验，连续进行 n 次试验就构成了一个样本。因此，重复抽样的样本是经 n 次相互独立的连续试验形成的，每次试验均是在相同的条件下完全按照随机原则进行的。

2. 不重复抽样

不重复抽样，又称为无放回的抽样，是指首先从全及总体 N 个单位中随机抽取一个样本单位，抽中的单位记录其有关标志表现后不再放回总体中参加下一次的抽选；然后从总

体 $N-1$ 个单位中随机抽选第二个样本单位，记录了该单位有关标志表现后，也不放回总体中，以此类推，直到抽选 n 个样本单位。经过连续 n 次不重复地抽选单位构成样本，实质上相当于一次性同时从总体中抽选 n 个单位构成样本。上一次的抽选结果会直接影响下一次抽选，因此，不重复抽样的样本是经 n 次相互联系的连续试验形成的。

两种抽样方法会产生三个差别：样本的可能数目不同、抽样误差的计算公式不同、抽样误差的大小不同。

根据对样本的要求不同，抽样方法又有考虑顺序的抽样和不考虑顺序的抽样两种。

考虑顺序的抽样，即从总体 N 个单位中抽取 n 个单位构成样本，不但要考虑样本各单位的不同性质，而且要考虑不同性质各单位的抽选顺序。相同构成成分的单位，由于顺序不同，也作为不同样本。例如，从 1、2、3、4 四个数中取两个数排成一个两位数，十位数取 2、个位数取 4，和十位数取 4、个位数取 2 是完全不同的，前者构成 24，而后者构成 42，有完全不同的意义，应该视为两种不同的样本。

不考虑顺序的抽样，即从总体 N 个单位中抽取 n 个单位构成样本。只考虑样本各单位的组成成分，而不考虑单位的抽选顺序。如果样本的成分相同，不论顺序是否相同，都作为一种样本。例如，从一批产品中抽取两个进行质量检验，第 1 个选 1 号产品、第 2 个选 2 号产品组成一组，和第 1 个选取 2 号产品、第 2 个选取 1 号产品组成一组，是没有差别的。

以上抽样方法的两种分类存在交叉情况，不同情况下样本数是不同的。

1) 考虑顺序的不重复抽样的样本数

从总体 N 个不同单位中每次抽取 n 个不重复的排列，组成样本的可能数目由下列公式计算：

$$A_N^n = N(N-1)(N-2)\cdots(N-n+1) = \frac{N!}{(N-n)!}$$

例如，从 A、B、C、D 4 个单位构成的总体中抽取容量为 2 的样本，则样本可能为 AB、AC、AD、BA、BC、BD、CA、CB、CD、DA、DB、DC，共 12 种。

2) 考虑顺序的重复抽样的样本数

从总体 N 个不同单位中每次抽取 n 个允许重复的排列，组成样本的可能数目由下列公式计算：

$$B_N^n = N^n$$

例如，从 A、B、C、D 4 个单位构成的总体中抽取容量为 2 的样本，则样本可能为 AA、AB、AC、AD、BA、BB、BC、BD、CA、CB、CC、CD、DA、DB、DC、DD，共 16 种。

3) 不考虑顺序的不重复抽样的样本数

从总体 N 个不同单位中每次抽取 n 个不重复的组合，组成样本的可能数目由下列公式计算：

$$C_N^n = \frac{N(N-1)(N-2)\cdots(N-n+1)}{n!} = \frac{N!}{n!(N-n)!}$$

例如，从 A、B、C、D 4 个单位构成的总体中抽取容量为 2 的样本，则样本可能为 AB、AC、AD、BC、BD、CD，共 6 种。

4) 不考虑顺序的重复抽样的样本数

从总体 N 个不同单位中每次抽取 n 个的允许重复的组合，组成样本的可能数目由下列公式计算：

$$D_N^n = \frac{(N+n-1)(N+n-2)(N+n-3)\cdots N}{n!} = \frac{(N+n-1)!}{n!(N-1)!}$$

例如，从 A、B、C、D 4 个单位构成的总体中抽取容量为 2 的样本，则样本可能为 AA、AB、AC、AD、BB、BC、BD、CC、CD、DD，共 10 种。

6.3 抽样设计与组织实施

6.3.1 抽样调查的程序

(1) 立项。立项由用户或各级组织统计调查的单位提出，包括确定调查目的、要求、调查完成的时间。

(2) 搜集总体的有关资料，编制抽样框。抽样框是实施抽样推断的基础条件之一，它是指由现象总体的所有单位组成的一个框架。根据调查目的确定的调查对象只是抽样调查的目标总体，如果要依据目标总体抽选被调查单位，就必须编制抽样框。抽样框的范围与被抽样的总体是一致的，但由于抽样单位可大可小，所以根据需要编制的抽样框不一定是目标总体的基本单位。在抽样调查实践中，抽样框一般有三种形式：第一种是名录抽样框，即将总体中所有单位排列而成的抽样框；第二种是区域抽样框，即按自然地理位置排列而成的抽样框；第三种是时间抽样框，即将一个较长时间过程划分为若干个小的时间单位所形成的抽样框。

如何编制抽样框，需要根据对总体单位了解的程度而定，如果对总体单位不甚了解，往往只编制总体单位清单或地段抽样框；如果对总体单位的情况比较了解，甚至掌握与调查内容有关的标志表现的资料，就可以按有关标志值的高低进行有序排队。例如，进行农产品产量的抽样调查时，如果掌握了各村甚至各块农田上期的平均亩产，就可以将这些村的各块农田按上期的平均亩产由低到高排队。如果对总体单位的形成时间比较清楚，就可以按时间编制抽样框，如流水线上的产品质量检验，可以把一天时间分为许多抽样时间单位而顺序排列成抽样框。

抽样框是抽取样本单位的依据，一个理想的抽样框应该包括全部总体单位，既不重复也不遗漏。

(3) 设计抽样调查方案。抽样调查方案是统计调查方案的一种，应包括统计调查方案的一般内容。根据抽样调查的特点，设计抽样调查方案还要解决好以下问题：

① 如何遵循随机原则，保证总体中的每个单位有同等机会被抽中。

② 根据极限误差，确定必要的抽样单位数目，根据对总体的了解情况及抽样框的编制情况，确定抽样方式。

③ 在一定误差的要求下，选择费用最少的设计方案。

(4) 组织调查。搜集样本单位的数据，对样本进行准确性和代表性检查。

(5) 进行数据处理。

(6) 推断总体，并予以认证。

(7) 提供抽样调查结果及对结果的可靠性做出说明。

6.3.2 抽样组织方式

抽样组织方式按抽样时对总体的加工整理形式不同，分为简单随机抽样、类型抽样、等距抽样、整群抽样和多阶段抽样。

1. 简单随机抽样

简单随机抽样也称为纯随机抽样，即在总体单位均匀混合的情况下，随机逐个抽出样本的抽样形式。

在抽选过程中，每个总体单位都有可能被抽中，前一次抽到的单位与后一次抽到的单位无必然联系。通常所说的抽签就是简单随机抽样的一种方式。简单随机抽样的具体做法是先将总体各单位编号，然后随机抽取。抽取方法有手工抽取、机械摇号抽取和用随机数字表抽取。

随机数字表是包含许多随机数字的表格，它是由0~9十个数码随机组合的数字表格。在这个表格里0~9的每个数码出现的概率是相同的，为了方便使用，可以编为2个数码一组、4个数码一组、甚至10个数码一组。表6-1是2个数码的一组的一种随机数字表。

表6-1　随机数字表

03	47	43	73	86	36	96	47	46	98	63	71	62	33
97	74	24	67	62	42	81	14	42	53	32	37	32	27
16	76	62	27	66	56	50	26	32	90	79	78	53	13
12	56	85	99	36	96	96	68	05	03	72	93	15	57
55	59	56	35	64	38	54	82	31	62	43	09	90	06
16	22	77	94	69	49	54	43	17	37	93	23	78	87
84	42	17	53	31	57	24	55	77	04	74	47	67	21
63	01	63	78	69	16	95	55	98	10	50	71	75	12
33	21	12	34	29	78	64	56	52	42	07	44	38	15
57	60	86	32	44	09	47	27	49	17	46	09	62	90

表中数字的出现和排列是随机产生的，在使用时也要遵循随机原则。首先，将全及总体中所有单位加以编号，根据编号的位数选用随机数字表中若干栏数字。然后，从任意一栏、任意一行的数字开始数，可以向任何方向数，遇到属于编号范围内的数字号码就记录下来作为样本单位。如果采用不重复抽样，则遇到重复的数字直接跳过，直到抽取到预定数量的单位为止。

假如要从70个总体单位中抽取10个单位，首先要将总体单位按01~70编号。编号最多两位数，因此，从随机数字表上取两列作为计算单位。假定从上列随机数字表的第一行第3、4列开始，顺次序向下数，如果3、4列数完后未抽取到预定数量的单位，则从5、6列的第一行继续顺次序向下数，直到抽取到预定数量的单位，抽取结果是47、56、59、22、42、01、21、60、43、24。

简单随机抽样方法简单主要用于以下情况：

(1) 对调查对象的情况很少了解；

(2) 总体单位的排列没有次序；

(3) 抽到的单位比较分散时也不影响调查工作。

在实际工作中，如果总体很大，编号工作就很困难，对于连续生产的企业产品编号也不了解，因此，当总体各单位标志值之间差异很大时，采用这种抽样方式并不能保证样本的代表性。

2. 类型抽样

类型抽样又称分类抽样、分层抽样，它的特点是首先对总体各单位按某一标志分成若干个类(层、组)，使各类(层、组)内标志值比较接近，然后分别在各类(层、组)内按随机原则抽取样本单位。

例如，要了解 200 名学生统计学考试的平均成绩，我们可以用简单随机抽样的方法抽样，也可以先将所有学生的成绩进行分类，如分为 6 类：50 分以下、50～60 分、60～70 分、70～80 分、80～90 分、90 分以上。然后在每类中都随机抽取一部分学生组成样本，计算总体的平均成绩。

类型抽样将分类法与抽样原理结合运用。通过分类，将全及总体标志值比较接近的单位归为一组，这样可以避免标志值比较接近的单位同时被抽中，使样本单位的分布更接近总体分布，从而提高样本的代表性。类型抽样对每个组都要抽取样本单位，对于所有组来讲，实际上都是全面调查，所以，各组之间的方差已不再影响抽样误差，影响抽样误差的只是各组之内的方差，因为

$$全及总体的方差=组间方差+组内方差$$

所以，类型抽样可以减少抽样误差。

对总体划分各个类型(组)之后，确定各类型(组)的抽样单位数一般有两种方法：一是根据抽样误差大小与标志差异程度、抽样单位数等的关系来确定，标志差异大的组抽取的样本数多些，标志差异小的组抽取的样本数少些。二是不考虑各组标志差异程度，根据统一的比例来确定各组要抽取的单位数。

3. 等距抽样

等距抽样又称为机械抽样或系统抽样，它是先将全及总体各单位按某一标志排队，然后按相等的距离或等间隔来抽取样本单位。

设总体有 N 个单位，现要抽取一个容量为 n 的样本，其抽选方法是先将 N 个总体单位按一定顺序进行排列，令 $k = N/n$，k 称为抽样间隔或抽样距离，这样实际上把总体单位分成 n 段，每段中有 k 个单位，然后在 $1 \sim k$ 中随机地抽取一个随机数，设为 i，则第 i 个单位为抽中的单位，以后每隔 k 个单位为一个抽中单位，即第 $i+k, i+2k, i+3k, \cdots, i+(n-1)k$，直到抽满 n 个单位为止，如图 6.2 所示。

图 6.2 等距抽样示意图

等距抽样可以分为按无关标志排序抽样和按有关标志排序抽样两类。按无关标志排序抽样是指排队的标志与调查的内容无关，例如，调查职工生活水平时，职工按姓氏笔画排序。按有关标志排序抽样是指排队的标志与调查的内容有关，例如，调查职工生活水平时，职工按工资水平的高低排序。

在等距抽样中，不论是按无关标志排序还是按有关标志排序，都要注意避免抽样因间隔与现象本身的周期或节奏相重合而引起的系统误差的影响。例如，工业品产量质量抽查时，产品抽样时间间隔不宜和上下班时间一致，因为这些特殊原因、特定状态可能会导致产生系统性偏差，从而影响样本的代表性。

等距抽样组织方式，特别是按有关标志排序的等距抽样，能够使抽出的样本单位更均匀地分布在总体中，其抽样误差一般比简单随机抽样的误差小。

4. 整群抽样

整群抽样是将总体划分为由总体单位所组成的若干群，然后以群作为抽样单体，从总体中抽取若干个群作为样本，并对抽中群内的所有单位进行全面调查的抽样方式。例如，要了解某所中学学生的学习状况，组成总体的基本单位是每个学生，但抽样单位可以是由学生组成的班级，我们先在该校中抽取几个班级，然后将抽中班级的所有学生作为样本进行调查。

全及总体的方差由群间方差和群内方差构成，影响抽样误差的方差是群间方差，而不是群内方差。因为需要对被抽中的样本群的所有总体单位进行调查，所以，群内不产生抽样误差。

整群抽样和类型抽样都要对总体各单位进行分组，但对分组所起的作用是完全不一致的，类型抽样的分组作用在于尽量缩小组内差异、扩大组间差异，而整群抽样的分组作用在于缩小群间差异、扩大群内差异。

5. 多阶段抽样

在抽样调查中，由于被研究对象有时可能是一个相当复杂的现象总体，所以在抽选调查时，很难一次抽出所有的被调查单位，在这样的情况下，就需要将样本单位的抽选分阶段进行。

所谓单阶段抽样是指经过一次抽选就可以直接确定样本单位的抽选方法，如简单随机抽样、类型抽样、等距抽样。

多阶段抽样就是把抽取样本单位的过程分为两个或更多个阶段进行，先从总体中抽取若干大的样本单位，然后从被抽中的大的样本单位中抽取较小的样本单位，依此类推，直到抽出最终的样本单位。

例如，我国农产量的调查采用的就是多阶段抽样方法，先从省中抽县，再从中选的县中抽乡、乡中抽村、村中抽地块，最后从中选的地块中抽取小面积的样本单位。

【拓展案例】

在多阶段抽样中，前几阶段的抽样都类似整群抽样。每一阶段的抽样都会存在抽样误差，为提高抽样指标的代表性，各阶段抽取群数的安排和抽样方式，都应注意样本单位的均匀分布。

6.4 抽样调查的理论基础

抽样调查是建立在概率论的大数定律的基础上的,大数定律的一系列定理为抽样推断提供了数学依据。大数定律是阐明大量随机现象平均结果的稳定性的一系列定理的总称。

例如,观察个别或少数家庭的婴儿出生情况,发现有的家庭生男,有的家庭生女,没有一定的规律性,但是通过大量的观察就会发现,男婴和女婴占婴儿总数的比重均会趋于50%。再如,测量一个长度a,一次测量的结果不见得等于a,测量了若干次,其算术平均值仍不一定等于a,但当测量的次数很多时,算术平均值接近于a是必然的。

大数定律说明如果被研究的总体由大量的、相互独立的随机因素构成,而且每个因素对总体的影响都相对很小,那么对这些大量因素加以综合平均的结果是,因素的个别影响将互相抵消,从而呈现出共同作用的影响,使总体具有稳定的性质。这种规律可从下面几个方面进行描述:

(1) 只有在掌握足够多的单位数目的情况时,大量现象的规律性及大量过程的倾向性才能充分显示出来。

(2) 现象总体的规律性通常是以平均数的形式表现出来的。

(3) 所研究的现象总体包含的单位越多,平均数就越能正确地反映出这些现象的规律性。

(4) 各单位的共同倾向决定着平均数的水平。各单位对平均数的离差会由于综合汇总的结果而相互抵消,并趋于消失。

6.4.1 大数定律

1. 切比雪夫大数定理

设x_1,x_2,…是一列两两相互独立的随机变量,服从同一分布,且存在有限的数学期望α和方差σ^2,则对任意小的正数ε,有

【拓展知识】

$$\lim_{n\to\infty}P\left\{\left|\frac{\sum x_i}{n}-\alpha\right|<\varepsilon\right\}=1$$

该定律的含义是,当n很大时,服从同一分布的随机变量x_1,x_2,…,x_n的算术平均数$\dfrac{\sum x_i}{n}$,将依概率接近于这些随机变量的数学期望。

将该定律应用于抽样调查,则有如下结论:随着样本容量n的增加,样本平均数将接近于总体平均数,从而为统计推断中依据样本平均数估计总体平均数提供了理论依据。

2. 贝努里大数定律

在独立试验序列中,设m是n次独立试验中事件A发生的次数,且事件A在每次试验中发生的概率为p,则对任意正数ε,有

$$\lim_{n\to\infty}P\left\{\left|\frac{m}{n}-p\right|<\varepsilon\right\}=1$$

贝努里大数定律是切比雪夫大数定律的一个推论,其含义是,当n足够大时,事件A

出现的频率将几乎接近于其发生的概率,即频率的稳定性。

在抽样调查中,用样本成数去估计总体成数,其理论依据即在于此。

6.4.2 中心极限定理

大数定律揭示了大量随机变量的平均结果,抽样平均数(成数)趋近于总体平均数(成数),但是,抽样平均数(成数)和总体平均数(成数)的离差究竟有多大?离差不超过一定范围的概率究竟有多少?这个离差的分布怎样?这些问题大数定律都没有涉及,而中心极限定理说明的是在一定条件下,大量独立随机变量的平均数是以正态分布为极限的。中心极限定理也有若干个表现形式,这里仅介绍其中三个常用的定理。

1. 辛钦中心极限定理

设随机变量 $x_1, x_2, \cdots, x_n$ 相互独立,服从同一分布且有有限的数学期望 α 和方差 σ^2,则随机变量 $\bar{x} = \dfrac{\sum x_i}{n}$ 在 n 无限增大时,服从参数为 α 和 σ^2/n 的正态分布,即 $n \to \infty$ 时,

$$\bar{x} \sim N(\alpha, \sigma^2/n)$$

将该定理应用到抽样调查,就得到这样一个结论:如果抽样总体的数学期望 α 和方差 σ^2 是有限的,无论总体服从什么分布,从中抽取容量为 n 的样本时,只要 n 足够大,其样本平均数的分布就趋于数学期望为 α,方差为 σ^2/n 的正态分布。

2. 德莫佛-拉普拉斯中心极限定理

设 m 是 n 次独立试验中事件 A 发生的次数,事件 A 在每次试验中发生的概率为 p,则 m 服从二项分布 $B(n, p)$,当 n 无限大时,m/n 趋于服从均值为 p、方差为 $p(1-p)/n$ 的正态分布,即

$$\frac{m}{n} \sim N\left(p, \frac{p(1-p)}{n}\right)$$

该定理是辛钦中心极限定理的特例。在抽样调查中,不论总体服从什么分布,只要 n 充分大,频率就近似服从正态分布。

3. 李亚普洛夫中心极限定理

设 $x_1, x_2, \cdots, x_n, \cdots$ 是一个相互独立的随机变量序列,它们具有有限的数学期望和方差:$a_k = E(x_k)$, $b_k^2 = D(x_k)$ $(k=1,2,\cdots n,\cdots)$。

记 $B_n^2 = \sum\limits_{k=1}^{n} b_k^2$,如果能选择这一个正数 $\delta > 0$,使当 $n \to \infty$ 时,

$$\frac{1}{B_n^{2+\delta}} \sum_{k=1}^{n} E|x_k - a_k|^{(2+\delta)} \to 0 ,$$

则对于任意的 x 有

$$P\left\{ \frac{1}{B_n} \sum_{k=1}^{n}(x_k - a_k) < x \right\} \to \frac{1}{\sqrt{2\pi}} \int_{-\infty}^{x} e^{-\frac{t^2}{2}} dt$$

该定理的含义是,如果一个变量是由大量相互独立的随机因素影响所造成的,而每一个别因素在总影响中所起的作用不是很大,则这个变量服从或近似服从正态分布。

第6章 抽样调查

 知识链接

概率论历史上第一个极限定理属于雅各布·贝努里,后人称之为大数定律,是概率论中讨论随机变量序列的算术平均值向常数收敛的定律,也是概率论与数理统计学的基本定律之一,又称为弱大数理论。

1654年12月27日,雅各布·贝努里生于巴塞尔,毕业于巴塞尔大学,1671年17岁的贝努里获得艺术硕士学位。这里的艺术指"自由艺术",包括算术、几何学、天文学、数理音乐和文法、修辞、雄辩术共7大门类。遵照父亲的愿望,他于1676年22岁时又取得了神学硕士学位。然而,他也违背父亲的意愿,自学了数学和天文学。1676年,他到日内瓦做家庭教师。从1677年起,他开始在日内瓦写内容丰富的《沉思录》。

1678年和1681年,雅各布·贝努里两次外出旅行学习,到过法国、荷兰、英国和德国,接触和交往了许德、玻意耳、胡克、惠更斯等科学家,写有关于彗星理论(1682年)、重力理论(1683年)方面的科技文章。1687年,贝努里在《教师学报》上发表了数学论文《用两相互垂直的直线将三角形的面积四等分的方法》,同年成为巴塞尔大学的数学教授,直至1705年8月16日逝世。

1699年,雅各布·贝努里当选为巴黎科学院外籍院士,1701年他被柏林科学协会(后为柏林科学院)接纳为会员。目前许多数学成果与贝努里的名字相联系,如悬链线问题(1690年)、曲率半径公式(1694年)、贝努里双纽线(1694年)、贝努里微分方程(1695年)、等周问题(1700年)等。

贝努里对数学最重大的贡献是在概率论研究方面。他从1685年起开始发表关于赌博游戏中输赢次数问题的论文,后来写成巨著《推测术》,这本书在他死后8年,即1713年才得以出版,这是概率论的第一本专著。

切比雪夫是俄国数学家、机械学家。切比雪夫生于奥卡多沃,毕业于莫斯科大学。他在学习期间,曾以《方程根的计算》的论文,获得塞勒勃良奖章。1846年,他通过了硕士论文《概率论基本分析的经验》的答辩,他还以博士论文《比较理论》获得彼得堡科学院的杰米多夫奖。1847年,他到彼得堡大学任教,1859年被选为彼得堡科学院院士。此外他还是英国皇家学会会员,法国科学院、柏林科学院、瑞士科学院的院士。

切比雪夫发表过如《地图的结构》《平均值》《概率论一个一般命题的初等证明》《概率论的两个定理》等70多篇科学论文,内容涉及数论、概率论、函数近似理论、机械原理和积分学等方面。切比雪夫证明了所谓的贝尔特兰公式、关于自然数列中素数分布的定理、大数定律的一般公式以及中心极限定理等,并利用多项式逼近连续函数,创立了切比雪夫多项式。这些对数学科学的发展具有很大的意义。

切比雪夫的主要著作还有《关于确定不超过定值的质数个数》《关于质数》《几何作图》(1856)及《论平行四边形》(1869)等。

1733年,德莫佛-拉普拉斯在分布的极限定理方面走出了根本性的一步,证明了二项分布的极限分布是正态分布。拉普拉斯改进了他的证明并把二项分布推广到更一般的分布。1900年,李雅普诺夫进一步推广了他们的结论,并创立了特征函数法。这类分布极限问题是当时概率论研究的中心问题,卜里耶将之命名为中心极限定理。20世纪初,主要探讨使中心极限定理成立的最广泛的条件,二三十年代的林德贝尔格条件和费勒条件是独立随机变量序列情形下的显著进展。

(资料来源:http://baike.baidu.com/view/21250.html?tp=3_00;
http://baike.baidu.com/view/1962078.html?tp=4_11;http://baike.baidu.com/view/79418.htm)

6.5 抽样误差

6.5.1 抽样误差的概念

当总体指标未知时，往往要安排一次抽样调查，然后用抽样调查所获得的抽样指标的观察值作为总体指标的估计值。这种处理方法是存在一定误差的，我们把抽样指标与所要估计的总体指标之间的差值称为抽样误差。抽样误差的大小能够说明抽样指标估计总体指标是否可行，抽样效果是否理想等调查性问题。常见的抽样误差有：抽样平均数与总体平均数之差（$\bar{x} - \bar{X}$），抽样成数与总体成数之差（$p - P$）。

例如，某年级共有 100 名同学，他们的平均体重 $\bar{X}$ = 55kg，现随机地抽取 10 名同学为样本，其平均体重 $\bar{x}$ = 52kg，若用 52kg 估计 55kg，则误差为 52-55 = -3kg；如果重新抽取 10 名同学，测得 $\bar{x}$ = 57kg，则其误差为 2kg。这种只抽取部分样本而产生的误差，都被称为抽样误差。

由于样本是随机变量，故抽样误差也是一个随机变量，同时抽样误差也是一种代表性误差。说其是代表性误差，是因为利用总体的部分资料推算总体时，不论样本的选取多么公正，设计多么完善，总还是一部分单位而不是所有单位，产生误差是无法避免的。抽样误差中的代表性误差是抽样调查本身所固有的、无法避免的误差，但随机性误差可利用大数定律精确地计算并能够通过抽样设计程序加以控制。

【拓展知识】

抽样误差不包括下面两类误差：一类是登记误差，即在调查过程中由于观察、测量、登记、计算上的差错而引起的误差；另一类是系统性误差，即由于违反抽样调查的随机原则，有意抽取较好单位或较坏单位进行调查，这样造成样本的代表性不足所引起的误差。这两类误差都是可以防止和避免的。

6.5.2 影响抽样误差的因素

(1) 样本单位数(n)的多少。由于总体内各单位之间总存在着差异，在其他条件不变的情况下，大量观察总比小量观察易于发现总体规律或特征，因此样本容量越大越能代表总体特征，抽样误差就越小。反之，样本容量越小，抽样误差就可能越大。

(2) 总体各单位标志值的差异程度（σ^2 或 σ）。总体内各单位标志的差异程度越小，或总体的标准差越小，在其他条件不变时，则抽样误差就越小。反之，抽样误差就越大。

(3) 抽样方法。抽样方法不同，抽样误差也不同。一般说来，重复抽样的误差比不重复抽样的误差要大。

(4) 抽样的组织形式。选择不同的抽样组织形式，也会有不同的抽样误差。

6.5.3 抽样平均误差

一个总体可能抽取很多个样本，因此样本指标(样本平均数、样本成数)就有不同的数值，它们与总体指标(总体平均数、总体成数)的抽样误差也就不同。抽样平均误差就是反映抽样误差一般水平的指标，通常用样本平均数(或样本成数)的标准差来表示。

以 $\mu_{\bar{x}}$ 表示抽样平均数的抽样平均误差，μ_p 表示抽样成数的抽样平均误差，M 表示全部可能的样本数目，则

$$\mu_{\bar{x}} = \sqrt{\frac{\sum \bar{x}(-E(\bar{x}))^2}{M}} = \sqrt{\frac{\sum (\bar{x}-\mu)^2}{M}}$$

$$\mu_p = \sqrt{\frac{\sum [p-E(p)]^2}{M}} = \sqrt{\frac{\sum (p-P)^2}{M}}$$

式中，μ 表示总体平均数。上式只表明了抽样平均误差的含义，并不能作为计算公式。因为在现实抽样中不知道总体平均数和总体成数，不可能也没有必要找出所有可能的样本并计算它们的平均值，所以按上式计算抽样平均误差是不可能的。

6.5.4 抽样平均误差的计算

不同的抽样组织形式会有不同的抽样误差，下面我们分别讨论。

1. 简单随机抽样的抽样平均误差的计算

(1) 重复抽样条件下，抽样平均数的抽样平均误差的计算公式为

$$\mu_{\bar{x}} = \frac{\sigma}{\sqrt{n}} \tag{6-1}$$

从式(6-1)可以看出抽样平均误差和总体标志变动度的大小成正比，和样本单位的平方根成反比。

例如，有 4 个工人，各人每月产量分别是 40、50、60、70 件，随机从其中抽取 2 人，求平均加工零件数，用以代表 4 人总体的平均产量水平。如果采用重复抽样方法，则所有可能样本以及平均产量资料如表 6-2 所示。

表 6-2 样本平均数与抽样平均误差计算表

序号	样本变量 x		样本平均数 $\bar{x}$	平均数离差 $[\bar{x}-E(\bar{x})]$	离差平方 $[\bar{x}-E(\bar{x})]^2$
	(1)	(2)			
1	40	40	40	−15	225
2	40	50	45	−10	100
3	40	60	50	−5	25
4	40	70	55	0	0
5	50	40	45	−10	100
6	50	50	50	−5	25
7	50	60	55	0	0
8	50	70	60	5	25
9	60	40	50	−5	25
10	60	50	55	0	0
11	60	60	60	5	25
12	60	70	65	10	100

续表

序号	样本变量 x		样本平均数 $\bar{x}$	平均数离差 $[\bar{x}-E(\bar{x})]$	离差平方 $[\bar{x}-E(\bar{x})]^2$
	(1)	(2)			
13	70	40	55	0	0
14	70	50	60	5	25
15	70	60	65	10	100
16	70	70	70	15	225
合计	—	—	880	—	1000

按抽样平均误差的定义计算如下：

样本平均数的平均数 $E(\bar{X}) = \dfrac{\sum \bar{x}}{\text{样本可能数目}} = \dfrac{880}{16} = 55$（件）

抽样平均误差 $\mu_{\bar{x}} = \sqrt{\dfrac{\sum [\bar{x} - E(\bar{x})]^2}{M}} = \sqrt{\dfrac{1000}{16}} \approx 7.91$（件）

按抽样平均误差的计算公式计算如下：

总体平均产量 $\bar{X} = \dfrac{\sum X}{N} = \dfrac{220}{4} = 55$（件）

标准差 $\sigma = \sqrt{\dfrac{\sum (X - \bar{X})^2}{N}} = \sqrt{\dfrac{500}{4}} \approx 11.18$（件）

抽样平均误差 $\mu_{\bar{x}} = \dfrac{\sigma}{\sqrt{n}} = \dfrac{11.18}{\sqrt{2}} \approx 7.91$（件）

两者计算结果是相同的，都是 7.91 件。7.91 件的含义是，对于 16 个样本，无论抽到哪个样本，平均来说误差为 7.91 件。

(2) 不重复抽样条件下，抽样平均数的抽样平均误差的计算公式为

$$\mu_{\bar{x}} = \sqrt{\dfrac{\sigma^2}{n}\left(\dfrac{N-n}{N-1}\right)} \tag{6-2}$$

式中，$\dfrac{N-n}{N-1}$ 表示修正系数，在总体单位数 N 很大时，可近似地表示为 $1 - \dfrac{n}{N}$。故不重复抽样的抽样平均误差可表示为

$$\mu_{\bar{x}} = \sqrt{\dfrac{\sigma^2}{n}\left(1 - \dfrac{n}{N}\right)} \tag{6-3}$$

在一般情况下，总体单位数很大，抽样比例 $\dfrac{n}{N}$ 很小，则 $1 - \dfrac{n}{N}$ 接近于 1。实际工作中，在没有掌握总体单位数的情况下或者总体单位数很大时，一般均用重复抽样平均误差公式来计算不重复抽样的平均误差。

仍以 4 个工人，各人每月产量分别是 40、50、60、70 件为例，现用不重复抽样的方法，随机从其中抽取 2 人，求平均加工的零件数，用以代表 4 人总体的平均产量水平，则所有可能的样本及平均产量资料如表 6-3 所示。

表 6-3　样本平均数与抽样平均误差计算表

序号	样本变量 x		样本平均数 $\bar{x}$	平均数离差 $[\bar{x}-E(\bar{x})]$	离差平方 $[\bar{x}-E(\bar{x})]^2$
	(1)	(2)			
1	40	50	45	−10	100
2	40	60	50	−5	25
3	40	70	55	0	0
4	50	40	45	−10	100
5	50	60	55	0	0
6	50	70	60	5	25
7	60	40	50	−5	25
8	60	50	55	0	0
9	60	70	65	10	100
10	70	40	55	0	0
11	70	50	60	5	25
12	70	60	65	10	100
合计	—	—	660	—	500

按抽样平均误差的定义计算如下：

$$样本平均数的平均数\ E(\bar{X}) = \frac{\sum \bar{x}}{样本可能数目} = \frac{660}{12} = 55$$

$$抽样平均误差\ \mu_{\bar{x}} = \sqrt{\frac{\sum[\bar{x}-E(\bar{x})]^2}{M}} = \sqrt{\frac{500}{12}} \approx 6.45(件)$$

按抽样平均误差的计算公式计算如下：

$$抽样平均误差\ \mu_{\bar{x}} = \sqrt{\frac{\sigma^2}{n}\left(\frac{N-n}{N-1}\right)} = \sqrt{\frac{11.18^2}{2} \times \left(\frac{4-2}{4-1}\right)} \approx 6.45(件)$$

两者计算结果也是相同的，同时我们看到不重复抽样的抽样平均误差小于重复抽样的抽样平均误差。

(3) 重复抽样条件下，抽样成数的抽样平均误差的计算。

在掌握抽样平均数的平均误差公式的基础上，抽样成数的平均误差公式是比较简便的，只需将全及成数的标准差平方代替公式中的全及平均数的标准差的平方，就可以得到抽样成数的平均误差公式。

重复抽样条件下，抽样成数的抽样平均误差的计算公式为

$$\mu_p = \sqrt{\frac{P(1-P)}{n}} \tag{6-4}$$

(4) 不重复抽样条件下，抽样成数的抽样平均误差的计算公式为

$$\mu_p = \sqrt{\frac{P(1-P)}{n}\left(\frac{N-n}{N-1}\right)} \approx \sqrt{\frac{P(1-P)}{n}\left(1-\frac{n}{N}\right)} \tag{6-5}$$

需要说明的是，计算抽样平均误差时，要使用全及总体方差 σ^2 和 $P(1-P)$，但是在抽样

调查的实践中，这两个指标一般都是未知的，通常可用以下几种方法解决：

第一，用过去调查所得到的资料。可以用全面调查的资料，也可以用抽样调查的资料。如果有几个不同的总体方差的资料，则用数值较大的。

第二，用估计的资料。例如，在农产品产量的抽样调查中，根据预估的产量资料计算出方差，作为总体的方差。

第三，用样本方差的资料代替总体方差。概率论的研究从理论上作了证明，样本方差可以相当接近总体方差，这是实际工作中经常使用的一种方法，但它只能在调查之后才能计算。

第四，用小规模调查资料。如果既没有过去的材料，又需要在调查之前估计出抽样误差，则可以在大规模调查之前，组织一次小规模的试验性调查。

例 6-1 某地区为了解职工家庭的收入情况，从本地区 3000 户家庭中，按不重复抽样的方法抽取 300 户职工家庭进行调查，调查结果如表 6-4 所示。

表 6-4　某地区职工家庭收入情况调查资料

每户月收入(元)	收入调查户数(户)
1600 以下	40
1600～2400	80
2400～3200	120
3200～4000	50
4000 以上	10
合　计	300

(1) 若用这 300 户家庭的月收入资料推算该地区 3000 户家庭月收入情况，则抽样平均误差为多少？

(2) 若从抽样资料知，月平均收入在 3200 元以上的户数的比重为 20%，则月收入在 3200 元以上的成数抽样平均误差为多少？

解：(1) 因为不知道总体方差，所以先根据样本资料计算样本的方差。计算表如表 6-5 所示。

表 6-5　样本方差计算表

每户月收入(元)	收入调查户数 f(户)	组中值 x	x^2	$x^2 f$	xf
1600 以下	40	1200	1440000	57600000	48000
1600～2400	80	2000	4000000	320000000	160000
2400～3200	120	2800	7840000	940800000	336000
3200～4000	50	3600	12960000	648000000	180000
4000 以上	10	4400	19360000	193600000	44000
合　计	300	—	—	2160000000	768000

所以

$$S^2 = \frac{\sum (x-\bar{x})^2 f}{\sum f} = \frac{\sum x^2 f}{\sum f} - \left(\frac{\sum xf}{\sum f}\right)^2 = 7200000 - 2560^2 = 646400$$

用样本方差替代总体方差，按式(6-3)计算平均数的抽样平均误差为

$$\mu_{\bar{x}} = \sqrt{\frac{\sigma^2}{n}\left(1-\frac{n}{N}\right)} = \sqrt{\frac{646400}{300}\times\left(1-\frac{300}{3000}\right)} \approx 44.04 \,(元)$$

(2) 月平均收入在 3200 元以上的户数的比重为 20%，即 $p = 20\%$。用样本成数替代总体成数，按式(6-5)计算成数的抽样平均误差为

$$\mu_p = \sqrt{\frac{p(1-p)}{n}\left(1-\frac{n}{N}\right)} = \sqrt{\frac{0.2\times 0.8}{300}\times\left(1-\frac{300}{3000}\right)} \approx 2.19\%$$

2. 类型抽样的抽样平均误差的计算

类型抽样对每个组都要抽取样本单位，对于所有组来讲，实际上都是全面调查，这样，各组之间的方差就不再影响抽样平均误差，影响抽样平均误差的只是各组之内的方差。因此，在计算类型抽样的抽样平均误差时，只要考虑组内方差就可以了。故类型抽样的抽样平均误差的计算公式如下。

重复抽样条件下：

$$\mu_{\bar{x}} = \sqrt{\frac{\overline{\sigma_x^2}}{n}}$$

$$\mu_p = \sqrt{\frac{\overline{P(1-P)}}{n}}$$

以上两式中，$\overline{\sigma_x^2}$ 表示平均组方差，它是各个组的方差平均数，$\overline{\sigma_x^2} = \frac{\sum \sigma_i^2 N_i}{N}$；$\overline{P(1-P)}$ 表示总体各组是非标志平均组内方差，$\overline{P(1-P)} = \frac{\sum P_i(1-P_i)N_i}{N}$。

不重复抽样条件下：

$$\mu_{\bar{x}} = \sqrt{\frac{\overline{\sigma_x^2}}{n}\left(1-\frac{n}{N}\right)}$$

$$\mu_p = \sqrt{\frac{\overline{P(1-P)}}{n}\left(1-\frac{n}{N}\right)}$$

例 6-2 为了解某地区职工家庭的收入情况，从本地区 3000 户家庭中，采用类型抽样方法抽取 10%的职工家庭进行调查，调查结果如表 6-6 所示，试推断该地区每户的平均收入及抽样平均误差。

表 6-6 某地区职工家庭收入抽样平均数和标准差计算表

每户月收入(元)	职工家庭总数 N_i	样本数 n_i	抽样平均收入 $\bar{x}_i$	抽样标准差 σ_i
4000 以下	400	40	2600	100
4000～6000	800	80	4950	50
6000～8000	1200	120	7318	67
8000～10000	500	50	9053	54
10000 以上	100	10	13104	201
合计	3000	300	—	—

解：根据表 6-6 中的资料，先求该地区每户的平均收入：

$$\bar{x} = \frac{\sum \bar{x_i} n_i}{n} = \frac{2600 \times 40 + 4950 \times 80 + 7318 \times 120 + 9053 \times 50 + 13104 \times 10}{300} = 6539.5 (元)$$

再计算组内方差平均数：

$$\overline{\sigma_x^2} = \frac{\sum \sigma_i^2 N_i}{N} = \frac{100^2 \times 400 + 50^2 \times 800 + 67^2 \times 1200 + 54^2 \times 500 + 201^2 \times 100}{3000} = 5628.3$$

在重复抽样条件下，平均数抽样平均误差为

$$\mu_{\bar{x}} = \sqrt{\frac{\overline{\sigma_x^2}}{n}} = \sqrt{\frac{5628.3}{300}} \approx 4.33 (元)$$

在不重复抽样条件下，平均数抽样平均误差为

$$\mu_{\bar{x}} = \sqrt{\frac{\overline{\sigma_x^2}}{n}\left(1 - \frac{n}{N}\right)} = \sqrt{\frac{5628.3}{300} \times \left(1 - \frac{300}{3000}\right)} \approx 4.11 (元)$$

3. 等距抽样的抽样平均误差的计算

等距抽样组织方式，特别是按有关标志排序的等距抽样，能够使抽出的样本单位更均匀地分布在总体中，其抽样误差一般比简单随机抽样的误差小。在实际计算抽样平均误差时，我们就以简单随机抽样的误差来替代。

4. 整群抽样的抽样平均误差的计算

整群抽样都采用不重复抽样，设总体中的全部单位划分为 R 群，每群包含的单位数为 m_i，现从所有群中抽取 r 群组成样本，则整群抽样的抽样平均误差的计算过程如下：

$$\text{各群平均数 } \bar{x_i} = \frac{\sum_{j=1}^{m_i} x_{ij}}{m_i}, \quad \text{各群成数 } p_i, \quad i = 1, 2, \cdots r$$

$$\text{样本平均数 } \bar{x} = \frac{\sum \bar{x_i}}{r}, \quad \text{成数平均数 } p = \frac{\sum p_i}{r}$$

$$\text{样本平均数的群间方差 } \delta_{\bar{x}}^2 = \frac{\sum(\bar{x_i} - \bar{x})^2}{r}, \quad \text{样本成数的群间方差 } \delta_p^2 = \frac{\sum(p_i - p)^2}{r}$$

$$\text{平均数的抽样平均误差 } \mu_{\bar{x}} = \sqrt{\frac{\delta_{\bar{x}}^2}{r} \times \frac{R - r}{R - 1}}$$

$$\text{成数的抽样平均误差 } \mu_p = \sqrt{\frac{\delta_p^2}{r} \times \frac{R - r}{R - 1}}$$

5. 多阶段抽样的抽样平均误差的计算

多阶段抽样的抽样平均误差是各阶段抽样平均误差的叠加，即

$$\text{抽样平均误差} = \sqrt{\text{第一阶段抽样平均误差}^2 + \text{第二阶段抽样平均误差}^2 + \cdots + \text{最后阶段抽样平均误差}^2}$$

第 6 章
抽样调查

例 6-3 对某校学生每周的文体活动时间进行抽样调查,该校有 30 个班级,每班 40 名学生,现采用两阶段抽样方法,先从 30 个班中随机抽取 4 个班,再从中选的班中各抽取 4 人,组成样本,样本单位资料如表 6-7 所示,试计算抽样平均误差。

表 6-7 样本资料表

中选班序号	中选学生编号	每周文体活动时间(h)	中选班序号	中选学生编号	每周文体活动时间(h)
1	1	9	3	1	8
	2	8		2	5
	3	11		3	15
	4	13		4	12
2	1	6	4	1	9
	2	9		2	10
	3	10		3	14
	4	13		4	6

解: 两阶段抽样方差计算如表 6-8 所示。

表 6-8 两阶段抽样方差计算表

班级	每周文体活动时间(h)	样本平均数 $\bar{x}_i$	离差 $(x_i - \bar{x}_i)$	离差平方 $(x_i - \bar{x}_i)^2$
1	9	10.25	−1.25	1.5625
	8		−2.25	5.0625
	11		0.75	0.5625
	13		2.75	7.5625
2	6	9.5	−3.5	12.25
	9		−0.5	0.25
	10		0.5	0.25
	13		3.5	12.25
3	8	10	−2	4
	5		−5	25
	15		5	25
	12		2	4
4	9	9.75	−0.75	0.5625
	10		0.25	0.0625
	14		4.25	18.0625
	6		−3.75	14.0625

全校共 30 个班 $R=30$，每班 40 名学生 $M=40$，随机抽样 4 个班 $r=4$，中选的班各抽 4 名学生 $m=4$，所以

$$\text{全体样本平均数} = \frac{\sum_{i=1}^{r} \overline{x_i}}{r} = \frac{10.25 + 9.5 + 10 + 9.75}{4} = 9.875 \, (\text{h})$$

各群内方差为

$$\sigma_1^2 = \frac{1.5625 + 5.0625 + 0.5625 + 7.5625}{4} = 3.6875$$

$$\sigma_2^2 = \frac{12.25 + 0.25 + 0.25 + 12.25}{4} = 6.25$$

$$\sigma_3^2 = \frac{4 + 25 + 25 + 4}{4} = 14.5$$

$$\sigma_4^2 = \frac{0.5625 + 0.0625 + 18.0625 + 14.0625}{4} = 8.1875$$

群内方差平均数为

$$\overline{\sigma_x^2} = \frac{\sum_{i=1}^{r} \sigma_i^2}{r} = \frac{3.6875 + 6.25 + 14.5 + 8.1875}{4} = 8.15625$$

群间方差为

$$\delta_{\overline{x}}^2 = \frac{\sum_{i=1}^{r}\left(\overline{x_i} - \overline{x}\right)^2}{r}$$

$$= \frac{(10.25 - 9.875)^2 + (9.5 - 9.875)^2 + (10 - 9.875)^2 + (9.75 - 9.875)^2}{4} = 0.078125$$

第一阶段抽样平均误差为

$$\mu_1 = \sqrt{\frac{\delta_{\overline{x}}^2}{r} \times \frac{R-r}{R-1}} = \sqrt{\frac{0.078125}{4} \times \frac{30-4}{30-1}} \approx \sqrt{0.0175} \approx 0.1323$$

第二阶段抽样平均误差：

$$\mu_2 = \sqrt{\frac{\overline{\sigma_x^2}}{rm} \times \frac{M-m}{M-1}} = \sqrt{\frac{8.15625}{4 \times 4} \times \frac{40-4}{40-1}} \approx \sqrt{0.4706} = 0.6860$$

抽样平均误差为

$$\mu_{\overline{x}} = \sqrt{\mu_1^2 + \mu_2^2} = \sqrt{0.1323^2 + 0.6860^2} \approx \sqrt{0.4880} \approx 0.6986$$

6.5.5 抽样极限误差

以样本的抽样指标来估计总体指标，要达到完全准确毫无误差，几乎是不可能的事情，所以在估计总体指标的同时就必须考虑估计误差的大小。我们不希望误差太大，误差越大样本的价值就越小，但也不是误差越小越好，因为减少抽样误差势必增加样本量，从而增加很多调查费用。一般来说，在做抽样估计时，应该根据所研究对象的变异程度以及分析任务和要求确定可以允许的误差范围，在这个范围内的数字都是有效的，我们把这种可允许的误差范围称为抽样极限误差。

抽样极限误差，又称为置信区间和抽样允许误差范围，是指在一定的把握程度(P)下保证样本指标与总体指标之间的抽样误差不超过某一给定的最大可能范围，记作Δ。作为样本的随机变量——抽样指标值($\bar{x}$或p)，围绕以未知的唯一确定的全及指标真值($\bar{X}$或P)为中心上下波动，它与全及指标值可能会产生正离差或负离差，这些离差均是抽样指标的随机变量，因而难以避免，只能将其控制在预先要求的误差范围($\Delta_{\bar{x}}$或Δ_p)内，所以有以下关系式：

$$|\bar{x} - \bar{X}| \leq \Delta_{\bar{x}}$$

$$|p - P| \leq \Delta_p$$

即：

$$\bar{X} - \Delta_{\bar{x}} \leq \bar{x} \leq \bar{X} + \Delta_{\bar{x}} \tag{6-6}$$

$$P - \Delta_p \leq p \leq P + \Delta_p \tag{6-7}$$

由于$\Delta_{\bar{x}}$和Δ_p是预先给定的抽样方案中所允许的误差范围，所以利用$\Delta_{\bar{x}}$和Δ_p可以反过来估计未知的全及指标的取值可能的范围。

$$\bar{x} - \Delta_{\bar{x}} \leq \bar{X} \leq \bar{x} + \Delta_{\bar{x}} \tag{6-8}$$

$$p - \Delta_p \leq P \leq p + \Delta_p \tag{6-9}$$

基于理论上的要求，抽样极限误差通常需要以抽样平均误差$\mu_{\bar{x}}$或μ_p为标准单位来衡量，即$\Delta_{\bar{x}} = t\mu_{\bar{x}}$或$\Delta_p = t\mu_p$，这种形式表示允许的极限误差为抽样平均误差的若干倍。这一值与样本估计值落入该允许误差范围内的概率有关，因此t也称为概率度。

由中心极限定理我们知道，样本抽样平均数服从正态分布，即

$$\bar{x} \sim N\left(\alpha, \frac{\sigma^2}{n}\right)$$

其中，

$$\alpha = E(\bar{x}) = \bar{X}$$

所以

$$\frac{\bar{x} - \bar{X}}{\sigma/\sqrt{n}} \sim N(0,1)$$

在正态分布的情况下，从总体中随机抽取一个样本加以观察，则该样本抽样指标落在某一范围内的概率可以表示为

$$P\left\{\left|\frac{\bar{x} - \bar{X}}{\sigma/\sqrt{n}}\right| \leq t\right\} = \frac{1}{\sqrt{2\pi}} \int_{-t}^{t} e^{-\frac{t^2}{2}} dt = F(t)$$

而

$$P\left\{|\bar{x} - \bar{X}| \leq \Delta_x\right\} = P\left\{|\bar{x} - \bar{X}| \leq t\mu_{\bar{x}}\right\} = P\left\{\left|\frac{\bar{x} - \bar{X}}{\mu_{\bar{x}}}\right| \leq t\right\} = P\left\{\left|\frac{\bar{x} - \bar{X}}{\sigma/\sqrt{n}}\right| \leq t\right\}$$

运用正态分布曲线，把概率度t和抽样误差范围Δ联系起来，便可得到抽样推断全及指标在一定范围内的概率保证程度。在统计抽样推断中常用的几个概率保证程度如表6-9所示。

表 6-9 概率度与概率对照表

概率度 t	误差范围 Δ	概率 $F(t)$	概率度 t	误差范围 Δ	概率 $F(t)$
0.5	0.5μ	0.3829	1.96	1.96μ	0.9500
1.00	1.00μ	0.6827	2.00	2.00μ	0.9545
1.50	1.50μ	0.8664	3.00	3.00μ	0.9973

 知识链接

在数学中，连续型随机变量的概率密度函数(在不至于混淆时可以简称为密度函数)是一个描述这个随机变量的输出值在某个确定的取值点附近的可能性的函数(Probability Density Function，PDF)。

密度函数 $f(x)$ 具有下列性质：

(1) $f(x) \geqslant 0$ ；

(2) $\int_{-\infty}^{+\infty} f(x)\mathrm{d}x = 1$ ；

(3) 随机变量落在 (a, b) 之间的概率为 $P(a < x \leqslant b) = \int_{a}^{b} f(x)\mathrm{d}x$

若随机变量 X 服从一个位置参数为 μ，尺度参数为 σ 的概率分布，且其概率密度函数为

$$f(x) = \frac{1}{\sigma\sqrt{2\pi}} e^{-\frac{(x-\mu)^2}{2\sigma^2}}$$

则称随机变量 X 服从正态分布，记作 $X \sim N(\mu, \sigma^2)$。第一参数 μ 是服从正态分布的随机变量的均值，第二个参数 σ^2 是此随机变量的方差，随着参数 μ 和 σ 变化，概率分布也产生变化。

正态分布的概率密度函数曲线呈钟形，因此人们又经常称之为钟形曲线。正态曲线两头低，中间高，左右对称，曲线与横轴间的面积总等于1。正态分布及其曲线下面的面积图如图6.3所示。

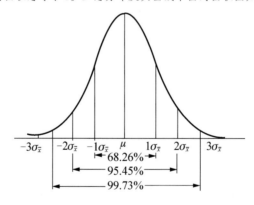

图 6.3 正态分布及其曲线下面的面积图

正态曲线下，横轴区间 $(\mu-\sigma, \mu+\sigma)$ 内的面积约为 68.27%，横轴区间 $(\mu-2\sigma, \mu+2\sigma)$ 内的面积约为 95.45%，横轴区间 $(\mu-3\sigma, \mu+3\sigma)$ 内的面积约为 99.73%。

当 $\mu=0$，$\sigma=1$ 时，正态分布就成为标准正态分布，记作 $X \sim N(0,1)$，其密度函数为

$$f(x) = \frac{1}{\sqrt{2\pi}} e^{-\frac{x^2}{2}}$$

正态分布是一个在数学、物理及工程等领域都非常重要的概率分布，在统计学的许多方面有着重大的影响力。正态分布是自然科学与行为科学中的定量现象的一个方便模型，各种各样的心理学测试分数和物

理现象如光子计数都被发现近似地服从正态分布。尽管这些现象的根本原因经常是未知的，但理论上可以证明如果把许多小作用加起来看作一个变量，那么这个变量服从正态分布。在布雷斯韦尔(R. N. Bracewell)的《傅里叶变换及其应用》(*Fourier Transform and Its Application*)中可以找到一种简单的证明)。

正态分布有极其广泛的实际背景，生产与科学实验中很多随机变量的概率分布都可以近似地用正态分布来描述。例如，在生产条件不变的情况下，产品的强力、抗压强度、口径、长度等指标，同一种生物体的身长、体重等指标；同一种种子的质量，测量同一物体的误差，弹着点沿某一方向的偏差，某个地区的年降水量，以及理想气体分子的速度分量，等等。一般来说，如果一个量是由许多微小的独立随机因素影响的结果，那么就可以认为这个量具有正态分布(见中心极限定理)。

(资料来源：http://baike.baidu.com/link?url=GtrSqWS7EJg0spgR0WFoymHFnD_cIu0JilVN9FLsTc1se7HwJ_3fAMaJ9JCaqfT5miTisK5d07YwoQOOtEi3fa)

6.6　全及指标推断

6.6.1　统计量选择的标准

抽样调查的目的是用样本指标去推断总体指标，也就是要确定统计量，衡量统计量是否优良的标准有三个。

1. 无偏性

如果样本统计量的数学期望等于其估计的总体参数，则这个统计量叫作总体参数的无偏估计量。例如，

$$E(\bar{x}) = \overline{X}$$

即样本平均数是总体平均数的无偏估计量。

统计量是无偏估计量，并不意味着每一次估计中没有随机性误差，而是多次的估计中没有系统性偏差。

2. 一致性

一致性是指随着样本容量 n 的增大，统计量的值越来越接近总体参数的真实值。由大数定律我们知道，$\bar{x} \xrightarrow{n \to \infty} \overline{X}$，因此样本平均数是总体平均数的一致估计量。

3. 有效性

有效性是指无偏估计量中方差最小的估计量。无偏估计量只考虑估计值的平均结果是否等于估计参数的真值，而不考虑估计的每个可能值及其次数分布与待估计参数真值之间离差的大小和分散程度。在实际工作中，不仅希望估计值是无偏的，更希望这些估计值的离差尽可能的小。

例如，从总体中抽取样本($x_1, x_2, \cdots, x_n$)，其中任一分量 x_i 的期望 $E(x_i) = \overline{X}$，但方差 $D(x_i) = \sigma^2$，而样本平均数的方差 $D(\bar{x}) = \sigma^2/n$，因此样本平均数是有效的估计量。

6.6.2　抽样估计的方法

抽样估计有两种方法，即点估计和区间估计。

1. 点估计

点估计也称定值估计,是以抽样得到的样本指标作为总体指标的估计量,并以样本指标的实际值直接作为总体未知参数的估计值的一种推断方法。因此总体平均数的点估计是样本平均数,总体成数的点估计是样本成数,即

$$\hat{X} = \bar{x} \tag{6-10}$$

$$\hat{P} = p \tag{6-11}$$

例如,我们对一批茶叶进行抽样调查,抽查了 100 包,测得平均质量为 400g,则可以认为该批茶叶每包平均质量为 400g。再如,对一批产品的合格率进行检验,抽查 10 件,1 件不合格,合格率是 90%,则可以认为该批产品的合格率为 90%。

点估计的方法简单,一般不考虑抽样误差,因此只适用于抽样准确程度要求不严的情况。

2. 区间估计

区间估计就是以一定的概率保证估计包含总体参数的一个值域,即根据样本指标和抽样平均误差推断总体指标的可能范围。在区间估计中,我们将总体参数所在的区间称为置信区间,将描述所在区间的可靠程度的概率叫置信度。区间估计包括两部分内容:一是可能范围的大小;二是总体指标落在这个可能范围内的概率。

1) 置信度约束下的区间估计

根据抽样推断原理,来自总体中的容量为 n 的样本,在置信度一定的情况下,总体参数的区间估计的计算步骤如下:

(1) 计算样本指标,即依据样本计算其平均数($\bar{x}$)或成数(p)、样本平均数的抽样平均误差($\mu_{\bar{x}}$)或样本成数的抽样平均误差(μ_p)。

(2) 确定把握程度,即依据推断要求确定置信度,据此查表得到概率度 t,并计算极限误差 $\Delta_{\bar{x}} = t\mu_{\bar{x}}$ 或者 $\Delta_p = t\mu_p$。

(3) 估计总体的置信区间,即依据样本平均数或成数和极限误差,推断总体平均数或总体成数的可能范围($\bar{x} - \Delta_{\bar{x}}, \bar{x} + \Delta_{\bar{x}}$)或($p - \Delta_p, p + \Delta_p$)。

例 6-4 某进出口公司出口一种名茶,抽样检验结果及相关指标的计算数据如表 6-10 所示。

表 6-10 茶叶抽查检验资料

每包重量(g)	组中值 x	包数 f(包)	xf	x^2f
148~149	148.5	10	1485	2205222.5
149~150	149.5	20	2990	447005
150~151	150.5	50	7525	1132512.5
151~152	151.5	20	3030	459045
合计	—	100	15030	2259085

试以 99.73%的概率估计这批茶叶的质量范围。

解：(1) 计算样本指标：

$$\bar{x} = \frac{\sum xf}{\sum f} = \frac{15030}{100} = 150.3 \text{(g)}$$

$$S^2 = \frac{\sum(x-\bar{x})^2 f}{\sum f} = \frac{\sum x^2 f}{\sum f} - \left(\frac{\sum xf}{\sum f}\right)^2 = \frac{2259085}{100} - 150.3^2 = 0.76$$

$$\mu_{\bar{x}} = \sqrt{\frac{\sigma^2}{n}} = \sqrt{\frac{S^2}{n}} = \sqrt{\frac{0.76}{100}} = 0.087 \text{(g)}$$

(2) 确定把握程度，$F(t) = 0.9973$，据此查表得到概率度 $t = 3$。然后计算极限误差为

$$\Delta_{\bar{x}} = t\mu_{\bar{x}} = 3 \times 0.087 = 0.261 \text{(g)}$$

(3) 估计总体的置信区间 $(\bar{x} - \Delta_{\bar{x}}, \bar{x} + \Delta_{\bar{x}})$，即 $(150.039, 150.561)$

计算结果表明，我们有 99.73%的可靠程度认为该批茶叶的质量在 150.039～150.561g 之间。

例 6-5 对一批产品按不重复抽样方法抽取 200 件进行检验，发现有废品 8 件，又知样本容量 n 为总量 N 的 1/30。当概率为 95%时，估计这批产品中废品率的区间范围。

解：(1) 计算样本指标：已知 $n = 200$，$n_1 = 8$，$\frac{n}{N} = \frac{1}{30}$，则

$$p = \frac{n_1}{n} = \frac{8}{200} = 4\% = 0.04$$

$$p(1-p) = 0.04 \times (1 - 0.04) = 0.0384$$

$$\mu_p = \sqrt{\frac{p(1-p)}{n}\left(1 - \frac{n}{N}\right)} = \sqrt{\frac{0.0384}{200} \times \left(1 - \frac{1}{30}\right)} \approx 0.0136 = 1.36\%$$

(2) 确定把握程度，$F(t) = 0.95$，据此查表得到概率度 $t = 1.96$。然后计算极限误差为

$$\Delta_p = t\mu_p = 1.96 \times 1.36\% \approx 2.67\%$$

(3) 估计总体废品率的置信区间 $(p - \Delta_p, p + \Delta_p)$，即 $(1.33\%, 6.67\%)$。

计算结果表明，我们有95%的可靠程度认为该批产品的废品率在1.33%～6.67%之间。

2) 允许误差约束下的区间估计

如果在区间估计中，先给定允许误差，我们也可以根据抽样推断原理，推算出总体参数的区间值及其结论的可信度，计算步骤如下：

① 计算样本指标，即依据样本计算其平均数($\bar{x}$)或成数(p)、样本平均数的抽样平均误差($\mu_{\bar{x}}$)或样本成数的抽样平均误差(μ_p)。

② 确定允许误差，即依据推断要求确定极限误差，以"样本平均数或成数±极限误差"构造总体平均数或成数的置信区间 $(\bar{x} - \Delta_{\bar{x}}, \bar{x} + \Delta_{\bar{x}})$ 或 $(p - \Delta_p, p + \Delta_p)$。

③ 估计把握程度，依据极限误差和抽样平均误差计算出概率度，查标准正态分布概率表，得到置信区间所对应的置信度 $(1-\alpha)$ 水平。

例 6-6 某校随机抽查 9 名男学生，测得平均身高为 174cm，标准差为 4cm，现要求以不超过 2cm 的误差推断全校男学生的平均身高及其可靠性。

解：（1）计算样本指标：

$$\bar{x} = 174 \text{(cm)}$$

$$\mu_{\bar{x}} = \frac{\sigma}{\sqrt{n}} = \frac{4}{\sqrt{9}} = 1.33 \text{(cm)}$$

（2）确定允许误差：

$$\Delta_{\bar{x}} = 2 \text{(cm)}$$

则全校男学生平均身高的置信区间为 $(\bar{x} - \Delta_{\bar{x}}, \bar{x} + \Delta_{\bar{x}})$，即(172，176)。

（3）估计把握程度：由 $\Delta_{\bar{x}} = t\mu_{\bar{x}}$，得

$$t = \frac{\Delta_{\bar{x}}}{\mu_{\bar{x}}} = \frac{2}{1.33} \approx 1.5$$

查标准正态分布概率表，当 $t = 1.5$ 时，$F(t) = 0.8664$，由此可见，该校男学生的平均身高在 172～176cm 之间的可能性为 86.64%。

6.6.3 总量指标的抽样推算

抽样推断只能估计出总体平均数和总体成数，不能直接得到总体的总量指标，因此，还有必要根据样本平均数或样本成数与另外一个有关的总量指标之间的关系，直接或间接地对全及总体指标进行推算。总体指标的推算方法有直接换算法和修正系数法两种。

1. 直接换算法

直接换算法是用样本平均数或成数，乘以全及总体单位数，直接推算出总体的总量指标的方法。直接换算法也分为点估计和区间估计两种。

例 6-7　某地区种植小麦 3000 亩，抽取 10% 进行调查，测得平均每亩产量为 1000kg。又知抽样误差为 15kg，要求以 95.45% 的概率保证($t = 2$)，试估计(1)该地区小麦总产量；(2)该地区的小麦总产量的范围。

解：按点估计法，可知该地区小麦总产量为：

$$1000 \times 3000 = 3000000 \text{(kg)}$$

因为抽样误差为 15kg，且以 95.45% 的概率保证($t = 2$)，所以该地区的小麦总产量的范围为

$$3000 \times (1000 - 15 \times 2) \leq N\bar{X} \leq 3000 \times (1000 + 15 \times 2)$$

即 $2910000 \leq N\bar{X} \leq 3090000$，所以有 95.45% 的概率保证，该地区的小麦总产量在 2910000～3090000kg 范围内。

例 6-8　对 2000 件零件进行抽样调查，测得样本的废品率为 2%，抽样平均误差为 0.5%，现以 95% 的概率保证，估算全部零件的废品数量。

解：已知 $\mu_p = 0.5\% = 0.005$，$t = 1.96$，$N = 2000$，$p = \frac{n_1}{n} = 2\%$，则

$$\Delta_p = t\mu_p = 1.96 \times 0.005 = 0.0098$$

所以全部零件的废品率为

$$0.02 - 0.0098 \leq P \leq 0.02 + 0.0098$$

即

$$0.0102 \leqslant P \leqslant 0.0298$$

总体中废品数量区间为：$0.0102 \times N \leqslant NP \leqslant 0.0298 \times N$，即 $20.4 \leqslant NP \leqslant 59.6$，所以在 95% 的概率保证下，全部零件中废品数量为 21～60 件。

2. 修正系数法

修正系数法是用抽样调查资料去修正全面调查资料的一种方法。在全面调查后，再从全及总体中抽取一部分单位进行复查，将抽样调查资料与全面调查资料对比，求出差错比率，并用此差错比率对全面调查的数据进行修正。

例 6-9 根据全面调查资料，已知某地区全部职工人数为 842651 人。为核实这一数据，随机抽取部分单位进行调查，抽样结果为 55290 人，而这部分单位全面调查结果为 55342 人。试对该地区全部职工人数进行推算。

解：以抽样指标与普查指标对比计算修正系数：

$$\text{全部职工人数的修正系数} = 55290/55342 \approx 0.999$$

用修正系数去修正相应的普查指标：

修正后的职工人数 $= 842651 \times 0.999 \approx 841808$(人)

6.7 必要抽样单位数的确定

确定样本容量是抽样推断中的一个重要问题。在抽样调查中，样本容量越大，样本对总体的代表性越大，抽样误差越小；样本容量越小，抽样误差就要增大。但是，抽样数目越多，抽样调查的费用也越高，还会影响抽样调查的时效性。为了即能节约人力、物力、财力，体现出抽样调查的优越性，又能使抽样推断的准确性提高，必须确定最佳的样本容量。

6.7.1 影响样本容量的因素

1. 总体的变异程度(总体方差 σ^2)

在其他条件相同的情况下，有较大方差的总体，样本的容量应该大一些，反之则应该小一些。例如，在正态总体均值的估计中，抽样平均误差为 $\sigma/\sqrt{n}$，它反映了样本均值相对于总体均值的离散程度。所以，当总体方差较大时，样本的容量也相应地要大，这样才会使 $\sigma/\sqrt{n}$ 较小，从而保证估计的精确度。

2. 允许误差(极限误差)

允许误差说明了估计的精度。在其他条件不变的情况下，如果要求估计的精确度高，允许误差就小，那么样本容量就要大一些；如果要求的精确度不高，允许误差可以大一些，那么样本容量可以小一些。

3. 抽样推断的可靠程度

概率保证度说明了估计的可靠程度。在其他条件不变的情况下，如果要求较高的可靠度，就要增大样本容量；反之，可以相应减小样本容量。

4. 抽样方法不同

在相同的条件下，重复抽样的抽样平均误差比不重复抽样的抽样平均误差大，因此两种抽样方法所需要的样本容量也就不同。重复抽样需要更大的样本容量，不重复抽样的样本容量则可小一些。

5. 抽样的组织方式不同

不同的抽样组织方式有不同的抽样平均误差，这也是影响样本容量的一个重要因素。

6.7.2 必要抽样单位数的确定

在此，我们只介绍简单随机抽样方式下必要抽样单位数的确定方法。

1. 估计总体平均数的必要抽样单位数

1) 重复抽样的必要抽样单位数

由于

$$\Delta_{\bar{x}} = t\mu_{\bar{x}} = t\sqrt{\frac{\sigma^2}{n}}$$

所以

$$\Delta_{\bar{x}}^2 = \frac{t^2\sigma^2}{n}$$

移项，得

$$\Delta_{\bar{x}}^2 n = t^2\sigma^2$$

所以

$$n = \frac{t^2\sigma^2}{\Delta_{\bar{x}}^2} \tag{6-12}$$

2) 不重复抽样的必要抽样单位数

由于

$$\Delta_{\bar{x}} = t\mu_{\bar{x}} = t\sqrt{\frac{\sigma^2}{n}\left(1-\frac{n}{N}\right)}$$

所以

$$\Delta_{\bar{x}}^2 = \frac{t^2\sigma^2}{n}\left(1-\frac{n}{N}\right) = \frac{t^2\sigma^2 N - t^2\sigma^2 n}{nN}$$

移项，得

$$\Delta_{\bar{x}}^2 nN = t^2\sigma^2 N - t^2\sigma^2 n$$

$$n(\Delta_{\bar{x}}^2 N + t^2\sigma^2) = t^2\sigma^2 N$$

$$n = \frac{t^2\sigma^2 N}{\Delta_{\bar{x}}^2 N + t^2\sigma^2} \tag{6-13}$$

例 6-10 某食品厂要检验本月生产的 10000 袋某产品的质量，根据以往的资料，这种产品每袋质量的标准差为 25g。如果要求在 95.45%的置信度下，平均每袋质量的误差不超过 5g，则应抽查多少袋产品？

解： 由题意可知 $N = 20000$，$\sigma = 25g$，$\Delta_{\bar{x}} = 5$ 克，根据置信度 $F(t) = 95.45\%$，查表得 $t = 2$。在重复抽样的条件下

$$n = \frac{t^2\sigma^2}{(\Delta_{\bar{x}})^2} = \frac{2^2 \times 25^2}{5^2} = 100 \text{（袋）}$$

在不重复抽样条件下

$$n = \frac{t^2\sigma^2 N}{(\Delta_{\bar{x}})^2 N + t^2\sigma^2} = \frac{2^2 \times 25^2 \times 10000}{5^2 \times 10000 + 2^2 \times 25^2} \approx 99 \text{（袋）}$$

由计算结果可知，在其他条件相同的情况下，重复抽样所需要的样本容量大于不重复抽样所需要的样本容量。

2. 估计总体成数的必要抽样单位数

1) 重复抽样的必要抽样单位数

由于

$$\Delta_p = t\mu_p = t\sqrt{\frac{P(1-P)}{n}}$$

所以

$$\Delta_p^2 = \frac{t^2 P(1-P)}{n}$$

移项，得

$$\Delta_p^2 n = t^2 P(1-P)$$

所以

$$n = \frac{t^2 P(1-P)}{\Delta_p^2} \tag{6-14}$$

2) 不重复抽样的必要抽样单位数

由于

$$\Delta_p = t\mu_p = t\sqrt{\frac{P(1-P)}{n}\left(1 - \frac{n}{N}\right)}$$

所以

$$\Delta_p^2 = \frac{t^2 P(1-P)}{n}\left(1 - \frac{n}{N}\right) = \frac{t^2 P(1-P)N - t^2 P(1-P)n}{nN}$$

移项，得

$$\Delta_p^2 nN = t^2 P(1-P)N - t^2 P(1-P)n$$

所以

$$n[\Delta_p^2 N + t^2 P(1-P)] = t^2 P(1-P)N$$

$$n = \frac{t^2 P(1-P)N}{\Delta_p^2 N + t^2 P(1-P)} \tag{6-15}$$

例 6-11 为了检查某企业生产的 10000 只显像管的合格率,需要确定样本的容量。根据以往经验,合格率为 90%或 91.7%。如果要求估计的允许误差不超过 0.0275,置信水平为 95.45%。求应该抽取多少只显像管?

解: 根据资料,当 $P = 90\%$ 时,$P(1-P) = 0.09$;当 $P = 91.7\%$ 时,$P(1-P) = 0.076$。

应该选择 $P(1-P)$ 较大者计算样本容量,即 $P = 90\%$,根据置信水平 $F(t) = 95.45\%$,查表知 $t = 2$。所以重复抽样条件下,必要抽样单位数为

$$n = \frac{t^2 P(1-P)}{\Delta_p^2} = \frac{2^2 \times 0.9 \times (1-0.9)}{0.0275^2} \approx 477$$

不重复抽样条件下的必要抽样单位数为

$$n = \frac{t^2 P(1-P) N}{\Delta_p^2 N + t^2 P(1-P)} = \frac{2^2 \times 0.9 \times (1-0.9) \times 10000}{0.0275^2 \times 10000 + 2^2 \times 0.9 \times (1-0.9)} \approx 455$$

从计算的结果可以看出,重复抽样应该抽取 477 件检验,而不重复抽样应该抽取 455 件检验,可见,在相同条件下,重复抽样的必要抽样单位数更大。

组织抽样调查时,有时对一个全及总体,应用抽样资料既要推断全及平均数,又要推断全及成数,但依据计算必要抽样单位数的公式分别确定的抽样单位数往往不相等。实际工作中,为了同时满足对全及平均数、全及成数推断的要求,通常采用其中较大 n 作为统一的抽样单位数。

例 6-12 在例 6-11 中,除了要检查合格率,还要测定该批产品的使用寿命。根据以往资料,使用寿命的标准差为 48h,允许误差不超过 5h,置信水平为 $F(t) = 95.45\%$。求应该抽取多少只显像管可以同时满足两项检查要求?

解: 由已知 $\Delta_{\bar{x}} = 5h$,$t = 2$,$\sigma = 48h$,则

$$n = \frac{t^2 \sigma^2}{\Delta_{\bar{x}}^2} = \frac{2^2 \times 48^2}{5^2} = 368.64 \approx 369$$

计算结果表明,需要抽取 477 件进行检测,可以同时满足要求。

6.8 假 设 检 验

6.8.1 假设检验的概述

1. 假设检验的意义

假设检验是抽样调查的一个重要内容。所谓假设检验,就是事先对总体参数或总体分布形式做出一个假设,然后利用样本信息来判断原假设是否合理,即判断样本信息与原假设是否有显著差异,从而决定应接受或拒绝原假设。例如,对于某机器设备,生产工艺改变后,要检验新工艺对产品的某个主要指标是否有影响时,就需要抽样检验总体的某个参数(如均值、方差等)是否等于改变工艺前的参数值,这类问题就属于假设检验问题。

假设检验与区间估计有着不可分割的联系。例如,对市场上某种产品的质量进行检验,

一般不可能对所有的产品进行测试,通常是采用随机抽样的方法,用样本的合格率来推断产品总体的合格率。如果我们以一定的概率把握程度估计某批产品合格率的范围,就是一个参数估计问题;如果我们以一定的概率水平,通过样本资料来判断该批产品是否合格,就是一个假设检验问题。

事实上,这两个问题针对同一个实例而言,用的是同一个样本、同一个统计量、同一种分布,因而可由区间估计问题转换成假设检验问题,也可由假设检验问题转化成一个区间估计问题,所以,假设检验可以看成区间估计中置信区间的另一种表达方式。

我们可以用置信区间估计技术来处理有关假设检验的问题,因为置信区间实际上是在一定的概率保证程度下利用样本资料计算得到的关于总体参数可能存在的范围,而我们进行假设检验时对总体参数所做的假定,有可能落在置信区间以外,也可能落在置信区间以内。同一个样本、同一个统计量、同一种分布的情况下,落在置信区间之外的假设可以判定为具有显著性差异,不能接受;落在置信区间内的假设则不能说它存在显著性差异,不能拒绝它,因此,我们可以将置信区间看作所有可能接受的假设的集合。

当然,假设检验和区间估计所考虑的问题是不同的,两者所关心的结论也不一样。在假设检验中,通常我们所关心的是检验总体参数值有无变化(即是否存在显著性差异),而区间估计的目的在于通过从总体中抽取样本资料推断总体参数在一定概率水平下的可能置信区间。在实际问题中当我们对总体参数一无所知时,一般用区间估计方法来处理;当对总体参数的信息有所了解,但存在某种怀疑、猜测、要求和希望而需要证实时,则应以假设检验方法来处理。

2. 假设检验的基本原理

1) 反证法思想

假设检验的基本思想是先对所研究的命题提出一种假设——无显著性差异的假设,称为原假设 H_0,与原假设相对的假设称为备择假设 H_1。假定 H_0 成立,即 "H_0 为真",如果检验中出现不合理现象,则表明 "H_0 为真" 的假设是错误的,应该拒绝 H_0;如果检验中未出现不合理现象,则表明 "H_0 为真" 的假设是正确的,应该接受 H_0。

2) 小概率原理

小概率原理认为,小概率事件在一次试验中几乎不可能发生。如果在假设检验中小概率事件在取得该样本的一次试验中发生了,我们就有理由怀疑原来对该事件的假设的正确性,从而拒绝原假设成立。因此,在进行假设检验时,事先确定一个可允许的作为判断标准的小概率非常重要,这个小概率标准是统计假设检验中的显著水平 $\alpha\,(0<\alpha<1)$,当一个事件的概率不大于 α 时,即认为它是小概率事件。

3. 假设检验的两类错误

由于假设检验是基于样本信息得到的,所以我们必须考虑发生误差的概率,表 6-11 列示了假设检验中可能发生的两类错误。

表 6-11 假设检验决策结果

结论		总体情况	
		H_0 是真	H_1 是真
结论	接受 H_0	结论正确 (概率为 $1-\alpha$)	犯第二类错误(取伪) (概率为 β)
结论	拒绝 H_0	犯第一类错误(拒真) (概率为 α)	结论正确 (概率为 $1-\beta$)

第一类错误是原假设为真而被我们拒绝了，把真当成了假，犯这类错误的概率为 α。例如，某批产品的实际合格率是 95%，我们抽取 10 件产品进行检验，结果有 1 件不合格品，我们就认为这批产品合格率低于 95%，这时我们就犯了拒真的错误。

第二类错误是原假设为伪而被我们接受了，把假当成了真，犯这类错误的概率为 β。例如，某企业宣称产品的合格率为 99%，而实际合格率仅为 90%。我们抽取 20 件进行检验，结果全部合格，于是我们推定该企业的说法是正确的，这时我们就犯了取伪的错误。

我们希望犯这两类错误的概率都尽可能小，但是在一定样本容量下，减小 α 会引起 β 增大，减小 β 会引起 α 增大。一般检验的原则是，事先规定 α，然后尽量减小 β。

【拓展知识】

6.8.2 假设检验的步骤

1) 建立统计假设

当对总体的某些特征未知时，就可以根据历史的、经验的或其他事实，对未知特征提出假设，一般同时列出原假设和备择假设。

2) 规定显著性水平 α 值

显著性水平 α 一般要结合事物本身的特点来确定，在统计实践中一般以 0.05 为显著性水平，以 0.01 为高显著性水平。

3) 确定假设检验的样本统计量及其分布

假设检验并不是直接通过样本观测值而是通过由样本所构造的适当统计量来进行的，所以必须在假设检验中事先确定用于检验的统计量并了解其分布特点。

4) 根据显著性水平 α 确定统计量的拒绝域及临界值

确定检验统计量和显著性水平，就可以算出假设 H_0 为真时的临界值，我们把概率为 $1-\alpha$ 下拒绝 H_0 为真的数值区域叫作拒绝域。

5) 做出统计决策

将实际求得的检验统计量取值与临界值进行比较，做出拒绝或接受原假设的决策。

【拓展知识】

6.8.3 统计参数的假设检验方法

假设检验可分为两类，一是参数假设检验；二是非参数检验或自由分布检验，主要是总体分布形式的假设检验。本书只讨论几种重要的参数检验。

1. 方差已知时，对一个正态总体均值的假设检验

当正态总体的方差 σ^2 已知，要检验总体的均值，其原假设为 H_0：$\mu = \mu_0$，根据抽样分布定理，样本平均数 $\bar{x}$ 服从 $N(\mu, \sigma^2/n)$，所以，如果 H_0 成立，则检验统计量 U 及其分布为

$$U=\frac{\bar{x}-\mu_0}{\sigma/\sqrt{n}} \sim N(0,1)$$

而与之相应的备择假设可能有三种,分别是 $\mu \neq \mu_0$、$\mu < \mu_0$、$\mu > \mu_0$。在检验中备择假设选择哪一种,应根据具体情况而定。对于不同形式的假设,H_0 的接受域和拒绝域也有所不同。

双侧检验(H_0: $\mu = \mu_0$;H_1: $\mu \neq \mu_0$)的拒绝域位于统计量分布曲线的两侧,如图 64(a)所示。这是因为当原假设为真时,样本平均数是总体平均数的估计量,两者近似,则统计量 U 很可能在 0 附近取值。若某一次抽样的样本统计量 U 的值太大或太小,我们都可以认为小概率事件发生了,从而拒绝 H_0,即原假设是错误的。

同样理由,左侧检验(H_0: $\mu = \mu_0$;H_1: $\mu < \mu_0$)的拒绝域位于统计量分布曲线的左侧,如图 6.4(b)所示;右侧检验(H_0: $\mu = \mu_0$;H_1: $\mu > \mu_0$)的拒绝域位于统计量分布曲线的右侧,如图 6.4(c)所示。

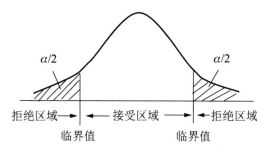

(a) 双侧检验

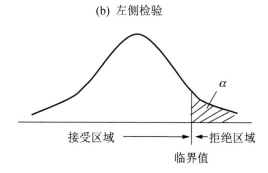

(b) 左侧检验

(c) 右侧检验

图 6.4 假设检验的接受区域和拒绝区域

我们举例说明。

例 6-13 某企业生产一种零件,过去的大量资料表明,零件的平均长度为 4cm,标准差为 0.1cm。改进工艺后,抽查了 100 个零件,测得样本平均长度为 3.94cm。试分析工艺改进前后零件的长度是否发生了显著的变化(显著性水平 $\alpha = 0.05$)?

解: (1) 提出原假设和备择假设。H_0: $\mu = 4$cm; H_1: $\mu \neq 4$cm。

(2) 规定显著性水平 α。$\alpha = 0.05$。

(3) 选择适当的统计量,并确定其分布形式。根据抽样分布定理,样本平均数 $\bar{x}$ 服从 $N(\mu, \sigma^2/n)$,所以,如果 H_0 成立,则检验统计量 U 及其分布为

$$U = \frac{\bar{x} - \mu_0}{\sigma/\sqrt{n}} \sim N(0,1)$$

(4) 根据显著性水平 α 确定统计量的拒绝域及临界值,即临界值 $U_{\frac{\alpha}{2}} = U_{0.025} = 1.96$,拒绝域为 $(-\infty, -1.96]$ 和 $[1.96, +\infty)$。

(5) 根据样本资料计算出检验统计量的具体值,并与临界值比较,做出接受或拒绝原假设 H_0 的结论。

因为 $\mu_0 = 4$, $\bar{x} = 3.94$, $\sigma = 0.1$, $n = 100$,则

$$U = \frac{\bar{x} - \mu_0}{\sigma/\sqrt{n}} = \frac{3.94 - 4}{0.1/\sqrt{100}} = -6$$

由于 $U = -6 < -1.96$,落入拒绝域,故拒绝原假设,即在 5% 的显著水平下,工艺改进前后零件的长度发生了显著的变化。

在有些问题中,我们仅仅关心总体平均数是否显著提高,如例 6-14。

例 6-14 根据过去大量资料,某厂生产的产品的使用寿命服从正态分布 $N(1020, 100^2)$。现从最近生产的一批产品中随机抽取 16 件,测得样本平均寿命为 1080h。试在 0.05 的显著性水平下判断这批产品的使用寿命是否有显著提高?

解: 根据题意,提出假设,H_0: $\mu = 1020$; H_1: $\mu > 1020$,检验统计量

$$U = \frac{\bar{x} - \mu_0}{\sigma/\sqrt{n}} = \frac{1080 - 1020}{100/\sqrt{16}} = 2.4$$

由 $\alpha = 0.05$,查表得临界值 $U_{0.05} = 1.645$。

由于 $U = 2.4 > U_\alpha = 1.645$,所以应拒绝 H_0 而接受 H_1,即这批产品的使用寿命有显著提高。

2. 方差未知时,对一个正态总体均值的假设检验

设总体 $X \sim N(\mu, \sigma^2)$,但总体方差 σ^2 未知,此时对总体均值的检验不能用上述 U 检验法,因为此时的检验统计量 U 中包含了未知参数 σ。为了得到一个不含未知参数的检验统计量,很自然会用总体方差的无偏估计量——样本方差 $S_{n-1}^2 = \dfrac{\sum(x-\bar{x})^2}{n-1}$ 来代替 σ^2,于是得到 T 统计量。检验统计量 T 及其分布为

$$T = \frac{\bar{x} - \mu_0}{S_{n-1}/\sqrt{n}} \sim t(n-1), \text{当 } H_0 \text{ 为真}$$

利用服从 t 分布的统计量去检验总体均值的方法称为 t 检验法。其具体做法如下：
(1) 根据题意提出假设(与 U 检验法中的假设形式相同)。
(2) 构造检验统计量 T 并根据样本信息计算其具体值；
(3) 对于给定的显著水平 α，由 t 分布表查得临界值。
(4) 将所计算的 T 值与临界值比较，做出检验结论：
① 双侧检验时，若 $|T| > t_{\alpha/2}$，则拒绝 H_0，接受 H_1；
② 左侧检验时，若 $T < -t_\alpha$，则拒绝 H_0，接受 H_1；
③ 右侧检验时，若 $T > t_\alpha$，则拒绝 H_0，接受 H_1。

例 6-15 从长期的资料可知，某厂生产的某种电子元件的平均使用寿命服从均值为 200h、标准差未知的正态分布。通过改变部分生产工艺后，抽得 10 件做样本，经检测得到以下数据(单位：h)：

202、209、213、198、206、210、195、208、200、207

在显著水平 $\alpha = 0.05$ 的条件下判断该批产品的平均使用寿命是否有所提高？

解：根据题意，检验目的是考察电子元件的平均使用寿命是否有所提高。因此，可建立如下假设：

$$H_0: \mu = 200 \ ; \quad H_1: \mu > 200$$

根据已知数据求得 $\bar{x} = 204.8$，$S_{n-1} = 5.789$，则检验统计量为

$$T = \frac{\bar{x} - \mu_0}{S_{n-1}/\sqrt{n}} = \frac{204.8 - 200}{5.789/\sqrt{10}} \approx 2.622$$

由 $\alpha = 0.05$，查表得临界值 $t_\alpha(n-1) = t_{0.05}(10-1) = 1.8331$。

由于 $T = 2.622 > t_\alpha(n-1) = 1.8331$，所以拒绝 H_0 接受 H_1，即可以接受"在新工艺下，这种电子元件的平均使用寿命有所提高的假设"。

t 检验法适用于小样本情况下总体方差未知时对正态总体均值的假设检验。随着样本容量 n 的增大，t 分布趋近于标准正态分布。因此在大样本情况下($n > 30$)，总体方差未知时对正态总体均值 μ 的假设检验通常近似采用 U 检验法。同理，大样本情况下非正态总体均值的检验也可用 U 检验法。因为，根据大样本的抽样分布定理，总体分布形式不明或为非正态总体时，样本平均数趋近于正态分布。这时，检验统计量 U 中的总体标准差 σ 用样本标准差 S 来代替。

3. 总体成数的假设检验

由比例的抽样分布定理可知，样本比例服从二项分布，因此可由二项分布来确定对总体比例进行假设检验的临界值，但其计算往往十分烦琐。大样本情况下，二项分布近似服从正态分布。因此，对总体比例的检验通常是在大样本条件下进行的，根据正态分布来近似确定临界值，即采用 U 检验法。其检验步骤与均值检验时的步骤相同，只是检验统计量不同。

首先提出待检验的假设，即

$$H_0: P = P_0, \ H_1: P \neq P_0(或 P < P_0, \ P > P_0)$$

检验统计量为

$$U = \frac{p - P_0}{\sqrt{\dfrac{p(1-p)}{n}}} \sim N(0, 1)$$

例 6-16 调查人员在调查某企业的主要生产线时,被告知性能良好、生产稳定,产品合格率可达 99%。调查人员随机抽查了 200 件产品,其中 195 件产品合格,试判断厂家的宣称是否可信($\alpha = 10\%$)。

解:依题意,可建立如下假设,即
$$H_0: P = 0.99, \quad H_1: P \neq 0.99$$

样本合格率 $p = \dfrac{m}{n} = \dfrac{195}{200} = 0.975$

由于样本容量相当大,所以可近似采用 U 检验法,则检验统计量为
$$U = \frac{p - P_0}{\sqrt{\dfrac{p(1-p)}{n}}} = \frac{0.975 - 0.99}{\sqrt{\dfrac{0.975 \times 0.025}{200}}} \approx -1.359$$

给定 $\alpha = 0.1$,查正态分布表得 $\mu_{\alpha/2} = \mu_{0.05} = 1.645$。

由于 $|U| < \mu_{\alpha/2}$,所以应接受原假设,即认为厂家的宣称是可信的。

4. 一个正态总体方差的检验

方差是正态总体非常重要的参数,是研究产品质量波动程度,生产状况稳定与否的重要标志,所以对总体方差的推断也具有实用价值。

所要检验的原假设为 $H_0: \sigma^2 = \sigma_0^2$,备择假设根据情况可以是 $H_1: \sigma^2 \neq \sigma_0^2$、$H_1: \sigma^2 > \sigma_0^2$、$H_1: \sigma^2 < \sigma_0^2$。

我们使用的统计量 $\chi^2 = \dfrac{(n-1)S_{n-1}^2}{\sigma_0^2}$,其中 $S_{n-1}^2 = \dfrac{\sum(x-\bar{x})^2}{n-1}$ 是总体方差的无偏估计量,若原假设为真,$\dfrac{S_{n-1}^2}{\sigma_0^2}$ 很可能在 1 的附近取值,则统计量 $\chi^2 = \dfrac{(n-1)S_{n-1}^2}{\sigma_0^2}$ 的值大小适中,可接受原假设;反之,拒绝原假设。

统计量 $\chi^2 = \dfrac{(n-1)S_{n-1}^2}{\sigma_0^2}$ 在 H_0 为真时,服从自由度为 $(n-1)$ 的 χ^2 分布,对于给定的显著水平 α,可查 χ^2 分布表确定临界值,并给出拒绝域。

(1) 当 $H_0: \sigma^2 = \sigma_0^2$,$H_1: \sigma^2 \neq \sigma_0^2$ 时,拒绝域为 $(0, \chi_{1-\alpha/2}^2(n-1))$ 和 $(\chi_{\alpha/2}^2(n-1), +\infty)$;

(2) 当 $H_0: \sigma^2 = \sigma_0^2$,$H_1: \sigma^2 > \sigma_0^2$ 时,拒绝域为 $(\chi_\alpha^2(n-1), +\infty)$;

(3) 当 $H_0: \sigma^2 = \sigma_0^2$,$H_1: \sigma^2 < \sigma_0^2$ 时,拒绝域为 $(0, \chi_{1-\alpha}^2(n-1))$。

5. 方差已知时,对两个正态总体均值的假设检验

对来自两个正态总体的两个独立样本,已知样本容量、均值和总体方差分别为 n_1、$\bar{x}_1$、σ_1^2 和 n_2、$\bar{x}_2$、σ_2^2,可用 U 检验法检验原假设 $H_0: \mu_1 = \mu_2$。

可以证明,若 $\bar{x}_1 \sim N(\mu_1, \sigma_1^2/n_1)$,$\bar{x}_2 \sim N(\mu_2, \sigma_2^2/n_2)$,则
$$\bar{x}_1 - \bar{x}_2 \sim N(\mu_1 - \mu_2, \frac{\sigma_1^2}{n_1} + \frac{\sigma_2^2}{n_2})$$

所以,在 H_0 成立的情况下,统计量

第6章 抽样调查

$$U = \frac{\overline{x}_1 - \overline{x}_2}{\sqrt{\dfrac{\sigma_1^2}{n_1} + \dfrac{\sigma_2^2}{n_2}}} \sim N(0,1)$$

对于给定的显著水平 α，可查标准正态分布表确定临界值，并给出拒绝域。

(1) 当 H_0：$\mu_1 = \mu_2$，H_1：$\mu_1 \neq \mu_2$ 时，拒绝域为 $|U| > U_{\frac{\alpha}{2}}$；

(2) 当 H_0：$\mu_1 = \mu_2$，H_1：$\mu_1 > \mu_2$ 时，拒绝域为 $U > U_\alpha$；

(3) 当 H_0：$\mu_1 = \mu_2$，H_1：$\mu_1 < \mu_2$ 时，拒绝域为 $U < -U_\alpha$。

6. 方差未知时，对两个正态总体均值的假设检验

对来自两个正态总体的两个独立样本，已知样本容量、均值分别为 n_1、$\overline{x}_1$ 和 n_2、$\overline{x}_2$，方差未知，但知两个方差值相等，此时可用 t 检验法检验原假设 H_0：$\mu_1 = \mu_2$。

在 H_0 成立的情况下，可证明统计量

$$T = \frac{\overline{x}_1 - \overline{x}_2}{\sqrt{\dfrac{\sum\limits_{i=1}^{n_1}(x_{1i} - \overline{x}_1)^2 + \sum\limits_{i=1}^{n_2}(x_{2i} - \overline{x}_2)^2}{n_1 + n_2 - 2} \cdot \left(\dfrac{1}{n_1} + \dfrac{1}{n_2}\right)}} \sim t(n_1 + n_2 - 2)$$

对于给定的显著水平 α，可查 t 分布表确定临界值，并给出拒绝域。

(1) 当 H_0：$\mu_1 = \mu_2$，H_1：$\mu_1 \neq \mu_2$ 时，拒绝域为 $|T| > t_{\alpha/2}$；

(2) 当 H_0：$\mu_1 = \mu_2$，H_1：$\mu_1 > \mu_2$ 时，拒绝域为 $T > t_\alpha$；

(3) 当 H_0：$\mu_1 = \mu_2$，H_1：$\mu_1 < \mu_2$ 时，拒绝域为 $T < -t_\alpha$。

本 章 小 结

> 本章是现代统计方法的重要内容之一，在社会经济领域和自然科学领域有着广泛的应用。在概述中介绍了抽样调查的概念、特点和作用；讲解了全及总体、抽样总体、全及指标、抽样指标、抽样框、样本数、重复抽样和不重复抽样等相关概念；介绍了抽样推断的理论依据是大数定律和中心极限定理；在抽样误差中介绍了抽样误差的概念、影响抽样误差的因素、抽样平均误差和抽样极限误差；在全及指标推断中讲述了统计量选择的标准、抽样估计的方法和总量指标的抽样推算；介绍了影响样本容量的因素和必要抽样单位数的确定；在抽样设计与组织实施中介绍了抽样调查的程序和抽样组织方式；在假设检验中介绍了假设检验的概念、假设检验的步骤和统计参数的假设检验方法。本章重点掌握抽样调查的特点、抽样平均误差和抽样极限误差的计算与运用、点估计和区间估计的计算与运用、必要抽样单位数的计算与运用。

思考与练习

一、单项选择题

1. 进行抽样调查时，必须遵循的基本原则是(   )。

  A．准确性原则　　　　　　　　　　B．标准化原则

  C. 随机性原则   D. 可靠性原则

2. 抽样调查的目的是(　　)。
  A. 了解总体的基本情况   B. 用样本指标推断总体指标
  C. 对样本进行全面调查   D. 了解样本的基本情况

3. 抽样调查所特有的误差是(　　)。
  A. 由于样本的随机性而产生的误差   B. 登记误差
  C. 系统性误差   D. A、B、C 都错

4. 抽样调查和重点调查的主要区别是(　　)。
  A. 选取调查单位的方式不同   B. 调查的目的不同
  C. 调查的单位不同   D. 两种调查没有本质区别

5. 当可靠度大于 0.6827 时，抽样极限误差(　　)。
  A. 大于抽样平均误差
  B. 小于平均误差
  C. 等于抽样平均误差
  D. 与抽样平均误差的大小关系依样本容量而定

6. 有一批灯泡共 1000 箱，每箱 200 个，现随机抽取 20 箱并检查这些箱中全部灯泡，此种检验属于(　　)。
  A. 纯随机抽样   B. 类型抽样
  C. 整群抽样   D. 等距抽样

7. 当总体单位不是很多且各单位间差异较小时宜采用(　　)。
  A. 类型抽样   B. 纯随机抽样
  C. 整群抽样   D. 两阶段抽样

8. 在抽样调查中，抽样误差是(　　)。
  A. 可以避免的   B. 可避免且可控制
  C. 不可避免且无法控制   D. 不可避免但可控制

9. 在其他条件不变的情况下，抽样单位数越多，则(　　)。
  A. 系统误差越大   B. 系统误差越小
  C. 抽样误差越大   D. 抽样误差越小

10. 假定 10 亿人口大国和 100 万人口小国的居民年龄变异程度相同，现在各自用重复抽样方法抽取本国的 1‰人口进行调查，则抽样误差(　　)。
  A. 两者相等   B. 前者大于后者
  C. 前者小于后者   D. 不能确定

11. 某地有 2 万亩稻田，根据上年资料得知其中平均亩产的标准差为 50kg，若以 95.45%的概率保证平均亩产的误差不超过 10kg，应抽选(　　)亩稻田作为样本进行抽样调查。
  A. 100   B. 250   C. 500   D. 1000

12. 根据 30%的抽样资料，甲产品的一级品比例为 30%，乙产品一级品比例为 20%，在所抽样产品数相等的条件下，一级品比例的抽样误差(　　)。
  A. 甲<乙   B. 甲>乙   C. 甲=乙   D. 无法判断

13. 下列关于样本平均数和总体平均数的说法，正确的是(　　)。
    A．前者是一个确定值，后者是随机变量
    B．前者是随机变量，后者是一个确定值
    C．两者都是随机变量
    D．两者都是确定值

14. 抽样分布是指(　　)。
    A．一个样本观测值的分布　　　　B．总体中各观测值的分布
    C．样本统计量的分布　　　　　　D．样本数量的分布

15. 从服从正态分布的总体中分别抽取容量为 4、10、20 的样本，当样本容量增大时，样本均值的标准差(　　)。
    A．增加　　　　B．减少　　　　C．保持不变　　　　D．无法确定

二、多项选择题

1. 关于随机原则的叙述，正确的是(　　)。
    A．所谓随机原则就是在抽取调查单位时，完全排除人为的主观因素影响，并保证每一个调查单位都有相等的中选可能
    B．就概率意义而言，随机原则又称为等可能性原则
    C．所谓随机原则就是在抽取调查单位时，利用主观意识抽样
    D．利用抽样调查抽选样本时，应遵循随机原则
    E．选取样本时要求总体中每个单位都有相等的机会或可能性被抽中

2. 重复抽样和不重复抽样的差别有(　　)。
    A．可能的样本数目不同
    B．抽样误差的大小不同
    C．抽样误差的计算公式不同
    D．前者属于随机抽样，后者属于非随机抽样
    E．两者都必须考虑抽取样本的顺序

3. 重复抽样和不重复抽样相比的结论中，说法正确的有(　　)。
    A．两者都是随机抽样
    B．两者的可能样本数目不同
    C．两者都能使总体中每个单位被抽中的机会相等
    D．总体中每个单位被抽中的机会不全相等
    E．两者都是一种抽样方式

4. 抽样误差中不包括(　　)。
    A．登记性误差
    B．因抽样破坏随机原则而造成的系统性偏差
    C．用样本指标代表总体指标而产生的不可避免的误差
    D．由于工作失误所造成的误差
    E．调查性误差

5. 抽样平均误差是( )。
   A．所有可能抽样误差的一般水平
   B．总体标准差
   C．所有可能出现的样本指标的标准差
   D．样本标准差
   E．所有样本指标和总体指标的平均离差

6. 影响抽样误差的主要因素有( )。
   A．总体被研究标志的变异程度
   B．样本容量
   C．抽样方法
   D．抽样组织形式
   E．估计的可能性和准确度的要求

7. 计算抽样平均误差时，若缺少总体方差和总体成数，解决的方法有( )。
   A．用样本方差来代替总体方差；用样本成数代替总体成数
   B．可用过去全面调查的资料代替
   C．可用过去抽样调查的资料代替
   D．用估计资料代替
   E．用样本资料代替

8. 下面关于样本单位数的说法，正确的是( )。
   A．若要求抽样的可靠程度较高，抽样的数目就要多些
   B．若总体变异程度大，则需多抽取一些样本单位
   C．如果抽样的极限误差小，即允许误差小，则需多抽取样本单位
   D．一般在同样的条件下，重复抽样需要多抽取样本
   E．一般分层抽样和等距抽样比随机抽样需要的样本单位数多

9. 与全面调查比，抽样调查具有的特点有( )。
   A．节省人力   B．节省物力   C．节省财力
   D．节省时间   E．无调查误差

10. 下列关于抽样误差的说法正确的是( )。
    A．抽样误差不包括登记误差和系统性误差
    B．抽样误差是在遵循了随机原则的条件下，用样本指标代表总体指标而产生的不可避免的误差
    C．抽样误差是一个随机变量，是可控制的误差
    D．抽样误差越小，说明样本的代表性越高；反之，样本的代表性越低
    E．抽样误差说明样本指标与总体指标的相差范围

三、判断题

1. 在抽样推断中，作为推断对象的总体和作为观察对象的样本都是确定的、唯一的。
   ( )
2. 抽样调查的目的在于用抽样指标去推断总体指标。   ( )

3．不论总体单位数是多少都适合用抽样调查方法。（　）

4．抽样极限误差可以大于抽样平均误差，可以小于抽样平均误差，当然也可以等于抽样平均误差。（　）

5．对于重复简单随机抽样，若其他条件不变，样本单位数目增加 3 倍，则样本平均数抽样平均误差将必须减少 30%。（　）

6．对于重复简单随机抽样，若其他条件不变，要使抽样平均误差减少一半，则抽样单位数目将必须增加 1 倍。（　）

7．样本成数是指在样本中具有被研究标志表现的单位数占全部样本单位数的比重。（　）

8．抽样误差产生的原因是抽样调查时违反了随机原则。（　）

9．抽样误差是抽样调查所固有的、无法消除的误差。（　）

10．点估计就是以样本的实际值直接作为相应总体参数的估计值。（　）

四、简答题

1．什么是抽样调查？抽样调查有特点有哪些？抽样调查有什么作用？

2．随机原则指的是什么？抽样调查中为什么要遵循随机原则？

3．抽样调查的理论依据是什么？怎样理解？

4．类型抽样中的分组与整群抽样中的分群有何不同？

5．试比较等距抽样中按无关标志和有关标志排队的优缺点。

6．假设检验的基本原理是什么？

五、计算题

1．某地区为了解职工家庭的收入情况，从本地区 3000 户家庭中，按不重复抽样的方法抽取 300 户职工家庭进行调查，调查结果如表 6-12 所示。

表 6-12　某地区职工家庭收入情况调查资料

每户周收入(元)	收入调查户数(户)
400 以下	40
400～600	80
600～800	120
800～1000	50
1000 以上	10
合计	300

(1) 若用这 300 户家庭的周收入资料推算该地区 3000 户家庭周收入情况，则抽样平均误差为多少？

(2) 若又从抽样资料知，周平均收入在 800 元以上的户数的比重为 20%，则周收入在 800 元以上成数抽样平均误差为多少？

2．某小区有 1500 位 20～60 岁的女性，用简单随机抽样的方法抽出 50 位作为样本，调查其家务劳动时间，如表 6-13 所示。

表 6-13　某小区女性家务劳动时间表

每日家务劳动时间/min	124	134	140	150	160	180	200	260
人数/人	4	6	9	10	8	6	4	3

要求：(1) 计算该小区女性平均家务劳动时间；

(2) 以 95.45%的可靠性估计该小区女性平均家务劳动时间的区间。

3．某大学有学生 5000 人，近年资料表明学生的人均月生活费用为 800 元，均方差为 8 元。若要采用不重复随机抽样方法，调查学生的人均月生活费，则应抽取多少人才能以 95%的置信度保证最大估计误差不超过 3 元？

4．对某一选举区内随机抽取的 100 位选民的民意调查表明，他们中的 55%支持某位候选人，求所求选民中支持这位候选人的比例为 95%的置信区间。

5．对生产某种规格的灯泡进行使用寿命检验，根据以往正常生产的经验，灯泡使用寿命标准差 $\sigma = 0.4$h，而合格品率为 90%，现用重复抽样方式，在 95.45%的概率保证下，抽样平均使用寿命的极限误差不超过 0.08h，抽样合格率的误差不超过 5%，则必要的抽样单位数应为多大？

6．某食盐生产企业用自动包装机包装食盐，每包盐的质量服从均值为 500g、标准差为 5g 的正态分布。某日开工后随机抽查 10 包，则样本均值在 498～502g 之间的概率是多少？

7．对一批成品按不重复随机抽样方法抽选 200 件，其中废品 8 件，又知道抽样单位数是成品总量的 1/20，当概率为 0.9545 时，可否认为这批产品的废品率不超过 5%？

8．已知某种球体直径 $x \sim N(\mu, \sigma^2)$，μ 和 σ^2 未知，某位科学家测量的一个球体直径的 5 次记录为 6.33cm、6.37cm、6.36cm、6.32cm 和 6.37cm，试估计 μ 和 σ。

9．某汽车制造厂为了测定某种型号汽车轮胎的使用寿命，随机抽取 36 只作为样本进行寿命测试，计算出轮胎的平均寿命为 43000km，标准差为 4120km，试以 95%的置信度推断该厂这批汽车轮胎的平均使用寿命。

10．某工厂生产的铁丝抗拉力服从正态分布，且已知其平均抗拉力为 570kg，标准差为 8kg。由于更换原材料，虽然认为标准差不会有变化，但不知平均抗拉力是否与原来一样，现从生产的铁丝中抽取 10 个样品，检测计算得平均抗拉力 $\bar{x}$ 为 575kg，试分析能否认为平均抗拉力无显著变化($\alpha = 0.05$)。

六、案例分析

汽车传动系统是否有问题

Metropolitan Research 有限公司是一家消费者研究组织，它设计调查，对消费者所使用的大量的产品和服务进行评估。在某一项研究中，Metropolitan 调查消费者对底特律某一个主要制造商所生产的汽车的性能的满意程度。分发给该制造商所生产的一种最大型号小汽车用户的调查表表明，许多人抱怨该车刚开始传动系统不佳。为了更好地了解传动系统的问题，Metropolitan 采用由底特律地区一个修理企业所提供的实际传动系统的维修记录为样本。表 6-14 是 50 辆汽车传动系统出现故障时汽车所行驶的实际里程的数据(单位：mile)。

表6-14　50辆汽车传动系统出现故障所行驶的实际里程数据

85092	32609	59465	77437	32534	64090	32464	59902	39323	89641
94219	116803	92857	63436	65605	85861	64342	61978	67998	59817
101769	95774	121352	69568	74376	66998	40001	72069	25066	77098
69922	35662	74425	67202	118444	53500	79294	64544	86813	116269
37831	89341	73341	85288	138114	53402	85586	82256	77539	88798

要求：

(1) 用适当的描述统计量汇总传动系统数据。

(2) 求曾经出现过传动系统问题的汽车总体中在出现传动系统问题时所行驶里程的均值的95%置信区间，并对该区间估计做出管理上的解释。

(3) 按照一些汽车用户曾经历过的早期传动系统失灵的说法，你的统计结果说明了什么？

(4) 如果研究公司想在5000mile的允许误差下，估计出现传动系统问题时所行驶里程的均值，则置信度为95%时应选取多大的样本容量？

(5) 为了更全面地对该传动系统问题做出评价，你还需要收集一些什么样的信息？

(资料来源：http://www.docin.com/p-1180820765.html)

第7章 相关分析与回归分析

教学目标

本章主要讲述相关分析与回归分析的有关概念与一般程序、相关关系的测定方法及检验方法、回归方程的建立和应用等内容。通过本章的学习,理解相关分析与回归分析的有关概念,熟悉相关分析与回归分析的基本程序,重点掌握相关系数的计算与检验、一元线性回归方程的配合方法、显著性检验与预测,并能够结合实际对变量之间进行相关分析与回归分析。

教学要求

知识要点	能力要求	相关知识
相关分析与回归分析概述	(1) 了解相关关系与函数关系的区别 (2) 熟悉相关关系的不同分类 (3) 熟悉相关分析与回归分析的区别和一般程序	(1) 相关关系与函数关系 (2) 相关关系的种类 (3) 相关分析与回归分析 (4) 相关分析与回归分析的一般程序
简单线性相关分析	(1) 了解相关表与相关图 (2) 掌握相关系数的测定 (3) 熟悉相关系数的显著性检验 (4) 理解相关分析应注意的问题	(1) 相关表和相关图 (2) 相关系数的测定 (3) 相关系数的显著性检验 (4) 相关分析中应注意的问题
线性回归分析	(1) 熟悉一元线性回归模型 (2) 掌握一元线性回归模型的估计 (3) 熟悉一元线性回归模型的检验 (4) 掌握应用估计的回归方程进行估计和预测 (5) 了解多元线性回归分析	(1) 一元线性回归模型 (2) 一元线性回归模型的估计 (3) 一元线性回归模型的检验 (4) 应用估计的回归方程进行估计和预测 (5) 多元线性回归分析
非线性回归分析	(1) 了解可线性化的常用曲线 (2) 了解非线性判定系数 (3) 理解非线性回归分析中应注意的问题	(1) 可线性化的常用曲线 (2) 非线性判定系数 (3) 非线性回归分析中应注意的问题

第 7 章 相关分析与回归分析

> 高尔顿等人关于回归分析的先驱性的工作，以及时间序列分析方面的一些工作，是数理统计学发展史中的重要事件。
>
> ——摘自《中国大百科全书》(数学卷)

关键词

函数关系　相关关系　单相关　复相关　正相关　负相关　线性相关　曲线相关　相关分析　回归分析　自变量　因变量　相关系数　判定系数　显著性检验　估计标准误差

导入案例

冰淇淋吃得越多犯罪率就越高？

在美国中西部的一个小镇，人们发现了一个不合乎逻辑的现象。地方警察局长发现冰淇淋消费量越多，犯罪率就越高。如果你测量这两个变量，你会发现这两个变量的相关系数是正向的，也就是人们吃的冰淇淋越多，犯罪率就越高。就像你可能预期的一样，人们吃的冰淇淋越少，犰罪率就越低。

这使警察局局长很困惑，直到他回想起大学时选修的统计学课程，他的这个困惑才最后解开。他想这个问题非常容易，他也没有把该小镇所有商店的冰淇淋都拿走而使犯罪率下降。之后，他利用所学的统计知识为他后来的议员选举提供了很大的帮助，最终他成功当选该市议员。这个案例中你能猜到该警察局局长的想法吗？

(资料来源：[美] 尼尔·J. 萨尔金德. 爱上统计学[M]. 史玲玲，译. 重庆：重庆大学出版社，2008.)

点评：

冰淇淋消费量越多，犯罪率就越高，这两个变量之间没有一定的逻辑关系，但一定存在某一变量同时与冰淇淋消费量和犯罪率两变量相关联，这个变量就是室外温度。当室外温度变暖，如夏天，就会有更多的犯罪(夏天的白天更长，人们开窗户多等)，而因为天气变暖，人们更享受吃冰淇淋的乐趣。相对地，在又长又黑暗的冬季，冰淇淋消费越少，同时犯罪率也越低。

相关表示两个或更多变量之间存在关联，相关和因果关系无关，即冰淇淋消费量和犯罪率一起增长(或一起下降)，并不意味着一个变量的变化会导致另一个变量的变化。

7.1 相关分析与回归分析概述

相关与回归是现代统计学中非常重要的内容，相关分析与回归分析是处理变量数据之间相关关系的一种统计方法。通过相关分析，可以判断两个或两个以上的变量之间是否存在相关关系，以及相关关系的方向、形态及相关关系的密切程度；回归分析是对具有相关关系现象间数量变化的规律性进行测定，确立一个回归方程式，并对所建立的回归方程式的有效性进行分析、判断，以便进一步进行估计和预测。现在，相关分析与回归分析已经广泛应用到企业管理、商业决策、金融分析及自然科学和社会科学等许多研究领域。

7.1.1 相关关系与函数关系

现实世界中的各种现象之间相互联系、相互制约、相互依存，某些现象发生变化时，另一现象也随之发生变化。例如，商品价格的变化会刺激或抑制商品销售量的变化；劳动力素质的高低会影响企业的效益；居民收入的高低会影响居民对该企业产品的需求量等。研究这些现象之间的依存关系，找出它们之间的变化规律，是对经搜集、整理过的统计数据进行数据分析，为客观、科学地统计提供依据。

现象间的依存关系大致可以分成两种类型：一类是函数关系，另一类是相关关系。

1. 函数关系

函数关系是指现象之间存在确定性的依存关系，表现为某一现象发生变化另一现象也随之发生变化，并且有确定的值与之相对应，即一个或一组变量每取一个值，相应地，另一个变量必然有一个确定值与之对应。函数关系可以用一个确定的公式，即函数式 $y = f(x)$ 来表示。例如，银行的 1 年期存款利率为年息 3%，存入的本金用 x 表示，到期本息用 y 表示，则 $y = (1 + 3\%)x$；再如，某种商品的成交额 Y 与该商品的成交量 Q、成交价格 P 之间的关系可以用 $Y = PQ$ 来表示，这都是函数关系。

2. 相关关系

相关关系是指现象之间存在非确定性依存关系。它是一种现象之间确实存在的，但数量上不是严格对应的依存关系。在这种关系中，对于某一现象的每一数值，可以有另一现象的若干数值与之相对应，即一个或一组变量每取一个值，相应地，另一个变量可能有多个不同值与之对应。相关关系可用统计模型 $y = f(x) + \varepsilon$ 来表示，式中，ε 为影响 y 的除 x 外的其他随机因素。例如，成本的高低与利润的多少有密切关系，但某一确定的成本与相对应的利润却是不确定的。这是因为影响利润的因素除了成本外，还有价格、供求平衡、消费嗜好等因素及其他偶然因素。

3. 两者的关系

相关关系和函数关系既有区别，又有联系。函数关系是变量之间的一种完全确立性的关系，即某一变量发生变化，另一变量就有一个确定值与之相对应；相关关系一般是不完全确定的关系，即对自变量的一个值，与之对应的因变量值不是唯一的。

相关关系与函数关系的不同之处如下：

(1) 函数关系的两个变量之间的关系是确定的，而相关关系两变量的关系是不确定的，可以在一定范围内变动。

(2) 函数关系变量之间的依存可以用一定的方程 $y = f(x)$ 表现出来，可以给定自变量来推算因变量，而相关关系不能用一定的方程表示。函数关系是相关关系的特例，即函数关系是完全的相关关系，相关关系是不完全的相关关系。

函数关系与相关关系虽然有明显的区别，但两者之间并不存在不可逾越的界限。由于存在测算误差等原因，函数关系在实际中往往通过相关关系表现出来。而在研究相关关系时，为了找到现象间数量关系的内在联系和表现形式，又常常需要借助于函数关系的形式加以描述。因此，相关关系是相关分析的研究对象，函数关系是相关分析的工具。

7.1.2 相关关系的种类

现象之间的相关关系从不同的角度可以区分为不同类型，各类型如图 7.1 所示。

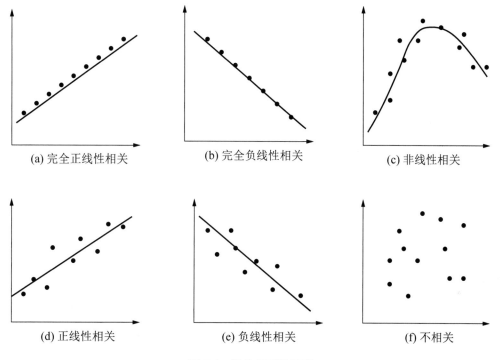

图 7.1 相关关系的类型

1. 按照相关关系涉及变量(因素)的多少分为单相关和复相关

单相关是指一个变量对另一个变量之间的相关关系，因此也称为一元相关，如广告费支出与产品销售量之间的相关关系。

复相关是指一个变量对两个或两个以上变量之间的相关关系，因此也称为多元相关，如商品销售额与居民收入、商品价格之间的相关关系。

在一个变量与两个或两个以上的变量相关的条件下，假定其他变量不变时，其中两个变量的相关关系称为偏相关。例如，在假定商品价格不变的条件下，该商品的需求量与消费者收入水平的相关关系即为偏相关。

2. 按照相关表现形式不同分为线性相关和非线性相关

线性相关是指当一个变量变动时，另一变量随之发生大致均等的变动，从图形上看，其观察点的分布近似地表现为一条直线，因此也称直线相关。例如，人均消费水平与人均收入水平通常呈线性关系。

非线性相关是指一个变量变动时,另一变量也随之发生变动,但这种变动不是均等的,从图形上看,其观察点的分布近似地表现为一条曲线,因此也称曲线相关,如抛物线、指数曲线等。例如,工人加班加点工作,在一定数量界限内,产量增加,但一旦超过一定限度,产量反而可能下降,这就是一种非线性关系。

3. 按照相关的方向不同可把直线相关分为正相关和负相关

正相关是指当自变量 x 数值增加(或减少)时,因变量 y 的数值也将随之相应地增加(或减少),即因变量和自变量的变动方向是一致的,这种相关关系也叫作同向相关。例如,工人劳动生产率提高,产品产量也随之增加;消费收入越多,则消费支出也增加;儿童数量增加,玩具的销售量也会增加等。

负相关是指当自变量 x 的数值增加(或减少),因变量 y 的数值随之减少(或增加),即自变量与因变量的变动方向是相反的,这种相关关系也叫作异向相关。例如,商品流转额越大,商品流通费用越低;利润随单位成本的降低而增加;劳动生产率提高,产品成本降低;商品价格降低,销售量增加等。

4. 按相关程度分为完全相关、不完全相关和不相关

当一个变量的数量完全由另一个变量的数量变化确定时,二者之间即为完全相关。例如,在价格不变的条件下,销售额与销售量之间的正比例函数关系即为完全相关,此时相关关系便成为函数关系。

当变量之间彼此互不影响,其数量变化各自独立时,变量之间为不相关,又称零相关。例如,股票价格的高低与气温的高低在一般情况下是不相关的。

如果两个变量的关系介于完全相关和不相关之间,称为不完全相关。由于完全相关和不相关的数量关系是确定的或相互独立的,因此统计学中相关分析的主要研究对象是不完全相关。不完全相关是相关分析的主要对象,也就是我们一般意义上所讲的相关关系。

7.1.3 相关分析、回归分析及两者关系

相关分析与回归分析是研究变量之间相关关系的两种基本方法。从广义上讲,这两者都可以叫作相关分析。在统计学的早期研究中,对于相关与回归的研究是并重的,某些统计学者甚至不用回归一词而都用相关一词,近代统计学的发展已使研究的重点转移到了回归分析方面。

1. 相关分析

从狭义的角度来看,相关分析以现象之间是否相关、相关的方向和密切程度等为主要研究内容,它不区别自变量与因变量,因为 x 与 y 是否相关和 y 与 x 是否相关是同一个问题。另外,狭义的相关分析对各变量的构成形式(关系的表现形态)也不关心。从广义的角度来看,相关分析就是研究两个或两个以上变量之间相关方向和相关密切程度大小及用一定函数来表达现象之间相互关系的方法。也就是说,广义的相关分析除了包括对现象间数量关系的密切程度的测定外,还包括具体的相关形式的分析,即回归分析。本章是从狭义的角度来理解相关分析的。

所谓相关分析，就是用一个指标(相关系数)来反映变量之间相关关系的方向和密切程度。其主要内容和步骤是，首先确定变量之间有无相关关系，以及相关关系的表现形式；然后确定相关关系的密切程度；最后对相关关系的显著性进行检验。

2. 回归分析

回归分析通过一个变量或一些变量的变化解释另一变量的变化。其主要内容和步骤如下：

(1) 根据理论和对问题的分析判断，将变量分为自变量和因变量。

(2) 设法找出合适的数学方程式(即回归模型)描述变量间的关系，由于涉及的变量具有不确定性，所以还要对回归模型进行统计检验。

(3) 统计检验通过后，利用回归模型，根据自变量去估计、预测因变量。

回归有不同种类，按照自变量的个数不同，回性有一元回归和多元回归。只有一个自变量的叫作一元回归，有两个或两个以上自变量的叫作多元回归。按照回归曲线的形态，回归有线性(直线)回归和非线性(曲线)回归。实际分析时应根据客观现象的性质、特点、研究目的和任务选取回归分析的方法。

3. 相关分析与回归分析的关系

相关分析是回归分析的基础和前提，回归分析则是相关分析的深入和继续。相关分析需要依靠回归分析来表现变量之间数量相关的具体形式，而回归分析需要依靠相关分析来表现变量之间数量变化的相关程度。只有当变量之间存在显著相关时，进行回归分析寻求其相关的具体形式才有意义。如果在没有对变量之间是否相关及相关方向和程度做出正确判断之前，就进行回归分析，很容易造成"虚假回归"。与此同时，相关分析只研究变量之间相关的方向和程度，不能推断变量之间相互关系的具体形式，也无法从一个变量的变化来推测另一个变量的变化情况，因此，在具体应用过程中，只有把相关分析和回归分析结合起来，才能达到研究和分析的目的。

相关关系和回归关系的区别主要体现在以下三个方面：

(1) 在相关分析中涉及的变量不存在自变量和因变量的划分问题，不必确定变量中哪个是自变量，哪个是因变量，变量之间的关系是对等的；而在回归分析中，必须根据研究对象的性质和研究分析的目的，对变量进行自变量和因变量的划分。因此，在回归分析中必须事先研究确定具有相关关系的变量中哪个为自变量，哪个为因变量，变量之间的关系是不对等的。

(2) 在相关分析中所有的变量都必须是随机变量；而在回归分析中，自变量是给定的，因变量才是随机的，即将自变量的给定值代入回归方程后，所得到的因变量的估计值不是唯一确定的，而是表现出一定的随机波动性。

(3) 相关分析主要是通过一个指标即相关系数来反映变量之间相关程度的大小，由于变量之间是对等的，因此相关系数是唯一确定的。而在回归分析中，对于互为因果的两个变量 (如人的身高与体重，商品的价格与需求量)，则有可能存在多个回归方程。

需要指出的是，变量之间是否存在"真实相关"，是由变量之间的内在联系决定的。相关分析和回归分析只是定量分析的手段，通过相关分析和回归分析，虽然可以从数量上反映变量之间的联系形式及其密切程度，但是无法准确判断变量之间是否存在内在联系，也无法判断变量之间的因果关系。因此，在具体应用过程中，一定要始终注意把定性分析和定量分析结合起来，在准确的定性分析的基础上展开定量分析。

4. 相关分析与回归分析的一般程序

(1) 通过相关表和相关图等定性分析的手段，确定现象之间有无相关关系及其表现形式。

(2) 通过计算相关系数，确定相关关系的密切程度。

(3) 对相关系数进行显著性检验。

(4) 对变量之间确实存在显著相关的现象，选择合适的数学模型给予近似的描述，即建立回归方程。

(5) 对回归方程进行显著性检验。

(6) 给定已掌握的自变量，利用回归方程对相关的未知因变量进行估计和预测。

7.2 简单线性相关分析

线性相关分析分为一元线性相关分析和多元线性相关分析，这里只介绍一元线性相关分析，也称为简单线性相关分析。要判别现象之间有无相关关系，一是定性分析，二是定量分析。定性分析是依据研究者的理论知识、专业知识和实践经验，对客观现象之间是否存在相关关系，以及有何种相关关系做出判断。然后在定性认识的基础上，编制相关表，绘制相关图，以便直观地判断现象之间相关的方向、形态及大致的密切程度。相关表和相关图可反映两个变量之间的相互关系及其相关方向，但无法确切地表明两个变量之间相关的程度。因此，还应对相关关系进行定量分析，即测定相关系数。

7.2.1 相关表和相关图

1. 相关表

相关表是一种反映变量之间相关关系的统计表。将某一变量按其取值的大小排列，再将与其相关的另一变量的对应值平行排列，便可得到简单的相关表。通过编制的相关表可以直观地判断现象之间大致呈何种关系形式可以清晰地表明因变量与自变量的关系。

相关表有简单相关表和分组相关表两种，分组相关表又可分为单变量分组相关表和双变量分组相关表。

1) 简单相关表

简单相关表是资料未经分组，只将自变量的变量值按大小顺序排列，并配合其对应的因变量的变量值所形成的表。

例 7-1 2016 年某管理局汇总所属的 16 个企业的销售收入和销售利润资料，经过定性分析判断产品销售额与利润总额有相关关系，于是可编成表 7-1 所示简单相关表。

表 7-1 简单相关表　　　　　　　　　　　　　　　　　　　　单位：万元

企业编号	销售收入 x	销售利润 y
1	420	60
2	500	80
3	520	90
4	780	100
5	1100	110
6	1200	130
7	1500	180
8	1800	220
9	2000	240
10	2200	260
11	2500	270
12	2600	280
13	2700	290
14	3000	300
15	3200	340
16	4200	400

从表 7-1 可以看出，销售收入与销售利润有同步增长的趋势，两变量存在正相关关系。简单相关表适用于总体单位数比较少的情况。

2) 分组相关表

单变量分组相关表是对因素变量即自变量分组并计算次数，而对应的结果变量即因变量不分组而只计算平均值而制成的表。根据例 7-1 资料，可编制单变量分组相关表如表 7-2 所示。

表 7-2 单变量分组相关表

按销售收入分组(万元)	企业数(个)	平均销售利润(万元)
500 以下	1	60
500～1000	3	90
1000～1500	2	120
1500～2000	2	200
2000～2500	2	250
2500～3000	3	280
3000～3500	2	320
3500 以上	1	400

单变量分组相关可将简单相关表的资料简化，从而更清晰地反映两个变量之间的相关关系。从表 7-2 中可以看到销售收入销售利润之间存在正相关的直线趋势。

双变量分组相关表，是对自变量和因变量都进行分组而制成的相关表，又称为棋盘式相关表。其编制程序：首先，分别确定自变量和因变量的分组数；其次，按两个变量的组数设计棋盘型表格；最后，计算各组次数并置于相对应的方格中。

根据例 7-1 资料，可编制双变量分组相关表如表 7-3 所示。

表 7-3 双变量分组相关表

按销售利润(万元)分组	按销售收入(万元)分组								合计
	500以下	500~1000	1000~1500	1500~2000	2000~2500	2500~3000	3000~3500	3500以上	
350 以上								1	1
300~350							2		2
250~300					1	3			4
200~250				1	1				2
150~200				1					1
100~150		1	2						3
100 以下	1	2							3
合计	1	3	2	2	2	3	2	1	16

编制双变量分组相关表，要把自变量置于横行，其变量值从小到大、自左至右排列；因变量置于纵栏，其变量值从大到小自上而下排列。这样排列，可使相关表与相关图取得一致形式，能直观地看出变量之间相关的方向。

相关表是绘制相关图的基础，是相关分析进行各种计算的依据。

2. 相关图

相关图又称为散点图，是把相关表中的原始对应数值在平面直角坐标系中用坐标点描绘出来。以横轴代表自变量，纵轴代表因变量，将相关表中两个对应变量的数值在坐标系中画出坐标点，每个坐标点称为相关点，所有相关点组成的图形就叫相关图。通过相关图中所有点的分布状况，可以直观地、大致地看出两个现象之间相关关系的表现形式、方向和密切程度。与相关表相比，相关图能更明显、更直观地表现现象之间的相关性。

例 7-2 某公司在全国有许多代理商，为研究其产品的广告投入与销售额的关系，统计人员随机选择 10 家代理商进行观察，搜集到年广告费投入和月平均销售额的数据，如表 7-4 所示。

表 7-4　10 家代理商年广告费投入与月平均销售额　　　　　　　　　　单位：万元

年广告费投入	月平均销售额
12.5	21.2
15.3	23.9
23.2	32.9
26.4	34.1
33.5	42.5
34.4	43.2
39.4	49.0
45.2	52.8
55.4	59.4
60.9	63.5

试根据表 7-4 绘制相关图。

解：根据表 7-4 的资料可以绘制相关图，如图 7.2 所示。

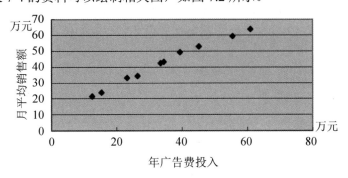

图 7.2　年广告费投入与月平均销售额散点图

从表 7-4 中可以直观地看出，随着广告投入的增加，销售额增加，两者之间存在一定的正相关关系。从相关图可以更直观地看出，年广告费投入与月平均销售额之间相关密切，且有线性正相关关系。

用相关表和相关图判断现象之间的相关关系虽然很直观，但很粗略。因为相关图和相关表都没有明确反映现象间的相关程度。要确切、具体地说明变量间的相关程度，就需要进行必要的定量分析，即计算相关系数。

7.2.2　相关系数的测定

相关系数是反映变量之间相关关系密切程度的统计指标。依据相关现象之间的不同特征，其统计指标的名称有所不同。例如，将反映两变量之间线性相关程度的统计指标称为单相关系数；将反映两变量以上的多元线性相关程度的统计指标称为复相关系数；将反映变量之间非线性相关程度的统计指标称为相关指数；另外，还有偏相关系数、等级相关系数等。这里主要介绍单相关系数(以下简称相关系数)。

1. 相关系数的定义公式

相关系数的基本计算是由英国著名统计学家卡尔·皮尔逊(Karl Pearson)所创的乘积动差法(简称积差法)，因此也称皮尔逊相关系数。它以两变量与各自的平均值的离差为基础，通过两个离差相乘来反映两变量的相关程度。

若相关系数是根据总体全部数据计算的，则称为总体相关系数，记为 ρ，定义公式为

$$\rho = \frac{\sigma_{XY}^2}{\sigma_X \cdot \sigma_Y} \tag{7-1}$$

式中，σ_{XY}^2 表示变量 X 和 Y 的协方差；σ_X 表示变量 X 的标准差；σ_Y 表示变量 Y 的标准差。

其中

$$\sigma_{XY}^2 = \frac{\sum (X-\overline{X})(Y-\overline{Y})}{N}$$

$$\sigma_X = \sqrt{\frac{\sum (X-\overline{X})^2}{N}}$$

$$\sigma_Y = \sqrt{\frac{\sum (Y-\overline{Y})^2}{N}}$$

由于变量的总体协方差和标准差不易得到，因此，总体的相关系数一般不容易测定，通常只能计算样本的相关系数，并用此估计总体的相关系数。σ_{XY}^2、σ_X 和 σ_Y 的无偏估计量分别为 S_{xy}^2、S_x 和 S_y，即样本相关系数 r 的计算公式为：

$$r = \frac{S_{xy}^2}{S_x S_y} \tag{7-2}$$

式中，

$$S_{xy}^2 = \frac{\sum (x-\overline{x})(y-\overline{y})}{n-1}$$

$$S_x = \sqrt{\frac{\sum (x-\overline{x})^2}{n-1}}$$

$$S_y = \sqrt{\frac{\sum (y-\overline{y})^2}{n-1}}$$

因为

$$r = \frac{\dfrac{\sum (x-\overline{x})(y-\overline{y})}{n}}{\sqrt{\dfrac{\sum (x-\overline{x})^2}{n}}\sqrt{\dfrac{\sum (y-\overline{y})^2}{n}}} = \frac{\sum (x-\overline{x})(y-\overline{y})}{\sqrt{\sum (x-\overline{x})^2 \sum (y-\overline{y})^2}} = \frac{S_{xy}^2}{S_x S_y}$$

所以，样本相关系数 r 的计算公式也常表述为

$$r = \frac{\dfrac{\sum (x-\overline{x})(y-\overline{y})}{n}}{\sqrt{\dfrac{\sum (x-\overline{x})^2}{n}}\sqrt{\dfrac{\sum (y-\overline{y})^2}{n}}} \tag{7-3}$$

$$r = \frac{\sum (x-\overline{x})(y-\overline{y})}{\sqrt{\sum (x-\overline{x})^2 \sum (y-\overline{y})^2}} \tag{7-4}$$

2. 相关系数的简捷计算

根据相关系数的定义公式推导得相关系数的简化公式为

$$r = \frac{n\sum xy - \sum x \cdot \sum y}{\sqrt{n\sum x^2 - (\sum x)^2} \cdot \sqrt{n\sum y^2 - (\sum y)^2}} \tag{7-5}$$

例 7-3 中欣公司 2007—2014 年的产品产量与产品总成本的相关资料如表 7-5 所示。

表 7-5　中欣公司 2007—2014 年产品产量与产品总成本的资料

年份	产品产量 x (千件)	产品总成本 y (千元)
2007	12	620
2008	20	860
2009	31	800
2010	38	1100
2011	50	1150
2012	61	1320
2013	72	1350
2014	80	1600

试根据表中资料求相关系数。

解： 根据表 7-5 计算相关系数，如表 7-6 所示。

表 7-6　相关系数计算表

年份	产品产量 x (千件)	产品总成本 y (千元)	x^2	y^2	xy
2007	12	620	144	384400	7440
2008	20	860	400	739600	17200
2009	31	800	961	640000	24800
2010	38	1100	1444	1210000	41800
2011	50	1150	2500	1322500	57500
2012	61	1320	3721	1742400	80520
2013	72	1350	5184	1822500	97200
2014	80	1600	6400	2560000	128000
合计	364	8800	20754	10421400	454460

所以

$$r = \frac{n\sum xy - \sum x \cdot \sum y}{\sqrt{n\sum x^2 - (\sum x)^2} \cdot \sqrt{n\sum y^2 - (\sum y)^2}}$$

$$= \frac{8 \times 454460 - 364 \times 8800}{\sqrt{8 \times 20754 - 364^2} \times \sqrt{8 \times 10421400 - 8800^2}} \approx 0.9697$$

3. 相关系数的性质

相关系数一般可以从正负符号和绝对数值的大小两个层面理解。正负说明变量(现象)之间是正相关还是负相关。绝对数值的大小说明两变量(现象)之间线性相关的密切程度。相关系数具有如下性质：

(1) r 的取值为 -1～+1。

(2) $r = +1$ 时为完全正相关；$r = -1$ 时为完全负相关。表明变量之间为完全线性相关，即函数关系。

(3) $r = 0$，表明两变量无线性相关关系。

(4) $r > 0$,表明变量之间为正相关;$r < 0$,表明变量之间为负相关。

(5) r 的绝对值越接近于 1,表明线性相关关系越密切;r 越接近于 0,表明线性相关关系越不密切。根据经验可将相关程度分为以下几种等级:

① $|r| < 0.3$,为无线性相关(微弱相关);

② $0.3 \leqslant |r| < 0.5$,为低度线性相关;

③ $0.5 \leqslant |r| < 0.8$,为显著线性相关;

④ $|r| \geqslant 0.8$,一般称为高度线性相关。

【拓展知识】

两个变量之间的相关程度和方向,取决于两个变量离差乘积之和 $\sum(x-\bar{x})(y-\bar{y})$,当它为 0 时,$r$ 为 0;当它为正时,r 为正;当它为负时,r 为负。相关程度的大小与计量单位无关。为了消除积差中两个变量原有计量单位的影响,将各变量的离差除以该变量数列的标准差,使其成为相对积差,因此相关系数是无量纲的数量。

知识链接

卡尔·皮尔逊,英国著名的统计学家、应用数学家、生物学家,又是名副其实的历史学家、科学哲学家、伦理学家、民俗学家、人类学家、宗教学家、优生学家、弹性和工程问题专家。他从儿童时代起,就有着广阔的兴趣爱好,他从数学研究开始,先后研究过哲学和法律,进而研究生物和遗传,后集大成于统计学。他在统计科学方面做出的卓越贡献有,把数学运用于遗传和进化的随机过程,首创次数分布与次数分布图,提出一系列次数曲线;推导出卡方分布,提出卡方检验;发展了生物统计学派创始人高尔登的回归与相关理论,提出了净相关、复相关、总相关、相关比等概念,得到了计算净相关、复相关的方法及相关系数的公式;为大样本理论奠定了基础;重视个体变异性的数量表现和变异数据的处理,首次提出"标准差"及其符号"σ"。

皮尔逊善于独立思考,不轻易相信权威,尤其重视数据和事实。在他之前,人们普遍认为,所有的社会现象都接近于正态分布。如果所得到的统计资料呈非正态分布,则怀疑是统计资料不够或有偏差所致。因此,人们不重视非正态分布的研究,甚至对个别提出非正态分布理论的人加以压制。但皮尔逊认为,正态分布只是一种分布形态,在高尔登优生学统计方法的启示下,1894 年他发表了《关于不对称曲线的剖析》,1895 年发表了《同类资料的偏斜变异》等论文,得到了包括正态分布、矩形分布、J 形分布、U 形分布等 13 种曲线及其方程式。他的这一成果,打破了以往频数分布曲线的"唯正态"观念,推进了频数分布曲线理论的发展和应用,为大样本理论奠定了基础。

1892 年出版的《科学入门》是皮尔逊的重要著作之一,书中明确提出了他的统计哲学思想:"一切科学的同一性在于方法,而与题材无关"。他将生物统计方法提炼成为一般处理统计资料的通用方法,发展了统计方法论,开创了现代统计科学的新阶段。皮尔逊的统计思想和成就,受到了当时西方统计学家的推崇,使一代西方统计学家在他的影响下成长起来,他被誉为"现代统计科学的创立者"。

7.2.3 相关系数的显著性检验

【拓展知识】

相关系数一般是根据样本数据计算的,具有一定随机性,样本容量越小其可信程度就越差。相关系数能否真实地表现变量总体的相关关系,与随机因素和样本容量大小的影响有关,故需要对 r 进行显著性检验。若 r 在统计上是显著的,就表明变量间存在线性相关;反之,则表明变量间不存在线性相关。

样本相关系数的检验包括两类检验：一是对总体相关系数是否等于 0 进行检验；二是对总体相关系数是否等于某一给定的不为 0 的数值进行检验。

这里仅介绍对总体相关系数 ρ 是否等于 0 的检验。在小样本($n<30$)情况下，通常采用费希尔(R. A. Fisher)的 t 检验法，即用 t 分布来检验 r 的显著性，其步骤如下：

(1) 提出假设。假设样本相关系数 r 是抽自具有零相关的总体，即

(零假设) H_0：$\rho=0$，(备选假设) H_1：$\rho \neq 0$

(2) 给定显著性水平 α，并依据自由度(n-2)，查找 t 分布表中相应的临界值 $t_{\frac{\alpha}{2}}(n\text{-}2)$；

(3) 计算检验统计量：

$$t = \frac{r\sqrt{n-2}}{\sqrt{1-r^2}} \tag{7-6}$$

(4) 做出判断。将计算的统计量 t 与临界值 $t_{\frac{\alpha}{2}}(n\text{-}2)$ 对比，若 $|t| \geq t_{\frac{\alpha}{2}}(n\text{-}2)$，则拒绝零假设，表明变量间线性相关在统计上是显著的；若 $|t| < t_{\frac{\alpha}{2}}(n\text{-}2)$，则接受零假设，说明变量间线性相关关系在统计上并不显著。

例 7-4 根据例 7-3 中的资料计算的产品产量与产品总成本之间的样本相关系数 $r=0.9697$，试问是否可以根据 5%的显著性水平认为产品产量与产品总成本之间存在一定程度的线性相关关系？

解：(1) 提出假设。

$$H_0：\rho=0，\quad H_1：\rho \neq 0$$

(2) 取显著性水平 $\alpha=0.05$，根据自由度 $n-2=6$，查 t 分布表得

$$t_{\frac{\alpha}{2}}(n\text{-}2) = t_{0.025}(6) = 2.4469$$

(3) 计算检验统计量：

$$t = \frac{r\sqrt{n-2}}{\sqrt{1-r^2}} = \frac{0.9697 \times \sqrt{8-2}}{\sqrt{1-09697^2}} \approx 9.7236$$

(4) 由于 $|t| > t_{\frac{\alpha}{2}}(n\text{-}2)$，所以拒绝 H_0，这表明变量间线性相关在统计上是显著的，即中欣公司 2007—2014 年的产品产量与产品总成本之间的相关关系是显著的。

7.2.4 相关分析中应注意的问题

1. 警惕虚假相关

有时两变量之间并不存在相关关系，却可能出现较高的相关系数，如存在另一个共同影响两变量的因素。在时间序列资料中往往会出现这种情况，有人曾对教师薪金的提高和酒价的上涨做了相关分析，计算得到一个较大的相关系数，这是否表明教师薪金提高导致酒的消费量增加，从而导致酒价上涨呢？经分析，事实是由于经济繁荣导致教师薪金和酒价的上涨，而教师薪金增长和酒价之间没有直接关系。

原因的混杂也可能导致错误的结论。有人做过计算，发现在美国经济学学位越高的人，收入越低，笼统地计算学位与收入之间的相关系数会得到负值。但分别对大学、政府机构、

企业各类别计算学位与收入之间的相关系数,则得到的是正值,即对同一行业而言,学位高,收入也高。

2. 相关关系不等于因果关系

具有相关关系的某些现象可表现为因果关系,即某一或若干现象的变化是引起另一现象变化的原因,且是可以控制的、给定的值,将其称为自变量;另一个现象的变化是自变量变化的结果,它是不确定的值,将其称为因变量。例如,在资金投入与产值之间,前者为自变量,后者为因变量。但具有相关关系的现象并不都表现为因果关系,如生产费用和生产量、商品的供求与价格等。这是由于相关关系比因果关系包括的范围更广泛。

相关系数只是表明两个变量之间互相影响的程度和方向,并不能说明两变量间是否有因果关系,以及何为因、何为果,即使是相关系数非常大时,也并不意味着两变量间具有显著的因果关系。例如,根据一些人的研究,发现抽烟与学习成绩有负相关关系,但不能由此推断是抽烟导致了成绩差。因与果在很多情况下是可以互换的。例如,研究发现收入水平与股票的持有额正相关,并且可以用收入水平作为解释股票持有额的因素,但是否存在这样的情况,你赚的钱越多,买的股票也越多,而买的股票越多,赚的钱也就越多,何为因?何为果?众所周知,经济增长与人口增长相关,可是究竟是经济增长引起人口增长,还是人口增长引起经济增长呢?这些都不能从相关系数中得出结论。

3. 注意相关关系成立的相关范围

不要在相关关系据以成立的数据范围以外,推断这种相关关系仍然存在。例如,雨下得多,农作物就长得好,但雨量过大,却可能损坏庄稼。又如,广告费投入多,销售额上涨,利润增加,但盲目加大广告投入,却未必使销售额再增长,利润还可能减少。正相关达到某个极限后,就可能变成负相关。这个道理在分析问题时却容易忽视。

另外,(单)相关系数只是度量变量间的线性关系,因此,弱相关不一定表明变量间没有相关关系。

知识链接

等级相关系数及其检验

利用单相关系数 r 只能对两个变量之间是否存在线性相关关系进行判断,当两个变量之间的关系不表现为线性关系时,若仍用单相关系数去进行分析,则不一定能得出正确的结论。此外,对于许多难以用数字准确计量的现象之间的关系,如学习勤奋程度、成绩名次、才智高低、颜色深浅、事态轻重、艺术水平等,对这些定序变量难以用单相关系数去衡量。因此,对于不服从正态分布的资料、原始资料等级资料、一侧开口资料、总体分布类型未知的资料等都不符合使用积矩相关系数来描述关联性。但这些情况都可利用等级相关系数来描述两个变量之间的关联程度与方向。

等级相关是一种分析 x、y 两个变量的等级之间是否存在相关关系的方法,如学生的学习勤奋程度与成绩名次,它是对等级资料(定序变量)的直线相关分析,又称秩相关(Rank Correlation)。等级相关的常用分析方法有 Spearman 法和 Kendall 法,这是一种非参数统计方法,这类方法对原始变量分布不作要求。其中最常用的统计量是 Spearman 秩相关系数,这里只介绍斯皮尔曼等级相关系数。

斯皮尔曼等级相关系数以 Charles Spearman 命名,它是根据等级资料研究两个变量间相关关系的方法,

通常用希腊字母 ρ 表示总体等级相关系数,它根据所有的总体单位的数据来计算。在现实中,总体数据通常难以取得,一般是先用样本数据计算样本秩相关系数 r_s,再用 r_s 去估计 ρ。

斯皮尔曼等级相关系数依据两列成对等级的各对等级数之差来进行计算,所以又称为"等级差数法"。假设两个随机变量分别为 X、Y(也可以看作两个集合),它们的元素个数均为 N,将两个随机变量进行排序(同时为升序或降序)后取得第 $i(1 \leq i \leq N)$ 个值,分别用 X_i、Y_i 表示。斯皮尔曼等级相关系数可以由排序差分集合 D 计算而得,总体等级相关系数计算方式如下:

$$\rho = 1 - \frac{6\sum D_i^2}{N(N^2-1)}$$

式中,$D_i = X_i - Y_i$,$i = 1, 2, \cdots, N$。

同理,根据样本资料计算得样本等级相关系数:

$$r_s = 1 - \frac{6\sum d_i^2}{n(n^2-1)}$$

式中,$d_i = x_i - y_i$,$i = 1, 2, \cdots, n$。

等级相关系数 r_s 具有与相关系数 r 相同的特性,r_s 为 $-1 \sim 1$。$r_s < 0$ 为负等级相关,$r_s > 0$ 为正等级相关,若 $r_s = 0$ 为零等级相关。若 $r_s = 1$,表明两种现象(两个变量)的等级完全相同,存在完全正相关;若 $r_s = -1$,表明两种现象(两个变量)的等级完全相反,存在完全负相关。

等级相关系数 r_s 是根据样本资料计算的,两种现象(两个变量)的总体是否存在显著的等级相关也需要进行检验。当样本容量 n 不小于 20 时,可利用以下 t 统计量,进行等级相关系数的显著性检验。

$$t = r_s \sqrt{\frac{n-2}{1-r_s^2}}$$

当总体秩相关系数 $\rho = 0$ 时,可证明 t 服从自由度为 $(n-2)$ 的 t 分布。在给定的显著性水平 α 的情况下,如按上式计算的 t 值大于临界值 $t_{\frac{\alpha}{2}}(n-2)$,则可以否定原假设 H_0:$\rho = 0$,即两种现象(两个变量)的总体存在显著的等级相关。

例 7-5 随机抽取某班 10 名学生,对其统计学的复习时间和考试成绩进行调查,相关数据如表 7-7 所示。

表 7-7 某班 10 名学生复习与考试情况

复习时间(h)		考试成绩(分)		$d_i^2 = (x_i - y_i)^2$
原始数据	排队等级 x_i	原始数据	排队等级 y_i	
3	8	86	8	0
4	7	87	7	0
1	10	24	10	0
2	9	85	9	0
5	6	93	5	1
8	5	91	6	1
10	3	95	3	0
9	4	94	4	0
11	2	96	2	0
13	1	98	1	0
合计	55	849	55	2

要求：计算复习时间和考试成绩的等级相关系数，并分析根据计算结果能否得出，该班同学统计学复习时间越长统计学考试成绩越高的结论。

解：(1)对复习时间和考试成绩按从高到低的顺序排队，并计算各项 d_i^2 数据。

(2) 计算等级相关系数：

$$r_s = 1 - \frac{6\sum d_i^2}{n(n^2-1)} = 1 - \frac{6 \times 2}{10 \times (10^2 - 1)} \approx 1 - 0.0121 = 0.9879$$

(3) 提出假设。

$$H_0: \rho = 0, \quad H_1: \rho \neq 0$$

(4) 计算 t 统计量：

$$t = r_s\sqrt{\frac{n-2}{1-r_s^2}} = 0.9879 \times \sqrt{\frac{10-2}{1-0.9879^2}} \approx 18.24$$

(5) 查显著水平为5%、自由度为8的临界值 $t_{\frac{\alpha}{2}}(8) = 2.306$。

(6) 因为 $t = 18.24 > t_{\frac{\alpha}{2}}(8) = 2.306$，所以复习时间和考试成绩之间存在显著的等级相关关系，说明该班同学统计学复习时间越长统计学考试成绩越高。

斯皮尔曼等级相关系数对数据条件的要求没有皮尔逊相关系数严格，只要两个变量的观测值是成对的等级评定资料，或者是由连续变量观测资料转化得到的等级资料，不论两个变量的总体分布形态、样本容量的大小如何，都可以用斯皮尔曼等级相关系数来进行研究，它应用广泛，且计算比较简便。

7.3 线性回归分析

"回归"是由英国著名生物学家兼统计学家弗朗西斯·高尔顿(Francis Galton)在研究人类遗传问题时提出来的。为了研究父代与子代身高的关系，高尔顿搜集了1078对父母及其儿子的身高数据。他发现这些数据的散点图大致呈直线状态，也就是说，总的趋势是父母的身高增加时，儿子的身高也倾向于增加。但是，高尔顿对试验数据进行了深入的分析，发现了一个很有趣的现象——回归效应。当父亲身高高于平均身高时，他们的儿子身高比父亲更高的概率要小于比他更矮的概率；父亲身高矮于平均身高时，他们的儿子身高比他更矮的概率小于比他更高的概率。它反映了一个规律，即这两种身高父亲的儿子的身高，有向他们父辈的平均身高回归的趋势。对于这个一般结论的解释是，大自然具有一种约束力，能使人类身高的分布相对稳定而不产生两极分化，这就是所谓的回归效应。

现在将回归这个概念引申到"随机变量有向回归线集中的趋势"之中。这里所讲的回归分析就是指对具有相关关系的两个或多个变量之间的数量变化进行数量测定，配合一定的数学模型，以便由自变量的数值对因变量的可能值进行估计或预测的一种统计方法。根据数学模型绘出的几何图称为回归线。回归分析广泛应用于管理决策。例如，销售部经理通过预测一定水平的广告费用可能带来的销售收入来决定广告费用的投放。又如，电网公司根据白天的最高气温与用电量的关系，再根据下个月白天最高气温的预报，预测出下个月的用电量。

根据自变量的个数不同，可将回归分析分为一元回归分析和多元回归分析。当只有一个自变量时，称为一元回归分析；当自变量有两个或多个时，称为多元回归分析。根据回归线的形状不同，回归分析可分为线形回归分析和非线性回归分析。根据回归分析的方法，得出的数学表达式称为回归模型。它有多种形式，可以是直线方程，也可以是曲线方程。若拟合的是直线方程，则为线性回归分析；若拟合的是曲线方程，则为非线性回归分析。用回归方程来表明两个变量之间线性相互关系的方程式，称为简单线性回归模型，这种分析方法称为简单线性回归分析，也称为一元线性回归分析。本章将重点介绍一元线性回归分析。

 知识链接

弗朗西斯·高尔顿，英国人类学家、生物统计学家，著名生物学家达尔文的表弟，1822 年 2 月 6 日生于伯明翰。他早年在剑桥大学学习数学，后到伦敦攻读医学，1860 年当选为皇家学会会员，1909 年被封为爵士。他共发表了 200 余篇论文，出版十几部专著，内容涉及人体测量学、实验心理学、生物统计学等诸多领域。

高尔顿是生物统计学派的奠基人。达尔文的《物种起源》问世以后，触动他用统计方法研究智力遗传进化问题，他第一次将概率统计原理等数学方法用于生物科学，明确提出"生物统计学"的名称，现在统计学上的"相关"和"回归"的概念就是由高尔顿最先作为统计术语使用的。1855 年，高尔顿发表了《遗传的身高向平均数方向的回归》一文，他和他的学生、现代统计学的奠基人之一的卡尔·皮尔逊(K·Pearson)通过观察 1078 对夫妇，以每对夫妇的平均身高作为自变量，取他们的一个成年儿子的身高作为因变量，分析儿子身高与父母身高之间的关系，发现父母的身高可以预测子女的身高，两者近乎一条直线。当父母越高或越矮时，子女的身高会比一般儿童高或矮，他将儿子与父母身高的这种现象拟合出一种线性关系，其回归直线方程为 $\hat{y} = 33.73 + 0.516x$，这种趋势及回归方程表明父母身高每增加一个单位，其成年儿子的身高平均增加 0.516 个单位。

有趣的是，通过观察，高尔顿还注意到，尽管这是一种拟合较好的线性关系，但仍然存在例外现象：身高较矮的父母所生的儿子比其父要高，身高较高的父母所生儿子的身高却回降到多数人的平均身高。换句话说，当父母身高走向极端，子女的身高不会像父母身高那样极端化，其身高要比父母的身高更接近平均身高，即有"回归"到平均数去的趋势，这就是统计学上最初出现"回归"时的含义，高尔顿把这一现象叫作"向平均数方向的回归"。虽然这是一种特殊情况，与线性关系拟合的一般规则无关，但"线性回归"的术语却因此沿用下来，作为根据一种变量(父母身高)预测另一种变量(子女身高)或多种变量关系的描述方法。

高尔顿揭示了统计方法在生物学研究中的应用，引入了回归直线、相关系数的概念，提出了回归分析，开创了生物统计学研究的先河。1889 年，他在《自然遗传》中，应用百分位数法和四分位偏差法代替了离差度量。现在随机过程中的高尔顿-沃森过程(简称 G-W 过程)就是以他的姓氏命名的。

7.3.1 一元线性回归方程的建立及参数估计

1. 一元线性回归方程

1) 总体回归方程

在回归分析中，一元线性回归模型是最简单的模型。该模型假定因变量 Y 主要受自变量 X 的影响，它们之间存在近似的线性函数关系，即有简单线性回归模型

$$Y_t = A + BX_t + U_t \tag{7-7}$$

式中，A、B 是未知的参数，称为回归系数；Y_t 和 X_t 分别是 Y 和 X 的第 t 次观察值；U_t 是随机误差项，又称为随机干扰项，它是一个特殊的随机变量，反映未列入方程式的其他各种因素对 Y 的影响。

由于有随机因素的干扰，对于 X 某一确定的值，其对应的 Y 值是有波动的，但随机误差的期望值为零，即 $E(U_t)=0$。

因此，从平均意义上说，一元线性回归方程为

$$Y = E(Y_t) = A + BX \tag{7-8}$$

一元线性回归方程的图示是一条直线，A 是回归直线的截距，B 是斜率，对于给定的 X 值，$E(Y_t)$ 是 Y 的平均值或期望值。因此，随机误差项可定义为 $U_t = Y_t - E(Y_t)$。

2) 样本回归方程

在实际应用中，对 X 和 Y 所代表的总体，我们往往不可能全面的观察和了解，而只能从中抽取部分资料作为样本，并通过样本提供的信息来认识总体，找出总体回归模型的估计式，即样本(估计的)简单线性回归模型为

$$y_t = a + bx_t + e_t (t=1, 2, \cdots, n) \tag{7-9}$$

式中，e_t 称为残差；n 为样本容量。

从一般意义上说，样本(估计的)一元线性回归方程为

$$y_c = a + bx \tag{7-10}$$

估计的简单线性回归方程的图示称为样本(估计的)回归线；a 是估计的回归直线的截距，即 x 为 0 时 y_c 的值，从数学意义上理解，它表示在没有自变量 x 的影响时，其他各种因素对因变量 y 的平均影响；b 是斜率，狭义的回归系数，表示自变量 x 每变动一个单位时，因变量 y 平均变动 b 个单位。对于给定的 x 值，y_c 是 y 的估计值。

3) 样本回归方程与总体回归方程的关系

总体回归模型虽然未知，但它是确定的；样本回归线随抽样波动而变化，可以有许多条。样本回归线不是总体回归线，至多只是未知总体回归线的近似表现。总体回归模型的参数虽未知，但它是确定的常数；样本回归模型的参数可估计，且是随着抽样而变化的随机变量。总体回归模型中的 U_t 是不可直接观测的；而样本回归模型中的 e_t 是只要估计出样本回归的参数就可以计算的数值。

2. 回归系数的估计

回归分析的主要任务是建立能够近似反映真实总体回归方程的样本回归方程，样本回归方程怎样建立才是最佳呢？统计理论证明，在满足一定的假设条件下，样本数据的最小二乘估计是总体参数的最佳线性无偏估计，对这种回归系数估计的方法称为最小二乘法(或最小平方法)。它的基本原理就是寻找一条总的看来离各散点最近的一条直线，使实际观察值 y 与相应的回归(理论)值 y_c 之间的误差达到最小，即残差 e_t 的总量最小。但由于 e_t 有正有负，简单的代数和会相互抵消，使得 $\sum e_t$ 为 0，所以，通常要经过数学处理，采用残差平方和 $\sum e_t^2$ 作为衡量总偏差的尺度，通过使残差平方和为最小来估计回归系数，即

$$Q = \sum e_t^2 = \sum (y - y_c)^2 = \sum (y - a - bx)^2 = min$$

根据微积分中求极小值的原理，要使 Q 存在极小值，必须同时使 Q 对 a 和 b 的偏导数等于零。最后得出回归系数的计算公式如下(数学推导过程从略)：

$$\begin{cases} b = \dfrac{n\sum xy - \sum x \sum y}{n\sum x^2 - (\sum x)^2} \\ a = \bar{y} - b\bar{x} \end{cases} \quad (7\text{-}11)$$

【拓展知识】

求出 a、b 后，一元线性回归方程 $y_c = a + bx$ 便可确定了。

例 7-6 AB 公司 2016 年 1—10 月甲产品的产量与产品成本资料如表 7-8 所示。

表 7-8　AB 公司 2016 年 1—10 月产量与产品成本资料

月份	产量 x(件)	产品成本 y(元)
1	360	5250
2	405	5430
3	427	5640
4	458	6150
5	460	5850
6	485	6130
7	523	6380
8	540	6600
9	558	6700
10	590	6890

根据上述资料，试建立 AB 公司产量变动对产品成本变动影响的一元线性回归方程。

解： 设 x 为产量，y 为产品成本，一元线性回归方程为 $y_c = a + bx$，相关计算如表 7-9 所示。

表 7-9　回归分析计算表

月份	产量 x(件)	产品成本 y(元)	x^2	y^2	xy
1	360	5250	129600	27562500	1890000
2	405	5430	164025	29484900	2199150
3	427	5640	182329	31809600	2408280
4	458	6150	209764	37822500	2816700
5	460	5850	211600	34222500	2691000
6	485	6130	235225	37576900	2973050
7	523	6380	273529	40704400	3336740
8	540	6600	291600	43560000	3564000
9	558	6700	311364	44890000	3738600
10	590	6890	348100	47472100	4065100
合计	4806	61020	2357136	375105400	29682620

利用表 7-9 中的数据和式(7-11)得

$$b = \frac{n\sum xy - \sum x \sum y}{n\sum x^2 - (\sum x)^2} = \frac{10 \times 29682620 - 4806 \times 61020}{10 \times 2357136 - 4806^2} \approx 7.5235$$

$$a = \bar{y} - b\bar{x} = \frac{61020}{10} - 7.5235 \times \frac{4806}{10} \approx 2486.21$$

故一元线性回归方程为 $y_c = 2486.21 + 7.5235x$。

计算结果表明：$a = 2486.21$ 表示 AB 公司 2016 年 1—10 月甲产品的平均固定成本为 2486.21 元；$b = 7.5235$ 表示 AB 公司 2016 年 1—10 月甲产品的平均单位变动成本为 7.5235 元，即产量每增加 1 件，产品总成本就增加 7.5235 元。

注意：这里的回归系数包括 a 和 b，是广义的理解，在通常情况下可特指 b。回归系数 b 与相关系数 r 的方向是一致的，但回归系数 b 并不表示变量之间的密切程度，它只是变量 x 与 y 两变量变动的比率。虽然 $b = 0$ 表示 x 对 y 没有影响，却不能认为 $|b|$ 越大，x 对 y 的影响越大。因为回归系数 b 是有计量单位的，其数值受计量单位的影响。

7.3.2 一元线性回归方程的检验

一元线性回归方程的检验分为拟合程度检验和显著性检验，都是利用统计学中的抽样理论来检验回归方程的可靠性。

1. 拟合优度的检验(评价)

所谓拟合优度，就是指样本观测值聚集在样本回归线周围的紧密程度。判断回归模型拟合优度大小的最常用的指标是判断系数和估计标准误差。它们都建立在对总离差平方和进行分解的基础上。

回归分析表明，因变量 y 的实际观察值有大有小，且围绕样本均值 $\bar{y}$ 上下波动，对所有观察值来说，波动的大小可用因变量的实际观察值与其样本均值的离差 $(y-\bar{y})$ 来表示，称为总离差。它可以分解为两个部分：一部分是因变量的理论回归值与其样本均值的离差 $(y_c - \bar{y})$，称为回归离差，它是能够由回归直线解释的离差，也称为可解释离差；另一部分是因变量的实际观察值与理论回归值的离差 $(y-y_c)$，称为残差，它是不能由回归直线解释的离差，也称为剩余离差。

【拓展知识】

由

$$(y-\bar{y}) = (y_c - \bar{y}) + (y-y_c)$$

得

$$\sum(y-\bar{y})^2 = \sum(y_c - \bar{y})^2 + \sum(y-y_c)^2 \tag{7-12}$$

(证明从略)

式(7-12)中，$\sum(y-\bar{y})^2$ 称为总离差平方和，记为 SST；$\sum(y_c - \bar{y})^2$ 称为回归平方和，表示在总离差平方和中，由于 x 与 y 的线性关系而引起因变量 y 变化的部分，记为 SSR；$\sum(y-y_c)^2$ 称为剩余平方和，它反映了自变量 x 对因变量 y 的线性影响之外的一切因素(包括 x 对 y 的非线性影响和测量误差等)对因变量 y 的作用，又称为残差平方和，记为 SSE。所以总离差平方和=回归平方和+剩余平方和，可记为

$$SST = SSR + SSE \quad (7\text{-}13)$$

其中,

$$SST = \sum(y-\bar{y})^2 = \sum y^2 - \left(\sum y\right)^2 \Big/ n$$

$$SSR = \sum(y_c-\bar{y})^2 = b\sum(x-\bar{x})(y-\bar{y}) = b\left(\sum xy - \sum x \sum y / n\right)$$

$$SSE = \sum(y-y_c)^2 = SST - SSR = \left[\sum y^2 - \left(\sum y\right)^2 \Big/ n\right] - b\left(\sum xy - \sum x \sum y / n\right)$$

1) 判定系数

我们把回归平方和与总离差平方和之比定义为判定系数,又称为可决(决定)系数,记作 r^2, 即

$$r^2 = SSR/SST \quad (7\text{-}14)$$
$$r^2 = 1 - SSE/SST \quad (7\text{-}15)$$

判定系数 r^2 是一个判定回归直线与样本观测值拟合优度的重要指标。由回归平方和与剩余平方和的意义我们知道,在总的离差平方和中,回归平方和所占的比重越大,则线性回归效果越好;如果残差平方和所占的比重大,则回归直线与样本观测值的拟合就不理想。判定系数 r^2 便是以回归偏差占总偏差的比率来表示回归模型拟合优度的评价指标。

判定系数 r^2 的计算也可通过已经计算过的参数 a、b 值来计算,从而得出一个简便的计算公式:

$$r^2 = [a\sum y + b\sum xy - n(\bar{y})^2]/[\sum y^2 - n(\bar{y})^2] \quad (7\text{-}16)$$

例 7-7 根据例 7-6 的资料计算判定系数。

解:由数据得

$$r^2 = [a\sum y + b\sum xy - n(\bar{y})^2]/[\sum y^2 - n(\bar{y})^2]$$
$$= [2486.21 \times 61020 + 7.5235 \times 29682620 - 10 \times (61020 \div 10)^2]/$$
$$[375105400 - 10 \times (61020 \div 10)^2]$$
$$\approx 0.97$$

计算结果表明:在 AB 公司 2016 年 1—10 月产品成本 y 的变动中有 97%可以通过其产品产量 x 的变动来解释,只有 3%属于随机因素的影响。因此,配合的这条回归线是合适的。

判定系数 r^2 具有如下性质:

(1) 判定系数 r^2 具有非负性。
(2) 判定系数 r^2 的取值范围为 0~1。
(3) 判定系数是样本观察值的函数,它也是一个统计量。

一个线性回归模型如果充分利用了 x 的信息,则 r^2 越大,拟合优度就越好;反之,如 r^2 不大,说明模型中给出的 x 对 y 的信息还不够充分,应进行修改,使 x 对 y 的信息得到充分利用。

在两变量之间是线性关系的情况下,判定系数和相关系数都可对线性关系的密切程度进行度量。判定系数的取值范围为 0~1,而相关系数的取值范围为-1~1。两者的关系式为 $r = \pm\sqrt{r^2}$,相关系数 r 的符号与回归系数 b 一致,当 $b > 0$ 时,r 取正值;当 $b < 0$ 时,r 取负值。相关系数只适用于两个变量之间是线性关系的密切程度的判断,判定系数适用于一切相关关系的密切程度的判断,无论是单相关还是复相关,也无论线性相关和非线性相

关。判定系数比相关系数有着更广泛的应用范围。

2) 估计标准误差

在总离差$(y-\bar{y})$中,回归离差$(y_c-\bar{y})$和剩余离差$(y-y_c)$是此消彼长的关系,既然回归离差可以从正面来测定回归模型拟合程度,那么剩余离差也就可以反面来测定回归模型的拟合程度。

回归方程的一个重要作用在于根据自变量的已知值估计因变量的理论值(估计值)。而理论值y_c与实际值y存在着差距,这就产生了推算结果的准确性问题。如果差距小,说明推算结果的准确性高;反之,则说明推算结果的准确性低。为此,分析理论值与实际值的差距很有意义。为了度量y的实际水平和估计值离差的一般水平,可计算估计标准误差。估计标准误差是衡量回归直线代表性大小的另一个重要统计指标,它说明观察值围绕回归直线的变化程度或分散程度。通常用S_e代表估计标准误差,其计算公式为

$$S_e=\sqrt{\frac{SSE}{n-2}}=\sqrt{\frac{\sum(y-y_c)^2}{n-2}} \tag{7-17}$$

例 7-8 用表 7-9 的资料说明估计平均误差的计算方法。

解:可列出估计平均误差的计算过程,如表 7-10 所示。

表 7-10 估计平均误差计算表

月份	x	y	y_c	$y-y_c$	$(y-y_c)^2$
1	360	5250	5194.67	55.33	3061.42
2	405	5430	5533.23	−103.23	10656.43
3	427	5640	5698.74	−58.74	3450.39
4	458	6150	5931.97	218.03	47537.08
5	460	5850	5947.02	−97.02	9412.88
6	485	6130	6135.11	−5.11	26.11
7	523	6380	6421.00	−41	1681.00
8	540	6600	6548.90	51.1	2611.21
9	558	6700	6684.32	15.68	245.86
10	590	6890	6925.08	−35.08	1230.61
合计	4806	61020	—	—	79912.99

将计算表中的有关数据代入公式(7-17),得

$$S_e=\sqrt{\frac{\sum(y-y_c)^2}{n-2}}=\sqrt{\frac{79912.99}{10-2}}=100$$

计算结果显示,估计标准差是 100 元。这个数值越大,表明相关点的离散程度就越大,即估计值的代表性越小;这个数值越小,表明相关点的离散程度越小,即估计值的代表性越大。如果$S_e=0$,说明y与y_c没有差异,从相关图上看,所有相关点全在回归直线上,说明估计值与实际值完全相同。

估计标准误差S_e的计算也可通过已经计算过的参数a、b的值来计算,得出另一个简便的计算公式,即

$$S_e = \sqrt{\frac{\sum y^2 - a\sum y - b\sum xy}{n-2}} \tag{7-18}$$

将例 7-6 的计算数据代入式(7-18)，得

$$S_e = \sqrt{\frac{\sum y^2 - a\sum y - b\sum xy}{n-2}} = \sqrt{\frac{375105400 - 2486.21 \times 61020 - 7.5235 \times 29682620}{8}} \approx 100$$

2. 回归方程的显著性检验

在我们得到一个实际问题的经验回归方程 $y_c = a + bx$ 后，还不能用它去进行经济分析和预测，因为 $y_c = a + bx$ 是否真正描述了变量 y 与 x 之间的统计规律性，还需运用统计方法对回归方程进行检验。回归分析中的显著性检验是在对随机误差项的假设的基础上进行的。下面介绍两种统计方法．

1) t 检验

t 检验的目的在于检验回归系数的显著性，即变量 x、y 之间是否存在显著的线性相关关系。其检验步骤如下：

(1) 提出假设。假设变量 x、y 之间不存在线性相关关系，即

$$H_0: B = 0, \quad H_1: B \neq 0$$

(2) 计算检验统计量：

$$t_b = b/S_b \tag{7-19}$$

式中，b 为回归系数，S_b 为回归系数的标准差，$S_b = S_e \Big/ \sqrt{\sum(x-\bar{x})^2} = S_e \Big/ \sqrt{\sum x^2 - \frac{1}{n}(\sum x)^2}$，其中 S_e 为回归估计标准误差。

(3) 给定显著性水平 α，并依据自由度 $(n-2)$，查找 t 分布表中相应的临界值 $t_{\frac{\alpha}{2}}$；

(4) 做出判断。将计算的统计量 t_b 与临界值 $t_{\frac{\alpha}{2}}$ 对比，若 $|t_b| \geq t_{\frac{\alpha}{2}}$，则拒绝 H_0，表明变量间线性相关关系在统计上是显著的；若 $|t_b| < t_{\frac{\alpha}{2}}$，则接受 H_0，说明变量间线性相关关系在统计上并不显著。

2) F 检验

F 检验是检验回归方程是否真正线性相关的一种方法，它是在对总离差平方和分解的基础上进行的。其检验步骤如下：

(1) 提出假设。假设回归方程不显著，即

$$H_0: 回归方程不显著, \quad H_1: 回归方程显著$$

(2) 计算检验统计量：

$$F = \frac{SSR/1}{SSE/(n-2)} \tag{7-20}$$

则 $F \sim F(1, n-2)$，证明从略。其中，$F(1, n-2)$ 表示第一自由度为 1，第二自由度为 $n-2$ 的 F 分布。

(3) 给定显著性水平 α（α 一般取 0.05，0.01 等，$1-\alpha$ 表示检验的可靠度），并依据两个自由度 1 和 $n-2$，查找 F 分布表中相应的临界值 $F_\alpha(1, n-2)$。

每个平方和都有一个自由度同它相联系。正如总离差平方和可以分解成回归平方和与剩余平方和两部分一样，总离差平方和的自由度 f 也等于回归平方和的自由度 f_1 与剩余平方和的自由度 f_2 之和，即：$f=f_1+f_2$ 其中 $f=n-1$，$f_1=1$，$f_2=n-2$。

(4) 做出判断。将计算的统计量 F 与临界值 F_α 对比，若 $F \geqslant F_\alpha$，则拒绝 H_0，说明 x 与 y 有显著的线性关系；若 $F < F_\alpha$，则接受 H_0，变量 x 与 y 没有明显的线性关系，说明回归方程不显著。

对于回归方程的具体检验可放在方差分析表中。方差分析表的形式如表 7-11 所示。

表 7-11　一元线性回归方差分析表

离差名称	自由度	方差	F
回归平方和(SSR)	1	SSR/1	$\dfrac{\text{SSR}/1}{\text{SSE}/(n-2)}$
剩余平方和(SSE)	$n-2$	SSE/$(n-2)$	
总离差平方和(SST)	$n-1$		

例 7-9：以例 7-6 的资料对 AB 公司关于产量与产品成本的回归方程是否线性相关进行 F 检验。

解：(1) 提出假设，即

$$H_0：\text{回归方程不显著}，H_1：\text{回归方程显著}$$

(2) 计算检验统计量。根据例 7-6 的资料，计算如下

$$\text{SSE}=\sum(y-y_c)^2=79912.99$$

$$\text{SST}=\sum(y-\bar{y})^2=\sum y^2-\left(\sum y\right)^2\big/n=375105400-61020^2/10=2761360$$

$$\text{SSR}=\sum(y_c-\bar{y})^2=\text{SST}-\text{SSE}=2761360-79912.99=2682447.01$$

故 $F=\dfrac{\text{SSR}/1}{\text{SSE}/(n-2)}=\dfrac{2682447.01}{79912.99/(10-2)} \approx 268.54$

(3) 对给定的显著性水平 $\alpha=0.05$，查 F 分布表得临界值 $F_\alpha(1,8)=5.32$。

(4) 由于 $F \geqslant F_\alpha(1,8)$，则拒绝 H_0，说明 AB 公司 2016 年 1—10 月产量 x 与产品成本 y 有显著的线性关系，所拟合的线性回归方程具有 95% 的可靠度(置信概率)。

具体的方差分析表如表 7-12 所示。

表 7-12　回归模型方差分析表

离差名称	自由度	方差	F
回归平方和(SSR) = 2682447.01	1	SSR/1 = 2682447.01	268.54
剩余平方和(SSE) = 79912.99	$n-2=10-2=8$	SSE/$(n-2) \approx 9989.12$	
总离差平方和(SST) = 2761360	$n-1=10-1=9$		

3) 回归方程显著性检验应注意的问题

在仅有一个自变量(简单线性回归)的情况下，F 检验将得出与 t 检验相同的结论，即如果 t 检验表明 $H_1：B \neq 0$，变量间存在一个显著相关关系，那么 F 检验也将表明变量间存在一个显著相关关系。但是，如果回归方程有两个或两个以上自变量的情况时，F 检验仅仅用来检验回归方程总体的显著相关关系。

否定零假设 $H_0 : B = 0$，并且得出变量 x 和 y 之间存在显著关系的结论，并不意味着我们能够得出变量 x 和 y 之间存在一个因果关系的结论。只有当分析人员有理论上的充分证据，能够证明变量间确实存在一个因果关系时，我们才能认为变量间存在一个因果关系的结论是合理的。一个因果关系的合理性，一方面要从理论上给予证实，另一方面还要依靠分析人员出色的判断能力。

另外，由于我们只不过是拒绝了零假设 $H_0 : B = 0$ 和证实了变量 x 和 y 之间存在统计显著性关系，但这并不能让我们得出变量 x 和 y 之间存在线性关系的结论。我们仅仅能说明在 x 的样本观察值范围以内，x 和 y 是相关的，而且一个线性关系只是解释了的 y 的变异性的显著部分。

7.3.3 应用估计的回归方程进行估计和预测

预测是回归模型在统计中的重要应用。简单线性回归模型是变量 x 和 y 之间关系的一定假设，利用最小平方法，我们得到了估计的简单线性回归方程。如果这一结果表明 x 和 y 之间关系在统计上是显著的，拟合的回归直线方程经检验具有意义，那么我们利用估计的回归方程进行估计和预测，应该是适宜的。

1. 点估计

可以用回归方程及给定某一特定 x_0 值对 y 的值进行点估计，即当 $x = x_0$ 时，代入回归方程 $y_c = a + bx$，计算出点估计值 $\hat{y}_0$。在例 7-6 中关于产量与产品成本的回归分析研究中，估计回归方程为 $y_c = 2486.21 + 7.5235x$，提供了产量 x 与产品成本 y 之间关系的一种估计。如果假定 AB 公司 2016 年 11 月份产量是 600 件，那么估计其产品成本是多少？此时可以将 $x = 600$ 代入回归方程 $y_c = 2486.21 + 7.5235x$ 中，可得到 11 月份产品成本的点估计值 $\hat{y}_0$ 为

$$\hat{y}_0 = 2486.21 + 7.5235 \times 600 \approx 7000 (元)$$

因此，当产量为 600 件时，AB 公司 2016 年 11 月份产品成本的估计值为 7000 元。

2. 区间估计

点估计不能提供有关估计量精度和把握程度的任何信息。例如，研究产量与产品成本的关系，可建立回归方程 $y_c = a + bx$，当已知产量 $x = x_0$ 时，要预测产品成本，即计算出点估计值 $\hat{y}_0$，但这样的预测把握程度有多少？估计量精度如何？我们无法知道。而仅知道点估计值 $\hat{y}_0$ 这一数值的意义并不大，我们更希望能给出一个有一定把握程度的预测值的变动范围，即进行区间估计。而这一预测值范围比只给 $\hat{y}_0$ 更可信。

区间估计分为两种类型：第一种是置信区间估计，它是对 x 的一个给定值，求出 y 的平均值的区间估计；第二种是预测区间估计，它是对 x 的一个给定值，求出 y 的一个个别值的区间估计。对于点估计，不管是估计 y 的平均值还是预测 y 的一个个别值，我们都得到相同的结果，但是，对于区间估计，我们将得到不同的结果。这里只介绍 y 的个别值的预测区间估计。

y 的个别值的预测区间估计，也就是对于给定的显著水平 α，找一个区间 (T_1, T_2)，使对应于某特定的 x_0 的实际值 y_0 以 $1-\alpha$ 的置信概率被区间 (T_1, T_2) 所包含。

当样本量 n 较小（$n < 30$）时，给定置信概率为 $(1-\alpha)$，可以证明 y_0 的预测区间为

$$(\hat{y}_0 - t_{\frac{\alpha}{2}}(n-2) S_e \sqrt{1 + \frac{1}{n} + \frac{(x_0 - \bar{x})^2}{\sum(x - \bar{x})^2}} ,\quad \hat{y}_0 + t_{\frac{\alpha}{2}}(n-2) S_e \sqrt{1 + \frac{1}{n} + \frac{(x_0 - \bar{x})^2}{\sum(x - \bar{x})^2}})$$

其中，$t_{\frac{\alpha}{2}}(n-2)$是通过查 t 分布表得到的临界值，S_e 为估计标准误差。

令

$$\Delta = t_{\frac{\alpha}{2}}(n-2) S_e \sqrt{1 + \frac{1}{n} + \frac{(x_0 - \bar{x})^2}{\sum(x - \bar{x})^2}}$$

则预测区间为 $(\hat{y}_0 - \Delta ,\ \hat{y}_0 + \Delta)$。

当样本量 n 较大，或 $|x_0 - \bar{x}|$ 较小时，给定置信概率为 $(1-\alpha)$，可以得到 y_0 的预测区间的近似值

$$(\hat{y}_0 - tS_e,\ \hat{y}_0 + tS_e)$$

其中，t 为标准正态分布的概率度，可查表取得，如置信概率为 0.95 的概率度 t 为 1.96，置信概率为 0.9545 的概率度 t 为 2，置信概率为 0.9973 的概率度 t 为 3。

对于例 7-6 的资料，AB 公司 2016 年 11 月份产量 x 若为 600 时，产品成本点估计值 $\hat{y}_0$ 为 7000 元，现以 $1-\alpha = 0.95$ 的置信水平，利用预测区间 $(\hat{y}_0 - tS_e,\ \hat{y}_0 + tS_e)$ 进行产品成本的区间估计：

$$\hat{y}_0 - tS_e = 7000 - 1.96 \times 100 = 6804(\text{元})$$
$$\hat{y}_0 + tS_e = 7000 + 1.96 \times 100 = 7196(\text{元})$$

即在置信水平为 95% 的条件下，AB 公司 2016 年 11 月份产品成本的预测区间为 (6804 元, 7196 元)。

注意：在进行预测时，所给的 x_0 不能偏离 $\bar{x}$ 太大，太大时，预测效果可能不好。统计预测时，当时间序列数据发生了较大变化，即要预测未来太远时，x 的取值 x_0 肯定距当时建模时采集样本的 $\bar{x}$ 相差太大，此时再用原模型去预测就可能不准。对于给定的显著性水平 α，为了提高预测精度，就要适当增加样本容量 n，且采集数据 $x_1, x_2, \cdots, x_n$ 不能太集中。

7.3.4 多元线性回归分析

前面研究了一元线性回归的问题，它反映的是某一因变量与一个自变量之间的关系。但是客观现象之间的联系是复杂的，许多现象的变动涉及多个变量之间的数量关系。例如，商品的销售量，不仅与商品的销售价格有关，还与居民的收入、商品质量和功能等因素有关；企业的生产成本，不仅与企业的产品产量有关，还与企业技术水平、管理水平以及原材料的价格等有关。由于客观现象具有多方面的相互联系，所以需要进一步研究和掌握分析这类问题的方法，在统计中，研究一个因变量与多个自变量之间相关关系的理论和方法，称为多元相关分析或复相关分析；而研究一个因变量和多个自变量的回归分析就是多元回归分析或复回归分析。

1. 多元线性回归方程

多元回归可分为多元线性回归与多元非线性回归，这里只讨论最一般的多元线性回归。

多元线性回归方程是表达一个因变量与多个自变量之间相互关系及其规律性的一种数学模型。通过研究确定变量 y 值的变动受 x_1, x_2, $\cdots$, x_m 等多个变量的影响时，若其关系为线性相关关系，则线性回归方程可表达为

$$\hat{y} = a + b_1 x_1 + b_2 x_2 + \cdots + b_m x_m$$

式中，a, b_1, b_2, $\cdots$, b_m 为回归方程待定参数，a 为常数项，b_1, b_2, $\cdots$, b_m 分别为 y 对 x_1, x_2, $\cdots$, x_m 的回归系数。

在多元回归中，y 对某一自变量的回归系数表示当其他自变量固定时，该自变量变化一个单位而使 y 平均改变的数值，也通称为偏回归系数。与研究一元回归时的情形相似，求参数 a, b_1, b_2, $\cdots$, b_m 的方法仍用最小平方法(多采用矩阵形式计算)。现以二元回归为例加以说明。

已知二元线性回归方程为

$$\hat{y} = a + b_1 x_1 + b_2 x_2$$

其中 a、b_1、b_2 三个参数的求解方程为

$$\begin{cases} \sum y = na + b_1 \sum x_1 + b_2 \sum x_2 \\ \sum x_1 y = a \sum x_1 + b_1 \sum x_1^2 + b_2 \sum x_1 x_2 \\ \sum x_2 y = a \sum x_2 + b_1 \sum x_1 x_2 + b_2 \sum x_2^2 \end{cases}$$

解此方程组，可得 a、b_1、b_2 三个参数值，二元线性回归方程即可建立。

例 7-10 中捷快递公司经理开始用投递行驶距离一个变量来估计员工的工作时间，他建立一元线性回归方程，得出判定系数 r^2 只有 66.4%，这表明投递行驶距离这一因素只能对工作时间的变动做出 66.4%的解释，结果并不满意，说明还有其他重要因素被忽视了。经过分析，他认为员工承担的业务次数可能对工作时间有影响，于是，他引入业务次数作为第二变量，有关资料如表 7-13 所示。试分析建立二元线性回归方程。

表 7-13 中捷快递公司工作时间与行驶距离和业务次数

员工编号	工作时间 y(h)	行驶距离 x_1(km)	业务次数 x_2(次)
1	9.3	100	4
2	4.8	50	3
3	8.9	100	4
4	6.5	100	2
5	4.2	50	2
6	6.2	80	2
7	7.4	75	3
8	6.0	65	4
9	7.6	90	3
10	6.1	90	2
合计	67	800	29

解：(1) 根据表 7-13 中的资料计算有关数据：

$$\sum y = 67, \quad \sum x_1 = 800, \quad \sum x_2 = 29, \quad \sum x_1^2 = 67450, \quad \sum x_2^2 = 91$$

$$\sum x_1 x_2 = 2345, \quad \sum x_1 y = 5594, \quad \sum x_2 y = 202.2$$

(2) 将有关数据代入 3 个系数的求解方程，得到

$$\begin{cases} 67 = 10a + 800b_1 + 29b_2 \\ 5594 = 800a + 67450b_1 + 2345b_2 \\ 202.2 = 29a + 2345b_1 + 91b_2 \end{cases}$$

(3) 解联立方程，得

$$a = -0.868, \quad b_1 = 0.061, \quad b_2 = 0.9234$$

(4) 二元线性回归方程为

$$\hat{y} = -0.868 + 0.061x_1 + 0.9234x_2$$

其中，b_1 表示在业务次数固定时，行驶距离每增加 1km，工作时间平均增加 0.061h；b_2 表示在行驶距离固定时，业务次数每增加 1 次，工作时间平均增加 0.9234h。

2. 多元线性回归方程的检验

多元线性回归模型的检验包括拟合优度检验和显著性检验，其中，显著性检验包括两个方面的内容：一是对整个回归方程的显著性检验(F 检验)，另一个是对各回归系数的显著性检验(t 检验)。在对一元线性回归方程进行检验时，这两个检验是等价的，但在对多元线性回归模型进行检验时，两者却不同。本节对多元线性回归模型的显著性检验从略，下面只介绍拟合优度的检验。

拟合优度检验在多元线性回归分析中，总离差平方和的分解公式依然成立：总偏差(SST)=回归偏差(SSR)+剩余偏差(SSE)，我们可以用判定系数来评价多元线性回归模型的拟合程度，记为 R^2，即

$$R^2 = \frac{\text{SSR}}{\text{SST}} = 1 - \frac{\text{SSE}}{\text{SST}} \tag{7-21}$$

由判定系数的定义可知，R^2 的大小取决于残差平方和(SSE)在总离差平方和(SSE)中的比重。在样本量一定的条件下，总离差平方和与自变量的个数无关，而残差平方和会随着方程中自变量个数的增加而减小，因此 R^2 是自变量个数的非递减函数。在一元线性回归方程中，由于所有方程中包含的变量个数都相同，判定系数便可以直接作为评价一元线性回归方程拟合程度的尺度，而在多元线性回归方程中，各回归方程所包含的变量个数未必相同，以 R^2 的大小作为衡量拟合程度的尺度是不合适的，因此，在多元线性回归分析中，通常采用"修正自由度判定系数"来判定现行多元回归方程的拟合优度。

$$\overline{R^2} = 1 - \frac{(n-1)}{(n-k-1)}(1-R^2) \tag{7-22}$$

式中，n 为样本容量；k 为回归模型的回归系数的个数；$(n-1)$ 与 $(n-k-1)$ 分别为总离差平方和及残差平方和的自由度。

例如，根据例 7-10 的资料计算判定系数得

$$R^2 = 0.904$$

计算结果表明，在工作时间的变动中，有 90.4%的因素可由行驶距离和业务次数的变动来解释，只有不到 10%的因素属于随机误差。引进第二变量(业务次数)后，回归方程的判定系数比原来的 66.4%提高了 24 个百分点。

但必须注意，在一般情况下，增加自变量，即使这个自变量在统计上并不显著，回归方程中的剩余偏差(SSE)也会变小，而回归偏差(SSR)变大，使判定系数 R^2 值提高。因此，为了消除对因变量的变动并没有实际意义的 R^2 值，有必要对 R^2 值进行修正，计算修正的判定系数 $\overline{R^2}$，即

$$\overline{R^2} = 1 - \frac{(n-1)}{(n-k-1)}(1-R^2) = 1 - \frac{(10-1)}{(10-2-1)} \times (1-0.904) \approx 0.88$$

计算结果表明，在工作时间的变动中，有 88% 的因素可由行驶距离和业务次数的变动来解释。

修正自由度判定系数 $\overline{R^2}$ 具有以下特点：

(1) $\overline{R^2} \leqslant R^2$。因为 $k \geqslant 1$，根据 $\overline{R^2}$ 和 R^2 各自的定义式可以得出这一结论。对于给定的 R^2 值和 n 值，k 值越大 $\overline{R^2}$ 越小。在进行回归分析时，一般总是希望以尽可能少的自变量去达到尽可能高的拟合程度。$\overline{R^2}$ 作为综合评价这两方面情况的一项指标显然比 R^2 更为合适。

(2) $\overline{R^2}$ 小于 1，但未必大于 0。在拟合极差的场合，$\overline{R^2}$ 有可能取负值。

7.4 非线性回归分析

在现实中，严格的线性模型并不多见，它们或多或少带有某种程度的近似，许多现象的因变量与自变量的依存关系并不是线性的，而是某种曲线，如抛物线、指数曲线、双曲线、S 形曲线等。因此，在许多情况下，非线性模型更符合实际。这时，就需要拟合适当的曲线模型，统计上称为非线性回归或曲线回归。非线性回归按自变量的多少分为一元非线性回归和多元非线性回归，下面就可化为线性回归的一元曲线回归分析做简单的介绍。

7.4.1 可线性化的常用曲线

1. 常用曲线

1) 指数函数 指数函数曲线如见图 7.3 所示。

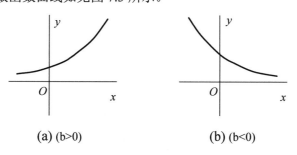

(a) (b>0)　　　　(b) (b<0)

图 7.3　指数函数曲线示意图

$$y = ae^{bx} \tag{7-23}$$

对其两边取自然对数,得
$$\ln y = \ln a + bx$$
令 $y' = \ln y$,则
$$y' = \ln a + bx$$

2) 幂函数

幂函数曲线如图 7.4 所示。

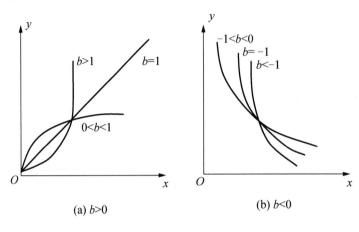

图 7.4　幂函数曲线示意图

$$y = ax^b \qquad (7\text{-}24)$$

对上式两边取对数,得
$$\lg y = \lg a + b \lg x$$
令 $y' = \lg y$,$x' = \lg x$,则得
$$y' = \lg a + bx'$$

3) 双曲线函数 双曲线函数曲线如图 7.5 所示。

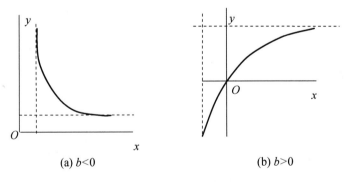

图 7.5　双曲线函数曲线示意图

$$\frac{1}{y} = a + \frac{b}{x} \qquad (7\text{-}25)$$

令 $y' = \dfrac{1}{y}$,$x' = \dfrac{1}{x}$,则得

$$y' = a + bx'$$

4) 对数函数

对数函数曲线如图 7.6 所示。

$$y = a + b\lg x \tag{7-26}$$

令 $x' = \lg x$，则得

$$y = a + bx'$$

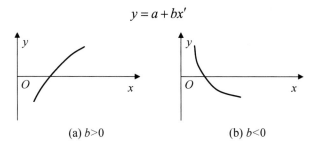

(a) $b>0$　　　　(b) $b<0$

图 7.6　对数函数曲线示意图

5) S 形曲线

S 形曲线如图 7.7 所示。

$$y = \frac{1}{a + be^{-x}} \tag{7-27}$$

令 $y' = \dfrac{1}{y}$，$x' = e^{-x}$，则得

$$y' = a + bx'$$

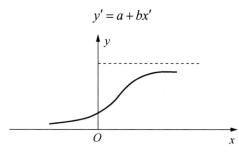

图 7.7　S 形曲线示意图

2. 曲线回归分析

曲线回归分析的程序与线性回归分析大体相同，但也有所区别。其一般程序如下：首先，要选择合适的曲线形式来确定曲线回归方程，可通过作散点图确定，也可根据理论分析或经验判断等定性分析来确定；其次，根据历史(样本)资料求解参数，参数求解的方法在统计上通常采用变量代换法将非线性的形式转换成线性的形式；再次，曲线回归方程建立后也需进行显著性检验；最后，利用已检验的曲线回归方程进行预测。

例 7-11　华欣公司生产甲产品，2016 年 1—12 月的产量与单位产品成本与的资料如表 7-14 所示。

表 7-14　产量与单位产品成本资料表

月份	产量 x(万件)	单位产品成本 y(元/件)
1	10	160
2	16	151
3	20	114
4	25	128
5	31	85
6	36	91
7	40	75
8	45	76
9	51	66
10	56	60
11	60	61
12	65	60

试分析单位产品成本与月产量之间的关系，并建立单位产品成本对产量的回归方程。

解： 从表 7-14 的资料可以看出，华欣公司 2016 年生产的甲产品随着产量(x)的逐渐增加，单位产品成本(y)有逐渐降低的趋势。但单位产品成本的降低程度并不是随产量的增加而均匀地变化，而是逐渐减慢并趋于稳定。因此，两变量适宜配合指数曲线。

设指数曲线方程为

$$y_c = ab^x$$

对上式两边取对数，得

$$\lg y_c = \lg a + x \lg b$$

令 $y' = \lg y$，$a' = \lg a$，$b' = \lg b$，将指数曲线方程转化为直线型方程

$$y' = a' + b'x$$

为确定参数 a、b，列出计算表 7-15。

表 7-15　回归方程计算表

月份	x	y	x^2	$y' = \lg y$	xy'
1	10	160	100	2.20412	22.04120
2	16	151	256	2.17898	34.86368
3	20	114	400	2.05691	41.13820
4	25	128	625	2.10721	52.68025
5	31	85	961	1.92942	59.81202
6	36	91	1296	1.95904	70.52544
7	40	75	1600	1.87506	75.00240
8	45	76	2025	1.88081	84.63645
9	51	66	2601	1.81954	92.79654
10	56	60	3136	1.77815	99.57640
11	60	61	3600	1.78532	107.11920
12	65	60	4225	1.77815	115.57975
合计	455	1127	20825	23.35271	855.77153

先根据最小平方法原理求解参数 a'、b'，得

$$b' = \frac{n\sum xy' - \sum x \sum y'}{n\sum x^2 - (\sum x)^2} = \frac{12 \times 855.77153 - 455 \times 23.35271}{12 \times 20825 - 455^2} \approx -0.0083$$

$$a' = \overline{y'} - b'\overline{x} = (23.35271/12) - (-0.083) \times (455/12) \approx 2.2608$$

再由 $\lg a = a' = 2.2608$，$\lg b = b' = -0.0083$，查反对数表得

$$a = 182.3, \quad b = 0.981$$

故华欣公司 2016 年单位产品成本对产量的指数曲线回归方程为

$$y_c = 182.3 \times 0.981^x$$

7.4.2 非线性判定系数

在非线性回归分析中，可用非线性判定系数来度量两变量之间非线性相关的密切程度，记为 R^2。R^2 的变化范围为 0～1，R^2 越接近于 1，表明变量间的非线性相关的程度越强，所配合的曲线效果越好；反之，R^2 越接近于 0，表明变量间非线性相关程度越弱，所配合的曲线效果越差。R^2 的计算公式为

$$R^2 = 1 - \sum(y - y_c)^2 / \sum(y - \overline{y})^2 \tag{7-28}$$

例 7-12 根据例 7-11 的资料计算判定系数 R^2。

解： 判定系数 R^2 的计算过程如表 7-16 所示。

表 7-16 判定系数 R^2 计算表

月份	y	y^2	y_c	$y - y_c$	$(y - y_c)^2$
1	160	25600	150.48	9.52	90.6304
2	151	22801	134.12	16.88	284.9344
3	114	12996	124.21	-10.21	104.2441
4	128	16384	112.85	15.15	229.5225
5	85	7225	100.58	-15.58	242.7364
6	91	8281	91.38	-0.38	0.1444
7	75	5625	84.63	-9.63	92.7369
8	76	5776	76.89	-0.89	0.7921
9	66	4356	68.53	-2.53	6.4009
10	60	3600	62.27	-2.27	5.1529
11	61	3721	57.67	3.33	11.0889
12	60	3600	52.39	7.61	57.9121
合计	1127	119965	—	—	1126.296

所以

$$\sum(y - \overline{y})^2 = \sum y^2 - (\sum y)^2 / n = 119965 - 1127^2/12 \approx 14120.9167$$

$$R^2 = 1 - \sum(y - y_c)^2 / \sum(y - \overline{y})^2 = 1 - 1126.296/14120.9167 \approx 0.92$$

计算结果表明：在华欣公司 2016 年生产的甲产品中，单位产品成本 y 的变动中有 92%

可以通过其产品产量 x 的变动来解释，只有 8%属于随机因素的影响。因此，配合这条指数曲线回归方程是合适的，并可用此回归方程进行预测。例如，华欣公司 2017 年 1 月甲产品的预计产量为 18 万件，则该公司 2017 年 1 月甲产品的预计单位产品成本为

$$y_c = 182.3 \times 0.981^x = 182.3 \times 0.981^{18} \approx 129.07(元/件)$$

非线性回归分析中应注意的问题如下：

(1) 对在非线性回归模型，无论是一元回归模型还是多元回归模型，其自变量与因变量之间的相关程度，不能用积差法的相关系数的公式计算，而应用判定系数的平方根，通常称为相关指数，用 R 表示，而且只取正根。相关指数 R 的计算公式为

$$R = \sqrt{\frac{\sum(y_c - \bar{y})^2}{\sum(y - \bar{y})^2}} = \sqrt{\frac{SSR}{SST}}$$

或

$$R = \sqrt{1 - \frac{\sum(y - y_c)^2}{\sum(y - \bar{y})^2}} = \sqrt{1 - \frac{SSE}{SST}}$$

(2) 在实际应用中对同一个问题进行模型的确定时，如果变化趋势不是非常明显可采用不同的模型分别进行拟合，然后比较模型各自的残差平方和，残差平方和越小，回归模型越好，同时也可结合判定系数的比较。

本 章 小 结

本章是现代统计方法的重要内容之一，在社会经济领域和自然科学领域有着广泛的应用。在概述中主要介绍了相关关系与函数关系的概念、相关关系的种类、相关分析与回归分析的关系和一般程序；在相关分析中主要介绍了相关表与相关图、相关系数的测定、相关系数的检验；在线性回归分析中主要介绍了一元线性回归模型的建立、最小二乘法求解参数、线性回归的显著性检验。在非线性回归分析中主要介绍了可线性化的常用回归曲线类型和非线性判定系数的计算及其应用。本章重点要弄清相关分析与回归分析的区别与联系，相关系数与回归系数的区别与联系，相关系数与判定系数的区别与联系。在相关分析与回归分析的实际应用中特别要注意定量分析与定性分析的关系，在定量分析中最好能掌握一种统计软件，以减轻计算工作量，用更多的时间和精力去理解相关分析与回归分析的精髓。

思考与练习

一、单项选择题

1. 从变量之间相关的方向看可分为(　　)。
    A. 线性相关与非线性相关　　　　B. 正相关与负相关
    C. 单相关与复相关　　　　　　　D. 完全相关和不完全相关
2. 已知变量 x 与 y 之间存在着负相关，下列回归方程中肯定错误的是(　　)。
    A. $y_c = -10 - 0.8x$　　B. $y_c = 100 - 1.5x$　　C. $y_c = -150 + 0.9x$　　D. $y_c = 25 - 0.7x$

3. 当所有观察值 y 都落在回归直线 $y_c = a + bx$ 上，则 x 与 y 之间的相关系数(　　)。
   A. $r = 1$　　　B. $-1 < r < 0$　　　C. $r = 1$ 或 $r = -1$　　　D. $0 < r < 1$

4. 相关系数 $r = 0$，说明两个变量之间(　　)。
   A. 相关程度很低　　　　　　　　B. 不存在任何相关关系
   C. 完全负相关　　　　　　　　　D. 不存在直线相关关系

5. 在回归方程 $y_c = a + bx$ 中，回归系数 b 表示(　　)。
   A. 当 $x = 0$ 时 y 的期望值　　　　B. x 变动一个单位时 y 的变动总额
   C. y 变动一个单位时 x 的平均变动量　　D. x 变动一个单位时 y 的平均变动量

6. 相关系数的取值范围是(　　)。
   A. $-1 < r \leqslant 1$　　B. $-1 \leqslant r \leqslant 1$　　C. $-1 < r < 1$　　D. $-1 \leqslant r < 1$

7. 现象之间相互依存关系的程度越高，则相关系数值(　　)。
   A. 越接近于 ∞　　B. 越接近于 -1　　C. 越接近于 1　　D. 越接近于 -1 或 1

8. 在回归分析中，要求对应的两个变量(　　)。
   A. 不是对等关系　　B. 是对等关系　　C. 都是随机变量　　D. 都不是随机变量

9. 估计标准误差是反映(　　)。
   A. 平均数代表性指标　　　　　　B. 序时平均数代表性指标
   C. 相关关系的指标　　　　　　　D. 回归直线的代表性指标

10. 在一元线性回归中，判定系数等于 0.81，回归系数等于 -3 时，则相关系数为(　　)。
    A. 0.66　　　B. -0.66　　　C. 0.9　　　D. -0.9

11. 年劳动生产率 x(千元)和工人工资(元)的关系为：$y = 1000 + 70x$，这意味着年劳动生产率每提高 1 千元时，工人工资平均(　　)。
    A. 增加 70 元　　B. 减少 70 元　　C. 增加 1000 元　　D. 增加 930 元

12. 进行相关分析，要求相关的两个变量(　　)。
    A. 都是随机的　　　　　　　　　B. 都不是随机的
    C. 一个是随机的，一个不是随机的　　D. 随机或不随机都可以

13. 下列现象的相关密切程度最高的是(　　)。
    A. 某商店的职工人数与商品销售额之间的相关系数 0.87
    B. 流通费用水平与利润率之间的相关关系为 -0.94
    C. 商品销售额与利润率之间的相关系数为 0.51
    D. 商品销售额与流通费用水平的相关系数为 -0.81

14. 在线性相关的条件下，自变量的标准差为 2，因变量标准差为 5，而相关系数为 0.8 时，其回归系数为(　　)。
    A. 8　　　B. 0.32　　　C. 2　　　D. 12.5

15. 某校经济管理类的学生学习统计学的时间(x)与考试成绩(y)之间可建立线性回归方程 $y_c = a + bx$。经计算，回归方程为 $y_c = 200 - 0.8x$，该方程参数的计算中(　　)。
    A. a 值是明显不对的　　　　　B. b 值是明显不对的
    C. a 值和 b 值都是不对的　　　C. a 值和 b 值都是正确的

二、多项选择题

1. 下列现象属于相关关系的有(　　)。
   A. 家庭收入与消费支出　　　　B. 时间与距离
   C. 亩产量与施肥量　　　　　　D. 学号与考试成绩
   E. 物价水平与商品需求量

2. 进行相关分析时按相关的程度可分为(　　)。
   A. 完全相关　　B. 直线相关　　C. 不完全相关
   D. 曲线相关　　E. 不相关

3. 判定现象之间有无相关关系的方法是(　　)。
   A. 编制相关表　　B. 绘制相关图　　C. 计算估计标准误差
   D. 计算相关系数　　E. 对现象作定性分析

4. 当两个变量完全相关时,则相关系数为(　　)。
   A. 0　　B. 1　　C. 0.5
   D. -1　　E. 0.8

5. 如果两个变量高度相关,则下列说法正确的是(　　)。
   A. 判定系数 r^2 趋于 1　　　　　　B. 相关系数的绝对值 $|r|$ 趋于 1
   C. 估计标准误差 S_y 趋于 1　　　　D. 估计标准误差 S_y 趋于无穷大
   E. 回归系数 b 趋于 1

6. 相关系数 r 的数值(　　)。
   A. 可为正值　　B. 可为负值　　C. 可大于 1
   D. 可等于 -1　　E. 可等于 1

7. 当两个现象完全相关时,下列统计指标值可能为(　　)。
   A. $r = 1$　　B. $r = 0$　　C. $r = -1$
   D. $S_{yx} = 0$　　E. $S_{yx} = 1$

8. 在直线回归分析中,确定直线回归方程的两个变量必须是(　　)。
   A. 一个自变量,一个因变量
   B. 均为随机变量
   C. 对等关系
   D. 一个是随机变量,一个是可控制变量
   E. 不对等关系

9. 成本(元)依产量(千件)变化的回归方程为 $y_c = 78 - 2x$,这表示(　　)。
   A. 产量为 0 件时,成本总额 78 元,即固定成本 78 元
   B. 产量为 0 件时,单位成本 78 元
   C. 产量每增加 1000 件时,单位成本下降 2 元
   D. 产量每增加 1000 件时,单位成本增加 78 元
   E. 产量为 1000 件时,成本总额 78 元

10. 一元线性相关与回归分析中,相关系数 r 与回归系数 b 的关系为(　　)。
    A. 回归系数大于零则相关系数大于零

B. 回归系数小于零则相关系数小于零
C. 回归系数大于零则相关系数小于零
D. 回归系数小于零则相关系数大于零
E. 回归系数等于零则相关系数等于零

三、判断题

1. 圆的直径越大，其周长也越大，两者之间的关系属于正相关关系。（   ）
2. 产品的单位成本随着产量增加而下降，这种现象属于函数关系。（   ）
3. 单纯依靠相关分析与回归分析，无法判断事物之间存在的因果关系。（   ）
4. 相关系数为 0 表明两个变量之间不存在任何关系。（   ）
5. 总体回归函数中的回归系数是常数，样本回归函数中的回归系数的估计量是随机变量。（   ）
6. 在进行相关分析和回归分析时，必须以定性分析为前提，判定现象之间有无关系及其作用范围。（   ）
7. 回归系数 b 的符号与相关系数 r 的符号，可以相同也可以不相同。（   ）
8. 在直线回归分析中，两个变量是对等的，不需要区分因变量和自变量。（   ）
9. 相关系数 r 越大，则估计标准误差 S_e 值越大，从而直线回归方程的精确性越低。（   ）
10. 进行相关分析与回归分析应注意对相关系数和回归直线方程的有效性进行检验。（   ）
11. 假定变量 x 与 y 的相关系数是 0.8，变量 m 与 n 的相关系数为-0.9，则 x 与 y 的相关密切程度高。（   ）
12. 如果两个变量的变动方向一致，同时呈上升或下降趋势，则二者是正相关关系。（   ）
13. 回归分析和相关分析一样所分析的两个变量一定都是随机变量。（   ）
14. 工人的技术水平提高，使劳动生产率提高。这种关系是一种不完全的正相关关系。（   ）
15. 回归系数大于零则相关系数小于零。（   ）

四、简答题

1. 什么是相关关系？它和函数关系有什么不同？
2. 简述相关分析与回归分析的一般程序。
3. 简述相关分析与回归分析的关系。
4. 什么是线性回归分析？通常用什么方法来估计回归方程中的参数？写出其计算公式。
5. 在一元线性回归分析中，说明相关系数 r 的意义及回归系数 b 的经济意义。

五、计算题

1. 某零卖店老板 2017 年 7 月对两周的冰红茶销量与最高气温的统计如表 7-17 所示。

表 7-17 冰红茶销量与最高气温的数据

日期	最高气温(℃)	冰红茶销量(瓶)
14 (一)	29	77
15 (二)	28	62
16 (三)	34	93
17 (四)	31	84
18 (五)	25	59
19 (六)	29	64
20 (日)	32	80
21 (一)	31	75
22 (二)	24	58
23 (三)	33	91
24 (四)	25	51
25 (五)	31	73
26 (六)	26	65
27 (日)	30	84

要求：(1) 计算冰红茶销量与最高气温的相关系数；

(2) 确定冰红茶销量与最高气温的直线回归方程；

(3) 2017 年 7 月 28 日天气预报当地最高气温 32℃，预测该零卖店冰红茶销量为多少？

2．对 9 位青少年的身高 y 与体重 x 进行观测，并得出以下数据：

$$\sum y = 13.54, \quad \sum y^2 = 22.9788, \quad \sum x = 472, \quad \sum x^2 = 28158, \quad \sum xy = 803.02$$

要求：(1) 以身高为因变量，体重为自变量，建立线性回归方程；

(2) 计算决定系数和估计标准误差；

(3) 计算身高与体重的相关系数并进行显著水平为 5% 显著性检验 $[t_{0.025}(7) = 2.365]$；

(4) 对回归系数 b 进行显著水平为 5% 的显著性检验。

3．检查 5 位同学统计学的学习时数与成绩如表 7-18 所示。

表 7-18 统计学的学习时数与成绩表

每周学习时数	学习成绩(分)
4	40
6	60
7	50
10	70
13	90

要求：(1) 计算学习时数与学习成绩之间的相关系数；

(2) 建立直线回归方程；
(3) 计算估计标准误差。

4．某公司所属 8 个企业 2016 年的产品销售资料如表 7-19 所示。

表 7-19　某公司的产品销售资料表

企业编号	产品销售额(万元)	销售利润(万元)
1	170	8.1
2	220	12.5
3	390	18.0
4	430	22.0
5	480	26.5
6	650	40.0
7	950	64.0
8	1000	69.0

要求：(1) 计算产品销售额与利润额之间的相关系数；
(2) 确定利润额对产品销售额的直线回归方程；
(3) 某企业 2017 年产品销售额预计为 1200 万元，预测其产品销售利润额。

5．甲企业 2016 年前三季度机器运行时间与维修成本的资料如表 7-20 所示。

表 7-20　甲企业机器运行时间与维修成本

月份	机器运行时间(h)	维修成本(元)
1	440	460
2	460	500
3	380	400
4	240	400
5	240	400
6	180	300
7	140	280
8	220	280
9	280	320

要求：(1) 计算机器运行时间与维修成本的相关系数；
(2) 确定维修成本(y)对机器运行时间(x)的直线回归方程，说明回归方程参数的含义；
(3) 预计 10 月份机器运行时间为 500h，预测维修成本为多少？

6．设销售收入 x 为自变量，销售成本 y 为因变量。现根据某百货公司 2016 年 12 个月的有关资料计算出以下数据(单位：万元)：

$$\sum (x-\bar{x})^2 = 425053.73, \quad \bar{x} = 647.88, \quad \sum (y-\bar{y})^2 = 262855.25,$$

$$\bar{y} = 549.8, \quad \sum(x-\bar{x})(y-\bar{y}) = 334229.09$$

要求(计算结果保留四位小数):

(1) 拟合简单线性回归方程,并对方程中回归系数的经济意义做出解释;
(2) 计算决定系数和估计标准误差;
(3) 对回归系数 b 进行显著水平为 5%的显著性检验[$t_{0.025}(10) = 2.228$];
(4) 假定 2017 年 1 月销售收入为 800 万元,利用拟合的回归方程预测相应的销售成本,并给出置信度为 95%的预测区间。

六、案例分析

某市一个较大型的 ABC 连锁超市的总经理希望了解超市的总销售额受哪些因素的影响,进而决定应采取哪些措施来提高超市的销售额,提高超市的竞争力,达到战胜竞争对手的目的。总经理组织人员收集了该超市的各个连锁营业点某周六的销售额、该营业点经营面积及上周花费的促销费用等信息。总经理希望数据分析人员通过对这些数据的分析,找到该超市销售额的影响因素,为今后的决策提供必要的帮助。收集的各个营业点的数据如表 7-21 所示。

表 7-21 ABC 超市各营业点的数据

营业点编号	销售额(万元)	促销费用(万元)	面积(百平方米)
1	2	0.8	1.2
2	2.5	1	1.5
3	5	2.2	1.3
4	5	2	1.3
5	10	2	1.5
6	10	2.3	1.5
7	22	2.5	2
8	22	2.5	2.5
9	21	2.4	2
10	21	2.6	2
11	28	2.5	3
12	22	2.5	2.6
13	41	4	4
14	42	4.1	3.5
15	44	4	3.5
16	45	4.3	3.5
17	48	4.5	5.5
18	46	4.4	5
19	47	4	6
20	48	4.1	7

根据收集到的 ABC 超市各个营业点的数据，数据分析人员应当分析这些数据间的关系，建立数学模型，进而帮助总经理进行决策。数据分析人员需要完成的工作如下：

(1) 绘制散点图，初步了解各个变量间的关系；

(2) 通过相关分析描述各个变量间的关系；

(3) 通过回归分析建立相应的数学模型来描述各个变量间的关系；

(4) 帮助总经理进行决策。

要求：帮助数据分析人员完成以上工作。

第 8 章　国民经济核算

教学目标

本章讲述了国民经济核算体系的形成和发展、我国的国民经济核算体系的建立和发展、我国国民经济核算体系的基本框架和 SNA 的主要总量指标等内容。通过本章的学习，了解国民经济核算体系的形成和发展，熟悉我国国民经济核算体系的基本框架，掌握 SNA 的主要总量指标的核算。

教学要求

知识要点	能力要求	相关知识
国民经济核算体系概述	(1) 了解国民经济核算体系的形成和发展 (2) 熟悉国民经济核算的基本概念和原则 (3) 理解国民经济核算的原则	(1) 国民经济核算、国民经济核算体系、国民账户体系(SNA)、物质产品平衡体系(MPS) (2) 常住单位、生产范围、消费范围、资产范围、流量与存量、市场价格 (3) 权责发生制原则、估价原则
国民经济核算体系的基本框架	(1) 了解我国国民经济核算的基本分类 (2) 熟悉我国国民经济核算的内容框架	(1) 机构单位和机构部门、产业活动单位和产业部门 (2) 国内生产总值表、投入产出表、资金流量表、国际收支表和资产负债表 (3) 经济总体账户、国内机构部门账户和国外部门账户 (4) 自然资源实物量核算表、人口资源与人口资本实物量核算表
国民经济核算中的主要总量指标	(1) 理解国内生产总值、国民生产总值和国民可支配收入的概念 (2) 掌握国民生产总值的各种核算方法 (3) 熟悉内生产总值、国民生产总值和国民可支配收入三者的关系	(1) 国内生产总值(GDP)、生产法、收入法、支出法 (2) 国民生产总值(GNP)、国民总收入、国外净要素收入 (3) 国民可支配收入(GNDI)、初次分配、再分配

> GDP！这一精确衡量经济产出的指标，美国以至全世界都依靠它来辨别我们所处的经济周期阶段，并对长期的经济增长做出估计。它是国民收入和产出这一精致的、不可或缺的社会账户系统中最引人注目的部分。
>
> ——詹姆斯·托宾(James Tobin，诺贝尔奖得主)

拉动经济增长的"三驾马车"

消费需求、投资需求和外部需求并称为"三大需求"，也就是我们所说的拉动经济增长的"三驾马车"。在"三驾马车"中，消费需求是生产的目的，它可以创造出生产动力，并能刺激投资需求。党的二十大报告指出，增强消费对经济发展的基础性作用。因此，消费是经济增长的最终需求和目的，它拉动了生产力的发展；投资需求是增加社会总供给的重要途径，投资规模要和社会发展状况相协调，投资不足可能减缓经济发展，投资增长过快则可能引发经济过热；外部需求对经济的作用和消费需求类似。但是，受到国际经济、外贸环境和汇率变动等多种因素的影响，外部需求容易出现波动。

完整意义上的"三驾马车"的衡量指标是指 GDP 支出核算中的最终消费支出、资本形成总额、货物和服务净出口。

思考：

(1) 请你谈谈 GDP 指标在国民经济核算中的地位。

(2) 拉动经济增长的"三驾马车"是什么关系？

(3) 在经济新常态下，"三驾马车"应怎样协同发展？

 关键词

国民经济　国民经济核算　国民经济核算体系　国民账户体系(SNA)　物质产品平衡体系(MPS)　常住单位　机构单位　机构部门　产业活动单位　产业部门　基本核算表　国民经济账户　附属表　投入产出表　国内生产总值(GDP)　国民生产总值(GNP)　国民可支配收入(GNDI)

8.1　国民经济核算概述

8.1.1　国民经济核算与国民经济核算体系

1. 国民经济与国民经济核算

国民经济是由各行各业构成的，是各部门的总和，它的基本细胞就是各个企业、事业和行政单位及居民户。这些单位的经济活动是连续不断进行的，各单位之间存在着错综复杂的经济联系。从宏观角度看，国民经济运行就是社会再生产的全过程，即从生产到分配、交换直至最终使用的周而复始的经济循环。

国民经济核算是以整个国民经济为对象的宏观核算。它采用统一的货币计量单位，运用一套相互有机联系在一起的数表，系统描述一个时期国民经济发展的整体状况，所提供资料构成了经济信息系统的中心内容。具体来说，国民经济核算是以一定的经济理论为指导，综合应用统计、会计和数学等方法，对一国(或一地区)在一定时期内各类经济主体的经济活动及其在特定时点的结果和各重要总量指标及其组成部分进行系统、综合、全面的测定，用以跟踪、描述一国国民经济的联系和结构的全貌。

【拓展知识】

2. 国民经济核算体系

国民经济核算体系由一套逻辑严密、协调一致而完整的宏观经济账户、资产负债表和表式组成，它们的基础是一套符合国际惯例的概念、定义、分类的核算规则。在此框架里，经济数据可以按照经济分析、决策和政策制定的要求，以一定的程序编制和表述。

国民经济核算体系有两层含义：一是指国家或国际为统一国民经济核算而制定的核算标准和规范。它以一定的经济理论为基础，明确规定了一系列核算概念和核算原则，制定了一套反映国民经济运行的指标体系、分类标准和科学的核算方法，以及相应的表现形式，为国民经济核算提供了一套逻辑一致和结构完整的核算构架。二是指全面、系统反映国民经济运行的数据体系。它是遵循一定的国民经济核算体系标准和规范对国民经济进行全面核算的结果，是一整套国民经济核算资料，是国家宏观经济决策和调控的重要基础。

国民经济核算体系是反映国民经济运行状况的有效工具，是整个经济信息系统的核心，是加强经济管理和制定政策的重要依据，可用于国际比较，具有推动统计其他核算现代化的功能。国民经济核算体系是观察宏观经济运行与进行管理的"数据库""平衡仪"和"晴雨表"，是地区经济与国际经济交往中的"标准语"和"普通话"。

【拓展知识】

由于各国管理体制的差别及所遵循的宏观经济理论的差别，自 20 世纪 30 年代起，国际上形成了两大国民经济核算体系类型：一是在市场经济国家应用的国民账户体系(System of National Accounts，SNA)，二是在计划经济国家应用的物质产品平衡体系(System of Materal Product Balance，MPS)。

8.1.2 两大国民经济核算体系的形成与发展

国民经济核算体系(SNA)是当今世界上绝大多数国家实行的核算制度，SNA 是适用于市场经济条件下的国民经济核算，首创于英国。它的形成和发展包括四个阶段。

第一阶段：SNA 的孕育期(1928—1952 年)

1928 年，国际联盟举行了一次有关经济统计的国际会议，会议决议第一次在世界上把国际可比性作为其工作目标，从而标志着国际核算体系孕育的开始。直接促使 SNA 发展的重大事件，有 20 世纪 30 年代经济大萧条、第二次世界大战战时动员和战后摊派国际组织费用等，但其内在原因，还是宏观经济管理强化，对经济统计数据的客观要求日益增多，且对数据的国际可比性提出了更高的要求。另外，宏观经济理论的发展也对国民收入统计工作起到了很大的推动作用。第二次世界大战之后是 SNA 孕育的加速期，英国经济学家查理德·斯通(Richard Stone)领导的专家小组为国际联盟起草的报告——《国民收入的测量和社会账户的编制》，可以看作 SNA 的胚胎形式。

第二阶段：SNA 的初创期(1953—1967 年)

1953 年，以联合国统计委员会的名义公布了《国民核算体系及其辅助表》，这标志着 SNA 的正式诞生，国际的国民经济核算工作开始脱离无组织状态。但 SNA(1953)草案的重心为国民收入与生产核算，它对核算内容的体系化还只是初步的。在此期间，1960 年、1964 年，联合国统计委员会对 SNA 进行了两次小的修改。

第三阶段：SNA 的成长期(1968—1992 年)

1968 年是经济统计历史上特别值得特别重视的一年，其原因之一便是 SNA 经过重大修订后公布于世。经过国民经济核算专家们的精心设计和开发，SNA 吸纳了在开创之初还难以包容的部分：投入产出核算、资金流量核算、国际收支核算等，另外，对资产负债核算纳入体系也做了前期准备。由此，SNA 集宏观经济统计之大成，基本完成了核算框架的构建。联合国 1968 年公布了《国民经济核算体系》，简称新 SNA，但 SNA(1968)草案偏重于体系的精美，对其应用的可行性重视不够。

第四阶段：SNA 进入成熟期(1993 年以后)

1993 年，联合国、世界银行、国际货币基金组织、经济合作与发展组织和欧盟五个国际组织联合组织修订的 SNA 得以公布，这次修订标志着 SNA 的成熟。SNA(1993)草案的特点是更新、澄清、简化和协调。这里的更新并不是对核算体系内容结构的重建，而是适应国际经济发展变化而补充或强调一些新内容，所以 1993 年的改造主要是使 SNA 更容易被接受。

在 SNA 之外，还曾存在过一个国际核算体系，即物质产品平衡体系(MPS)。MPS 由苏联始创，主要为原经互惠国家使用。MPS 于 1965 年开始得到系统阐述，1971 年以联合国名义公布，1984 年又进行了重大修订。从核算内容上看，MPS 核算范围过窄，侧重于反映物质生产、实物流量及生产环节的核算，对第三产业的状况、资金运动状况、分配和使用状况、国际收支状况反映不力，难以适应现代社会中宏观经济管理对核算的要求。从核算方法上看，MPS 主要是采用单式平衡表，不如 SNA 的账户表可以系统地科学地反映国民经济运行全过程。进入 20 世纪 80 年代，原实行计划经济的各国先后进行了经济体制改革，引入了市场经济机制，与此相适应，原应用 MPS 的各国先后开始运用 SNA 的核算原理和方法，联系本国经济运行实际，进行国民经济核算体系的改革，MPS 作为现实应用的体系已不复存在。

历史发展到今天，国民经济核算体系在联合国的推动下，已从当初的国民收入统计，发展到具有现代分析和核算意义的现代国民经济核算阶段。在此期间，国民经济核算体系由草创形成，趋于逐渐完善，其中心体系也由国民经济的运行，扩展到社会核算等诸多前沿领域。这些变革，使得现代国民经济核算体系所涵盖的范畴更为充实。

8.1.3 我国国民经济核算体系的建立和发展

我国的国民经济核算体系的建立和发展，大体可分为三个阶段。

第一阶段：MPS 的建立和发展阶段(1952—1984 年)

这一阶段采用的是 MPS，是当时高度集中的计划经济管理体制下的历史产物。它适应了当时社会的经济基础和生产力发展水平的需要，为我国开展大规模的社会主义经济建设，为科学的计划经济管理发挥了重要作用。

第二阶段：MPS 与 SNA 并存阶段(1985—1992 年)

这一阶段是 MPS 与 SNA 两种核算体系共存阶段。当时采用两种体系并存、两者并用的方式，主要是立足于当时我国国民经济的管理是实行有计划的商品经济这一主导思想。国民经济核算工作既要考虑计划指令为主导方面所需要的指标体系，又要兼顾市场调节为辅所需要的数据资料，以适应我国经济体制的发展变化过程，满足国民经济发展和党政决策部门的需要。另外，国际上还存在着东欧和苏联等采用 MPS 的国家。可以说，这一阶段两体系共存的现象有着当时社会经济发展和受经济理论制约的特殊历史背景。在这一阶段，我国统计工作者与经济理论工作者、教育工作者密切合作，研制出了能够把两种国民经济核算体系相互转化的《中国国民经济核算体系(试行方案)》(1992 年)，并付诸实施，较好地解决了从计划经济向社会主义市场经济转换时期的核算问题。在这一阶段，国家统计局不仅发布以 MPS"国民收入"为挂帅指标的系列核算数据，同时核算以 SNA"国内生产总值"为挂帅指标的系列核算数据。

第三阶段：SNA 的发展阶段(1993 年至今)

这一阶段是取消 MPS，采用 SNA 基本核算框架、核算原则与方法，并结合中国的实际建立我国新国民经济核算体系的时期，也可称为与国际接轨时期。党的十四大确定了建立社会主义市场经济体制的改革目标，实现了社会主义经济理论的重大突破，在国民经济核算方面扫清了理论上的障碍。从国际环境看，以前实行 MPS 的苏联、东欧国家也陆续放弃了这个体系，而采取了 SNA。MPS 的国际作用日趋消失。我国的国民核算工作实践也表明，由于经济体制的变革，MPS 在反映国民经济发展变化方面的缺陷越来越明显，而中国宏观经济分析和管理工作者已经改变了应用 MPS 指标的习惯，逐步适应了应用 SNA 有关指标分析和处理经济问题。在这一阶段，为了适应我国改革开放新形势发展及宏观经济管理的需要，中国新国民经济核算体系以联合国 1968 年 SNA 和 1993 年 SNA 草案为基础，并结合中国的具体情况，开始向 SNA 全面过渡和转化，设计并编制了国内生产总值及其使用表、投入产出表、资金流量表、资产负债表、国际收支平衡表和一套国民经济循环账户，同时取消了 MPS 的国民收入等有关指标。

2002 年 12 月 31 日，国家统计局等六单位联合发布了关于实施《中国国民经济核算体系(2002)》的通知，要求新体系从 2003 年开始逐步实施。

从以上三个阶段的进程可以看出，我国的国民经济核算体系的改革和发展是随着我国的经济体制的变化而循序渐进变化的。特别是第二阶段过渡的成功，为第三阶段工作打下了良好的基础。

8.1.4 国民经济核算的基本概念

1. 常住单位

常住单位也称常住机构单位。在我国的经济领土上具有经济利益中心的经济单位称为我国的常住单位。这里所说的经济领土由我国政府控制的地理领土组成,包括我国大陆的领陆、领水、领空,以及位于国际水域,但我国具有捕捞和海底开采管辖权的大陆架和专属经济区;还包括我国在国外的所谓领土"飞地",即位于其他国家,通过正式协议为我国政府所拥有或租借、用于外交等目的、具有明确边界的地域,如我国驻外使馆、领馆用地;不包括我国地理边界内的"飞地",即位于我国地理领土范围内,通过正式协议为外国政府所拥有或租借、用于外交等目的、具有明确边界的地域,如外国驻华使馆、领馆用地及国际组织用地。一经济单位在我国的经济领土范围内具有一定的场所,如住房、厂房或其他建筑物,从事一定规模的经济活动并超过一定时期(一般以一年为操作准则),则该经济单位在我国具有经济利益中心。

一个法人企业,如果它的全部经济活动发生在我国经济领土范围内,那么它就是我国的常住单位。一个企业虽然它的经济活动并非全部发生在我国的经济领土范围内,但在我国经济领土内建立了一个子企业,从事生产经营活动一年以上,则该子企业也是我国的一个常住单位。一个住户,如果他在我国的经济领土范围内拥有住房,该住房为他的主要住所,则认为是我国的常住单位。一个政府单位是它行使管辖权的经济领土范围内的常住单位。中央政府组成单位,包括位于国外的使馆、领馆等,均为我国的常住单位。

2. 生产范围

国民经济核算的生产范围包括以下三部分:第一,生产者提供或准备提供给其他单位的货物或服务的生产;第二,生产者用于自身最终消费或固定资本形成的所有货物的自给性生产;第三,自有住房提供的住房服务和付酬家庭雇员提供的家庭服务的自给性生产。

因此,生产范围包括所有货物的生产,不论是对外提供的货物还是自产自用的货物;而服务的生产则基本上限于对外提供的部分;自给性服务,除了自有住房服务和付酬家庭雇员提供的家庭或个人服务外,则被排除在生产范围之外。被排除在生产范围之外的自给性服务是指住户成员为本住户提供的家庭或个人服务,如清扫房屋、做饭、照顾老人、教育儿童等。

3. 消费范围

生产范围决定消费范围,用于最终消费的货物和服务只能是生产范围内所包括的货物和服务。生产范围包括所有货物的生产和除住户成员为本住户提供的家庭或个人服务之外的所有服务的生产,从而消费范围也限于包括在上述生产范围内的货物和服务。

4. 资产范围

国民经济核算中的资产是根据所有权的原则界定的经济资产,也就是说,资产必须为某个或某些单位所拥有,其所有者因持有或使用它们而获得经济利益。根据这个定义,金融资产和由生产过程创造出来的固定资产、存货等,以及某些不是经过生产过程创造出来的自然产生的资产(如土地、矿藏、森林、水资源资产等),只要某个或某些单位对这些资产有效地行使所有权,并能够从中获得经济利益,都属于资产范畴。资产范围中不包括诸如大气或公海等无法有效地行使所有权的那些自然资源与环境,以及尚未发现或难以利用的矿藏,即一定时期内,鉴于它们本身的状况和现有的技术不能为其所有者带来任何经济利益的资源与环境。

5. 流量和存量

流量是指某一时期发生的量,存量是指某一时点的量。期初存量与本期流量之和,形成期末存量。经济中的许多流量都有与其直接对应的存量,如金融资产流量与金融资产存量相对应,但也有一些流量没有直接对应的存量,如进出口、工资等。

6. 市场价格

市场价格是市场上买卖双方认定的成交价格,生产者价格和购买者价格都是市场价格。

生产者价格等于生产者生产单位货物和服务向购买者出售时获得的价值,包括为购买者开具发票的增值税或类似可抵扣税。该价格不包括货物离开生产单位后所发生的运输费用和商业费用。

购买者价格是购买者购买单位货物和服务所支付的价值,包括购买者按指定的时间和地点取得货物所发生的运输和商业费用。购买者价格等于生产者价格加上购买者支付的运输和商业费用,再加上购买者缴纳的不可扣除的增值税和其他税。

8.1.5 国民经济核算的原则

1. 权责发生制原则

在国民经济核算中,各种交易的记录时间是按照权责发生制原则来确定的,即交易在债权债务发生、转移或取消的时间记录。这一原则适用于各种交易,包括同一机构部门内部的交易。权责发生制原则意味着交易在其实际发生时记录,而不是在相应的收入与支付发生时记录。

2. 估价原则

在国民经济核算中,各种交易、资产和负债的记录价格,遵循以下规定,凡发生货币支付的交易,都按交易双方认定的成交价格,即市场价格来估价;没有发生货币支付的交易,如同一机构单位内部的交易(如自制设备、自给性消费等),按市场上相同货物和服务的市场价格或按所发生的实际成本来估价。一般来说,货物和服务产出按生产者价格估价;大多数货物和服务的使用(如中间消耗、固定资产形成和最终消费)按购买者价格估价。固定资产存量按编制资产负债表时的现价估价,而不是按原购置价格估价。

 知识链接

理查德·斯通,英国经济学家。他于 1913 年 8 月 30 日出生于伦敦。青年时代曾就读于剑桥的风维尔——开佑斯学院,为了子承父业,他起初选择了法律专业,但两年后,他开始对经济学产生浓厚的兴趣,遂改学经济学。在其改学经济学的最初两年,他受到了凯恩斯的指点和教诲,认真通读了《通论》,并经常参加由凯恩斯组织的政治经济学俱乐部。这为他日后从事经济学研究奠定了良好的基础。他于 1935 年、1948 年和 1957 年先后获剑桥大学文学学士、文学硕士和理学博士学位。他是国际统计协会、会计审计学会、经济计量学会、英国皇家科学院的委员和会员,1955 年被选为国际经济计量学会会长。此外,他还是美国经济学会和美国科学艺术研究院的荣誉会员。1978 年被封为爵士,并当选为英国皇家经济学会主席。1984 年获诺贝尔经济学奖。

1945 年,在凯恩斯的建议下,剑桥大学成立了应用经济学系,年仅 32 岁、只有学士学位的斯通被任命为系主任。在以后数年间,他始终思考着如何采用社会账户体系来测量经济流量。直到 1947 年,他完成了一份联合国在日内瓦公布的《国民收入的测量和社会账户的编制》。当时,在欧洲社会核算的兴趣不断增长,人们认为国民账户可以为评价各国的进展提供一种有效的框架,为此,斯通在剑桥设立了一个国民账户研究组。其中最为重要的结果是,欧洲经济合作组织分别于 1950 年和 1952 年公布的《简化的国民经济核算体系》和《标准化国民经济核算体系》。20 世纪 50 年代初,斯通与西蒙·库兹涅茨(Simon Kuznets)等人曾被邀请作为印度国民收入委员会的顾问。1952 年 7 月,他被联合国召往纽约,旨在建立一个标准的国民经济核算体系,为此联合国还专门成立了一个专家委员会,由斯通担任主席。不久,《国民经济核算体系及辅助表(1953 年)》(SNA)很快问世了。1955 年至 1980 年期间,斯通担任剑桥大学财务与会计教授。其间,他一方面从事于英国计量经济模型的建立工作,另一方面,还以各国国民经济核算的实践为基础,进一步修订了联合国《国民经济核算体系及辅助表》(称旧 SNA),成功地推出了联合国《国民经济核算体系(1968 年)》(通常简称为新 SNA)。此后,他还致力于研究改进社会和人口的统计分析方法,为联合国制定了《社会和人口体系》(通常称作 SSDS,全称为 System of Social and Demographic Statistics),并试图把国民经济核算与社会和人口统计体系结合起来。斯通在提出国民经济核算体系中起到相当重要的作用,由于他的首创精神和对国民经济体系的先驱性研究,他被人称为国民经济统计之父。此外,他在其他应用经济学领域也有重大贡献,其中主要是消费者需求分析和剑桥增长计划。

8.2 我国国民经济核算与国民经济核算体系

8.2.1 我国国民经济核算的基本分类

1. 机构单位和机构部门分类

1) 机构单位

机构单位是指有权拥有资产和承担负债,能够独立地从事经济活动并与其他实体进行交易的经济实体。机构单位具有以下基本特点:

(1) 有权独立拥有货物和资产,能够与其他机构单位交换货物或资产的所有权。
(2) 能够做出直接负有法律责任的经济决定和从事相应的经济活动。
(3) 能以自己的名义承担负债、其他义务或未来的承诺,并能签订契约。
(4) 能够编制出包括资产负债表在内的一套在经济和法律上有意义的完整账户。

在现实经济生活中,具备机构单位条件的单位主要有两类,一类是住户,另一类是得到法律或社会承认的法律实体或社会实体。

2) 机构部门

同类机构单位构成机构部门。国民经济核算体系把所有常住机构单位划分为四个大的机构部门,即非金融企业部门、金融机构部门、政府部门和住户部门。由非常住单位组成的国外部门也视为机构部门。

(1) 非金融企业与非金融企业部门:非金融企业指主要从事市场货物生产和提供非金

融市场服务的常住企业,主要包括从事上述活动的各类法人企业。所有非金融企业归并在一起,就形成非金融企业部门。

(2) 金融机构与金融机构部门:金融机构指主要从事金融媒介以及与金融媒介密切相关的辅助金融活动的常住单位,主要包括中央银行、商业银行和政策性银行、非银行信贷机构和保险公司。所有金融机构归并在一起,就形成金融机构部门。

(3) 政府单位与政府部门:政府单位指在我国境内通过政治程序建立的、在一特定区域内对其他机构单位拥有立法、司法和行政权的法律实体及其附属单位。政府单位的主要职能是利用征税和其他方式获得的资金向社会和公众提供公共服务;通过转移支付,对社会收入和财产进行再分配。它主要包括各种行政单位和非营利性事业单位。所有政府单位归并在一起,就形成政府部门。

(4) 住户与住户部门:住户指共享同一生活设施、部分或全部收入和财产集中使用、共同消费住房、食品和其他消费品与服务的常住个人或个人群体。所有住户归并在一起,就形成住户部门。

(5) 非常住单位与国外部门:所有不具有常住性的机构单位都是非常住单位。将所有与我国常住单位发生交易的非常住单位归并在一起,就形成国外部门。对于国外部门来说,并不需要核算它的所有经济活动,只需核算它与我国常住机构单位之间的交易活动。

2. 产业活动单位和产业部门分类

产业部门分类是按照主产品同质性的原则对产业活动单位进行的部门分类。所谓产业活动单位是指在一个地点,从事一种或主要从事一种类型生产活动并具有收入和支出会计核算资料的生产单位。产业活动单位是为生产核算而设立的,其目的在于比较准确地反映各种类型产业活动的生产规模、结构等。产业活动单位应同时具备以下三个条件:

(1) 地点的唯一性。如果一个单位在不同的地点从事生产活动,哪怕是同一种类型生产活动,也要划分为不同的产业活动单位。

(2) 生产活动的单一性。一个产业活动单位要么只从事一种类型生产活动,要么虽然允许有一种以上的生产活动,但主要活动在单位的增加值中占有绝对大的比重,也就是说,所有次要活动的总体规模与主要活动相比是很小的。

(3) 具有收入和支出会计核算资料。

按照基层单位生产产品的同质性进行划分,可得到关于产业部门的分类。在我国,产业部门分类习惯上称为国民经济行业部门分类,目前所采用的分类包括16个部门,即农林牧渔业,采掘业,制造业,电力煤气及水的生产和供应业,建筑业,地质勘查和水利管理业,交通运输仓储及邮电通讯业,批发零售贸易及餐饮业,金融保险业,房地产业,社会服务业,卫生体育和社会福利业,教育文化艺术及广播电影电视业,科学研究和综合技术服务业,国家机关、政党机关和社会团体,及其他行业。

在上述分类基础上,还可进一步归纳出三次产业分类。其中,第一产业主要是指农业,包括种植业和林牧渔业;第二产业主要是工业和建筑业,包括采掘业、制造业、电力煤气及水的生产和供应业、建筑业;第三产业,主要是流通和服务业,包括除上述行业以外的所有行业。通常,第一和第二产业属于物质生产部门,第三产业则属于非物质生产部门。

国民经济核算体系根据新的国民经济行业分类标准和统计基础情况确定产业部门分

类。随着统计基础的改善，产业部门的分类要逐步细化，以更好地满足宏观经济管理、社会公众和对外交流工作的需要。

8.2.2 我国国民经济核算体系的基本框架

1. 我国国民经济核算体系的基本结构

《中国国民经济核算体系(2002)》由基本核算表、国民经济账户和附属表三部分构成。

(1) 基本核算表包括国内生产总值表、投入产出表、资金流量表、国际收支表和资产负债表。

(2) 国民经济账户包括经济总体账户、国内机构部门账户和国外部门账户。

(3) 附属表包括自然资源实物量核算表、人口资源与人口资本实物量核算表。

基本核算表和国民经济账户是本体系的中心内容，它通过不同的方式对国民经济运行过程进行全面的描述。附属表是对基本核算表和国民经济账户的补充，它对国民经济运行过程所涉及的自然资源和人口资源与人力资本进行描述。

2. 基本核算表

基本核算表是指对国民经济总体运行情况进行全面、综合、系统的价值量核算的表式，具体包括：国内生产总值表、投入产出表、资金流量表、国际收支表和资产负债表。

1) 国内生产总值表

国内生产总值表是以国内生产总值为核心，对国民经济生产与使用指标进行系统的核算，综合反映国民经济发展的规模和结构。

国内生产总值的计算方法有三种，即生产法、收入法和支出法。因此，国内生产总值表就包括了生产法国内生产总值表、收入法国内生产总值表、支出法国内生产总值表，以及国内生产总值总表(表8-1)。

表 8-1 国内生产总值总表

生产	金额	使用	金额
一、生产法国内生产总值		一、支出法国内生产总值	
（一）总产出		（一）最终消费	
（二）中间投入(-)		居民消费	
二、收入法国内生产总值		农村居民消费	
（一）劳动者报酬		城镇居民消费	
（二）生产税净额		政府消费	
生产税		（二）资本形成总额	
生产补贴(-)		固定资本形成总额	
（三）固定资产折旧		存货增加	
（四）营业盈余		（三）净出口	
		出口	
		进口(-)	
		二、统计误差	

2) 投入产出表

投入产出表是以矩阵形式，描述国民经济各部门在一定时期(通常是一年)内，生产中的投入来源和产出使用去向，揭示国民经济各部门间相互依存、相互制约的数量关系；同时，它将生产法、收入法和支出法国内生产总值结合在一张表上，细化了国内生产总值的核算。

投入产出表由供给表、使用表和产品部门×产品部门表组成。供给表又称产出表，使用表又称投入表。其主表为产品部门×产品部门表，如表8-2所示。

投入产出表的编制方法主要指编制产品部门×产品部门表的方法。产品部门×产品部门表有两种编制方法，一种是间接推导法，另一种是直接分解法。目前我国采用的是以直接分解法为主，间接推导法为辅的编表方法。

表8-2 投入产出表

(产品部门×产品部门表)

投入＼产出		中间使用			最终使用							出口	最终使用合计	进口	总产出
		产品部门1	...	产品部门n	中间使用合计	最终消费				资本形成总额					
						居民消费		小计	政府消费	合计	固定资本形成额	存货增加	合计			
						农村居民消费	城镇居民消费									
中间投入	产品部门1 ⋮ 产品部门n	第Ⅰ象限				第Ⅱ象限										
	中间投入合计															
增加值	劳动者报酬 生产税净额 固定资产折旧 营业盈余 增加值合计	第Ⅲ象限														
	总投入															

3) 资金流量表

资金流量表是以收入分配和资金运动为核算对象，反映一定时期各机构部门收入的形成、分配、使用、资金的筹集和运用，以及各机构部门间资金流入和流出情况。

资金流量表分为实物交易和金融交易两大部分，分别由国家统计局和中国人民银行编制，如表8-3和表8-4所示。

表 8-3 资金流量表(实物交易)

交易项目 \ 机构部门	非金融企业部门		金融机构部门		政府部门		住户部门		国内合计		国外部门		合计	
	使用	来源	使用	来源	使用	来源	使用	来源	使用	来源	使用	来源	使用	来源
一、净出口														
二、增加值														
三、劳动者报酬														
(一) 工资及工资性收入														
(二) 单位社会保险付款														
四、生产税净额														
(一) 生产税														
(二) 生产补贴(-)														
五、财产收入														
(一) 利息														
(二) 红利														
(三) 土地租金														
(四) 其他														
六、初次分配总收入														
七、经常转移														
(一) 收入税														
(二) 社会保险缴款														
(三) 社会保险福利														
(四) 社会补助														
(五) 其他														
八、可支配总收入														
九、最终消费														
(一) 居民消费														
(二) 政府消费														
十、总储蓄														
十一、资本转移														
(一) 投资性补助														
(二) 其他														
十二、资本形成总额														
(一) 固定资本形成总额														
(二) 存货增加														
十三、其他非金融资产获得减处置														
十四、净金融投资														
十五、统计误差														

表 8-4 资金流量表(金融交易)

交易项目 \ 机构部门	非金融企业部门		金融机构部门		政府部门		住户部门		国内合计		国外部门		合计	
	使用	来源	使用	来源	使用	来源	使用	来源	使用	来源	使用	来源	使用	来源
一、净金融投资														
二、资金运用合计														
三、资金来源合计														
(一) 通货														
本币														
外币														
(二) 存款														
活期存款														
定期存款														
住户储蓄存款														
财政存款														
外汇存款														
其他存款														
(三) 贷款														
短期贷款														
中长期贷款														
财政贷款														
外汇贷款														
其他贷款														
(四) 证券														
债券														
国债														
金融债券														
中央银行债券														
企业债券														
股票														
(五) 保险准备金														
(六) 结算资金														
(七) 金融机构往来														
(八) 准备金														
(九) 库存现金														
(十) 中央银行贷款														
(十一) 其他(净)														
(十二) 国外直接投资														
(十三) 其他对外债权债务														
(十四) 储备资产														
(十五) 国际收支净误差与遗漏														

4) 国际收支表

国际收支表包括国际收支平衡表和国际投资头寸表。国际收支平衡表反映一定时期内常住单位(居民)和非常住单位(非居民)之间发生的交易；国际投资头寸表反映特定时点上常住单位对外金融资产和负债的存量状况，以及在一定时期内由交易、价格变化、汇率变化和其他调控引起的存量变化。

国际收支平衡表是在国际货币基金组织最新制定的标准的基础上，根据中国的实际情况适当调整后形成的。国际收支平衡表包括四大部分，即经常项目、资本和金融项目、储备资产、净误差与遗漏，如表 8-5 所示。

表 8-5 国际收支平衡表

项目	差额	贷方	借方
一、经常项目			
（一）货物和服务			
1．货物			
2．服务			
运输			
旅游			
通信服务			
建筑服务			
保险服务			
金融服务			
计算机和信息服务			
专有权利使用费和特许费			
咨询			
广告、宣传			
电影、音像			
其他商业服务			
别处未提及的政府服务			
（二）收益			
1．职工报酬			
2．投资收益			
（三）经常转移			
1．各级政府			
2．其他部门			
二、资本和金融项目			
（一）资本项目			
（二）金融项目			
1．直接投资			
我国在外直接投资			
外国在华直接投资			
2．证券投资			
资产			

续表

项目	差额	贷方	借方
股本证券			
债务证券			
(中)长期债券			
货币市场工具			
负债			
股本证券			
债务证券			
(中)长期债券			
货币市场工具			
3．其他投资			
资产			
贸易信贷			
长期			
短期			
贷款			
长期			
短期			
货币和存款			
其他资产			
长期			
短期			
负债			
贸易信贷			
长期			
短期			
贷款			
长期			
短期			
货币和存款			
其他负债			
长期			
短期			
三、储备资产			
(一) 货币黄金			
(二) 特别提款权			
(三) 在基金组织的储备头寸			
(四) 外汇			
(五) 其他债权			
四、净误差与遗漏			

国际投资头寸表反映我国对外资产和负债的存量状况及其变动因素。国际投资头寸表在记账单位和折算等核算原则上均与国际收支平衡表一致,在计价上采用编表时点的市场价格,记账单位为美元,按各种货币对美元统一折算率进行折算。

我国的国际投资头寸表与国际货币基金组织制定的标准表式基本相同。国际投资头寸表的主栏是资产和负债,两者之间的差额是净头寸,如表8-6所示。

表8-6 国际投资头寸表

项目	期初	交易	其他变化	期末
一、净头寸				
二、资产				
(一) 在国外直接投资				
1. 股本和再投资收益				
2. 其他资本				
(二) 证券投资				
1. 股本证券				
2. 债务证券				
(三) 其他投资				
1. 贸易信贷				
2. 贷款				
3. 货币和存款				
4. 其他资产				
(四) 储备资产				
1. 货币黄金				
2. 特别提款权				
3. 在基金组织中的储备头寸				
4. 外汇				
5. 其他债权				
三、负债				
(一) 来华直接投资				
1. 股本和再投资收益				
2. 其他资本				
(二) 证券投资				
1. 股本证券				
2. 债务证券				
(三) 其他资本				
1. 贸易信贷				
2. 贷款				
3. 货币和存款				
4. 其他负债				

5) 资产负债表

资产负债表是以经济资产存量为对象的核算,它反映某一时点上机构部门及经济总体所拥有的资产和负债的历史积累状况。期初资产负债规模和结构是当期经济活动的初始条件，经过一个核算期的经济活动(生产、分配、消费、投资、资金融通等)和非经济活动(如自然灾害、战争等)形成了期末资产负债的规模和结构。因此，资产负债核算与经济流量核算之间有着密切的联系。

我国资产负债表采用国际上通用的矩阵结构，主栏为资产和负债项目，宾栏为机构部门和经济总体，并下设使用项和来源项，其中使用项目记录资产，来源项目记录负债和资产负债差额。

资产负债核算采用复式记账原则，机构部门之间的资产负债交易必须在同一时点记入交易双方的资产负债表。机构部门在记录资产负债交易时，遵循"权责发生制"原则。资产负债表按核算时点分为期初资产负债表和期末资产负债表。

资产负债核算的核算范围是我国常住单位拥有的资产、负债和资产净值。

编制资产负债表的基本方法有两种：直接法和间接法。直接法是基本方法，间接法是直接法的延伸，一般采用直接法。目前我国资产负债核算采用的时点为日历年初和年末两个时点，以此确定资产负债核算的起点和终点。资产负债表如表8-7所示。

表8-7 资产负债表

	非金融企业部门		金融机构部门		政府部门		住户部门		国内部门合计				国外部门		总计	
		国有企业		国有机构							国有单位					
	使用	来源	使用	来源	使用	来源	使用	来源	使用	来源	使用	来源	使用	来源	使用	来源	使用	来源
一、非金融资产																
(一) 固定资产																
其中：在建工程																
(二) 存货																
其中：产成品和商品库存																
(三) 其他非金融资产																
其中：无形资产																
二、金融资产与负债																
(一) 国内金融资产与负债																
通货																
存款																
长期																
短期																
贷款																
长期																
短期																
证券(不含股票)																
股票及其他股权																
保险准备金																
其他																

续表

	非金融企业部门		金融机构部门		政府部门		住户部门		国内部门合计		国外部门		总计	
		国有企业		国有机构						国有单位				
	使用	来源	使用	来源	使用	来源	使用	来源	使用	来源	使用	来源	使用	来源
(二) 国外金融资产与负债														
直接投资														
证券投资														
其他投资														
(三) 储备资产														
其中：货币黄金														
外汇储备														
三、资产负债差额(资产净值)														
四、资产、负债与差额总计														

上述五张基本核算表彼此衔接，联成一体，构成了国民经济总体运行过程的系统描述，但它们又是各自具有相对独立性的子体系。

3. 国民经济账户

国民经济账户是以账户的形式对国民经济运行过程和结果进行描述。针对国民经济运行的各个环节，分别设置了不同的账户，即生产账户、收入分配及支出账户、资本账户、金融账户、资产负债账户、国内机构部门账户和国外账户。

国民经济账户中包括经济总体账户和部门账户两个层次的账户。经济总体账户是以国民经济总体为对象，是国民经济账户的主体；部门账户是经济总体账户的分解，分别按机构部门和产业部门设置。

1) 国民经济账户的形式和记账原则

国民经济账户借用了企业会计的"丁"字账户格式。账户的右方为来源方，反映收入、负债的变动；左方为使用方，反映支出、资产的变动。

国民经济账户采用复式记账法。对于整个国民经济而言，一笔交易往往涉及两个部门，在每个部门它都要记录两次。国民经济账户的基本形式和记账原则如表8-8所示。

表8-8 国民经济账户的基本形式和记账原则

使 用	来 源
1. 支出	1. 收入
2. 资产变动	2. 负债变动
(1) 资产增加	(1) 负债增加
(2) 资产减少	(2) 负债减少
3. 资产存量	3. 负债存量

2) 国民经济账户的基本结构

(1) 生产账户：反映国内机构在核算期内通过生产活动所创造的价值及与此价值对应的收入状态。生产账户的基本形式如表8-9所示。

表8-9　生产账户

使用	来源
1. 增加值 　(1) 劳动者报酬 　(2) 生产税净额 　(3) 固定资产折旧 　(4) 营业盈余	1. 总产出 2. 减：中间投入
合　计	合　计

(2) 收入分配及支出账户：反映国内机构在核算期内通过生产过程所形成的收入如何在拥有相应生产要素的机构部门之间进行分配，以及机构部门如何将它们的可支配收入在消费和储蓄之间进行分配。收入分配及支出账户的基本形式如表8-10所示

表8-10　收入分配及支出账户

使用	来源
1. 财产收入支付 2. 经常转移支出 3. 可支配总收入 4. 最终消费 5. 总储蓄	1. 营业盈余 2. 固定资产折旧 3. 财产收入 4. 劳动者报酬 5. 生产税净额 6. 经常转移收入
合　计	合　计

(3) 资本账户：用于记录国内机构部门可用于资本形成的资金来源、资本形成的规模与资金余缺规模。资本账户的基本形式如表8-11所示。

表8-11　资本账户

使用	来源
1. 资本形成总额 2. 其他非金融资产获得减处置 3. 资金余缺	1. 总储蓄 2. 资本转移收入净额
合　计	合　计

(4) 金融账户：反映国内机构部门通过各种金融工具发生的各种金融交易，以及交易的净成果，即资金的净借入或净借出。金融账户的基本形式如表8-12所示。

表 8-12　金融账户

使用	来源
1．通货	1．通货
2．存款	2．存款
3．贷款	3．贷款
4．证券(不含股票)	4．证券(不含股票)
5．股票及其他股权	5．股票及其他股权
6．保险准备金	6．保险准备金
7．其他金融资产	7．其他负债
8．国外直接投资	8．国外直接投资
9．其他对外债权	9．其他对外债务
10．储备资产	10．国际收支净误差与遗漏小计
	11．资金余缺
合计	合计

(5) 资产负债账户：反映国内机构部门在核算期初或期末的资产负债存量。资产负债账户的基本形式如表 8-13 所示。

表 8-13　资产负债账户

使用	来源
1．非金融资产	1．国内金融负债
(1) 固定资产	(1) 通货
(2) 存货	(2) 存款
(3) 其他非金融资产	(3) 贷款
2．金融资产	(4) 证券(不含股票)
(1) 国内金融资产	(5) 股票及其他股权
通货	(6) 保险准备金
存款	(7) 其他负债
贷款	2．国外金融负债
证券(不含股票)	(1) 直接投资
股票和其他股权	(2) 证券投资
保险准备金	(3) 其他投资
其他金融资产	小计
(2) 国外金融资产	3．资产负债差额
直接投资	
证券投资	
其他投资	
3．储备资产	
合计	合计

(6) 国外部门账户：从常住者的角度，反映常住者与非常住者之间发生的各种交易活

动及相应的存量状况。国外部门账户包括经常账户、资本账户、金融账户和资产负债账户，但没有生产账户。其基本形式如表 8-14 所示。

表 8-14 经常账户

使用	来源
1. 货物和服务出口	1. 货物和服务进口
2. 来自国外的劳动者报酬	2. 支付国外的劳动者报酬
3. 来自国外的财产收入	3. 支付国外的财产收入
4. 来自国外的生产税净额	4. 支付国外的生产税净额
5. 来自国外的经常转移收入	5. 支付国外的经常转移
6. 经常往来差额	
合计	合计

3) 经济总体账户与国内机构部门账户的关系

经济总体账户与国内机构部门账户之间的关系是总体与部分的关系。一般情况下，对每一项交易而言，各个国内机构部门的使用方数据之和等于经济总体的使用方数据，各个国内机构部门的来源方数据之和等于经济总体的来源方数据。

4) 基本核算表与国民经济账户之间的关系

基本核算表与国民经济账户都是对国民经济运行过程及结果的描述，两者之间既密切联系，又相对独立。

基本核算表侧重于经济活动某一方面的核算，所有的基本表构成一个有机的整体，对国民经济活动进行全面的核算；国民经济账户侧重于对经济循环过程的核算，各个账户按生产、收入分配、消费、投资和融资等环节设置，相互之间通过平衡项来衔接，既系统地反映了经济循环过程中每个环节的基本内容，又清楚地反映了各环节之间的有机联系。

4. 附属表

附属表是对国民经济核算体系核心部分的补充，用于描述我国自然资源和资源资产、人口资源和人力资本的规模、结构与变动及经济、资源和人口之间的相互关系。

1) 自然资源实物量核算表

自然资源实物量核算表是反映主要自然资源在核算期期初和期末两个时点的实物存量及在核算期内的变动情况。

自然资源实物量核算表分为五部分：第一部分反映自然资源在核算期初始的实物存量状况；第二部分反映由于各种因素引起的自然资源物量的增加；第三部分反映由于各种因素引起的自然资源物量的减少；第四部分反映自然资源在核算期内由于科技进步、核算方法改变等因素而引起的增减变化；第五部分反映自然资源在核算期终结的实物存量状况。

2) 人口资源与人力资本实物量核算表

人口资源与人力资本实物量核算表是反映人口资源与人力资本在期初、期末两个时点的存量状况及在核算期内的变动情况，该表分为五部分，分别反映我国 0～15 岁人口、就业人口、失业人口、非经济活动人口、总人口的期初期末存量、结构及变动情况。

知识链接

瓦西里·列昂惕夫(Wassily Leontief)，美籍俄裔著名经济学家。1906年，出生于彼得堡；1925年，在列宁格勒大学(后改名为彼得堡大学)获社会学硕士学位；同年，移居德国进入柏林大学专攻经济学；1928年，取得柏林大学博士学位；1931年，移居美国在哈佛大学经济系任教，正式从事投入产出方法的研究；1932年，获聘为哈佛大学经济系助教；1946年，升为正教授至1975年退休。1948年，他主持"哈佛经济研究计划"并出任主持人至1973年；1975年，转至纽约大学任经济学教授、经济分析研究所所长。他是美国人文与科学院(American Academy of Arts and Sciences，AAAS)院士，1954年任计量经济学会会长，1970年任美国经济学会(American Economic Association，AEA)会长，1973年获诺贝尔经济学奖。

列昂惕夫是投入产出分析方法的创始人。投入产出分析为研究社会生产各部门之间相互依赖关系，特别是系统地分析经济内部各产业之间错综复杂的交易提供了一种实用的经济分析方法。1973年，列昂惕夫因发展了投入产出分析方法及这种方法在经济领域产生的重大作用，而备受西方经济学界的推崇并因此获得诺贝尔经济学奖。在哈佛大学经济系任教期间，约瑟夫·熊彼特是他的同事并且对他的研究成果极为推崇，还有两位诺贝尔经济学奖得主保罗·萨缪尔森和罗伯特·索洛是他的学生。

列昂惕夫在20世纪30年代初期开始进行投入产出法的研究工作。1936年他发表了《美国经济体系中投入产出的数量关系》一文，文中阐述了有关第一张美国1919年投入产出表的编制工作、投入产出理论和相应的模型，以及资料来源和计算方法。1941年，列昂惕夫出版了投入产出分析的第一本专著《美国经济的结构1919—1929》。第二次世界大战期间，由于战争的需要，各国政府加强了对经济的干预和控制，因此需要一个相当科学和精确的计算工具。投入产出法逐渐引起美国政府和经济学界的重视。美国劳工部为了研究美国战后的生产和就业问题，聘任列昂惕夫指导编制1939年的美国投入产出表。历时5年，于1944年完成后，美国劳工部立即用该表来预测美国1945年12月的就业情况，并对1950年美国充分就业情况下各经济部门的产出做了预计。后来美国的经济发展情况证实了预测的准确性。于是在1949年，美国空军和美国劳工部协作，组织了一个有70多人参加的编制组，花费了150万美元经费，到1952年秋，编制出1947年的包含200个部门的美国投入产出表。此后，美国政府定期编制全国投入产出表，作为国民经济核算和决定经济政策的依据。

经济的发展，对外贸易及资本流动的国际扩展，不仅使各国进出口的结构不断变动，而且也推动了各国产业结构的变化。国际贸易理论的发展，大体经历了三个阶段：亚当·斯密绝对成本理论、李嘉图的比较利益理论、赫克歇尔—俄林的资源禀赋理论。其中具有代表性的是李嘉图的比较成本理论和赫克歇尔—俄林的资源禀赋理论。但问题在于，不少国家在很多时候并不符合比较优势理论。列昂惕夫在1953年和1956年的两次研究中发现了一个难以解释的现象：按照传统理论，美国这个世界上具有最昂贵劳动力和最密集资本的国家，应主要出口资本密集型产品，进口劳动密集型产品。但事实恰好相反，美国出口量最大的是农产品等劳动密集型产品，进口量最大的却是汽车、钢铁等资本密集型产品，这被称为"列昂惕夫之谜"。直到弗农·史密斯(Vernon L. Smith)1966年提出"产品周期理论"，才解开了"列昂惕夫之谜"。在弗农·史密斯看来，科技创新在对外贸易中具有相当重要的作用，即创新产品初始垄断优势以及其后技术转移与扩散形成的垄断优势的丧失，决定着国际贸易的格局变化，从而推动一国产业结构的演进。关于这一点，我们可以从美国产业结构变化中看得更清楚。从20世纪80年代起，美国政府就加大了对R&D(研究与开发)的支持力度。

8.3 国民经济核算中的主要总量指标

【拓展案例】

国内生产总值(GDP)、国民生产总值(Gross National Product，GNP)、国民可支配收入

(Gross National Disposable Income，GNDI)是国民经济核算体系中重要的总量指标，它们分别从特定角度反映整体经济活动成果。国内生产总值是"生产"概念，从生产角度反映社会经济活动成果；国民生产总值是"收入"概念，从收入角度反映社会经济情况；国民可支配收入则是"分配"概念，反映社会经济总体的消费水平和投资规模。

8.3.1 国内生产总值

1. 国内生产总值的概念

国内生产总值是一国(或地区)地域范围内所有常住单位在一定时期生产最终产品和提供劳务价值的总和。在价值构成上，国内生产总值体现为当期生产过程中的新增价值，包括劳动者新创造的价值($V+M$)和固定资产磨损价值(C_1)，但不包括生产过程中作为中间投入的价值；在实物构成上，它是当期生产的最终产品，包括用于消费、积累及净出口的产品，但不包括各种被其他生产部门消耗的中间产品。

国内生产总值从生产角度来看，是国民经济各部门的增加值之和；从分配角度来看，是这些部门的劳动者报酬、生产税净额、营业盈余和固定资产折旧之和；从使用角度来看，是最终用于消费、投资、存货增加及净出口的产品和劳务的总和。

2. 国内生产总值的核算方法

国内生产总值有三种核算方法，即生产法、收入法和支出法。三种方法分别从不同的角度反映国民经济生产活动成果。

1) 生产法

生产法是从生产过程中创造的货物和服务价值入手，剔除生产过程中投入的中间货物和服务价值，得到增加价值的一种方法。国民经济各产业部门生产法增加值的计算公式如下：

$$增加值 = 总产出 - 中间投入$$

将国民经济各产业部门生产法增加值相加，便得到生产法国内生产总值(GDP)。

总产出指常住单位在一定时期内生产的所有货物和服务的价值，既包括新增价值，也包括转移价值。它反映常住单位生产活动的总规模，总产出按生产者价格计算。

中间投入指常住单位在一定时期内生产过程中消耗和使用的非固定资产货物和服务的价值。中间投入也称为中间消耗，反映用于生产过程中的转移价值，一般按购买者价格计算。计入中间投入的货物和服务必须具备两个条件，一是与总产出的计算范围保持一致；二是本期一次性使用的。

增加值即总产出减去中间投入后的差额，反映一定时期内各产业部门生产经营活动的最终成果。

2) 收入法

收入法也称分配法，从生产过程形成收入的角度，对常住单位的生产活动成果进行核算。国民经济各产业部门收入法增加值由劳动者报酬、生产税净额、固定资产折旧和营业盈余四个部分组成。计算公式为

$$增加值 = 劳动者报酬 + 生产税净额 + 固定资产折旧 + 营业盈余$$

国民经济各产业部门收入法增加值之和等于收入法国内生产总值(GDP)。

劳动者报酬指劳动者从事生产活动所应得的全部报酬,包括劳动者应得的工资、奖金和津贴,既有货币形式的,也有实物形式的,还有劳动者所享受的公费医疗和医药卫生费、上下班交通补贴和单位为职工缴纳的社会保险费等。对于个体经济来说,其所有者所获得的劳动报酬和经营利润不易区分,这两部分统一作为劳动者报酬处理。

生产税净额指生产税减生产补贴后的差额。生产税指政府对生产单位从事生产、销售和经营活动及因从事生产活动使用某些生产要素,如固定资产、土地、劳动力所征收的各种税、附加费和规费,包括销售税金及附加、增值税、管理费中开支的各种税、应交纳的养路费、排污费和水电费附加、烟酒专卖上缴政府的专项收入等。生产补贴与生产税相反,是政府对生产单位单方面的转移支付,因此视为负生产税处理,包括政策性亏损补贴、价格补贴等。

固定资产折旧指一定时期内为弥补固定资产损耗按照核定的固定资产折旧率提取的固定资产折旧,或按国民经济核算统一规定的折旧率虚拟计算的固定资产折旧。它反映了固定资产在当期生产中的转移价值。

营业盈余指常住单位创造的增加值扣除劳动者报酬、生产税净额和固定资产折旧后的余额。

3) 支出法

支出法国内生产总值是从最终使用的角度反映一个国家一定时期内生产活动最终成果的一种方法。最终使用包括最终消费、资本形成总额及净出口三部分,计算公式为

支出法国内生产总值(GDP)=最终消费+资本形成总额+净出口

最终消费指常住单位为满足物质、文化和精神生活的需要,从本国经济领土和国外购买的货物和服务的支出。它不包括非常住单位在本国经济领土内的消费支出。最终消费分为居民消费和政府消费。

资本形成总额指常住单位在一定时期内获得减去处置的固定资产和存货的净额,包括固定资本形成总额和存货增加两部分。

货物和服务净出口指货物和服务出口减货物和服务进口的差额。货物的出口和进口都按离岸价格计算。

8.3.2 国民生产总值(GNP)

国民生产总值[1993年联合国出版的新SNA改称为国民总收入(Gross National Income, GNI)],用于反映一国常住单位以国内生产总值为基础参与国际间收入初次分配活动的结果,是测度该国常住单位在核算期内所得到的生产性收入总量的指标。

GNP是一国(或地区)的所有常住单位一定时期内在国内(地区内)或国外(地区外)所生产的最终产品和提供的劳务价值之和。国民生产总值实际上是在国内生产总值基础上形成的,它等于国内生产总值与国外净要素收入(来自国外的利润、利息、劳务收入等要素收入扣除支付给国外的要素收入后的净额)之和,即

国民生产总值(GNP)=国内生产总值+国外净要素收入

国际间劳动和资本等生产要素的流动,产生了劳动和资本报酬等生产性收入在国际间的流动,即一部分价值以劳动报酬或财产收入的形式由国内分配给国外,同时又接受国外

分配给该国的劳动报酬和财产收入,通常称前一流量为付给国外的要素收入,称后一流量为来自国外的要素收入。

国外净要素收入=来自国外的要素收入-付给国外的要素收入

8.3.3 国民可支配收入(GNDI)

GNDI 是指所有机构部门的初次分配收入加上来自国外(地区外)的经常转移收入净额[即国外(地区外)的净投资收入、净贷款收入、援助净收入,对地区来说还包括中央财政的净拨款收入],是可用于最终消费和储蓄的收入。其中,最终消费支出部分用于满足机构部门的最终需要;储蓄部分是机构部门的投资来源,用于满足机构部门扩大再生产或提高未来消费水平的需要。

在初次分配总收入的基础上,通过经常转移的形式对初次分配总收入进行再次分配。再分配的结果形成各个机构部门可支配总收入。

初次分配指生产活动形成的收入在参与生产活动的生产要素的所有者及政府之间的分配。生产要素包括劳动力、土地、资本。劳动力所有者因提供劳动而获得劳动报酬;土地所有者因出租土地而获得地租;资本的所有者因资本的形态不同而获得不同形式的收入:借贷资本所有者获得利息收入,股权所有者获得红利或未分配利润。政府因对生产活动或生产要素征税而获得生产税或因对生产进行补贴而支付生产补贴。

初次分配的结果形成各个机构部门初次分配总收入,各机构部门的初次分配总收入之和就等于国民总收入,即

初次分配总收入=增加值-支付的劳动者报酬+收到的劳动者报酬-支付的生产税净额+收到的生产税净额-支付的财产收入+收到的财产收入

各机构部门的可支配总收入之和称为国民可支配总收入,即

国民可支配总收入(GNDI)=初次分配总收入+经常转移收入-经常转移支出

国民可支配收入与国民生产总值的关系式为

国民可支配收入=国民生产总值+来自国外的经常转移收入净额

知识链接

绿色 GDP 2.0

在公众环保意识提高的同时,日益严峻的环境形势更加凸显,频繁发生的大面积雾霾成了社会关注的焦点。党的二十大报告指出,推动绿色发展,促进人与自然和谐共生。

中华人民共和国环境保护部(简称环保部)在 2015 年 3 月发布消息称,将召开建立绿色 GDP2.0 核算体系专题会,重新启动绿色 GDP 研究工作。此消息一出,激起千层浪,绿色 GDP 再度成为社会关注的焦点。环保部称,由于这是一项前沿性、创新性的研究项目,国际上尚无成功经验可借鉴,需要较长时间的探索。因此,研究结果以何种形式、在何时公布,将视研究进程而定。

2003 年,联合国公布了一个比较完整的环境经济核算版本(简称 SEEA 2003),详细说明了将资源耗减、环境保护和环境退化等问题纳入国民核算体系的概念、方法、分类和基本准则,构建了经济环境一体化基本框架。

2004 年,国家环保总局就与国家统计局联合启动了绿色 GDP 研究项目,并在 2006 年发布了我国首

份也是唯一一份绿色 GDP 核算报告——《中国绿色国民经济核算研究报告2004》。当时，欧美发达国家也提出了一些绿色 GDP 核算办法，但都还停留在研究层面，从政府层面推进绿色 GDP 核算研究，中国是首例。

2004 年开始的研究，被课题组专家称为绿色 GDP 1.0，现在重启的研究则称为绿色 GDP 2.0。社会公众期待绿色 GDP 2.0 成为遏制日益严峻的环境污染形势的利器，一些地方政府则担忧此举可能削弱其漂亮的政绩，而专家们则对如何科学合理地核算给予了更多的关注。

党的十八大提出，把生态文明建设纳入"五位一体"的总体布局；审议通过的《关于加快推进生态文明建设的意见》首次将"绿色化"与新型工业化、城镇化、信息化、农业现代化并列，生态文明建设被提高到前所未有的高度。

2013 年，习近平总书记指出，要把资源消耗、环境损害、生态效益等体现生态文明建设状况的指标纳入经济社会发展评价体系。同年 12 月，中央组织部出台规定，强调不能仅仅把 GDP 作为考核政绩的主要指标。

2015 年两会期间，环保部部长表示，全国 300 多个地级以上城市中 80%未达到国家空气质量二级标准，严重的污染给靓丽的 GDP 数据蒙上一层阴影。环境保护部环境规划院 2013 年发布的 2010 年度绿色国民经济核算的部分结果显示，2010 年，全国生态环境退化成本达到 15389.5 亿元，占 GDP 的比例为 3.5%左右。和 2004 年相比，环境退化成本增长了 200.7%。日益严峻的现实加快了绿色 GDP 复出的脚步。

绿色 GDP 2.0 的启动使公众充满了期待，公众期待的不仅是研究成果，更期待绿色 GDP 能成为地方政府考核的约束性指标。绿色 GDP 2.0 是否会像绿色 GDP 1.0 一样，成为半路"夭折"的工程？绿色 GDP 核算体系，面临着政绩观、技术关及制度瓶颈的考验。

一方面，绿色 GDP 主要是做减法，把经济活动过程中的资源环境因素反映在国民经济核算体系中，将资源耗减成本、环境退化成本、生态破坏成本以及污染治理成本从 GDP 总值中予以扣除。一旦实施绿色 GDP，一些地区的经济增长数据将大大缩水，巨大的反差可能让很多地方政府"面上无光"。

另一方面，客观核算的技术难度也不容回避。从各国开展绿色核算的情况来看，目前还没有一个国家拥有真实全面的环境账户。其中，最根本的自然资源要素、环境破坏成本与治理成本的市场化定价问题仍无定论，包括资源和环境的物理存量如何转化为经济现值问题；环境污染对人体健康损害的经济评价问题；污染损失的评估问题。由于环境要素大部分没有进入市场买卖，如何衡量环境要素的价值始终是争论的焦点。例如，砍伐一片森林，卖掉原木，原木的售价即可表达原木的价格，但是，砍伐森林造成水土流失和物种减少，这个损失又如何定价？

此外，绿色 GDP 1.0 主要做减法，资源循环利用、废弃物资源化没有体现在 GDP 增加值中。

除了核算技术与方法复杂、政绩观偏颇外，相关的法规制度安排基本还处于空白状态，主要包括有关资源环境与统计法规、政策和评价标准、资源环境信息共享等，都制约了绿色 GDP 核算工作的开展。

这些因素是阻滞绿色 GDP 1.0 实施的障碍，也将是影响绿色 GDP 2.0 前行的主要原因。可喜的是，经过十余年的沉淀、积累，这些障碍正在逐步破解。

科学的绿色 GDP 核算，需要科学、完整的环境统计指标体系，更需要数据与标准的对接。变化的不仅仅是政绩观，核算技术与方法也在不断完善。2014 年 3 月，首个环境经济核算体系的国际统计标准——《2012 年环境经济核算体系:中心框架》(SEEA 2012)的英文版终稿在联合国统计司网站发布，这对我国的资源环境核算工作具有十分重要的指导意义。

北京大学教授、绿色 GDP 核算课题组专家雷明认为，构建绿色 GDP 2.0 框架体系，应"尊重标准，结合实际，有所创新，体现特色"。这个标准就是 SEEA 2012 国际统计标准，同时结合中国的实际情况，形成具有中国特色、兼具国际可比性的绿色 GDP 2.0 核算体系和绿色 GDP 核算与数据发布制度。他建议应该在国家统一组织领导下，借鉴 2004 年的"大兵团作战模式"，解决数据薄弱问题及数据与标准的匹配问题。绿色 GDP 2.0 研究将充分利用卫星遥感、污染源普查等多来源数据,构建支撑绿色 GDP 核算的大数据平台。

尽管绿色 GDP 至今仍是一个正在研究、有待成熟的项目,但是公众期望,这种制度建设与政策设计,会唤醒全社会对走可持续发展道路的认识,以此转变经济增长方式,再现蓝天碧水。正如党的二十大报告指出,我们坚持可持续发展,坚定不移走生产发展、生活富裕、生态良好的文明发展道路,实现中华民族永续发展。

本 章 小 结

> 运用统计手段建立数据体系,来系统描述一国国民经济的现实状况,这就是国民经济核算。本章首先从国民经济两大核算体系的发展历程入手,然后介绍我国国民经济核算的整体框架,继而介绍国民经济核算中的重要总量指标,包括国内生产总值、国民生产总值、国民可支配收入等,其中以国内生产总值最重要。可以说,这些总量涵盖了经济生活的基本方面,准确把握它们的含义和核算方法很有必要。

思考与练习

一、单项选择题

1. 我国目前正在使用的国民经济核算体系是(　　)。
   A. SNA　　　　　　　　　　　　B. MPS
   C. 物质产品平衡表体系　　　　　D. 国民经济平衡表体系
2. 国民账户体系的英文简称和应用范围是(　　)。
   A. MPS,计划经济国家　　　　　B. MPS,市场经济国家
   C. SNA,市场经济国家　　　　　D. SNA,计划经济国家
3. 我国国民经济产业部门分类,最综合的分类是(　　)。
   A. 一次产业分类　　　　　　　　B. 二次产业分类
   C. 三次产业分类　　　　　　　　D. 四次产业分类
4. 划分国内经济活动和国外经济活动的基本依据是(　　)。
   A. 基层单位和机构单位　　　　　B. 常住单位和非常住单位
   C. 机构单位和机构部门　　　　　D. 基层单位和产业部门
5. 常住单位是指(　　)。
   A. 在一个国家地理领土内的经济单位
   B. 在一个国家经济领土内的经济单位
   C. 在一国经济领土内具有经济利益中心的经济单位
   D. 在一国地理领土内具有经济利益中心的经济单位
6. 基层单位是国民经济核算体系为了进行(　　)确定的基本核算单位。
   A. 生产和收入分配核算　　　　　B. 生产核算和投入产出分析
   C. 资金流量核算　　　　　　　　D. 国际收支核算

7. SNA 的核心指标是( )。
   A. 国民生产总值   B. 国内生产总值
   C. 国民生产净值   D. 国民收入

8. 国民生产总值=国内生产总值+ ( )。
   A. 国民最终收入   B. 国民可支配收入
   C. 国民收入   D. 国外净要素收入

9. 国民经济账户体系主要是揭示( )之间在生产、收入分配和消费、积累使用及资产负债等方面的有机联系。
   A. 机构单位   B. 机构部门   C. 基层单位   D. 产业部门

10. 用支出法计算国内生产总值时，不需要计算( )。
    A. 最终消费   B. 资本形成总额
    C. 营业盈余   D. 货物与服务净出口

11. 一国的国内生产总值大于国民生产总值，说明该国公民从外国取得的收入( )外国公民从该国取得的收入。
    A. 大于   B. 小于
    C. 等于   D. 可能大于也可能小于

12. 以下产业不属于第三产业的是( )。
    A. 交通运输业   B. 物资供销和仓储业
    C. 科学研究事业   D. 畜牧业

13. 已知某地区国内生产总值为 2000 亿元，总产出为 3600 亿元，其中固定资产折旧为 100 亿元，则该地区的中间投入为( )亿元。
    A. 5600   B. 3600   C. 1700   D. 1600

14. 已知我国某年企业部门总产出为 7000 亿元，中间投入为 2000 亿元，固定资产折旧 100 亿元，支付劳动报酬 3000 亿元，支付生产税净额 900 亿元，则其营业盈余是( )亿元。
    A. 5000   B. 1100   C. 1000   D. 2000

15. 收入分配与消费所需遵循的核算原则是( )。
    A. 收付实现制
    B. 权责发生制
    C. 前者是收付实现制，后者是权责发生制
    D. 前者是权责发生制，后者是收付实现制

二、多项选择题

1. 我国国民经济机构部门包括( )。
   A. 非金融企业部门   B. 金融机构部门
   C. 政府部门   D. 住户部门   E. 国外部门

2. 按收入法计算的国内生产总值的构成项有( )。
   A. 固定资产损耗   B. 净出口   C. 生产税净额
   D. 营业盈余   E. 劳动者报酬

3. 按支出法计算国内生产总值，应包括以下各项中的（　　）。
   A．总消费　　　B．总投资　　　C．净进口
   D．净出口　　　E．期末国家储备
4. 总产出价值构成包括（　　）。
   A．来自国外的要素收入　　　B．中间消耗
   C．固定资产损耗　　D．净增加值　　　E．出口
5. 在SNA中，采用"常住单位"概念是为了（　　）。
   A．区分国内交易与国外交易　　　B．界定交易主体范围
   C．界定生产活动范围　　　D．区分原始收入与派生收入
   E．计算国内生产总值和国民总收入
6. 下列企业和单位中，属于中国经济领土范围内的常住单位的是（　　）。
   A．日本驻华大使馆
   B．中国驻洛杉矶领事馆
   C．正在利比亚执行为期三个月维和任务的中国工兵小分队
   D．深圳的一家中韩合资网络游戏开发公司
   E．海尔集团在美国新收购的一家冰箱生产企业
7. 国内生产总值核算的主要方法有（　　）。
   A．生产法　　　B．分配法　　　C．支出法
   D．会计账户法　　　E．方程法
8. 服务的特点包括（　　）。
   A．生产的产出是无形产品　　　B．产品不能储存
   C．生产过程和消耗过程是分离的　　　D．生产过程和消耗过程同时发生
   E．有些服务产品消费前可以储存
9. 记入国内生产总值的收入有（　　）。
   A．劳动者的货币工资　　　B．劳动者的实物报酬
   C．劳动者获得的侨汇收入　　　D．生产税
   E．居民储蓄的利息收入
10. 国民经济核算的主要特点是（　　）。
    A．以宏观经济理论为基础　　　B．以货币作为统一的计量单位
    C．引入工商企业会计的复式记账原理　　　D．以一国经济总体为核算对象
    E．提供一套完整的数据体系

三、判断题

1. 国民经济中的基层单位根据其主要经济职能、行为和目的的基本特征分类形成国民经济机构部门。（　　）
2. 国民经济账户体系主要是揭示机构部门之间在生产、收入分配和消费、积累使用及资产负债等方面的有机联系。（　　）
3. 农民生产的粮食，其中拿到市场上销售的部分应统计为生产的产出，计入国内生产总值；而自用的部分不能统计为生产的产出，不计入国内生产总值。（　　）

4. 劳动者的货币工资、劳动者的实物报酬及劳动者获得的侨汇收入都可以记入国内生产总值。（   ）

5. 国民经济核算的生产范围只包括货物的生产。（   ）

6. 国民总收入一定大于国内生产总值。（   ）

7. 社会劳动者是指可以从事社会劳动的那部分人，即具有劳动能力的人。（   ）

8. 判断一笔交易是否作为货物进出口，要以货物是否跨越国界为标准。（   ）

9. 常住机构单位和非常住机构单位都是一国国民经济核算的基本经济单位，两种单位的主要区别在于是否都在一国或地区的经济领土范围内。（   ）

10. GDP 是个"生产"概念，从生产角度衡量一个国家或地区的经济总量。（   ）

11. GNP 是个"收入"概念，从收入分配角度衡量一个国家或地区的经济总量。（   ）

12. 一般而言，在分析常住者的生产成果时使用 GNP。（   ）

13. 一般而言，在分析常住者的收入时使用 GDP。（   ）

14. 投入产出表的第Ⅰ象限是表的核心部分，投入产出表第Ⅱ象限的宾栏为最终产品。（   ）

15. 居民家庭投资股票获得的分红属于收入初次分配核算的范围。（   ）

四、简答题

1. 国民经济核算的目的是什么？
2. 何谓常住单位和非常住单位？区分它们的简要原则是什么？试举例说明。
3. 基层单位和机构单位之间有何关系？
4. 我国国民经济核算体系的主要内容有哪些？
5. 怎样理解 GDP 与 GNP 的区别与联系？

五、计算题

1. 设某地区某年的有关资料如表 8-15 所示。

表 8-15 某地区某年国民经济资料表　　　　　　　单位：万元

生产		使用	
总产出	28 229.3	居民消费	6537.3
中间消耗	15 662.9	社会消费	1463.0
固定资产折旧	1 322.2	固定资产投资	4183.3
劳动者报酬	6 476.8	库存增加	627.0
生产税	1 570.8	出口	1728.1
补贴	689.7	进口	1972.3
营业盈余	3 886.5		

试根据上述资料，用三种方法计算该地区的国内生产总值。

2. 已知某地区如下国民经济统计资料

(1) 农业总产值 280 亿元，其中，农民自产自用粮食价值 35 亿元；中间投入 62 亿元。

(2) 工业总产值 960 亿元，其中，企业间重复计算价值为 238 亿元；中间投入 340 亿元。

(3) 建筑业总产值 326 亿元；中间投入 83 亿元。

(4) 运输邮电业总产值 188 亿元；中间投入 35 亿元。

(5) 贸易及餐饮业总产值 237 亿元；中间投入 68 亿元。

(6) 其他营利性非物质生产部门营业收入 452 亿元；中间投入 85 亿元。

(7) 其他非营利性非物质生产部门经常性业务支出 530 亿元，固定资产折旧为经常性业务支出的 10%；中间投入 76 亿元。

(8) 全地区最终消费支出 1686 亿元，资本形成总额为 548 亿元，自外地购入商品 32 亿元，向外地输出商品 75 亿元。

试根据上述资料分别用生产法和支出法计算该地区的国内生产总值。

3．某地区 2016 年的统计资料如下：

(1) 总产出 16000 亿元；

(2) 最终消费 8000 亿元，其中居民消费 6800 亿元，公共消费 1200 亿元；

(3) 资本形成总额 3000 亿元，其中固定资本形成总额 2800 亿元，库存增加 145 亿元，贵重物品净获得 55 亿元；

(4) 出口 1400 亿元；

(5) 进口 1000 亿元；

(6) 固定资本消耗 1800 亿元；

(7) 劳动者报酬 5000 亿元；

(8) 生产税 500 亿元；

(9) 生产补贴 40 亿元。

要求：根据以上统计资料计算该地区的国内生产总值、中间消耗、营业盈余。

六、案例分析

旅游、休闲、信息需求旺
——从消费升级加快看宏观调控继续显效

"很舒服，最主要是可以上门服务，价格也划算"，刚刚体验完某 O2O 平台提供的上门推拿服务，来自上海的龚女士就迫不及待地在朋友圈分享起这次全新的消费经历。

盘点当前的消费市场，无论是传统的吃、穿、住、行，抑或是时下风靡的健康养生、休闲娱乐、旅游、文化、教育等涉及人们日常生活点滴的消费领域，"消费升级"都是一个不可或缺的"关键词"。

事实上，在一系列政策"春风"的吹拂下，在"互联网+"势不可挡的"催化"下，人们对生活品质日益强烈的追求以及对消费升级的热切渴望正凝聚成一股强大的力量，使"消费"这架"马车"对中国经济的拉动作用日渐增强。

1．市场稳中有升，消费升级继续凸显

步入 2015 年，尽管经济增速有所放缓，但消费市场依然保持着较为平稳的增长态势。国家统计局数据显示，2015 年 5 月份反映实物商品消费的社会消费品零售总额同比增长 10.1%，增速比上月微升 0.1 个百分点，扣除价格因素实际增长 10.2%，比上月提高 0.3 个百分点。

从分项指标来看，与消费升级有关的商品销售继续快速增长。其中，信息消费的持续升温使通信器材类商品销售"水涨船高"。数据显示，1～5月，限额以上单位通信器材同比增长37.6%，比去年同期大幅加快18.1个百分点；5月份39.4%的单月增速较上月回升4.5个百分点。与此同时，来自全国乘用车市场信息联席会(简称乘用车联席会)的相关数据显示，5月份更加适应假日休闲旅游需求的运动型多用途乘用车(Sport Utility Vehicle SUV)和多功能乘用车(Muti-Purpose Vehicles，MPV)全国销量继续逆势增长，同比分别增长51%和10.6%，显著高于同期乘用车市场4.8%的总体增速。

除此之外，在旅游消费、休闲娱乐消费、绿色消费等顺应消费升级趋势的消费领域，消费升级的态势也愈发凸显。以旅游消费为例，2015年"五一"小长假期间，境内、境外旅游均现大幅增长。来自国家旅游局的相关资料显示，节日期间，北京民俗旅游收入2亿元，同比增长10.2%。而根据多家在线旅游企业数据，在汇率、签证等多重利好因素的影响下，"小长假"期间日韩、东南亚等短线出境产品持续火爆。

特别值得关注的是，当越来越多的"中国客"不再满足于"上车睡觉，停车撒尿，景点拍照，回家一问啥也不知道"的传统跟团旅游模式，以个性化、深度游著称的自由行成为越来越多人的出游选择。相关数据显示，赴日本、韩国、欧洲等国家和地区自由行出行人次普遍上涨，而这无疑也是旅游消费升级的大势所趋。

此外，同样值得一提的是，随着人们外出用餐增多，大众餐饮市场持续回暖。数据显示，1—5月全国餐饮收入同比增长11.5%，比去年同期回升1.3个百分点。

2．"互联网+"来袭，撬动消费潜力无限

"互联网+"消费正持续发酵。来自国家统计局的相关数据显示，1—5月，全国网上零售同比增长39.3%。其中，实物商品网上零售额增长38.5%，占社会消费品零售总额的比重为9.5%；非实物商品网上零售额增长43.5%。而实际上，人们对于"互联网+"拉动消费增长、引领消费升级的理解与感知远比上述这组数字生动且丰富得多。

在广州某中学教授数学的朱老师刚刚休完产假不久，被誉为"打车神器"的众多打车App的出现，让每天早出晚归的她，在上下班的路上多了一份从容。"现在已经很少坐公交车上班了，用手机App打个快车五千米才五块钱，方便又快捷，时间又有保证，还不用人挤人，何乐而不为呢"。

的确，来势汹汹的"互联网+"正大刀阔斧地改变着人们的消费体验。通过提供更为优质、实惠及至个性化、定制性的产品与服务，消费者对于消费升级的需求和渴望被前所未有地激发并满足。可以说，"互联网+"所包罗的一系列新一代信息技术，已经成为助推消费升级不可或缺的关键力量。

在2015年的政府工作报告中，"把以互联网为载体、线上线下互动的新兴消费搞得红红火火"被首次提及。随之，消费市场上以线上交易、线下体验的O2O模式为引领的新业态不断涌现，并迅速获得众多拥趸。时至今日，如预约打车、点餐、蔬果外卖、上门洗衣、找家教甚至是定制家装等一系列新兴消费方式，都已是触"网"可及，并以如火如荼的发展势头，令消费市场蕴藏的巨大潜力得以极大地释放。

美团、百度糯米等领衔的团购网站或许是最早为人们熟知的O2O应用之一。根据易观智库近日发布的《中国团购市场季度监测报告》，2015年第一季度，中国团购市场规模达到304.7亿元，首次突破300亿元大关，环比增长8.9%。而从时下颇为红火的电影消费市场来看，根据相关咨询机构发布的数据，2014年全国电影团购总成交额达到61.7亿元，约占全国电影票房的20%，占比逐年提升。

3．政策红利释放，全力助推消费升级

毫无疑问，消费升级是未来消费市场发展的潜力所在，同样也是更好地发挥消费对经济增长基础性作用的关键所在。如何借助消费升级的新趋势，打造中国消费"升级版"是近一段时期以来消费政策的一大着力点。从目前平稳增长的国内消费市场表现以及在信息消费、绿色消费、旅游休闲消费等领域日渐凸显的消费升级态势来看，应当说政府通过在上述顺应消费升级的诸多领域加大支持与培育引导力度已经取得一定成效，一系列政策红利正在不断释放。

2015年以来，从降低部分服装、护肤品、纸尿裤等国外日用消费品的进口关税、增设免税店，再到

"互联网+流通"计划等一系列消费利好政策密集出台。如果说,不断提高城乡居民收入水平、进一步完善社会保障体系等举措,是提高人们对消费升级的需求的话,那么,近期推出的一揽子消费政策,则旨在通过完善国内消费环境来增加符合消费升级趋势的产品与服务供给,从而满足人们日益增长的消费需求。

此外,值得一提的是,近日的国务院常务会议决定,将原先在16个城市开展的消费金融公司试点扩大至全国,并鼓励符合条件的民间资本、国内外银行业机构和互联网企业发起设立消费金融公司,这无疑为时下的消费市场再度注入了一剂"兴奋剂"。

实际上,在2015年政府工作报告的鼓励下,此前由支付宝推出的"花呗"、京东金融推出的"京东白条"等个人消费贷款服务,已经让不少消费者享受到了消费信贷的实惠与便利。

下一步,随着消费金融领域的全面"松绑",越来越多的消费人群特别是中低收入人群的消费需求,将得到更加及时且充分地释放,消费升级的步伐也将随之加快。

多措并举助推消费升级。可以预见,未来消费对经济增长的拉动作用将得到进一步增强。

(资料来源:http://www.stats.gov.cn/tjsj/sjjd/201506/t20150619_1180059.html)

要求:

(1) 谈谈消费与国内生产总值的关系。
(2) 谈谈消费在拉动经济增长"三驾马车"中的作用。
(3) 谈谈我国近年来消费结构的变化情况。
(4) 谈谈"互联网+"对我国消费增长的撬动作用。
(5) 在拉动经济增长"三驾马车"中的另两驾马车中,我国今后应如何应对?

附 录

附表一 标准正态分布函数值表

$$P\{Z \geq Z_\alpha\} = \frac{1}{\sqrt{2\pi}} \int_{Z_\alpha}^{\infty} e^{-x^2/2} dx = \alpha$$

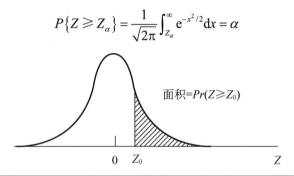

面积=$Pr(Z \geq Z_0)$

Z_0	.00	.01	.02	.03	.04	.05	.06	.07	.08	.09
0.0	.5000	.4960	.4920	.4880	.4840	.4801	.4761	.4721	.4681	.4641
0.1	.4602	.4562	.4522	.4483	.4443	.4404	.4364	.4325	.4286	.4247
0.2	.4207	.4168	.4129	.4090	.4052	.4013	.3974	.3936	.3897	.3859
0.3	.3821	.3783	.3745	.3707	.3669	.3632	.3594	.3557	.3520	.3483
0.4	.3446	.3409	.3372	.3336	.3300	.3264	.3228	.3192	.3156	.3121
0.5	.3085	.3050	.3015	.2981	.2946	.2912	.2877	.2843	.2810	.2776
0.6	.2743	.2709	.2676	.2643	.2611	.2578	.2546	.2514	.2483	.2451
0.7	.2420	.2389	.2358	.2327	.2296	.2266	.2236	.2206	.2177	.2148
0.8	.2119	.2090	.2061	.2033	.2005	.1977	.1949	.1922	.1894	.1867
0.9	.1841	.1814	.1788	.1762	.1736	.1711	.1685	.1660	.1635	.1611
1.0	.1587	.1562	.1539	.1515	.1492	.1469	.1446	.1423	.1401	.1379
1.1	.1357	.1335	.1314	.1292	.1271	.1251	.1230	.1210	.1190	.1170
1.2	.1151	.1131	.1112	.1093	.1075	.1056	.1038	.1020	.1003	.0985
1.3	.0968	.0951	.0934	.0918	.0901	.0885	.0869	.0853	.0838	.0823
1.4	.0808	.0793	.0778	.0764	.0749	.0735	.0722	.0708	.0694	.0681
1.5	.0668	.0655	.0643	.0630	.0618	.0606	.0594	.0582	.0571	.0559
1.6	.0548	.0537	.0526	.0516	.0505	.0495	.0485	.0475	.0465	.0455
1.7	.0446	.0436	.0427	.0418	.0409	.0401	.0392	.0384	.0375	.0367
1.8	.0359	.0352	.0344	.0336	.0329	.0322	.0314	.0307	.0301	.0294
1.9	.0287	.0281	.0274	.0268	.0262	.0256	.0250	.0244	.0239	.0233
2.0	.0228	.0222	.0217	.0212	.0207	.0202	.0197	.0192	.0188	.0183

续表

Z_0	.00	.01	.02	.03	.04	.05	.06	.07	.08	.09
2.1	.0179	.0174	.0170	.0166	.0162	.0158	.0154	.0150	.0146	.0143
2.2	.0139	.0136	.0132	.0129	.0125	.0122	.0119	.0116	.0113	.0110
2.3	.0107	.0104	.0102	.0099	.0096	.0094	.0091	.0089	.0087	.0084
2.4	.0082	.0080	.0078	.0075	.0073	.0071	.0069	.0068	.0066	.0064
2.5	.0062	.0060	.0059	.0057	.0055	.0054	.0052	.0051	.0049	.0048
2.6	.0047	.0045	.0044	.0043	.0041	.0040	.0039	.0038	.0037	.0036
2.7	.0035	.0034	.0033	.0032	.0031	.0030	.0029	.0028	.0027	.0026
2.8	.0026	.0025	.0024	.0023	.0023	.0022	.0021	.0021	.0020	.0019
2.9	.0019	.0018	.0017	.0017	.0016	.0016	.0015	.0015	.0014	.0014
3.0	.00135									
3.5	.000 233									
4.0	.000 031 7									
4.5	.000 003 40									
5.0	.000 000287									

附表二 t 分布上侧分位数值表

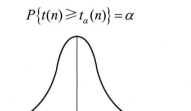

$$P\{t(n) \geq t_\alpha(n)\} = \alpha$$

n	0.25	0.2	0.15	0.1	0.05	0.025	0.01	0.005	0.0025
1	1.000	1.376	1.963	3.078	6.314	12.71	31.82	63.66	127.3
2	0.816	1.061	1.386	1.886	2.920	4.303	6.965	9.925	14.09
3	0.765	0.978	1.250	1.638	2.353	3.182	4.541	5.841	7.453
4	0.741	0.941	1.190	1.533	2.132	2.776	3.747	4.604	5.598
5	0.727	0.920	1.156	1.476	2.015	2.571	3.365	4.032	4.773
6	0.718	0.906	1.134	1.440	1.943	2.447	3.143	3.707	4.317
7	0.711	0.896	1.119	1.415	1.895	2.365	2.998	3.499	4.029
8	0.706	0.889	1.108	1.397	1.860	2.306	2.896	3.355	3.833
9	0.703	0.883	1.100	1.383	1.833	2.262	2.821	3.250	3.690
10	0.700	0.879	1.093	1.372	1.812	2.228	2.764	3.169	3.581
11	0.697	0.876	1.088	1.363	1.796	2.201	2.718	3.106	3.497
12	0.695	0.873	1.083	1.356	1.782	2.179	2.681	3.055	3.428
13	0.694	0.870	1.079	1.350	1.771	2.160	2.650	3.012	3.372
14	0.692	0.868	1.076	1.345	1.761	2.145	2.624	2.977	3.326
15	0.691	0.866	1.074	1.341	1.753	2.131	2.602	2.947	3.286
16	0.690	0.865	1.071	1.337	1.746	2.120	2.583	2.921	3.252
17	0.689	0.863	1.069	1.333	1.740	2.110	2.567	2.898	3.222
18	0.688	0.862	1.067	1.330	1.734	2.101	2.552	2.878	3.197
19	0.688	0.861	1.066	1.328	1.729	2.093	2.539	2.861	3.174
20	0.687	0.860	1.064	1.325	1.725	2.086	2.528	2.845	3.153
21	0.686	0.859	1.063	1.323	1.721	2.080	2.518	2.831	3.135

参 考 文 献

[1] 顾晓安，徐逦中. 社会经济统计学：原理与应用案例[M]. 上海：立信会计出版社，2005.
[2] 梁前德. 统计学[M]. 北京：高等教育出版社，2004.
[3] 圣才学习网. 统计学笔记和习题详解[M]. 北京：中国石化出版社，2010.
[4] 赵振伦. 统计学：理论·实务·案例[M]. 上海：立信会计出版社，2005.
[5] 杨晶，李艳，徐春燕. 统计学基础[M]. 北京：机械工业出版社，2008.
[6] 李洁明，祁新娥. 统计学原理[M]. 5版. 上海：复旦大学出版社，2010.
[7] 李金昌，苏为华. 统计学[M]. 2版. 北京：机械工业出版社，2009.
[8] 米小琴，延静，李洁. 统计计算与分析[M]. 北京：清华大学出版社，2004.
[9] 王莹，徐颖，王军. 经济统计学[M]. 2版. 北京：机械工业出版社，2009.
[10] 孙炎，陈平，孙长国. 应用统计学[M]. 北京：机械工业出版社，2007.
[11] 贾俊平，何晓群，金勇进. 统计学[M]. 3版. 北京：中国人民大学出版社，2007.
[12] 徐国祥，刘汉良，孙允午，等. 统计学[M]. 上海：上海财经大学出版社，2001.
[13] 王晓林. 统计学[M]. 北京：经济科学出版社，2001.
[14] 黄良文，曾五一. 统计学原理[M]. 北京：中国统计出版社，2000.
[15] 袁卫，庞皓，曾五一. 统计学[M]. 北京：高等教育出版社，2000.
[16] 朱胜. 统计学原理[M]. 北京：中国统计出版社，2002.
[17] [美]戴维·R 安德森，丹尼斯·J 斯威尼，托马斯·A 威廉斯. 商务与经济统计[M]. 张建华，王键，冯燕奇，等译. 北京：机械工业出版社，2001.
[18] [日]高桥信. 漫画统计学之回归分析[M]. 张仲恒，译. 北京：科学出版社，2009.
[19] [美]尼尔·J 萨尔金德. 爱上统计学[M]. 史玲玲，译. 重庆：重庆大学出版社，2008.
[20] 国家统计局. 中国国民经济核算体系(2002)[M]. 北京：中国统计出版社，2003.
[21] 杨灿. 国民经济核算教程：国民经济统计学[M]. 北京：中国统计出版社，2008.
[22] 王吉利. 国民经济核算体系简明教程[M]. 北京：中国统计出版社，2004.
[23] 许宪春. 中国国民经济核算理论方法与实践[M]. 北京：中国统计出版社，1999.
[24] 许宪春. 中国国民经济核算体系改革与发展[M]. 北京：经济科学出版社，1999.
[25] 许宪春. 我国国民经济核算工作的回顾与展望[J]. 统计研究，2002，19(7): 8-11.
[26] 高敏雪，李静萍，许健. 国民经济核算原理与中国实践[M]. 北京：中国人民大学出版社，2007.
[27] 谢忠秋，丁兴烁. 应用统计学[M]. 上海：立信会计出版社，2005.
[28] 袁荫棠. 概率论与数理统计[M]. 北京：中国人民大学出版社，1990.
[29] 孙祝岭，徐晓岭. 数理统计[M]. 北京：高等教育出版社，2009.